广西壮族自治区
经济体制改革报告
（2017年）

广西壮族自治区发展和改革委员会　编

经济管理出版社
ECONOMY & MANAGEMENT PUBLISHING HOUSE

图书在版编目（CIP）数据

广西壮族自治区经济体制改革报告.2017年／广西壮族自治区发展和改革委员会
主编.—北京：经济管理出版社，2019.4
ISBN 978-7-5096-6448-3

Ⅰ.①广… Ⅱ.①广… Ⅲ.①经济体制改革—研究报告—广西—2017 Ⅳ.①127.67

中国版本图书馆 CIP 数据核字（2018）第 050574 号

组稿编辑：高　娅
责任编辑：高　娅　等
责任印制：黄章平
责任校对：董杉珊

出版发行：经济管理出版社
　　　　　（北京市海淀区北蜂窝 8 号中雅大厦 A 座 11 层　100038）
网　　址：www.E-mp.com.cn
电　　话：（010）51915602
印　　刷：三河市延风印装有限公司
经　　销：新华书店
开　　本：787mm×1092mm/16
印　　张：30.25
字　　数：512 千字
版　　次：2019 年 4 月第 1 版　　2019 年 4 月第 1 次印刷
书　　号：ISBN 978-7-5096-6448-3
定　　价：98.00 元

供稿单位

广西壮族自治区党委政法委员会

广西壮族自治区高级人民法院

广西壮族自治区党委机构编制委员会办公室

广西壮族自治区发展和改革委员会

广西壮族自治区科技厅

广西壮族自治区工业和信息化厅

广西壮族自治区公安厅

广西壮族自治区民政厅

广西壮族自治区财政厅

广西壮族自治区人力资源和社会保障厅

广西壮族自治区自然资源厅（海洋局）

广西壮族自治区生态环境厅

广西壮族自治区住房和城乡建设厅

广西壮族自治区交通运输厅

广西壮族自治区水利厅

广西壮族自治区农业农村厅

广西壮族自治区文化和旅游厅

广西壮族自治区应急管理厅

广西壮族自治区审计厅

广西壮族自治区人民政府国有资产监督管理委员会

广西壮族自治区市场监督管理局

广西壮族自治区统计局

广西壮族自治区林业局

广西壮族自治区地方金融监督管理局

广西壮族自治区北部湾经济区规划建设管理办公室

广西壮族自治区大数据发展局

广西壮族自治区粮食和物资储备局

广西壮族自治区投资促进局

国家税务总局广西壮族自治区税务局

广西南宁五象新区规划建设管理委员会办公室

广西东兴国家重点开发开放试验区管理委员会

粤桂合作特别试验区管理委员会

广西凭祥重点开发开放试验区建设指挥部

百色沿边开发开放试验区管委会

桂林漓江风景名胜区管理委员会

南宁市发展和改革委员会

柳州市发展和改革委员会

桂林市发展和改革委员会

梧州市发展和改革委员会

北海市发展和改革委员会

防城港市发展和改革委员会

钦州市发展和改革委员会

贵港市发展和改革委员会

玉林市发展和改革委员会

百色市发展和改革委员会

贺州市发展和改革委员会

河池市发展和改革委员会

来宾市发展和改革委员会

崇左市发展和改革委员会

目 录

CONTENTS

第五部分　政策篇 / 395

第六部分　附录篇 / 455

第一部分　综述篇

ZONGSHU PIAN

2017年广西经济体制改革进展综述

2017年，广西以习近平总书记新时代中国特色社会主义思想为指导，全面贯彻落实党的十八大和十八届三中、四中、五中、六中全会以及党的十九大精神，认真贯彻落实习近平总书记视察广西重要讲话精神，坚持稳中有进工作总基调，贯彻新发展理念和高质量发展要求，坚持以深化供给侧结构性改革为主线，着力抓好顶层设计和统筹推进，围绕供给侧结构性改革、投融资体制、国资国企、电力改革、价格改革等重要领域和关键环节改革，出台了"一揽子"改革方案，大力推动改革落实。全区供给侧结构性改革、投融资体制改革等重点领域改革工作成效显著，有力地发挥了经济体制改革的牵引作用。

一、行政体制改革有序推进

推进行政机构和事业单位改革。出台《关于深化职称制度改革的实施意见》《广西壮族自治区特聘专家制度实施办法》《关于广西加强博士后管理工作的实施办法》《关于加强基层专业技术人才队伍建设的实施办法》。自治区成立开展党政机关和国有企事业单位所属培训疗养机构改革试点工作联合工作组，并开展调查统计工作。出台《广西高校和科研院所高层次人才薪酬制度改革试点方案》《关于加强乡（镇）政府服务能力建设的实施意见》《关于从事生产经营活动事业单位改革的实施意见》和《自治区直属从事生产经营活动事业单位改革工作方案》等系列文件。

完善政府监管体系建设。出台《广西深化简政放权放管结合优化服务改革重点任务分工方案》，印发《行政审批目录动态管理办法和效果评价办法》。分两批取消和调整行政审批事项53项，其中取消51项、调整2项。分三批清理规范行政审批中介服务事项59项，顺利完成自治区部门权责清单公布和动态调整工作，修订后自治区人民政府部门保留的权力事项2499项、共性权力事项11项、与权力事项对应的责任事项18822项。自治区、市、县三级政府部门和乡镇政府权责清单"两单融合"工作全面完成，构建起四级政府权力运行新体系。建成统一的公共资源交易平台体系，形成"1个自治区公共资源交易中心、14个市级公共资源交易中心和19个县级平台"的"1+14+19"全区公共资源交易平台体系。起草《关于进一步深化改革创新优化营商环境的若干意见》和《有关深化乡镇"四所合一"改革的指导意见及工作任务清单》。编写完成《桂林漓江风景名胜区管理体制改革方案（2017~2020）》。

推进自治区党政机关和企事业单位公车改革工作。完成取消党政机关车辆处置工作，共处置车辆27916辆。进一步落实公务用车实行标识化管理，除免喷涂车辆外，全区已喷涂车辆27344辆，占实际保留车辆总数的87.6%。制定出台全区事业单位和国有企业公务用车制度改革方案，部署推进全区事业单位和国有企业公务用车制度改革工作，印发《关于加强全区公务用车平台建设的指导意见》，推进公务用车平台"全区一张网"建设。

推进自治区行业协会商会与行政机关脱钩。第二批脱钩试点全区各级共有588个行业协会商会，自治区本级103个，各市、县（市、区）485个。自治区本级103个行业协会商会已完成脱钩方案的批复工作，完成率100%。第一批试点和第二批试点数量占全区性行业协会商会总数的50%以上，完成中央有关试点数量的进度要求。全区所有市县纳入脱钩试点范围，市县脱钩试点覆盖率达到100%。

二、供给侧结构性改革不断深化

制定出台深入推进供给侧结构性改革总体实施方案，以及去产能、去库存、去杠杆、降成本、补短板等专项方案。去产能方面，印发《关于促进工业扩投资稳增长的意见》《关于工业企业分类管理办法》和《关于推进广西产能过剩行业企业市场化退出实施方案》，取缔"地条钢"产能约541万吨，化解煤炭产能246万吨，吊销"僵尸企业"营业执照945户。去库存方面，印发《关于加快培育和发展住房租赁市场的实施意见》，研究制定《深化完善广西住房制度改革实施意见》。2017年，广西商品房待售面积1598.85万平方米，同比下降9.8%，去化周期为4.6个月，比2016年缩短1.4个月。去杠杆方面，金融机构不良贷款率下降0.21个百分点，交通银行广西分行分别与广西投资集团、广西农村投资集团两家企业达成100亿元债转股合作意向。降成本方面，出台《进一步降低实体经济企业成本的意见》，落实降成本"41条"和"28条"措施，为企业减负超过500亿元。出台《建立破产案件简易审批机制的指导意见》，印发《广西2017年农业水价综合改革试点实施方案》，出台《广西壮族自治区天然气管道运输价格管理办法（试行）》；出台《广西主电网2017~2019年输配电价改革政策》，降低企业用电成本约6.33亿元；出台《广西非居民用水超计划（定额）累进加价试行方案》。补短板方面，出台《在关键领域和薄弱环节加大补短板工作力度实施方案》。扶贫、城乡社区、就业和社会保障等薄弱环节财政支出分别增长53.4%、48%、24.7%；文化、体育、农业、公共设施管理等短板领域投资分别增长51.2%、37.3%、38.1%、26.3%。

三、市场主体活力着力激发

大力推进国资国企改革。出台《广西壮族自治区本级国有资本经营预算管理暂行办法》《国有企业违规经营投资责任追究办法》《自治区国有文化企业"双效"业绩考核实施细则（试行）》。国家发展改革委选定广西一家自治区直属企业作为国家第三批混合所有制改革试点；选取北部湾银行开展自治区国有企业经营管理层市场化改革试点；批复8家科研院所改制立项，选定国海证券、国宏智泓科技公司等6家企业开展首批国有控股混合所有制企业实施员工持股试点。广投集团、宏桂集团改组为国有资本投资运营公司试点方案获批。印发《自治区直属企业实行职业经理人制度的指导意见（试行）》《广西深化国有企业和国有资本审计监督的实施意见》和《自治区国资委以管资本为主推进职能转变方案》。

积极推动广西完善产权制度依法保护产权工作。印发实施《关于完善产权保护制度依法保护产权的实施意见》，在事关产权保护的立法、执法、司法、守法等各方面各环节体现社会主义法治理念，激发和保护企业家精神，增强各类经济主体创业创新动力，维护社会公平正义，营造良好的经济发展环境。

四、市场体系不断完善

深化实施商事制度改革。印发《广西"多证合一、一照一码"登记制度改革工作实施方案》，自治区工商局等13个部门将35个证照整合到营业执照上。出台《关于全面推行企业登记全程电子化的指导意见》。在全区范围内全面实施企业简易注销改革。开展个体工商户农民专业合作社登记全程电子化试点工作。在桂林市和梧州市开展个体工商户农民专业合作社登记全程电子化试点工作，在南宁市和贵港市开展个体工商户简易注销改革试点。截至2017年12月31日，南宁市工商局适用简易注销程序办理注销登记49577户，贵港市工商局适用简易注销程序办理注销登记5641户。制定广西壮族自治区市场主体信息归集公示管理办法。

推进价格机制改革。修订完善广西定价目录，并向国家发展改革委上报《广西壮族自治区定价目录（送审稿）》。出台广西电网2017~2019年输配电价，完成省级电网输配电价改革，降低输配电环节价格。2017年，在日常电力交易基础上，另外采取弃水电量消纳方案、低价水电临时挂牌交易、免收增量电量基本电费等特殊措施促进企业增产、复产，全年市场化交易总共签约电量401亿千瓦时，降低企业用电成本超24亿元。出台《广西壮族自治区物价局 卫生和计划生育委员会 人力资源和社会保障厅关于调整公立医疗机构医疗服务项目价格（第一批）的通知》（桂价医〔2017〕35号），调整244项医疗服务项目价格，提高产科、妇科、急救、高压氧舱、中医类、病理检查以及涉及儿科的诊查、护理、手术、治疗等矛盾较为突出的、体现医务人员技术劳务价值的部分医疗服务项目价格，降低了大型医疗设备检查项目价格。

推进社会诚信体系建设。印发《自治区建立完善守信联合激励和失信联合惩戒制度》，加快推进《社会诚信建设实施方案》《自治区加强政务诚信建设实施方案》《自治区加强个人诚信体系建设实施方案》《自治区全面加强电子商务领域诚信建设实施方案》《自治区进一步健全相关领域实名登记制度的实施方案》，将社会信用体系建设工作中的城市信用监测状况纳入年度设区市绩效考评范围。编制《广西壮族自治区信用信息目录（2017年版）》，对信用信息的类别、名称、数据项、共享范围等进一步修改明确。14个设区市中，南宁、柳州、梧州三市率先建成市级信用信息平台，其中，柳州、梧州市信用信息平台实现与自治区平台共享互通；钦州市、北海市、防城港市依托广西北部湾经济区信用信息共享平台实现了平台建设目标。

推进电力体制综合改革。印发《2017年广西电力市场化交易实施方案和实施细则》，加快推进售电侧改革，多途径培育售电主体，扩大电力直接交易规模，开展增量配电网改革，放开售电侧市场，允许售电公司参与市场化交易，建立健全有序高效的电力管理体制。全年获得准入的售电公司共92家，其中已开展售电业务29家，市场化交易电量379亿千瓦时，占社会用电量的 26%，位居全国第 11 位。落实好增量配电试点工作，加快推进国家第一批和第二批增量配电业务改革试点。完善电力直接交易制度，扩大电力直接交易规模及范围，有序放开发用电计划。

创新政府配置资源方式。出台《广西创新政府配置资源方式实施方案》，逐步解决政府配置资源中存在的市场价格扭曲、配置效率较低、公共服务供给不足等突出问题，大幅度减少政府对资源的直接配置。建立健全自然资源产权制度，实现自然资源有偿获得和使用；突出国有资本的内在要求，明确委托—代理关系的制度安排，建立健全国有资本形态转换机制；引入市场化手段和方法，实现更有效率的公平性和均等化，促进公共资源配置更高效、更公平、更可持续。

五、财税体制改革进一步加快

印发《自治区以下财政事权和支出责任划分改革工作方案》，印发《关于改革完善自治区对县财政体制促进县域经济发展的实施意见》《改革完善自治区对县财政体制促进县域经济发展具体实施办法》，安排下达 2017 年广西科学发展先进县（城区）、进步县（城区）奖励资金 9.2 亿元。出台《政府购买服务信息公开管理暂行办法》《关于做好行业协会商会承接政府购买服务工作有关问题的通知》《全区事业单位政府购买服务改革工作实施方案》。建立全区政府性债务风险应急处置工作机制。拨付第一批南宁、柳州、梧州、玉林等地 4 个项目 2016 年度 PPP 项目财政以奖代补资金 4070 万元。全区 110 个区直部门、14 个市、111 个县（市、城区）均已建立起本地区预决算公开平台。印发《广西市政公共资源有偿使用收入管理实施办法》。

六、金融体制改革逐步深化

沿边金融综合改革试验区建设进一步深化。以跨境金融、沿边金融和地方金融为改革创新主线，在跨境人民币业务、贸易投资便利化、跨境金融合作等方面成效显著。广西跨境人民币结算总量在全国 8 个边境省（区）中一直保持首位。农村金融改革全面推进。农村金融供给明显增强，农村产权抵押贷款试点全面推进，田东"农金村办"模式得到大力推广，农村信用"四级联创"工作不断加强，产权交易平台建设稳步推进。政府性融资担保体系加快建设。资本金持续补充机制、"4321"新型政银担合作和风险分担机制、融资担保代偿补偿机制、考核评价机制、厅际联席会议协调推动机制五大机制逐步建立健全。

七、投融资体制改革步伐加快

出台《关于深化投融资体制改革的实施意见》。发布《政府核准的投资项目目录（2017年本）》。全面推广应用和完善广西投资项目在线并联审批监管平台，实现对企业投资项目备案的"零前置"和"随报随备"。广西非公经济服务平台建成并上线投入使用。广西与云南两省（区）政府联合行文上报国务院请求在两地各设立一家与香港合资证券公司。国富人寿保险股份有限公司获中国保监会批准筹备，将成为广西首家寿险法人机构。构建绿色金融体系的实施意见上报自治区党委改革办。自治区沿边金融综合改革试验区金融生态评估指标体系、《关于广西农村信用社系统改革方案的分析报告》上报自治区政府。起草《网络借贷信息中介机构业务活动管理和备案登记管理的实施细则》。

八、科技体制改革取得新进展

出台自治区创新驱动发展专项资金管理办法和广西科学技术奖励办法。建成并开通运行广西大型科研仪器网络管理及服务平台。研究修订广西科学技术奖励办法和广西促进科技成果转化条例，印发《广西技术转移体系建设实施方案》，立足于技术转移的全过程、全链条、全要素，系统布局广西技术转移体系建设。研究制定《广西壮族自治区专利权质押融资项目管理试行办法》。2017年，全区高新技术产业增加值增长15.4%，国家高新技术企业突破830家，同比增长29.5%，高新技术产业化指数连续三年位居全国第9位，排在西部地区第3位，高新区数量稳居西部地区首位。全区科技成果登记量达4109项，在超级稻高产攻关、国六发动机研制、ITO靶材制造、大宽幅铝板带热轧等领域取得一批重要研发成果，每万人发明专利拥有量达3.79件。新设立玉林和防城港两个高新区，南宁高新区成为国家级双创示范基地，柳州高新区汽车整车及关键零部件获批国家创新型产业集群试点，国家海洋局第四海洋研究所正式落户广西。全区共拥有国家级科技企业孵化器10家、国家级科技创新基地25家、自治区级科技创新基地264家。

九、新型城镇化和县域经济发展体制机制改革稳步推进

印发《2017年自治区推进新型城镇化重点工作方案》，国家新型城镇化

综合试点取得阶段性成果，形成具有广西特色的"柳州模式"和"来宾样板"。出台《广西城镇建设用地增加规模同吸纳农业转移人口落户数量挂钩工作实施细则》、加强耕地质量建设和占补平衡工作的改革措施，印发《贺州市、柳州市国家产城融合示范区总体方案》，贺州市产城融合示范项目2017年完成总投资34.32亿元。

出台加快县域经济发展的决定等"1+6"系列文件，包括《支持县域经济加快发展的若干政策措施》和《关于加强县域经济发展分类考核的意见》等文件。起草《全区推进经济发达镇行政管理体制改革实施意见》。全区4个首批全国特色小镇建设计划投入资金167亿元，10个镇入选第二批全国特色小镇。积极推动自治区直管县（市）体制改革试点，起草《靖西县域发展与综合治理试验区建设实施方案》。

十、社会保障体系进一步健全

社会福利事业改革深入推进。出台《广西壮族自治区关于全面放开养老服务市场提升养老服务质量的实施意见》及20多项配套政策文件，全面放开养老服务市场，开展养老院服务质量建设专项行动。深化养老机构管理改革。全面实施养老机构星级评定和入住老年人能力评估，开展民办养老机构补贴并实现系统精准发放。出台《加强全区城乡养老服务设施建设规划的意见》《老年人宜居社区建设规范和养老机构（安宁）临终关怀服务基本规范》，深化社区居家养老服务试点，大力发展社区居家养老服务。加强农村养老服务，逐步将40%的乡镇敬老院转型为农村区域性养老服务中心。制定《广西养生养老小镇创建工作实施方案》，推动创建"养生养老小镇"。积极探索医养结合模式，统筹推进医养结合试点。建立医疗卫生机构设置审批绿色通道。推动养老机构内设的医疗机构纳入城镇基本医疗保险或新型农村合作医疗定点范围，将家庭病床医疗费纳入基本医疗保险支付范围。全区30多个各具特色的养老产业园区开始规划建设。推动设立"八桂慈善奖"，不断发展慈善事业。

社会救助事业改革取得新进展。全面建立县级政府困难群众基本生活保障工作协调机制。提高城乡最低生活保障标准和城乡低保平均补助水平，加快推进农村低保制度与扶贫开发政策衔接。科学制定特困人员供养标准和照料护理标准，推进特困人员救助供养制度改革。印发《广西医疗救助与城乡居民大病保险有效衔接实施方案》，全面开展重特大疾病医疗救助。健全完善临时救助制度和边民生活补助政策。

推进医疗、医保、医药联动改革。全面推开公立医院综合改革，全部取消药品加成。印发《建立现代医院管理制度实施方案》，推动完善医院管理制度，建立医院治理体系，加强医院党的建设。印发《关于深入推进医疗联合体建设的实施方案》，全面推进医联体建设。印发《关于规范广西基本医疗保险支付范围管理有关问题的通知》，制定出台了医疗机构药品采购"两票制"实施方案。

第二部分　**领 域 篇**

LINGYÚ PIAN

第一章 行政体制

一、深化"放管服"改革

(一)改革进展情况

(1)持续推进行政审批制度改革,提高工作效率。2017年,广西取消调整行政审批事项81项,其中取消51项,调整30项。清理规范行政审批中介服务事项59项,公布《广西保留为行政审批必要条件的中介服务事项目录》,保留82项中介服务事项。出台《广西壮族自治区行政许可事项目录管理办法》《行政审批制度改革效果定期评估暂行办法》,进一步规范行政审批目录的动态管理,创新建立行政审批制度改革效果评价机制。推进相对集中行政许可权改革试点,南宁、柳州、梧州、北海、防城港、钦州6个试点市设立市行政审批局,实行"三集中",推行"一枚公章管审批,一站式办理业务"。推进清理规范证明事项工作,在南宁市、柳州市本级及所属城区、北海市本级及所属城区、合浦县、恭城瑶族自治县、兴业县、靖西市开展试点,试点市县共保留证明事项519项(含重复事项,下同),取消证明事项774项。

(2)全面实施目录清单管理,强化权力运行监督。全面建立权责清单和公共服务事项目录,严格执行负面清单管理制度,建立动态调整、监督检查、责任追究等长效机制,强化对行政权力的制约和监督。以清单形式规范全区政务服务事项目录范围,自治区本级第一批公共服务事项目录444项。编制优化流程,加强权力运行监管,在全国率先大规模、成体系、全覆盖组织自治区、市、县、乡四级政府部门,开展优化行政权力运行流程工作,开创了"一套标准定规范、双管齐下抓监管、'三高'理念提效率、四级联动增便利、五大要诀(全区行政权力'同一事项、同一标准、同一编码、上下对应、有效衔接')促统一"的"12345"行政权力运行、监管新模式;坚持"进驻是常态、不进是例外"原则，在全国省级政务服务中心率先实现7类共919项行政权力事项全面进驻、集中办理、"一站式"办结。

（3）深入推进投资审批改革，简化投资审批流程。制订深化投融资体制改革实施意见和深化投资审批改革实施意见，发布政府核准的投资项目目录（广西2017年本），积极探索企业投资项目承诺制、"多评合一、统一评审"中介服务新模式、试点金融机构依法持有企业股权，全面推广应用和完善广西投资项目在线并联审批监管平台，推行投资项目网上并联审批，实现对企业投资项目备案的"零前置"和"随报随备"。截至2017年底，全区通过平台办理项目5.43万个，拟投资额11.08万亿元，项目全流程审批时限缩短到70个工作日内。

（4）不断深化商事制度改革，推进企业注册便利化。以推进企业注册便利化为主线，推进"多证合一，一照一码"登记制度改革等系列改革。以减少重复登记和审批环节、优化审批流程为抓手，大力推进"证照整合"改革，在防城港、崇左、钦州、北海等市开展"多证合一"改革试点工作的基础上，将涉及公安、住建、交通、商务、旅游、文化、检验检疫等部门的29项登记备案事项进一步整合，整合证照达35个，实现"多证合一、一照一码"，比国务院规定的时间提前一个月完成。与全国同步全面实行企业简易注销登记改革，进一步推动未开业企业、无债权债务企业简易注销登记改革，探索建立一般注销登记制度和简易注销登记制度相互配套的市场主体多元化退出制度。同时，在南宁市和贵港市开展个体工商户简易注销改革试点，出台个体工商户简易注销程序试行规定和简易注销登记操作规范等改革配套文件。深入推行全程电子化登记管理工作，实现企业登记全流程（名称核准、设立、变更、注销）电子化，以"信息网上飞"取代申请人部门间来回跑，以"键对键"代替"面对面"，推动广西企业"登记管"进入信息化阶段。

（5）持续清理规范收费项目，降低企业运行成本。清理行政事业性收费，取消赃物估价费等地方设立的行政事业性收费4项，取消环境监测服务费等中央设立的行政事业性收费16项，停征出入境检验检疫费等25项，降低商标注册费收费标准、水土保持补偿费等9项。加强对涉企经营服务性收费的规范，按照"横到边、竖到底"的原则和目录清单之外无政府定价的要求，公布自治区、市、县三级政府定价管理的经营服务性收费目录清单并实行动态调整。全面清理整顿行业协会商会、各类中介机构收费项目，停征资质认定行政许可收费，引导收费单位规范自身行为，多措并举降低企业成本。完成省级电网输配电价改革，基本形成"管住中间、放开两头"的电力市场化交易市场，降低广西用气价格。推进行业协会商会与行政机关第二批脱钩试点工作，完成自治区本级行业商会脱钩方案的批复工作，批复率100%，市县脱钩试点覆盖率达到100%。

（6）扎实推进职业资格清理，有效降低入职门槛。开展职业资格清理整顿督查，截至2017年底，国务院明令取消的434项职业资格不再组织鉴定考试和发证。实施职业资格项目公布制度，对国家清理取消的职业资格项目和国家职业资格目录清单，主动在网站同步公布，并设立群众举报电话，接受广大群众监督，确保清单之外一律不进行职业资格许可和认定事项。优化证书发放流程，缩短证书办理时间，公开承诺技师、高级技师证书办理时限由法定20个工作日缩减为15个工作日，其他职业资格证书由法定20个工作日缩减为8个工作日。规范职业资格证书管理，加快广西专业技术资格证书管理系统建设，通过管理系统查验证书，切实解决"挂证"等问题。

（7）强化执法队伍整合，推动综合执法向乡镇延伸。推进市场监管、文化、环保等领域综合执法改革，整合不同领域、不同部门、不同层次的监管力量，充实一线执法队伍，解决多头执法、重复执法、执法力量不够等问题。出台《关于深入推进城市管理执法体制改革的实施意见》，积极部署开展城市管理执法体制改革，自治区本级设立自治区住建厅城市管理监督局，10个市78个县（市、区）设立城市管理综合机构。加大市场监管领域相关机构及执法资源整合力度，全区有38个县（市、区）推进了市场监管领域综合执法改革，将工商、质监、食药监、物价等机构及执法资源进行"二合一""三合一"甚至"四合一"整合。推进综合执法改革向乡镇延伸，整合设置国土规建环保安监站，挂"综合行政执法队"牌子，形成执法合力。247个乡镇（街道）还探索推进了"多所合一"，形成乡镇的"大部委"制，实行综合管理和行政执法。

（8）全面推行"双随机、一公开"抽查机制，推动规范监管。编制《广西壮族自治区政府工作部门随机抽查事项清单》，有43个单位581项抽查事项被纳入双随机监管范围，全区14个设区市都已建立"一单两库一细则"，并实现监管和抽查计划全覆盖推进"双随机一公开"和线上线下一体化监管，建立综合监管体系和政府部门"随机联查"制度，切实减轻分头检查对企业造成的负担。截至2017年底，全区共检查市场主体85577户，各设区市共计对2234户企业开展跨部门双随机联合检查，同时向社会公开抽查结果，实现了抽查事项覆盖率、抽查计划完成率与检查结果公示率三项 100%。

(9) 加大信用数据归集力度，推动社会信用体系建设。出台广西贯彻落实国家社会信用体系建设实施方案，签署和落实信用联合惩戒备忘录，开发建设广西失信被执行人联合惩戒系统，通过自治区信用信息平台推送共享和查询信息，实行联合惩戒。建立失信企业协同监管和联合惩戒机制、经营异常名录和严重违法失信企业名单制度，建立"失信者寸步难行，守信者畅通无阻"的市场监管机制，初步形成"一处违法，处处受限"的信用格局。发布首批《政府部门涉企信息归集资源目录》，涵盖 47 个区直部门，涉及行政许可 552 项、行政处罚 2258 项。全面建成国家企业信用信息公示系统（广西）平台，并通过国家验收。

(二) 改革主要成效

(1) 优化行政权力运行流程工作顺利完成。广西在全国率先大规模、成体系、全覆盖组织自治区、市、县、乡四级政府部门，对行政许可、行政处罚等 10 类行政权力开展优化行政权力运行流程工作，为权力运行铺设标准化、规范化、科学化轨道。优化行政权力运行流程经验做法在第十三届全国政务服务工作经验交流会暨 2017 年度全国政务服务体系建设研讨会上，获得了业内同行的充分肯定和一致好评，并分别得到《人民日报》、人民网、中央政府网、《领导决策信息》、广西新闻网等媒体高层级、多层面、深层次的宣传报道。

经过流程优化再造，自治区本级政府部门行政权力运行流程承诺办结时限平均提速 62%，申请材料共计减少 750 项；市级行政权力运行流程承诺办结时限平均提速 56%，特殊环节办结时限平均提速 26%，申请材料共计减少6565 项，收费事项共计减少 151 项；县级行政权力运行流程办结时限平均提速近 50%，特殊环节办结时限平均提速 30%，申请材料共计减少 25773 项，收费事项共计减少 759 项。在全国省级政务服务中心率先实现行政许可、行政征收、行政给付、行政确认、行政奖励、行政裁决和其他权力 7 类 917 项行政权力事项全面进驻政务服务中心集中办理，"一站式"办结；各设区市、县（市、区）分别有 7037 项和 46743 项行政权力事项进驻政务服务中心集中办理，极大地方便了群众办事。

(2) 清理规范证明事项试点工作实现预期目标。选取南宁、柳州市本级及所属城区，北海市本级及所属城区、合浦县，恭城瑶族自治县，兴业县，靖西市共 3 个设区市、19 个县级政府，按照"谁设定、谁清理"精神，坚持"六个凡是、六个一律"的清理原则开展清理规范证明事项试点工作，即凡是没有法律法规规章设定依据的，原则上一律取消；凡是可以通过部门内部调查或信息共享方式办理的，一律取消；凡是能够通过申请人提供有效证件、凭证办理的，一律取消；凡是能够通过申请人采取书面承诺、签字声明或提交相关协议办理的，一律取消；凡是政府各部门、乡镇人民政府、街道办事处、居民委员会、村民委员会无权查证或无法开具的，原则上一律取消；凡是自治区人民政府发文要求各级各部门取消的，各级各部门一律对应取消。据统计，清理规范后，7个试点市县共保留证明事项519项（含重复事项，下同），取消774项，精简比例近60%。

（3）行政权力运行监管制度进一步完善。在全国率先制定出台《广西行政权力运行监督管理办法》，对行政权力运行流程的编制、优化、动态调整和行政权力的运行、监督、管理作了规定，固化了优化流程成果，强化了制度保障。制定《广西壮族自治区行政权力事项编码规则》，为全区各级各部门行政权力事项及其信息化业务提供统一标准编码，赋予每项行政权力全区统一的"身份证"，推动实现广西行政权力流程标准化、运行网络化、数据公开化。

（三）存在的主要问题

（1）"放"得不够到位。有些下放的权力不同步、不配套、不衔接；行政审批事项多、环节多、耗时长的问题还未根本解决，制度性交易成本仍然比较高。

（2）"管"得不够有力。一些领域存在交叉检查、重复检查，一些涉及民生、安全的重要领域监管乏力；对新技术新产业新业态新模式研究不够，包容审慎监管的理念缺乏，主动服务自觉性不够。

（3）"服"得不够高效。政务服务不够公开透明；一些部门提高政务服务水平的措施有限，办法不多，创新不足；部分中介服务行业还存在垄断、效率低、耗时长等问题；政务服务信息化水平不够高，一些地区政务服务中心硬件基础设施不达标，全区一体化在线政务服务平台未建成，信息共享不畅，制约了办事流程的进一步优化，企业和群众"办事难、办事繁"的情况依然存在，获得感不强。

（四）下一步改革思路

下一步，广西将进一步强化为民服务意识，深入推进"一事通办"改革，以为企业和群众办好"一件事"为标准，以优化再造办事流程为基础，以政务服务平台为支撑，抓好全区优化营商环境大会确定政策措施和目标任务的落实，努力营造便捷高效的政务环境、宽松有序的市场环境、配套完善的商务环境。

（1）编制公布"一次性告知""只需跑一次""一次不用跑"3张清单，继续对办事流程做减法，让程序更简、材料更少、时限更短、服务更优。

（2）以自治区政务服务平台为枢纽，以市级政务服务平台、部门专网、独立信息系统为延伸，加快推进全区一体化在线政务服务平台建设，推进"互联网+政务"深度融合，切实改变传统运行模式，不断满足网络信息条件下社会对政务服务变革的新需求。

（3）加大政务服务供给模式创新力度，针对申请材料、中介服务、网上办事等要素和环节，通过完善相关制度、建立激励机制、加强监管力度等方式，推动政务服务供给模式从以政府部门需求为导向转向以企业和群众需求为导向，持续激发社会和市场活力。

二、事业单位改革

（一）改革进展情况及主要成效

2017年，广西事业单位改革按照中央部署要求积极稳妥推进，南宁市及所辖上林县、钦州市及所辖灵山县开展承担行政职能事业单位改革试点工作，并顺利通过中央编办的评估验收，试点工作基本完成。研究出台《关于从事生产经营活动事业单位改革的实施意见》和《自治区直属从事生产经营活动事业单位改革工作方案》，全面推进从事生产经营活动事业单位改革，截至2017年底，全区已转企改制或撤销的经营类事业单位共72个，完成8.9%。在公益类事业单位改革方面，围绕重点领域和关键环节，核增事业编制1300多名，核定高校非实名人员控制数23000多名（其中第一批下达7000多名），加强公益类事业单位人员编制保障，不断强化事业单位的公益属性。

（1）推动试点市县事业单位承担的行政职能回归行政机关，解决行政职能体外循环问题。通过开展承担行政职能事业单位改革试点，对试点市县事业单位承担的行政职能进行逐项清理并形成职能清单。清理后，保留的行政许可、行政处罚、行政强制、行政裁决等职责均列入部门权责清单并向社会公布。其中由117个事业单位承担的行政决策、行政执行、行政监督等行政职能回归行政机关并已基本调整到位。由52个执法机构承担的行政处罚、行政强制等行政执法职能，清理后先管住管好，逐步纳入综合行政执法体制改革统筹推进。剥离的公益服务职能和为行政职能提供支持保障的技术性、事务性辅助职能，通过与其他事业单位进行整合，进一步强化公益属性。改革后，回归的行政职能将通过整合和业务流程再造，优化调整人员配备，推动行政效能进一步提升。主管部门与事业单位的关系进一步理顺，政府部门职责更加全面清晰。

（2）明确经营类事业单位改革的目标任务，推动营造公平竞争的市场环境。全面部署推进经营类事业单位改革，明确了各类经营类事业单位的改革路径，即对具备条件的事业单位，特别是实行企业化管理或具有事业企业"双法人"资格的经营类事业单位，要转制为企业并使其逐步成为独立的市场主体，公平参与市场竞争。对不具备转企改制条件的，逐步予以撤销或稳妥退出事业单位序列的方式推进改革，其承担的生产经营职能和中介服务职能，通过取消或转入相关企业等方式回归市场。改革到位前，严格控制经营类事业单位的人员编制和经营范围，进一步约束事业单位不公平参与市场竞争的行为，营造公平竞争的市场环境。

（3）推动事业单位回归公益本位，公益服务事业得到进一步加强。积极争取中央支持，推动国家海洋局第四海洋研究所落户广西，进一步加强海洋科研服务广西发展的能力。在高校探索推行非实名用人制度，核定使用非实名人员控制数，解决高校人员紧缺问题。推动7个区域食品药品检验机构、广西黔江示范牧场和广西武宣种畜场等下放属地管理，并在编制上向基层倾斜，基层公益服务供给能力进一步得到加强。同时，结合开展承担行政职能事业单位改革试点和经营类事业单位改革，将剥离的公益服务职能和为行政职能提供支持保障的技术性、事务性辅助职能，通过与其他事业单位进行整合等方式，强化公益属性，推动事业单位聚焦公益事业。

（二）存在的主要问题

（1）推进承担行政职能事业单位改革面临行政编制不足的问题。中央要求承担行政职能类事业单位改革与地方机构改革同步推进，但广西行政编制不足，通过内部调剂根本无法解决所需编制，成为推进改革的瓶颈。

（2）经营类事业单位改革情况复杂，总体进展较慢。广西经营类事业单位，经济效益总体比较差。当前中央和自治区已出台的政策文件比较原则，可操作性不强，还缺乏具体的人员安置、经费提留、财政税收优惠等政策措施，一些涉改单位积极性不高，持等待观望态度，工作推进较慢。

（3）公益类事业单位发展面临编制总量不足的刚性约束。近年来，广西教育、卫生等公益事业发展较快，在中央对地方实行编制总量控制的情况下，广西编制紧缺问题日益凸显，迫切需要通过加大挖潜创新力度加以解决。

（三）下一步改革主要思路

（1）按照中央部署推进承担行政职能事业单位改革。认真总结试点经验，进一步梳理自治区本级重点行业部门相关事业单位承担的行政职能，并按照中央统一部署，结合新一轮机构改革全面推开承担行政职能事业单位改革。

（2）积极稳妥推进从事生产经营活动事业单位改革。积极推动相关部门研究出台人员安置、经费提留、财政税收优惠等配套政策措施。重点推进经济效益较好，特别是已经实行企业化管理或具有事业企业"双法人"资格的经营类事业单位的转企改制。同时积极创造条件，推进经济效益一般但具有发展潜力、转制后能够激发活力、正常经营的经营类事业单位转企改制。

（3）继续推进公益类事业单位机构编制创新管理。按照中央、自治区关于深化高等教育领域简政放权放管结合优化服务改革的有关要求，继续探索创新高校机构编制管理，完善"编制+控制数"的人员总量管理方式。选取广西国际壮医医院和自治区人民医院，开展人员总量管理试点。根据中央、自治区创新驱动大会及有关引进高层次人才文件精神，在自治区本级探索建立引进高层次人才专项编制保障机制。继续开展事业编制挖潜创新，开展理顺事业单位类别划分与编制经费形式衔接工作并适当收回事业编制。探索事业单位负面清单管理制度，进一步加强和规范事业单位管理。

三、经济发达镇行政管理体制改革

（一）改革进展情况及主要成效

根据《中共中央办公厅、国务院办公厅印发〈关于深入推进经济发达镇行政管理体制改革的指导意见〉的通知》（厅字〔2016〕49号）精神，积极推进相关改革工作，起草广西《关于推进经济发达镇行政管理体制改革的实施意见》，明确通过扩大经济社会管理权限、构建简约精干的组织架构、推进集中审批服务和综合行政执法、建立务实高效的用编用人制度、探索适应经济发达镇实际的财政管理模式、创新基层服务管理方式等改革，推动一批人口集聚多、区位条件好、经济实力强的建制镇加快发展，基本建立与其经济社会发展相适应、权责一致、精简高效、运转协调、行为规范、公开透明的新型基层行政管理体制和运行机制，力争到2020年，探索形成10个左右特色鲜明、产城融合、充满活力、辐射带动作用强的新型城镇，为广西加快城乡一体化进程，促进县域经济持续健康发展提供持久强劲动力。相关改革实施意见已按规定程序上报中央编办备案审核，为确保改革顺利进行，自治区成立了推进经济发达镇行政管理体制改革工作小组，加强对改革的组织协调和督促指导。

（二）存在的问题

主要是经济发达镇的数据采集困难。按照中央列明的评定标准，广西大部分经济指标、人口指标等数据只能采集到县级，经济发达镇评选认定工作存在一定困难。

（三）下一步改革主要思路

待中央编办对广西经济发达镇行政管理体制改革实施意见及赋权目录清单予以备案同意后，按规定程序报批实施。同时组织市县开展经济发达镇行政管理体制改革名单申报工作，会同自治区有关部门对市县上报的名单进行评审，指导各市抓好改革组织实施工作。

四、乡镇"四所合一"改革

（一）改革进展情况及主要成效

2017年，按照自治区党委、政府的部署要求，认真贯彻落实自治区党委主要领导关于乡镇"四所合一"改革的批示精神，召开全区"四所合一"改革电视电话会议，研究起草关于深化乡镇"四所合一"改革的实施意见，加强改革工作评估，及时总结改革经验，全区共有1164个乡镇（街道）完成"四所合一"改革，助推乡镇机构改革向纵深发展。改革得到了中央有关部委的充分肯定，中编办主任张纪南专程到广西调研，对广西创新推进乡镇"四所合一"改革工作给予高度评价。

（1）理顺县乡权责关系，推进乡镇政府职能转变。为缓解乡镇有责无权的问题，改革中将部分国土、规建、环保、安监领域管理权限下放到乡镇，合理划分县乡职责边界，明晰行政主体及其相应承担的法律责任，同时明确新组建机构的人、财、物统一划归乡镇，实行以乡镇管理为主、县直部门业务指导为辅的新型管理模式。乡镇政府履行社会管理和公共服务职能进一步健全和完善，逐步实现由传统管控型向服务型转变。

（2）优化资源配置，形成执法工作合力。各地通过精简整合乡镇事业机构和职能，重新优化盘活事业编制资源，着力充实加强基层一线执法力量，使乡镇在相关领域实现了集中管理，形成综合执法合力，达到"1+1>2"的效应。在开展巡查防控、专项治污、依法惩处等方面的措施更加有力，村镇居民偷建抢建、垃圾乱堆乱放、盗采矿产资源等行为得到明显遏制，一些涉及乡镇环境保护和安全生产方面的信访、纠纷也得到及时处理。

（3）转变乡镇干部作风，增强服务意识和执行力。"四所合一"改革把权责同时交给站所工作人员，形成有权必有责、用权必担责、滥权必追责的有力约束，促使乡镇干部守土有责、用权负责、履职尽责、为民服务，改变了过去被动应付上级任务多、主动为百姓解决问题少的状况。相关站所实体化整合后，进驻乡镇政务服务中心集中办公，通过视频监管、制度制约、精细化考评等规范了履职行为，较好地解决了乡镇站所干部慵懒散问题；通过明确分工、统筹安排、统一管理，克服了过去站所之间互相扯皮、效率低下的现象，有力促进了干部作风的转变。

（4）提升基层政务服务水平，让群众办事不再折腾。各地依托"互联网+政务"平台，进一步优化办事流程，创新服务方式方法，各类审批服务事项办结提质增速，便利性不断增强。不少地方为群众提供"一条龙"服务，办证时间从原来的87个工作日缩短到20个工作日。据统计，全区各地"四所合一"机构受理企业群众申请办件量达74073件，共办结65507件（其中乡镇就地就近办理事项18610项）；精简优化办事环节4112个，减少收费项目100项，为企业群众减少收费项目金额约24.2万元；各类行政审批办结提速率平均达到54%，行政审批服务满意率平均达到94%，不少地方高达99.5%以上，企业群众的"满意度"明显提升，基本打通了服务基层"最后一公里"。

（5）促进乡村生态文明建设，增强人民群众的获得感。乡镇"四所合一"改革发端于"美丽广西"建设，最初本意是着力提高乡镇执法监管能力和公共服务水平，改善广大农村生态环境，缩小城乡差距，最终结果体现在创新体制机制、推动生态文明建设、让人民群众受益上。通过加大环境综合整治力度，农村清洁卫生、垃圾污水处理、绿化美化、饮水安全、道路硬化等方面工作稳步推进，彻底改变了农村环境脏乱差的面貌，广西植被生态质量和植被生态改善程度居全国前列，山清水秀的自然生态进一步彰显。

（二）存在的问题

（1）职责履行未完全到位。一些地方上级业务主管部门对乡镇改革指导不到位，沟通协调机制不顺畅，导致"四所合一"机构对上衔接有困难。不少地方的新机构没有实现"化学融合"，原各系统业务仍按条线分割，没有进行流程再造和优化，制度机制不够健全和完善。

（2）工作运行不够规范。不少县级业务主管部门在程序不完善、依据不充分的情况下，仍将一些权限授权委托给乡镇政府或"四所合一"机构，使基层在履职过程中存在先天不足。"四所合一"机构作为乡镇事业单位，通过接受委托获得相应执法权，只能以上级行政机关名义实施行政处罚等行为，不能行使行政强制措施权，执法效率和震慑力受到一定影响。

（3）队伍建设需要加强。从业务结构看，现有人员主要由原国土所、村镇规划建设站的人员组成，环保、安监人员还落实不到位。从年龄结构看，人员老化问题较为明显，35岁以下人员占25%，36~45岁人员占38%，45岁以上人员占37%，有的地方甚至超过50%。从素质结构看，专业技术人员占比仅为35.6%，与自治区70%的要求相比，还存在较大差距。专业人员难招录。乡镇"四所合一"机构空编率为22.4%。虽然2017年大部分空偏已纳入招录计划，但从招录情况看，急需紧缺的住建、环保、安监专业人员很难招入。

（4）工作保障不够有力。虽然大部分地方的"四所合一"机构工作经费已纳入乡镇财政预算，但标准偏低，维持运转困难。相关站所整合并调整管理体制后，上级对口经费下拨渠道受阻，资金扶持力度减弱。专业检查装备和仪器设备配备不到位。全区只有194个乡镇配备了专业设备和执法装备，配备率仅为17%。大部分乡镇未配备执法记录仪、噪声检测仪、便携式打印机等移动执法设备，现场巡查没有配备安全防护用品等。全区共有274个乡镇落实了执法车辆，仅占23.5%。部分地方还存在办公场所老旧，业务信息网络建设滞后等问题，不利于工作开展。

（三）下一步改革主要思路

待自治区人民政府办公厅印发深化乡镇"四所合一"改革实施意见后，推动自治区各部门及市县按照文件所附的改革任务清单，抓好相关任务落实，依法规范授权委托事项，理顺县乡之间工作关系，加强基层执法队伍建设等工作，鼓励有条件的地方探索推进"多所合一"，使改革进一步深化和完善。

五、加强政府部门权责清单管理

（一）改革进展情况及主要成效

2017年，根据中央关于推行政府部门权力清单制度的有关精神，立足建好、管好、用好清单，按照《广西各级政府部门权责清单管理办法》对自治区政府部门权责清单实施动态管理，及时调整19个部门共154项权责事项。

积极推进市县两级政府部门权责清单"两单融合"工作，2017年9月，全区14个市111个县（市、区）全面完成权责清单"两单融合"工作，并对外公布。截至2017年底，自治区、市、县三级政府部门和乡镇政府权责清单"两单融合"工作全面完成，构建起四级政府权力运行新体系。

（1）大刀阔斧削减了不规范不合理的权力。简政放权工作取得实质性进展。在推行权力清单制度的工作中，把取消、下放和推行权力事项属地管理工作列为重点之一，在摸清底数的基础上，按照"职权法定"原则，大力削减没有法定依据且不符合改革方向的权力事项。通过大力精简权力事项，极大地推进了简政放权，有效破解了阻碍政府职能转变，制约市场主体和社会创造活力的难题。

（2）规范了行政权力运行，创新管理方式。推行"两单融合"后，建立公开透明的权责清单，将具有行政权力的区、市、县三级政府部门和乡镇政府权责事项以清单形式向社会公布，进一步推进清单内的权责事项规范化、目录化、动态化管理，逐步打造权力运行新平台，为规范行政权力运行，创新政府管理方式，拓宽了路径。

（3）强化了对行政权力的约束，推动法治政府建设。权责清单按照权责匹配、有权必有责的要求，将权力和责任事项有机地结合起来，既界定和明确了政府部门的法定权力，又厘清了行政机关及其工作人员在行政职权行使过程中应当履行的责任和义务，强化了对行政权力的刚性约束，有效解决权力设租寻租、市场监管薄弱、权力责任脱节等问题，切实推动政府部门把该负的责任负起来，将该管的事情管住管好。

（4）优化了对市场主体、对基层群众的服务，推动服务型政府建设。推行"两单融合"后，进一步加速简政放权、规范审批行为、降低市场准入门槛、提高办事效率，切实为企业发展"松了绑"，为搞活市场注入了新的动力。权责清单还进一步明晰了办事流程和操作规范，让群众清楚知道哪些事情在哪里办、哪些事情该如何办，为群众办事"指了路"，为广大群众提供更加便捷高效的服务。

（5）推动了权力观念大转变、工作作风大转变、政府职能大转变。权责清单把政府部门的权力和责任定下来、晒出来，政府部门哪些事情必须做、如何做，哪些责任必须担、如何担，将毫无保留地展示在社会公众面前，接受公众监督，有效防止隐性权力、滥用权力，促进政府在阳光下运作，充分接受社会各界监督，促进有权不可以任性的权力观念大转变，解决以往政府部门"不作为""乱作为"的问题。

（二）存在的主要问题

权力运行的监督管理机制有待进一步完善。全面完成自治区、市、县三级政府部门和乡镇政府权责清单"两单融合"工作；制定各级政府部门权责清单管理办法，对清单实施动态管理；指导自治区、市、县三级政府部门制定各项行政权力运行流程图，并向社会公开。这些工作只是深化权责清单工作的阶段性成果。按照推行权力清单制度"清权""减权""晒权""制权"的几个步骤，广西只是完成了"清、减、晒"阶段，推进行政权力网上运行监督管理机制还不够健全完善。

（三）下一步工作思路

（1）认真做好权责清单动态调整工作。按照《广西各级政府部门权责清单管理办法》，根据法律、法规、规章的颁布、修订、废止以及部门职能变化情况，及时调整相关内容。同时根据清单使用和运行情况，进一步规范和优化清单中的事项，让清单真正成为部门依法履职、切实承担责任、便民高效的工作导向标。

（2）扎实做好行政权力中介服务事项清理规范工作。按照自治区政府的有关部署，深化权责清单制度建设，加快推进清理规范自治区政府部门行政权力中介服务事项工作，为优化"放管服"改革、优化全区营商环境打实基础。

（3）建立健全权力运行监督管理机制。结合机构改革工作，指导相关部门通过整合现有电子政务网络资源，建设行政权力运行平台，推进清单内的权责事项在平台上运行，大力推进网上办事，接受社会监督。督促相关部门推动行政权力运行流程监督机构发挥作用，强化经各级政府审定的各部门权责清单的刚性约束力，加强"制权"机制建设，推进各部门严格按照清单行使职权，不得擅自变更权力、变相行使已经取消、下放的权力事项，切实维护权责清单的严肃性、规范性和权威性。

（4）进一步强化事中事后监管。积极引导各有关部门主动聚焦权力行使问题易发多发的关键环节，进一步加强事中事后监管力度，推进政府管理从重事前审批向更加注重事中事后监管方式转变，切实把更多精力用到事中事后监管、规范市场秩序上来，实现"宽进严管"，最大限度释放改革红利。

六、公务用车制度改革

（一）改革进展及成效

（1）制定相关配套政策。印发落实中央车改办《〈关于完善配套政策持续巩固公车改革成果的通知〉的工作计划》《关于组织开展自治区公务用车制度改革近期工作的通知》，将妥善处理好县乡基层工作人员公务出行、进一步做好车改后相关政策的衔接、加强执法执勤用车配备使用监督管理、解决异地任职干部回家探亲交通问题等任务分解到具体业务部门。针对规范各部门保留的应急、机要通信用车的使用管理过程中遇到的具体问题，印发了《关于自治区本级公务用车制度改革保留车辆使用管理有关事项的补充通知》，进一步完善相关政策。

（2）完成取消车辆处置工作。根据中央车改办《关于加快公车改革取消车辆处置工作的通知》有关要求，大力推进车辆处置工作。截至 2017 年底，全区车辆取消车辆已基本处置完毕，完成车辆处置 26995 辆，处置完成率 99.75%。

（3）落实公务用车实行标识化管理。根据中央车改办关于进一步做好公务用车制度改革相关工作的要求，自治区车改办于 2016 年 8 月 10 日印发《全区党政机关公务用车实行标识化管理实施方案》，全区党政机关参改单位于 2016 年 9 月底前全部完成车辆的标识化管理。为贯彻落实中央车改办《关于进一步加强地方公务用车平台建设的通知》要求，自治区车改办于 2017 年 4 月 5 日印发《关于做好公务用车喷涂统一标识工作的通知》，进一步规范了全区车辆标识化的喷涂。除免喷涂车辆外，全区已喷涂车辆 25217 辆，标识化率 98.38%，各级各部门基本完成保留车辆的喷涂标识工作。

（4）抓紧推进公务用车平台建设。车改后落实平台建设，加强标识化管理是公车改革管理的有效措施。根据中央车改办有关要求，广西于 2017 年 4 月先后印发《关于加强全区公务用车平台建设的指导意见》《全区公务用车管理平台建设实施方案》。自治区、市、县（市、区）三级公务用车管理平台正在抓紧进行构架搭建和信息录入工作。

（5）完成中央车改办组织的地方党政机关公务用车考核评估系统预填报工作。2017 年 6 月，广西被中央车改办选定为 9 个首批开展公务用车考核评估系统预填报工作的省（区、市）及所辖部分地市、县（区），按时完成了预填报工作。

（6）全面铺开广西企事业单位公务用车制度改革工作。经过反复充分调研论证、测算评估，编制广西事业单位和国有企业公务用车制度改革工作方案，经第五、第六次自治区公务用车制度改革领导小组会议和第十三、第十四次自治区公务用车制度改革领导小组办公室成员单位会议研究，并报自治区党委、政府审定，年底印发了《关于推进全区事业单位和国有企业公务用车制度改革工作的通知》。

（二）存在的主要问题

（1）车改部分配套政策有待进一步建立健全。

（2）车辆平台管理机制还需进一步理顺。

（3）全区事业单位车改情况较为复杂。

（三）下一步工作思路

（1）加快推进公务用车平台建设，实现全区"一张网"。

（2）研究完善车改相关配套政策，持续巩固公务用车制度改革成果。

（3）督促各级各部门及时制订并出台企事业单位车改实施方案，加快企事业单位公务用车制度改革工作。

七、行业协会商会与行政机关脱钩改革

（一）改革进展及成效

（1）坚持强化领导抓脱钩。自治区党委、政府对协会商会与行政机关脱钩改革工作高度重视，制订印发实施方案进行工作部署。自治区党委全面深化改革领导小组将脱钩改革纳入改革任务。自治区政府成立自治区行业协会商会与行政机关脱钩联合工作组，14个设区市也相应成立工作领导机构，统筹协调遇到的矛盾问题，为开展脱钩试点工作提供坚强有力的组织保障。

（2）突出关键环节抓脱钩。一是调查摸底，深入了解脱钩试点情况和存在的主要问题。二是制订方案。自治区行业协会商会与行政机关脱钩联合工作组采取自下而上、上下结合的方法研究确定自治区本级脱钩行业协会商会批次名单，印发《脱钩试点工作方案》《任务推进表》等文件，明确任务、责任及要求。各业务主管单位指导纳入脱钩试点的行业协会商会，围绕"五分离、五规范"制订"一会一脱钩"试点实施方案。各设区市参照自治区做法认真推进。三是动员部署。组织召开联合工作组成员会议和全区第二批行业协会商会与行政机关脱钩工作布置暨培训会，抓好动员部署、业务培训、政策解读。四是加强督察。组成3个工作组，开展脱钩工作督查，督促各市、各单位加快脱钩工作进度。

（3）上下协调联动抓脱钩。一是明确职责。自治区联合工作组及其办公室负责组织领导和综合协调，改革和试点牵头部门负责牵头抓总，各业务主管单位负责具体抓落实。自治区两新组织党工委、编办、外事办、财政厅、机关事务管理局等部门，根据工作职能牵头制订相关配套文件，加强政策指

导。二是强化协调。自治区联合工作组办公室不定期组织召开沟通协调会，通报工作进展，及时协调解决困难问题。脱钩工作开展以来，发改、民政、财政、两新工委、编办、机关事务管理局等相关部门以各种形式协调工作36次。第二批脱钩试点工作中，自治区联合工作组办公室先后3次召开协调推进会，下发各类指导性、政策解读性和批复性文件36份，指导协调自治区科技厅等业务主管单位管理协会资产清查核实工作。三是建立提醒和通报机制。自治区联合工作组办公室定期通报进度，对进度较慢、完成质量较差的单位多次进行通报点名。

（4）完善配套政策抓脱钩。先后制订出台工作方案类文件5件、领导机制类文件2件、配套政策类文件11件。自治区财政厅印发《关于做好行业协会商会承接政府购买服务工作有关问题的通知》，自治区发展改革委转发国家发展改革委等十部委行业协会商会综合监管办法和国家发展改革委等七部委《关于进一步做好行业协会商会与行政机关脱钩改革有关事项的通知》。形成了相对完善的脱钩工作政策体系，有力支撑行业协会商会与行政机关脱钩工作扎实开展。

（5）灵活调整进度促脱钩。针对脱钩工作进程中遇到的实际问题，自治区联合工作组经过深入研究，以桂联组办〔2017〕42号文调整明确相关脱钩程序。创新推行零报告零批复制度，便于职能部门及时全面掌握情况，强化管理；资产清查涉及面广、清查内容多、时间跨度长，在坚持"资产财务分离，规范财产关系"的前提下，实行国有资产脱钩单独清算办法，确保资产清查工作不影响脱钩试点整体进程。

（6）取得成效。根据脱钩实施方案和总体脱钩计划，按照扩大市县试点覆盖区域的要求，2017年全区各级共有588个行业协会商会列入第二批脱钩试点名单，其中自治区本级103个，各市、县（市、区）485个。截至2017年底，自治区本级103个行业协会商会已完成脱钩工作，完成任务的100%，第一批试点和第二批试点数量占全区性行业协会商会总数的50%以上。全区所有市县都纳入脱钩试点范围，市县脱钩试点覆盖率达到100%。逐渐依托社会组织行业管理部门组建社会组织行业（综合）党委，2017年自治区本级分别组建民政管理、住建行业、工业和信息化行业等10个社会组织党委和纪委。全区14个设区市中有6个市已成立社会组织党委，其余8个市的社会组织党委筹备工作也在紧锣密鼓地进行，"分级负责、分类管理、分片兜底"的社会组织党建工作领导体制和工作机制初步建立。

（二）存在的主要问题

（1）不少行业协会商会不愿脱、不想脱。

（2）个别业务主管单位对脱钩工作重视不够。

（3）对脱钩政策理解、把握有待进一步增强。

（4）联合工作组办公室工作力量薄弱。

（三）下一步改革思路

（1）做好支持服务工作。改进各部门服务方式，制定向行业协会商会转移职能的清单目录和政府购买服务目录，完善各项配套政策，支持脱钩后行业协会商会的持续健康发展。

（2）强化综合监管工作。进一步厘清并落实登记管理机关、行业管理部门和相关职能部门的监管职责，建立由社会组织登记管理机关、行业管理部门，以及公安、财政、税务、价格、金融等部门参加的综合监管工作机制，实现有效监督、综合管理，确保脱钩不脱管。

第二章 宏观经济管理

一、深化供给侧结构性改革

2017 年，全区各级各部门全面贯彻落实习近平总书记视察广西重要讲话精神，逐项对标自治区实施意见和深入推进供给侧结构性改革专题实施方案，强化供给侧发力，深化供给侧结构性改革，取得了积极成效。

(一) 扎实有效去产能

(1) 工作措施落实情况。淘汰压减过剩产能。全面完成"地条钢"取缔工作，处置"地条钢"企业 15 家，拆除中频炉 144 台，压减产能 541 万吨；减少煤炭低效产能，关闭煤矿矿井 23 处，减少产能 246 吨；积极淘汰落后低效产能，淘汰铁合金 1.91 万吨、铅冶炼 21.28 万吨、水泥 60 万吨、淀粉 1 万吨、印染 0.05 万吨、造纸 6.16 万吨。有效处置"僵尸企业"，印发处置"僵尸企业"实施方案等文件，针对国有"僵尸企业"的管理主体、经营状况逐个建立档案、设立台账，分类施策，吊销"僵尸企业"945 户。

(2) 存在困难和问题。钢材市场价格不断攀升，导致企业投资意愿较强，"地条钢"死灰复燃风险较大；"僵尸企业"普遍存在企业债务负担重、破产清算周期长、协调工作难度大等问题。

(3) 下一步改革思路。继续深入贯彻取缔"地条钢"长效监管工作方案，加强监督检查，落实重点监管；积极稳妥处置"僵尸企业"，有针对性地采取兼并重组、资本运营、创新发展、关闭破产等不同方式进行精准处置。

(二) 促进房地产健康平稳发展

(1) 工作措施落实情况。认真贯彻落实中央和自治区决策部署，始终坚持"房子是用来住的，不是用来炒的"定位，积极促进房地产积极健康平稳发展。一是抓好分类调控去库存工作。合理安排房地产土地供应，制订住宅用地供应计划，强化住宅用地供应调控目标管理。全年商品房库存面积共计4750.13万平方米，同比下降7.01%，消化周期约10.89个月；其中，商品住房库存面积共计3125.36万平方米，同比下降3.38%，消化周期约8.16个月。二是扩大住房公积金支持住房消费力度。2017年1~11月，全区共使用住房公积金437.84亿元，同比增长6.39%。三是加快棚户区改造和公共租赁住房分配入住力度。截至2017年12月25日，全区棚户区改造项目已新开工8.17万套，完成国家下达年度目标任务8.05万套的101.56%；棚户区改造和公共租赁住房基本建成13.33万套，完成年度目标任务的190.43%。

（2）存在困难和问题。部分城市商品房库存偏低，截至2017年12月底，所有设区市商品住房库存消化周期均小于18个月，南宁、柳州、来宾3个设区市消化周期已小于8个月。部分城市商品住房销售保持持续较快增长，呈现供不应求态势。

（3）下一步改革思路。明确房产交易与登记职责边界，加强房产交易和不动产登记职能衔接和业务办理问题的调研和指导力度。

（三）积极稳妥推进去杠杆

（1）工作措施落实情况。2017年1~11月，全区规模以上工业企业资产负债率55.8%，同比降低0.5个百分点。一是促进企业盘活存量资产。指导宏桂集团"瘦身健体"，将原有45家二级企业重组为9家。开展清产核资，审核批复大锰锰业、农机院、水利所、柳州储运公司等多家改制企业的清产核资报告。二是支持市场化法治化债转股。组织引导交通银行、农业银行、建设银行等国内大型银行与广投、农投、交投、柳钢等重点企业开展债转股。三是发展多层次资本市场。狠抓上市（挂牌）后备企业资源建设，引导企业利用资本市场发展。全区新增新三板挂牌企业19家，待审拟IPO（首次公开募股）企业1家、IPO辅导备案企业3家，区域性股权市场新增挂牌企业401家；全区资本市场直接融资1737.38亿元，占社会融资总量的36.7%。

（2）存在困难和问题。目前广西除部分金融机构与企业签订债转股合作框架协议外，暂无具体实施的债转股项目落地，主要存在自主协商难度大、激励约束机制不健全、实施机构开展市场化债转股内生动力不强、缺乏项目操作经验及专业人才等问题。

（3）下一步改革思路。继续加大工作力度，密切工作联动，动态掌握辖内企业债转股意愿，推动市场化债转股实施落地。

(四) 多措并举降低企业成本

(1) 工作措施落实情况。在继续实施降成本"41条"的基础上,新出台实施降成本"28条",全年为企业减负400亿元以上。2017年1~11月,全区规模以上工业企业每百元主营业务成本85.26元,同比减少0.28元。一是降低制度性交易成本。取消、调整行政许可事项51项、30项,清理规范中介服务事项59项;取消、停征、降低的涉企事业型收费分别为20项、25项、9项;发放"多证合一、一照一码"营业执照7.3万张。大力推进"双随意一公开"监管体系建设。二是严格落实小微企业和科技型中小企业研发费用等一系列减税措施。在每个办税大厅设立研发费用加计扣除申报专窗,严格落实提高科技型中小企业研发费用税前加计扣除比例政策。盈利企业全部享受小微企业税收优惠政策,政策受惠面达到100%。三是降低用能成本。大力推进电力体制改革,开展电力直接交易。组织签订年度长期协议和月底竞价交易电量396.7亿千瓦时,预计可降低用电成本23.57亿元。降低企业用气成本,规定管道液化天然气的非居民用气最高销售价格统一为不超过4.8元/立方米。四是降低物流成本。制订出台推动物流业降本增效促进物流业健康发展48条政策措施。

(2) 存在困难和问题。企业申报研发费用加计扣除优惠政策的积极性不够。一方面研发费用加计扣除政策对会计核算要求门槛高,另一方面对于小微企业而言享受优惠税率的研发费用通常不高。

(3) 下一步改革思路。加大政策措施宣传解读,深化制度性交易成本改革,强化政策落实督促检查,确保政策尽快惠及企业。

(五) 精准发力补齐社会短板

(1) 工作措施落实情况。制订出台在关键领域和薄弱环节加大补短板工作力度实施方案,围绕脱贫攻坚、基础建设、产业升级、科技创新、开放发展、公共服务等关键领域和薄弱环节精准施策。面向短板领域的投资快速增长,扶贫、城乡社区、就业和社会保障等薄弱环节财政支出分别增长39.4%、35.1%、24.1%,文化、体育、农业、公共设施管理等短板领域投资分别增长58.5%、47.9%、38.1%、31.1%。

(2) 存在困难和问题。部分补短板项目前期工作推进不扎实,投资计划下达后不能在规定时间内如期开工;部分交通网络基础设施建设有待继续加强。

(3) 下一步改革思路。继续推进在关键领域和薄弱环节加大补短板工作力度实施方案的贯彻落实,以补齐脱贫攻坚、基础建设、产业升级、科技创新、开放发展、公共服务短板为重点，抓好前期工作，加大有效投资力度，优化现有生产要素配置和组合。

（六）着力振兴实体经济

（1）工作措施落实情况。一是工业经济平稳运行。2017年1~11月，规模以上工业增加值同比增加7.0%，规模以上工业产销率达96.05%、增长13.4%，工业投资累计完成5993亿元、增长4.2%。二是实体经济结构持续优化。2017年1~11月，医药、电子行业增加值分别增长0.9%、11.9%。制造业加快向中高端迈进，高技术产业同比增长15.5%；全区先进制造业占全区规模以上工业总产值的29.5%，接近30%的全年预期目标。三是启动实施技术改造工程。安排企业技术改造资金5.76亿元，支持传统优势产业发展精深加工和延伸产业链，推进铝业、机械、冶金等行业"二次"创业。

（2）存在困难和问题。钢铁、有色金属、制糖等行业产能释放困难，停产半停产企业多。

（3）下一步改革思路。帮助新建企业尽快达产投产，密切关注停产或半停产企业，进一步改革企业发展环境，主动做好工业生产服务，稳住并巩固工业增长势头。

（七）培育壮大新兴产业

（1）工作措施落实情况。一是服务业发展提速提质。切实发挥服务业部门联席会议牵头抓总作用，研究出台促进服务业加快发展若干政策措施，投入3.6亿元服务业发展专项资金，全年新增规模以上服务业企业180家左右。狠抓服务业"两库一区"建设，共有1489个项目纳入自治区服务业重大项目库，280家企业纳入服务业龙头企业库。在一系列措施的推动下，全年全区第三产业增加值增长9%左右，对经济增长贡献率突破50%，其中商务、互联网、软件和信息技术等新兴服务业增长30%以上，分享经济、共享经济、平台经济等新业态迅猛发展。二是战略性新兴产业加快发展。全区节能环保产业企业超过140家，新一代信息技术产业基本形成以北海为龙头、南宁与桂林齐头并进的发展格局，轨道交通装备等高端装备制造业加快发展，新能源汽车产业初步形成纯电动汽车、插电式混合动力汽车及其关键核心零部件和配套产业体系。实施广西健康产业三年专项行动计划，建立健康产业项目库纳入388个重点项目、总投资超过2100亿元。三是新模式促进经济加快转型。广西玉柴、柳州五菱、南宁富士康、皇氏乳业、南南铝业、燎旺车灯等龙头企业相继部署建设智能生产项目。龙州、南丹等13个县顺利获批国家电子商务进农村综合示范县，全区示范县数量达 36 个，横县茉莉花、柳州螺蛳粉、百色芒果、灵山荔枝等特色产业借助互联网拓展销售空间，产业规模不断扩大。

（2）存在困难和问题。服务业还存在占比偏低、结构尚需优化、市场主体竞争力不强等困难和问题。

（3）下一步改革思路。加快促进传统服务业转型升级，推动弥补现代服务业短板，积极培育新行业新业态新模式。

（八）深入实施质量强桂战略

（1）工作措施落实情况。一是深入实施质量提升工程。完成新建计量标准 12 项、发布广西地方计量技术规范 6 项；有机产品认证新增 64 家、75 张证书，证书增幅居全国排名前列；共建成国家重点实验室 16 个，各部委重点实验室 11 个，国家质检中心 11 个。加速推进中国—东盟检验检测认证高技术服务集聚区建设。二是加快健全先进标准体系。加强重要技术标准研究，围绕"14+10"产业及优势特色产业发展需要，主导或参与制修订国家标准 64 项，发布实施地方标准 138 项，下达地方标准立项项目 451 项。三是大力推动品牌建设。新增全国质量强市示范城市 1 个，国家级出口食品农产品质量示范区 3 个，全国知名品牌示范区 1 个，国家地理标志保护产品 4 个，国家水产畜牧产品地理标志 5 个，国家生态原产地保护产品 18 个，239 个产品获得 2016 年度广西名牌产品认定；地理标志商标新增 7 件，累计 49 件；认定 2017 年广西老字号企业 13 家，广西出口名牌企业 15 家；中国建设工程鲁班奖 1 个；新增 5A 级旅游景区 1 家、国家级休闲农业与乡村旅游示范县 3 个、中国美丽休闲乡村 5 个。

（2）存在困难和问题。质量发展水平不高，具有核心竞争力的知名品牌较少，质量发展观念还比较薄弱。

（3）下一步改革思路。深入贯彻落实中央对开展质量提升行动的指导意见，加快推进质量强桂部署，全面实施质量提升、品牌建设、标准提升、质量技术支撑、质量治理、质量素质提升六大工程。

二、深化投融资体制改革

（一）出台相关政策，加快融资创新

（1）出台系列相关政策。2017 年，出台《广西壮族自治区人民政府办公厅关于促进区域性股权市场规范发展的实施意见》（桂政办发〔2017〕

178号），引导支持地方政府将区域性股权市场作为中小微企业扶持资金的综合运用平台，延续对挂牌企业的财政扶持政策，鼓励区域股权市场开展业务产品创新，切实增强融资中介功能。

2017年，自治区金融办与"一行三局"联合印发了《金融业支持广西参与"一带一路"建设的指导意见》（南宁银发〔2017〕215号），与人民银行南宁中心支行联合印发了《关于印发广西农村土地承包经营权和农民住房财产权抵押贷款试点配套政策措施的通知》（桂金办发〔2017〕21号）。

2017年自治区金融办出台了《广西壮族自治区小额贷款公司开展网络小额贷款业务监管指引（试行）》（桂金办函〔2017〕17号），顺应互联网金融发展趋势，积极支持广西小额贷款公司行业开展"小额贷款公司+互联网"创新，规范小额贷款公司网络小额贷款业务，防范网络小额贷款业务风险，保障小额贷款公司及客户的合法权益，促进网络小额贷款业务健康有序发展。

2017年初建立了政府性融资担保体系厅际联席会议制度，成立了联席会议领导小组，设立了联席会议办公室，落实了联席会议成员单位，明确了各成员单位的工作职责，有效协调推进了全区政府性融资担保体系建设。

（2）加快融资创新。小贷、政府性融担扎根小微企业。小贷行业试点至2017年末累计发放贷款2203亿元，90%以上用于"三农"、小微企业和个体工商户经营需求。截至2017年12月末，"4321"新型政银担合作和银担风险分担机制业务累计发生额21.40亿元，总业务在保余额21.64亿元，平均担保费率低于1.32%，有效降低了小微企业融资成本。截至2017年12月底，再担保业务2017年累计发生额18亿元，在保余额18.65亿元，平均担保费率0.45%。

培育发展多层次资本市场。引导辖区证券期货经营机构和私募机构立足广西，聚焦主业，大力拓展各类投资银行和财富管理等业务，积极发掘培育企业上市挂牌资源，助力供给侧结构性改革和"三去一降一补"，提升服务实体经济能力。2017年以来，全区新增证券分公司8家，证券营业部10家，网点布局已覆盖区内所有地市及近一半县域，市场经营和服务体系更趋完善。辖区两家区域性股权市场运营机构挂牌企业已达2721家。

广西在沿边金融综合改革试验区建设中积极开展境外项目人民币贷款业务。2017年5月，国家开发银行广西区分行与中国港湾科伦坡港口城有限责任公司签署了等值8.05亿美元的贷款合同，并纳入"一带一路"国际合作高峰论坛签约成果，为该公司在斯里兰卡科伦坡港口城基础设施项目（一期）建设提供贷款。截至 2017 年末，国家开发银行广西区分行已向该项目累计发放贷款 9.38 亿元人民币。

银行保险业稳步增长。截至 2017 年末，广西金融机构本外币各项存款余额 2.79 万亿元，比年初增加 2420.84 亿元，比去年同期增长 9.51%；本外币各项贷款余额 2.32 亿元，比年初增加 2585.6 亿元，比去年同期增长 12.53%。全年保险业保费收入为 565.1 亿元，同比增长 20.45%，增速比上年下降 1.2 个百分点，全年为全区提供风险保障 39.3 万亿元，比 2016 年增加了 7.3 万亿元，支出赔款和给付 181.8 亿元。保险业保费收入为 565.1 亿元，同比增长 20.45%，增速比上年下降 1.2 个百分点。

（二）全面落实自治区深化投融资体制改革实施意见

按照党中央、国务院部署要求，广西高度重视促投资、稳增长相关工作，自治区党委、自治区人民政府及时出台《关于深化投融资体制改革的实施意见》（桂发〔2017〕12 号），在"放管服"改革、规范政府投资行为、改善企业投资环境、推进政府和社会资本合作等方面采取了一系列政策措施，投融资体制改革取得积极进展。2017 年，全区固定资产投资同比增长 12.8%，增速与上年同期持平，投资增速高于全国平均水平（7.2%）5.6 个百分点，比西部地区平均水平（8.5%）高 4.3 个百分点，排在全国第 9 位、西部第 6 位。其中，广西民间投资扭转了 2016 年以来以一位数低速增长的局面，呈现出快速增长态势。全区民间投资同比增长 8.5%，投资占比 59.3%，拉动全区投资增长 5.2 个百分点，投资贡献率为 41.1%。

（1）优化制度设计，激发市场活力。出台综合性指导文件《关于深化投融资体制改革的实施意见》，探索企业投资项目承诺制、"多评合一、统一评审"中介服务新模式、试点金融机构依法持有企业股权等。推动实现理念上从"管理"到"服务"、内容上从"投资"到"投融资"、程序上从"串联"到"并联"的转变，加快释放市场活力。研究制定《推行企业投资项目承诺制改革的指导意见》，进一步规范全区企业投资项目核准和备案管理，更好地落实企业投资自主权、服务企业项目建设投资。

（2）深化放管服改革，推行利企便民措施。全面贯彻落实国务院和自治区"放管服"电视电话会议精神，推进政府职能转变，强化企业投资主体地位。成功推进项目核准前置事项精减至"两项"，清理规范投资项目报建审批事项，由原来的 58 项精减到 38 项。市县权力、责任清单"两单融合"全面完成，不断规范权力运行。及时修订政府核准的投资项目目录，对国务院取消、下放的核准权限进行确权和修订，企业投资备案项目全部实行属地备案，共计取消和下放核准事项 67 项，取消备案事项 6 项。

（3）加强投资项目管理，建立联合监管机制。出台《广西投资项目在线并联审批监管平台管理暂行办法》，完善联合审批、实时监管、在线审核等功能，进一步规范平台运行管理，实现企业投资项目备案的"零前置"和"随报随备"，更好地落实投资项目监管措施。截至 2017 年底，全区通过平台累计办理项目 5.4 万个。构建社会信用体系管理工作机制，修订信用信息目录，推动统一社会信用代码制度的实施，实行信用信息分类管理，应用自治区层面统一的信用信息共享交换平台，加快推进各信用信息系统的互联互通和信息交换共享。截至 2017 年底，自治区公共信用信息平台归集信用数据 3081 万条。建立政府守信践诺机制，对依法做出的政策承诺和签订的各类合同要认真履约和兑现，坚决杜绝"新官不理旧账"现象，全面清理处置政府违约失信问题。建立因政府规划调整、政策变化造成企业合法权益受损的合理补偿机制。

（4）规范政府投资管理，管好用好财政资金。印发实施《进一步加强中央预算内投资管理的若干意见》，在项目前期管理、计划分解下达、计划执行、资金拨付、政府采购、推进工作机制等方面提出 29 条具体工作措施，全面规范中央预算内投资项目管理。依托国家重大建设项目库、项目三年滚动投资计划，实施分类管理、协调调度和上下联动、分级监管机制，广西中央预算内投资计划执行进度全面提速，2017 年底完成情况跃升至全国第 3位、中西部第 1 位。建立项目台账管理，实行项目进展情况"红黑榜"通报等制度，及时反映当前全区固定资产投资项目建设中出现的新情况、新问题、新趋势。

（5）创新融资方式，破解民企融资难题。获国家核准发行 41 只企业债券，债券规模达 452 亿元。各类私募股权基金蓬勃发展，北部湾产业投资基金、广西铁路发展投资基金投入运营，积极推动设立珠江—西江产业投资基金、广西丝路基金、战略性新兴产业创业投资引导基金等多只自治区基金，计划募集规模 1400 多亿元。成功争取国家安排七批专项建设基金项目 408.5亿元，拉动项目投资超过 6800 亿元。企业债转股取得实质进展，广西交通投资集团、广西建工集团分别与银行签订市场化债转股合作框架协议，累计协议金额达 350 亿元，主要用于改善企业资产负债结构、提升生产经营水平及推进产业转型升级。加强政企合作，积极推动自治区与中国平安集团、中国电建、中民投等企业签署战略合作协议。完善政银企对接交流平台，构建项目月度融资需求信息精准对接机制。加大招商引资和项目落地推进力度，依托"三库一网"（招商项目库、企业名录库、实施项目库和投资促进网），全面开展精准招商百日行动、项目实施百日行动"双百行动"，引进资金5477.7亿元，同比增长11.8%。

（6）稳妥推进PPP（公私合营）模式，扩展民间投资空间。出台推广运用政府和社会资本合作模式增加公共产品供给的指导意见和实施细则，进一步放宽对政府和社会资本合作的准入范围，建立合作模式的工作机制，提高公共产品和公共服务供给能力的效率。截至2017年底，入库项目有684个，总投资7018亿元，已签约107个。进一步规范PPP项目操作流程，加强PPP项目识别，区分使用者付费和政府付费项目实施分类管理。开展全方位、多层次PPP培训，累计培训人数5000人次，社会反响热烈。向社会发布推介自治区第7批引入民间资本项目626项，总投资约6161亿元，引导民间资本投资于交通、电力、市政等基础设施建设及大健康产业等新经济领域，加快形成民间投资新增长点。加大向民企推介力度，组织面向民企PPP项目推介会98次，民企签约PPP项目12个。

通过一系列投融资体制改革举措，广西投资活动不断向市场化、社会化、规范化纵深推进，形成了投资主体多元化、资金来源多渠道、投资方式多样化、投资环境便利化的新格局。据统计，实施投融资体制改革以来，广西固定资产投资总体平稳增长，2016—2017年年均增长12.8%，投资规模不断扩大，投资对经济增长的贡献率在60%以上。

（7）存在的主要问题。一是顶层设计工作有待进一步加强。由于受国际国内形势变幻影响，国家层面"放管服"改革、优化营商环境等加速推进，改革相关试点工作小结、行动方案制订落实等工作略有滞后，仍需进一步加大工作力度。二是各项改革任务推进有待进一步协同。投融资体制改革涉及经济社会发展的方方面面，事关政府职能转变、营商环境优化，需要各地各部门齐心协力、加强联动配合，形成工作合力，共同推进落实。

（8）下一步工作打算。一是强化责任担当，狠抓改革落实，确保按时保质完成各项任务。二是持续推进各项改革任务落实。总结南宁高新区、柳州市柳东新区、中马钦州产业园区试点经验，推动联合评审和企业投资项目承诺制。加快投资项目审批管理服务"一网通办"，强化数据共享和互联互通，不断提升服务水平。完善和全面推广运用广西投资项目在线并联审批监管平台，尽快实现项目申报、审核审批、计划下达、进度管理等全流程在线运行和监管。强化社会信用体系建设工作机制，依托全区信用信息平台，推动完善联合奖惩的信息共享、工作措施和考评机制建设。三是进一步拓宽多样性融资渠道。鼓励企业通过债券融资，重点支持城市轨道交通、棚户区改造、现代物流、农村产业融合以及增强制造业核心竞争力的转型升级等重点项目。有序推进政府和社会资本合作，采取扩大自主投资、引导基金、债转股、PPP 等模式推进项目建设。加大招商引资力度，向社会发布推介自治区第 8 批引入民间资本项目，重点推动民间资本投资于交通、电力、市政等基础设施建设及大健康产业等新经济领域，加快形成民间投资新增长点。规范有序推进 PPP 模式，开展传统基础设施领域 PPP 项目库清理自查工作，进一步规范 PPP 项目操作流程，加快筹建 PPP 专家库，提高 PPP 项目建设质量。四是进一步提高民间投资便利性。开展优化营商环境大行动，为广西投资发展提供更加优质的服务环境。继续推动"事前审批"向"事中事后监管"职能转变。探索建立"多评合一、统一评审"的中介服务新模式，进一步整合各类评估评审事项，提高评估评审效率。加快完善广西投资项目在线并联审批监管平台的相关功能，尤其在审批联动、信息互通、协同监管等方面争取实现有效对接。

（三）重点缓解工业企业融资难题

（1）主要措施和成效。一是创新融资方式，拓宽融资渠道。为了拓宽投融资渠道，带动社会资本投入，提高财政资金使用效益，促进广西经济持续快速健康发展，广西设立了首期 30 亿元的广西政府投资引导基金。截至2017 年底，广西共设立了 11 只政府投资子基金，基金总规模 323.23 亿元，其中政府投资引导基金出资 47.6 亿元。同时政府投资引导基金通过直接股权投资的方式，支持新兴产业和先进制造业发展，出台《广西壮族自治区人民政府办公厅关于广西政府投资引导基金直接股权投资管理暂行办法的通知》（桂政办发〔2017〕45 号），2017 年下达第一批新兴产业直投项目合计13 项，共需政府投资引导基金直投 16.16 亿元。这批项目实施可带动总投资211.18 亿元，其中固定资产投资 113.14 亿元。项目建成投产后，预计可新增年销售收入 1088 亿元，实现利税 169 亿元。这批项目的实施，将直接拉动广西工业投资增长，加快工业投资结构调整，同时创新工业重大项目投融资方式，并加快创新成果转化为现实生产力并形成新增长点，促进广西新兴产业发展。二是探索风险补偿机制，扶持中小企业发展。为鼓励金融机构加大对中小企业的信贷支持力度，自治区财政按照金融机构本年度小企业贷款平均余额的净增加额的 0.5% 予以风险补偿。同时，为鼓励融资性担保机构积极为中小微企业融资提供信用担保，自治区财政按照担保机构上年结转的中小微企业融资在保平均责任额的 4‰ 给予担保风险补偿，按照当年新增符合条件的中小微企业融资担保责任平均额的2‰给予担保风险补偿。通过小贷风险补偿专项资金和中小微企业信用担保风险补偿资金，鼓励担保机构和金融机构为中小微企业提供担保、贷款，扩大中小微企业贷款规模。2017年，13家中小企业担保机构获自治区财政补助中小微企业信用担保机构风险补偿资金2932万元，引导信用担保机构为3053户中小微企业担保，担保金额308.7亿元。66家银行分行（支行）、农村信用社小额贷款公司获自治区补助1459.88万元小企业贷款风险补偿资金，引导金融机构为小微企业贷款78.95亿元。三是发挥财政资金作用，助力新兴产业发展。为进一步发挥自治区工业和信息化资金的引导作用，通过提供融资担保服务，切实解决广西工业新兴产业企业融资难融资贵问题，2017年自治区工业和信息化委与广西金融投资集团共同出资设立广西工业新兴产业融资担保基金，注入广西中小企业信用担保有限公司，截至2018年6月已注入资金3亿元（含财政拨付2亿元，广西金融投资集团出资1亿元）。新兴产业融资担保基金专项为工业新兴产业企业提供融资担保服务，对于担保额度在2000万元以下的，纳入政策性担保范围，按照年化不高于1.5%收取担保费，对于担保额度在2000万元以上的，按照年化不高于2%收取担保费，远低于商业性担保公司费率，从一定程度上缓解了企业融资难融资贵问题。

（2）存在问题。一是融资渠道较为单一。目前，广西工业企业的主要融资方式还是以现有的银行为主，现有金融机构服务水平整体偏低，服务手段较少，缺乏创新性金融产品和服务，中小企业融资难融资贵问题仍普遍存在。二是利用资本市融资能力偏差。广西企业普遍存在规模较小、成长性不高、公司治理结构不合理、企业金融人才缺乏等问题，都形成了制约企业通过资本市场发展的瓶颈。三是银行支持中小企业的力度有待加强。随着各家银行的不良贷款有所增加，造成大多数银行不断压缩中小企业贷款，对新增贷款十分谨慎，各家银行广西区分行不断上收市级分行贷款审批权限，导致部分地市"惠企贷"业务发展未达到预期效果。

（3）下步工作计划。一是做大做优广西工业新兴产业融资担保基金规模。按照目前广西工业新兴产业融资担保基金3亿元规模，基本满足首批项目建设申报需求，收到良好效果。下一步将进一步扩大广西工业新兴产业融资担保基金规模至10亿元，利用自治区工业和信息化资金的引导作用和金投集团覆盖全区的担保服务网络优势，进一步加大对工业新兴产业企业的支持力度，加快推动工业新兴产业发展。二是建立广西重点工业企业专项转贷资金机制。根据广西壮族自治区工业高质量发展大会及进一步深化改革创新优化营商环境大会精神，为缓解广西工业企业融资转贷环节存在的"资金周转难、成本高"的问题，广西财政将通过实施以奖代补政策，鼓励各地建立重点工业企业专项转贷资金机制，防止企业资金断链，降低银行机构收贷后不再放贷或抽贷、缩资的概率，帮助企业解决"过桥资金"难题。各级政府财政部门结合当地的实际情况，安排专项资金建立首期转贷资金。每年根据转贷资金使用、企业需求情况以及财力状况，采取滚动支持的方式，逐步增加资金的规模，更好地满足当地重点工业企业和小微企业的融资需求。当条件成熟时，鼓励和支持社会资本共同参与，对参与的社会资本，在收入分配时给予适当倾斜。三是进一步加快投融资平台建设。加快工业投融资体制改革，按照公司法人治理结构和现代企业制度要求，建立专业投资管理、市场化运营的工业国有资本投资、运营公司。加快广西工业投资发展有限公司投入运营，尽快发挥工业投融资平台的作用，直接投资重点产业项目，推进投贷结合，带动新增金融机构贷款。协调帮助企业通过发行债券、融资租赁、应收账款质押、风险投资、上市等方式筹措项目建设资金，确保重大工业项目建设顺利推进。鼓励和支持有财力有条件的市县探索建立工业国有资本投资、运营公司，搭建投融资平台，通过资金注入和提供授信，不断扩大市县投融资平台工业投融资规模。

（四）推进环保审批"放管服"和简政放权工作

（1）规范项目环境影响评价行政许可流程。一是根据自治区人民政府优化行政审批流程工作安排，牵头组织部分市县集中编制并印发环保系统行政权力运行流程模板，确保三级环保部门行政权力同一事项、同一标准、同一编码、上下对应、有效衔接。二是进一步优化自治区、市、县三级行政权力运行流程，规定办事条件、资料要求、流程、环节、时限，规范行政许可行为，尽可能缩短行政审批对外承诺办结时间。

（2）清理前置审批条件并同步开展许可事项前期工作。一是严格执行新修订《环境保护法》和《建设项目环境保护管理条例》，取消建设项目备案或批复项目建议书作为项目环评编制前置条件，取消水土保持方案审查、主管部门预审环评文件作为环保部门受理和审批项目环评文件的前置条件。二是同步开展项目环评报告编制、技术评估和受理审批工作，减少项目前期办理环节和办理时间。

（3）推进行政审批事项网上并联审批办理。一是加快环境保护行政审批平台建设，积极配合自治区发展改革委进行平台开发测试，进一步优化广西环保审批操作规范及工作流程。二是严格按照《广西壮族自治区人民政府办公厅关于印发广西投资项目在线并联审批监管平台运行管理暂行办法的通知》（桂政办发〔2017〕6号）有关要求，对涉及建设项目所有行政审批事项均要求业主提供项目代码。三是根据自治区人民政府行政审批制度改革要求，制定建设项目各项环保审批工作规则和办事指南，依法公开受理情况、办理过程、审批结果，通过官网发布政策信息、中介服务信息等，为企业开展环境保护各项审批申请提供参考和帮助。四是自治区政务服务中心环境保护厅窗口有效落实一口受理、网上办理、规范透明、限时办结的行政审批管理要求，并组织对市县两级环保行政审批窗口人员进行培训，提高审批人员的业务水平。

（4）严格管控环评中介服务市场。环评机构编制环境影响评价报告的质量直接影响项目环评审批效率，自治区环保厅加强对辖区从业环评中介机构的监管，提高其编制环境影响评价报告的质量，一是加强考核工作，2017年抽查环评文件数量692件，根据抽查结果，处理了15家环评中介机构。对其中3家环评机构做出责令限期整改12个月的顶格处理。首次对21名环评工程师个人做出责令限期整改6个月、3个月和全区通报批评的处理。所有处理通报文件均在《广西日报》等主流媒体和自治区环保厅官方网站主动公开，同时抄报生态环境部。二是实时监控，自2017年开始，广西环保审批系统实现全区环评审批数据的实时报送，自治区环保厅及时掌握审批情况和环评机构从业分布情况，及早指出审批存在问题，提前发现不良从业状况，提高监管效率。

（5）严格查处环境违法行为，督促企业自觉守法。2017年以来，全区各级环保部门查处"未批先建"建设项目1486件，根据《环境影响评价法》第三十一条规定，按照建设项目投资额1%至5%额度并综合考虑违法情节和危害后果实施处罚，处罚金额总计5381.2527万元，并责令项目停止建设。查处违反"三同时"制度和"未验先投"环境违法行为557件，根据《建设项目环境保护管理条例》第二十三条规定，处罚金额总计2706.2424万元，并责令停止生产或投入使用。通过对环境违法行为的查处，有力地震慑了企业的环境违法行为，较好地扭转了企业"守法成本高，违法成本低"的形势，促进了企业进一步提高自觉守法的意识。

（五）深化建设用地报批机制改革

自治区国土资源厅创新建设用地报批工作方式，改进广西建设用地报批机制，建立了县、设区市、自治区三级国土资源主管部门，按照统一审批系统、统一数据平台、统一审查流程，各负其责、逐级会审、逐级上报的"三级联审"建设用地审批管理制度。制定了《建设用地审查报批"三级联审"暂行管理办法》(桂国土资规〔2017〕3号),明确了三级国土资源主管部门的职责,其中县级国土资源行政主管部门负责建设用地基础性审查,对申报用地报件材料的真实性、合法性负责;设区市国土资源行政主管部门负责建设用地实质性审查,对申报用地报件材料合法性负责;自治区国土资源厅负责建设用地形式性、复核性审查,对设区市国土资源行政主管部门出具的审查结论性意见符合当前法律法规规定的,不再重复审查。开发建设了用地报批"三级联审"系统,2017年报件一次性通过率提高40%以上,厅本级审查办结时间平均缩减5个工作日。2017年度全区批准用地18506公顷,同比增长14%;供地19426公顷,同比增长29%。

三、完善产权保护制度依法保护产权

(一) 改革进展及成效

(1) 优化制度设计。2017年,自治区党委、政府出台《关于完善产权保护制度依法保护产权的实施意见》,积极探索建立自治区依法保护产权工作协调机制。自治区高级法院制定落实完善产权保护制度、依法保护产权相关政策责任分工表。自治区高级法院、自治区检察院、自治区公安厅、自治区国家安全厅均出台办案质量终身负责制和错案责任倒查问责制实施意见,自治区司法执法人员侵犯产权的责任追查制度体系基本形成。自治区发展改革委开展完善广西非公有制经济产权保护制度研究的课题研究。自治区公安厅出台广西公安机关涉案财物管理实施办法,实现涉案财物管理公开公正、规范高效。

(2) 切实加强多种所有制产权保护。深入开展不动产统一登记改革,尤其是加快农村产权登记工作和各项产权制度改革试点工作的推进。进一步深化国有林场改革,完善集体林地林权证发放工作,稳步推进集体林地所有权、承包权和经营权"三权"分离试点工作,建立全区统一联网、开放型的林权交易市场。

(3) 完善平等保护产权的法规制度。修订地方性法规,在国家修订完善物权、合同、知识产权等相关法律制度的基础上,结合广西实际情况,开展了《广西壮族自治区促进科技成果转化条例》的修订工作。依法妥善处理柳州"5·23"专案涉案白糖处置、兆虹控股有限公司法定代表人叶康敏侵占公司财产案等一系列侵害民营企业合法权益案件,加大对非公有财产的刑法

保护力度。围绕"减税降费"改革，加大对侵害市场主体合法财产权、经营权的各类犯罪查处力度，自治区高级法院指导柳州市法院依法审结涉案金额12亿元的正菱集团非法吸收公众存款案。

（4）审慎把握处理产权和经济纠纷的司法政策。印发领导干部干预司法活动、插手具体案件处理的记录、通报和责任追究实施办法，广西壮族自治区人民法院支持配合监察体制改革试点办理职务犯罪案件的办法，职务犯罪证据收集指引等文件，加大对利用职务便利侵占、挪用非公有制经济主体财产的犯罪惩罚力度。2017年，广西共查处领导干部及司法机关内部人员违法干预、过问案件行为3起，审理、指导审结区管干部职务犯罪案件23件23人，其中涉案金额超过1000万元的11件11人。加强破产审判工作，推动完善破产重整、和解制度，促进有价值的危困企业再生。自治区高级法院审理的桂林广维文华旅游文化产业有限公司破产重整案，是全国首例由高级法院受理的破产重整案件。通过审理，公司顺利完成股东变更，保证了公司持续营运并加大升级改造力度，"印象刘三姐"的文创品牌重现辉煌，同时解决了800多名演职人员的就业以及关联公司548名职工安置问题。此外，自治区高院还积极稳妥处置负债总额145亿元的广西有色金属集团有限公司及关联企业破产系列案件，妥善处置"僵尸企业"。在审理涉外产权纠纷案件中，广西法院坚持平等保护中外产权人合法权益。北海海事法院成功调解一起涉案标的额2100多万元，涉及俄罗斯、乌克兰、马绍尔群岛的海上货物运输合同纠纷案，取得了良好的法律效果与社会效果，为"一带一路"重要航运枢纽建设和航运市场营造了公平的营商环境。

（5）完善涉案财物保障制度。一是查人找物实现由传统的"登门临柜"向现代的"网络查控"的深刻变革。在实现对被执行人在全国范围内的存款、车辆、工商登记、证券等14类16项信息在线查询的基础上，进一步完善网络执行查控系统建设。自治区高级法院将网络查控财产类型逐步扩展到银行理财产品等金融衍生产品，与工商部门开通股权查询冻结公示功能，2017年6月与自治区不动产登记部门完成不动产查控系统建设，率先面向"总对总"全国网络查控系统开放使用。在自治区高级法院部署推动下，各地法院利用微信等网络平台精准公布失信被执行人，南宁基层法院对被执行人实现了依靠公安交警部门定位查询、车辆控制，柳州、崇左、梧州等地将综治网格化系统平台共享至法院执行系统，桂林法院实行律师签发调查令、南宁法院引入执行悬赏保险机制等，有效探索破解找物难题。二是财产变现由传统委托拍卖向网络司法拍卖转变。自治区高级法院在总结司法联拍成效经验的基础上，认真落实司法网拍优先原则，制定下发了《关于网络拍卖操作流程规范（试行）》，在全国率先推出当事人自行协商或向有关部门询价确定起拍价等创新做法，破解拍卖机制障碍。自治区高级法院与自治区地税局签订税费征缴司法协作合作协议，解决网拍税费责任、信息不畅问题，建立标的物评估询价机制，充分尊重和依法保护当事人的合法权益。

（6）建立"基本解决执行难"工作机制，依法保护诉讼当事人产权。自治区政法委与自治区高级法院共同制定印发了《广西法治建设工作领导小组"基本解决执行难"工作的意见》，明确了广西"用两年时间基本解决执行难"的工作目标，提出通过加强法院执行队伍建设、加强执行规范化建设、加强推进网络查控体系建设、加强信用惩戒体系建设等多种措施解决执行难问题，在全区建立起建立"基本解决执行难"工作机制，有效维护各种所有制经济组织和公民的财产权。

（7）积极完善政府守信践诺机制。开展广西贯彻落实国家五个社会信用建设领域重要文件实施方案的起草工作，其中包括建立完善联合奖惩制度、加强政务诚信建设等文件，进一步推动广西建立完善以奖惩制度为重点的社会信用体系运行机制。开展政府失信专项治理行动，有效推动广西政务诚信建设，35个失信政府机构达到从失信被执行人名单中删除条件。

（8）完善财产征收征用制度。严格贯彻执行《国有土地上房屋征收与补偿条例》和《关于贯彻〈国有土地上房屋征收与补偿条例〉的通知》，围绕管理机制、工作机制、征收程序、补偿办法、规范化管理，依法开展城市房屋征收，维护人民群众合法权益。2017年，全区共对171个项目做出征收决定，涉及19561户，房屋建筑总面积291.5084万平方米。

（9）加大知识产权保护力度。实施广西知识产权（专利）执法体系建设与能力提升行动计划，逐步建立健全全区专利执法维权援助工作体系，新增专利行政执法人员134名，实现全区知识产权（科技）系统全面覆盖。进一步建立健全知识产权维权援助工作体系，在电力、碳酸钙等6个行业建立知识产权维权援助工作机制，在广西南南铝加工有限公司等76家重点企业设立知识产权维权援助工作站。加强对广西地方特色产业和传统老字号品牌司法保护力度，妥善审理瑶族传统药学、壮族刘三姐民间传说等著作权纠纷案件。推进知识产权民事、行政、刑事案件审判"三合一"和知识产权审判标准化工作，制定侵害商标专用权裁判指引。打造知识产权特色审判方式，引入专家参与调查案件事实机制，对技术复杂、专业性强的案件，采取召开专家咨询会、到有关部门调研等方式解决案件中的问题。建立"司法+行政"联动解决知识产权纠纷机制，玉林市中院与玉林市工商行政管理局联合发布《关于建立侵害商标权纠纷司法调解与行政调解衔接机制的意见》，实现行政执法机关与司法机关之间、行政执法与解决民事赔偿纠纷之间的信息互联互通，促进行政执法机关依法查处行政违法案件，实现知识产权纠纷解决的多元化。广西法院连续五年有 6 个案件被最高人民法院评为"年度中国法院 50 件典型知识产权案例"。自治区高院审结的"博Ⅲ优植物新品种侵权纠纷案"被最高人民法院评为 2017 年度"中国法院十大知识产权案件"之一。2017 年，广西各级法院共受理各类知识产权案件 1972 件，其中著作权纠纷 529 件，商标权纠纷 369 件，专利权纠纷 150 件，技术合同纠纷 37 件，其他知识产权纠纷 124 件。开展全区版权保护优秀单位评选活动和作品著作权自愿登记工作。修订完善广西知识产权（专利）系统社会信用体系目录，将专利侵权、假冒专利行政处罚案件信息纳入企业和个人信用记录。

（10）健全增加城乡居民财产性收入各项制度。抓好广西国有控股混合所有制企业开展员工持股试点实施细则等文件落实，在全区符合条件的企业开展试点工作，建立员工利益和企业利益、国家利益激励相容机制。积极引导银行业金融机构通过"有形资产抵押+知识产权质押""股份质押+知识产权质押"等贷款模式，将知识产权质押作为补充增信手段。进一步深化农村土地制度改革，继续在北流市开展农村集体经营性建设用地入市改革试点工作。

（11）营造全社会重视和支持产权保护良好氛围。通过开展法律进企业、进商会活动，提高民企产权保护和守法诚信经营的意识，进一步增强民营企业抵御风险能力。举办各民主党派、工商联、无党派人士代表座谈会，"依法保护民营企业产权"商会讲坛，"依法保护民营企业产权，促进非公有制经济健康发展"座谈会等系列活动。按照"谁执法谁普法"普法责任制要求，充分利用报纸、电台、电视台、"两微一端"等传统媒体和新媒体，狠抓宣传防范，特别是针对执法办案中发现的经济犯罪新变化、新形态，加大宣传教育力度，提高市场主体和广大群众的识假防骗能力，营造崇尚创新、诚信守法的良好社会氛围。

(二) 存在的主要问题

（1）产权保护理念还不适应经济发展的要求。民营企业依法保护自身产权的观念不够强，公众对民营企业产权保护的认识还跟不上非公有制经济的快速发展。

（2）现有产权保护方面的相关制度规定相对滞后，专利行政执法基础还比较薄弱。一些现行规章、规范性文件的规定与当前"放管服"改革新形势要求不相适应,审查工作机制有待进一步加强。

（3）产权保护工作发展不平衡,司法履行产权保护的能力和水平有待进一步提高。产权保护工作的大宣传格局还未形成。

（三）下一步改革思路

（1）尽快建立自治区产权保护协调工作机制。建立由党委牵头,人大、政府、司法机关等共同参加的产权保护联席会议制度。

（2）继续加大对政府规章、规范性文件的合法性审查和备案审查力度,结合公平竞争审查,确立涉及产权保护的政府规章、规范性文件审查的具体标准,完善审查机制,促进平等保护各类市场主体权益。

（3）推进司法体制改革,围绕法官、检察官的管理、使用、保障、监督、惩戒等抓好相关配套改革,同时建立健全司法机关领导、部门领导办案机制,努力打造一支精英化的司法队伍,确保涉产权的案件得到公正、高效的办理。

（4）建立"依法保护民营企业产权"宣传长效机制,营造共同参与知识产权保护的舆论环境。

（5）进一步加强政法队伍建设,为依法保护产权提供可靠力量保障。以解决群众反映强烈的不正之风为重点,建立作风状况经常性分析研判机制、群众反映问题及时核查机制和群众满意度定期调查机制,形成正风肃纪长效机制。全面落实党委政法委纪律作风督查巡查制度,通过经常性明察暗访,切实把政法队伍作风好转的势头保持下去。

（6）加强地方立法,适时修订《广西壮族自治区专利条例》,加快实施知识产权执法体系建设与能力提升行动计划。加强知识产权维权援助体系建设和知识产权领域社会信用体系建设,大力营造诚信守法的社会环境。

四、推进社会诚信体系建设

（一）主要进展和成效

（1）社会信用体系制度机制建设更趋完善。研究起草广西贯彻落实国家五个社会信用建设领域重要文件的实施方案,包括建立完善联合奖惩制度、加强政务诚信建设、加强个人诚信体系建设、加强电子商务领域诚信建设、实行相关领域实名登记制度等方面,2017年11月经自治区人民政府常务会审议通过并印发实施。

（2）信用信息基础建设取得新进展。自治区公共信用信息平台完成竣工验收，"信用广西"网站良好运行，主要设置信用动态、政策法规、联合奖惩、双公示、守信红名单和失信黑名单等栏目，向社会提供企业信用信息、个人信用信息查询。全区法院建成以最高人民法院"总对总"网络执行查控系统为核心、以自治区高院"点对点"网络执行查控系统为补充，纵横覆盖全国的执行网络查控系统，查控范围扩展至3800多家银行，区内"点对点"查控平台信息源拓展至17个领域、172个接口，实现对被执行人在全国范围内的存款、车辆、工商登记、证券、不动产等16类25项信息在线查询，执行法官在办公室即可查控、扣划被执行人财产，彻底改变以往靠"登门临柜"查人找物的传统模式，极大地提高了查控效率。区内地方银行全部实现了存款查冻扣一体化，并将网络查控财产类型逐步扩展到银行理财产品等金融衍生产品。自治区高院与自治区工商局加强信息共享和业务协助，提高涉企信息查询效率，实现信息自动公示，开通股权查询冻结公示功能；与自治区国土厅联动推进不动产登记部门完成不动产查控系统建设，可对增量不动产进行网络查控，并在全国率先向"总对总"网络查控系统开放使用；与自治区地税局建立税费征缴、执行协助等工作机制，加强查询标的计税价格、信息共享等协作，提高财产处置效率。南宁市在全国率先建立不动产网络司法查控平台，为辖区两级法院提供不动产登记结果自助查询服务，提高不动产登记查封、解除查封业务的办理效率；南宁、梧州、崇左等地与公安实现查人找物联动，利用交通智能指挥平台查找车辆、破解路面扣车难题。全区一半以上市县将综治网格化系统平台共享到法院执行工作中，实现高效找人。

（3）信用数据归集共享取得新突破。截至2017年底，自治区信用信息平台共归集厅级单位的信用数据4300多万条，比2016年末增加1700多万条，增长约65%；归集设区市信用数据3545万条，比2016年末增加3432万条，大约是2016年数据量的31倍，并已实现全区14个设区市信用数据全覆盖。

（4）信用联合惩戒取得新成效。自治区多个部门联合签署或联合转发了《对重大税收违法案件当事人实施联合惩戒措施的合作备忘录》等多个领域联合惩戒备忘录，各部门通过自治区信用信息平台推送、共享和查询失信主体信息，依法对有关失信行为实施联合惩戒。自治区高院与自治区44个单位签署联合信用惩戒文件，进一步深化与执行协助单位的网络对接及信息共享，推动银行、交通、民航、旅游等单位将惩戒措施嵌入业务流程，落实对失信被执行人联合惩戒措施，联合惩戒治理"执行难"机制作用得到有效发挥。各级法院定期向自治区发展改革委牵头建设的"诚信广西"推送失信名单，联合工商、政府招投标等多部门、多平台共同拒绝失信被执行人参与市场活动。自治区发展改革委把支持配合执行工作和履行生效裁判情况作为对全区信用体系建设工作考核的重要参考。各级法院与公安、检察机关密切合作，达成共识，持续加大对拒执犯罪的打击力度。2017年，全区法院已累计发布失信被执行人名单5万例，限制高消费5.19万例，限制乘坐飞机、高铁和限制出境8.15万人次，司法拘留0.56万次。随着综合治理执行难大格局的巩固完善，被执行人规避执行、抗拒执行和外界干预执行现象得到了有效遏制。通过强化对失信被执行人的信用惩戒，执行难问题得到明显缓解。2017年，全区法院受理执行案件145263件、执结123465件，同比分别上升24.96%、21.04%，标的到位192亿元，同比上升62.7%，执行工作明显好转。

（5）开展2016年度广西"守合同重信用"企业公示活动。2017年，为鼓励企业加强合同和信用管理，推进社会诚信体系建设，自治区工商局开展了2016年度广西"守合同重信用"企业公示活动。"守合同重信用"公示活动实现网上申报、网上评分、网上公示、网上监督，公示活动得到了社会各界的充分认可，企业积极参与，2016年度申报活动中，申报企业数比上年度增长了52.0%。充分发挥了企业的内在动力，累计有1478家企业在"守合同重信用"网上申报系统上向社会公示了37230条合同履约信用信息，变"要我诚信"为"我要诚信"。

（6）严厉打击拒不履行生效判决、裁定的犯罪行为。全区各级法院与当地人民检察院、公安机关积极协调配合、通力协作，严厉打击了一批拒不履行生效判决、裁定的被执行人，促进被申请人自动履行判决、裁定确定的法律义务。2017年，全区法院公诉及自诉模式追究拒执犯罪案件126件173人。自治区高级法院及全区各中基层法院2017年两次组织召开新闻发布会，向各大媒体通报专项活动开展情况，发布十大典型案例，营造打击失信行为的浓厚氛围。

（二）存在的问题

（1）广西社会信用建设工作起步较晚，在制度建设、基础设施、产品开发等方面基础较弱，影响信用信息的归集及信用产品开发。

（2）信用产品开发创新不足。行业主管部门对信用记录查询、信用评价结果运用依然属于小范围内部使用，探索使用的过程中比较谨慎，目前没有广泛铺开，用信氛围有待进一步培育。

（三）下一步工作方向

（1）加快各设区市公共信用信息系统建设，并实现全区信用数据交换"库对库"。

（2）推动联合奖惩各项措施落地。建立健全信用联合奖惩机制，推动联合奖惩对象信息的集中共享，组织梳理和实施信用奖惩措施，制定出台红黑名单管理办法。

（3）加强公共信用信息和信用产品的开发应用。加大重点领域信用信息应用力度，提高信用信息在评优评先、市场准入、行政审批、政府采购等环节的应用效果。

五、推进电、气、水价格改革

（一）推进电价改革

（1）基本情况。2016年12月29日，国家发展改革委正式批复广西电网2017~2019年输配电价方案。2017年1月初，自治区物价局部署实施，圆满完成广西省级电网输配电价改革试点任务。输配电价改革后，广西电网公司输配电价总体水平为0.1986元/千瓦时，改革释放红利主要体现在降低电压等级在35千伏及以上的市场化大工业用户输配环节电价，平均降低1.56分/千瓦时，按预计市场化交易电量为400亿千瓦时测算，输配电环节释放改革红利6.33亿元。

广西输配电价改革的主要特点有：一是统一目标、分步实施。先行对广西电网公司进行改革，后续再进行地方电网输配电价改革。二是利用区内水电低价优势承担交叉补贴，所有水电用于居民、农业等保障性用电，暂不能进入市场化交易。三是侧重降低大工业输配电价，支持特色产业发展。四是预留地方电网用户参与市场化交易通道。地方电网参照广西电网公司输配电价水平执行，地方电网与广西电网公司在趸售环节按照价差传导的方式结算。

（2）主要成效。2017年，随着广西电网2017~2019年输配电价的核定，电力市场化交易结算由"价差传导"模式快速调整为"输配电价"模式，即由"发电侧降多少，销售目录降多少"调整为"用户电度电价=市场交易价格+输配电价（含线损）+政府性基金及附加"。2017年度，广西电力交易中心共组织22批次市场化交易，参与用户数达565户，覆盖全区14个地市、

11 个重点行业，签约电量 401 亿千瓦时，其中用户侧 393.43 亿千瓦时，可降低用户购电成本超 24 亿元。

（3）存在问题。一是各电压等级输配电价差异大，市场化交易规模受限。因广西单列电解铝等优待类电价，侧重扶持特色产业，需要一般工商业来承担交叉补贴。2017 年，广西一般工商业用电的输配电价达 0.41~0.44 元/千瓦时。只有在电厂大幅让利 0.10 元/千瓦时以上的情况下，一般工商业用户参与市场交易的购电价格才低于现行目录电价，享受到输配电价改革的红利。二是地方电网情况复杂，输配电价改革有一定难度。地方电网因预测新增输配电资产投资增幅大、企业输配电差异大等方面影响，面临核定统一的输配电价难、调剂准许收入存在障碍等问题，推进地方电网输配电价改革难度大。

（4）下一步计划。一是结合广西特色产业发展情况，在不扩大交叉补贴的前提下，优化各电压等级输配电价，减轻部分电压等级交叉补贴负担，兼顾一般工商业发展。二是适时评估广西电网输配电价改革情况，继续探索推进地方电网输配电价改革。

（二）推进气价改革

（1）基本情况。制定天然气管道运输价格管理办法。2017 年 6 月 30 日，自治区物价局印发了《广西壮族自治区天然气管道运输价格管理办法（试行）的通知》（桂价格〔2017〕36 号，以下简称"管理办法"），进一步明确天然气管道运输价格制定和调整的原则，测算方法，定调价程序和信息公开等问题。

管理办法规定对管道运输价格按照"准许成本+合理收益"原则制定，即通过核定管道运输企业的准许成本，监管准许收益，考虑税收等因素确定年度准许总收入，核定管道运输价格。同时对新成立企业投资建设的管道，制定管道运输试行价格，运用建设项目财务评价的原理，使被监管企业在整个经营期内取得合理回报。可行性研究报告设计的达产期后，调整为按"准许成本+合理收益"原则核定管道运输价格。

管道运输企业的管道运输业务年度准许总收入由准许成本、准许收益以及税费组成，在测算价格时，明确准许成本即定价成本，包括折旧及摊销费、运行维护费，由自治区价格主管部门通过成本监审核定。准许收益按有效资产乘以准许收益率计算确定。

管理办法明确了天然气管道运输的定调价程序，管道运输企业可直接向自治区价格主管部门报送定调价建议，或通过控股母公司、注册地所在地价格主管部门向上级价格主管部门报送定调价建议。并向自治区价格主管部门报送投资、收入、成本等相关信息和材料。在制定和调整管道运输价格前，应当开展成本监审。成本监审核定的定价成本，作为制定和调整管道运输价格的基本依据。

（2）主要成效。《管理办法》的出台，规范了天然气管道运输价格的定价行为，有利于提高定调价的科学性和合理性。

（三）推进农业水价综合改革

自治区物价局、水利厅、财政厅、农业厅四部门制定贯彻落实自治区人民政府印发的《广西农业水价综合改革实施方案的实施意见》的文件，下发各地执行。印发《2017年广西农业水价综合改革试点实施方案》，明确2017年试点目标、工作任务、开展范围、保障措施和实施计划，促进广西农业水价综合改革稳步实施。自治区水利厅等部门建立广西农业水价综合改革厅际联席会议制度，强化了农业水价综合改革工作的组织领导。自治区水利厅等5单位下发了《关于扎实推进广西农业水价综合改革的通知》（桂水农水〔2017〕29号），下发各地，督促指导各市、县（市、区）扎实推进广西农业水价综合工作。

六、推动县域经济发展体制机制改革

县域经济作为相对独立的经济单元。加快发展壮大县域经济，对广西营造"三大生态"、实现"两个建成"目标具有重要意义。为此，自治区党委、自治区人民政府2016年将县域经济发展提升到自治区统筹推进的决策层面，2017年7月召开全区县域经济发展大会，出台加快县域经济发展系列政策文件，实施促进县域经济发展三年行动计划，进一步指明了县域经济的发展方向和工作目标，有效解决了县域经济发展的"短板"，极大地刺激了县域经济发展的内生动力。

（一）改革主要措施

（1）构建政策支撑体系。自治区党委、自治区人民政府专门出台支持县域经济发展"1+6"系列文件，"1"就是一个主文件，即《中共广西壮族自治区委员会、广西壮族自治区人民政府关于加快县域经济发展的决定》（桂发〔2017〕16号）；"6"就是6个配套文件，包括现代特色农业示范区建设、工业园区发展、特色旅游、特色小镇、金融支持、改革完善自治区对县财政体制6个实施意见，指出了县域经济的发展方向和工作目标，并在财税金融、土地政策、产业发展、园区建设、招商引资、人才政策和技术创新等方面政策进行突破。出台《支持县域经济加快发展的若干政策措施》（简称"双十条"），每年对26个广西科学发展先进县（城区）、进步县（城区）从10个方面给予奖励激励，对90个县域（不含21个城市主城区）从10个方面给予政策措施支持。

围绕县域重点领域突破方面，提出了发展特色农业、特色工业、特色旅游、县域城镇化、生态环保、开放合作六大重点领域发展任务。特色农业方面，提出了实施广西现代特色农业产业品种品质品牌"10+3"提升和"一县一品"行动；围绕县域农业特色经济和三次产业融合发展，大力发展农产品加工业，重点发展粮油、茶叶、糖料蔗、桑蚕、果蔬、林特产品等农产品深加工；依托已建成的示范区，打造田园综合体。特色工业方面，提出了力争每个县打造1~2个特色产业集群，形成"一县一业"产业发展格局；每个园区明确2~3个主导产业；推广"飞地经济"模式，市、县共建产业园区。特色旅游方面，提出了加快培育发展30个特色旅游小镇，实施"一镇一品"工程；扶持发展民宿经济；到2020年，各县域均要培育形成1个以上有特色有市场的主题旅游主打产品。特色城镇方面，提出实施中小城市培育工程，加快农业转移人口市民化，促进县城人口集聚，力争2020年全区所有县城（不含城区）建成区人口规模达到5万以上，其中5万~10万的34个，10万~15万的17个，15万~20万的10个，20万以上的10个。生态环保建设方面，提出将25度以上的陡坡耕地和重要水源地15度至25度坡耕地全部纳入退耕还林计划等。

围绕县域薄弱环节提升方面，围绕基础设施建设、脱贫攻坚、公共服务能力提升、新业态新产业培育、民营经济、创新驱动发展等方面提出具体措施。基础设施方面，提出要围绕"路、水、电、网、气、园"等重点领域，大力实施县域基础设施能力提升计划，力争到2020年基本实现县县通高速公路、重点县通城际铁路、乡乡通二级公路、村村通双车道公路。保障民生改善方面，提出要加强扶贫、教育、卫生等民生领域薄弱环节建设，实施县域公共服务能力提升计划，广泛吸引社会资本参与，促进县域各项民生事业全面发展。新产业和创新能力培育方面，提出要集中扶持发展电子信息、生物制药、电子商务、现代物流、健康养老五大县域新兴产业集群，培育建设国家、自治区知识产权试点示范县（市、区）50个，创建自治区级商标品牌示范县9个，建设一批创新型县（市、区）和创新型乡镇。

围绕县域政策扶持支撑方面，提出了行政管理体制改革、投融资体制改革、城乡配套改革、重大项目建设、财税政策支持、用地保障、金融服务、人才保障等具体可操作的政策措施。综合配套改革方面，提出了鼓励县域开展"多规合一"试点等各类试验区建设、鼓励开展县城基础设施投融资体制改革试点、制定农村承包土地经营权抵押贷款试点方案等改革新举措。政策扶持措施方面，提出了建立对投资增速排名靠前的县（市、区）实施财政资金安排、土地指标分配等方面给予倾斜的激励措施；改革完善自治区直管县财政体制政策，建立健全奖优罚劣的激励机制；支持县域开展城乡建设用地增减挂钩、工矿废弃地复垦利用、农民工创业园等试点；探索自治区、县（市、区）合作收储土地新模式；研究制定县域经济发展急需专业人才目录；选派一批熟悉金融、科技的干部挂职任县（市、区）副职等一批政策措施。

（2）建立机制推动发展。一是高规格成立县域经济发展工作领导小组，成立由自治区党委、政府主要领导任组长的自治区县域经济发展工作领导小组，统筹推进县域经济发展工作，领导小组办公室设在自治区发展改革委，工作领导机构升格，规格之高前所未有。各市县也相继成立工作领导机构。二是建立全区县域经济发展会议制度，每年召开全区性工作会议，评比表彰先进县、进步县；隔年召开大会，集中到县域参观考察，检验发展成就。2017年7月20～21日，在北流市召开全区县域经济发展大会暨年中工作会议，自治区党委、政府主要领导出席会议并作重要讲话。这是自2004年以来规模最大、规格最高的一次全区性县域经济发展大会，对今后一个时期加快县域经济发展做总动员、总部署。三是集中开展项目审批服务活动，组织开展县域经济项目服务周（6月下旬）、服务月（9～10月）活动，集中解决一批制约项目建设的瓶颈问题。四是建立全区县域经济发展"红黑榜"每月通报制度，强化激励警示作用。

（3）分类考核差异发展。自治区党委办公厅、自治区人民政府办公厅印发《关于加强县域经济发展分类考核的意见》（桂办发〔2017〕32号），每年对县域实行差异化分类考核，开展广西科学发展先进县（城区）、进步县（城区）评比表彰活动，引导县域经济科学发展。这是全国首个基于主体功能区的县域经济发展差异化考核方案，是县域经济发展的"指挥棒"。

在考核范围的划定上，按照主体功能区规划，将全区111个县（市、区）划分为重点开发区、农产品主产区、重点生态功能区、城市主城区4类区域进行分类考核，其中重点开发区28个、农产品主产区33个、重点生态功能区29个、城市主城区21个。

在考核指标的设置上，根据不同区域的功能定位和发展方向，着力推进县域第一、第二、第三产业融合发展，重点开发区实行工业化、城镇化水平优先的绩效评价，侧重经济发展与结构优化、工业及产业园区发展、城乡发展；农产品主产区实行农业发展优先的绩效评价，侧重农业、农村经济发展和农业示范区建设、城乡发展；重点生态功能区实行生态保护优先的绩效评价，侧重生态环境保护和民生改善、服务业及特色旅游发展；城市主城区实行产城融合发展优先的绩效评价，侧重经济发展与结构优化、工业及产业园区发展、服务业发展、城市建设。4类区域按照"指标一样、权数不同"的原则，分别从"经济发展与结构优化""农业及示范区建设""工业及产业园区发展""服务业及特色旅游发展""城乡发展""生态建设与环境保护"6个方面差异化设置24项指标和不同权数。同时，将脱贫任务情况、重大事件（事故）情况、廉政建设情况3个指标作为附加考核指标，在年度评比表彰实行"一票否决"。

在考核结果的运用上，将考核结果作为"广西科学发展先进县（城区）、进步县（城区）"评比表彰的重要依据。对年度获奖的县（市、区）在一次性财力奖励和资金支持、项目建设、土地指标、工业园区用电优惠、农业示范区建设、招商引资、绩效考评、干部年度考核、干部提拔使用、干部培训10个方面予以奖励和特别支持。

（4）立足短板集中攻坚。围绕县域产业发展、基础设施和公共服务设施建设等重点领域和关键环节，自治区党委、自治区人民政府决定实施促进县域经济发展三年行动计划（2018~2020年），着力谋划实施一批重要项目。产业发展方面，重点实施农产品加工、工业产业、旅游产业、健康产业、生态经济发展五大工程。基础设施建设方面，重点实施交通、农田水利、城镇、能源、信息网络、园区六大基础设施能力提升工程。公共服务设施建设方面，重点实施公共教育、卫生、文化体育、社会、就业、妇女儿童活动六大服务能力提升工程。11月24日，在桂平市召开全区县域经济发展项目建设现场推进会，加快安排部署三年行动计划特别是2018年实施计划项目建设工作。目前，已印发实施《乡村振兴产业发展基础设施公共服务能力提升三年行动计划》《乡村振兴产业发展基础设施公共服务能力提升三年行动计划2018年实施计划》和《实施县域路网攻坚工程支撑引领县域经济发展行动方案》。

（二）改革主要成效

（1）现代特色农业示范区建设成效显著。横县、来宾市现代农业产业园先后入选农业部、财政部批准创建的第一批、第二批国家现代农业产业园名单。新认定一批自治区级、县级、乡级现代特色农业示范区。目前，全区已建成自治区级现代特色农业示范区 147 个、县级示范区 228 个、乡级示范园 310 个。

（2）工业发展水平稳步提升。园区基础设施建设和分级动态管理、服务平台建设、主导产业培育发展、体制机制创新，以及招商引资等工作扎实推进，引导县域产业向开发区、园区聚集，推动产业链专业化集聚、上下游配套、高端化发展，每个县（市、区）打造 1~2 个特色产业集群。2017 年全区规模以上工业增长 7.1%，工业经济质量和效益向好，规模以上工业企业利润总额增长 28.6%。

（3）特色旅游快速发展。广西特色旅游名县和国家全域旅游示范区创建的"双创双促"工程稳步推进，旅游业由"景区旅游"向"全域旅游"发展，新评定上林县等 7 个县（市、区）为第三批广西特色旅游名县。目前，全区共有广西特色旅游名县 13 个、创建县 20 个，3 个市、16 个县（市、区）已列入国家全域旅游示范区创建名单。

（4）特色小镇加快规划建设取得新成就。横县校椅镇、兴安县溶江镇、苍梧县六堡镇、北海市银海区侨港镇、灵山县陆屋镇、贵港市港南区桥圩镇、桂平市木乐镇、昭平县黄姚镇、宜州市刘三姐镇、崇左市江州区新和镇 10 个镇列入第二批全国特色小镇，正推动第一批广西特色小镇、市级特色小镇培育发展。目前，广西已有 14 个镇列入第一批、第二批全国特色小镇。宜居城市建设活动有序开展，"美丽广西"乡村建设活动持续深入推进。

（三）存在的问题

（1）发展不平衡。地区之间发展不平衡，受区位、历史等因素影响，各市之间、市域范围内县域经济各项主要经济指标差距大，贫困地区县域经济总量不及相对发达地区的八分之一，工业总产值增加值、财政收入、固定资产投资差距更大。三次产业发展不平衡，传统农业比例大，农产品加工层次低、附加值低；第二产业优势不明显，缺乏支柱型产业；第三产业比重低、发展慢，现代服务业、新兴产业起步慢，发展新动能弱。受区位条件、产业基础等方面影响，招商引资难。

（2）转型升级难。县域企业整体素质偏低，工农业产品以粗加工为主，精深加工产品少，附加值偏低，市场竞争力弱，企业创新能力不足，粗加工企业升级难。工业用水用电价格高、企业税负偏重，企业盈利能力差，中高端管理和技术人才引进和留住难，人力资源匮乏。电子商务、信息服务、现代物流、健康产业等发展起步慢，新型技术企业少，新兴产业劳动力资源缺乏，对县域经济贡献率较低。

（3）要素矛盾多。县级财政支出大，可用财力少，资金调度困难问题突出。土地利用年度计划指标与项目投资建设对土地利用的需求不匹配，自治区、市级项目用地指标占比偏大，县级项目用地指标少；用地计划指标紧缺与存量用地闲置矛盾突出；项目审批报建环节多，建设投产周期拉长，成本增加。金融机构不断收缩县级机构，金融产业供给不足，担保、证券、信托投资和租赁等金融服务处于空白状态；金融机构放贷门槛偏高，金融与产业的融合度低，金融支撑项目发展力度不足。

（4）基础条件差。铁路、高等级公路密度低，部分县至今未通高速公路，村屯道路路况差，断头路现象严重，物流运输成本大。现代特色农业（核心）示范区道路、水利排灌、农用电等基础设施建设总体水平薄弱；园区道路、供水、排水、污水垃圾处理设施、标准厂房等配套基础设施建设滞后；景区配套基础设施投入少，管理服务不到位，拥堵、无序现象突出。

（四）下一步改革思路

（1）研究出台县域"产业树"政策措施。贯彻落实自治区党委书记鹿心社同志在全区工业高质量发展大会上的重要讲话，牢固树立"产业树"理念，系统谋划、高位推进县域"产业树"政策研究，画好县域产业结构"树图"，对标高质量发展要求查漏补缺，找准产业结构调整和经济转型升级的主攻方向，按照全产业链思维，推动县域产业纵向深化、横向拓展，打造广泛联结、紧密互动、深度融合的产业集群。

（2）深化改革县域经济发展分类考核体系。2017年10月12日，中共中央、国务院印发《关于完善主体功能区战略和制度的若干意见》（中发〔2017〕27号），要求进一步健全基于不同主体功能区的绩效考核评价体系，并对重点开发区、农产品主产区、重点生态功能区等绩效考核评价提出了新的要求，目前国家有关部委正在研究相关配套政策文件。贯彻落实中央主体功能战略和高质量发展要求，强化主体功能区定位，按照"科学导向、客观评价、务实可行、强化激励"的原则，深化县域经济发展分类考核体系改革，激发各地县域经济发展活力，推动经济转型升级，提高广西县域经济发展质量和效益，形成各具特色、竞相发展的新格局。

（3）着力补齐县域经济发展"短板"。大力实施《乡村振兴产业发展基础设施公共服务能力提升三年行动计划（2018~2020年）》，组织推进2018年实施计划项目建设，认真谋划实施2019年、2020年实施计划。强化责任落实，围绕项目年度进度目标，分解细化量化工作任务，严格执行项目法人责任制、资本金制、招投标制、工程监理制等项目管理制度，按照集中统筹、分级保障、总量控制与动态管理的原则统筹安排建设用地指标，加强跟踪落实，强化督促建设，确保项目顺利实施。

七、推进新型城镇化建设

2017 年，全区常住人口城镇化率达 49.21%，户籍人口城镇化率达 31.23%，分别比 2016 年提高 1.02 个、0.56 个百分点，新型城镇化建设工作取得新进展。

（一）农业转移人口市民化有序推进

（1）户籍制度改革深入推进。户口迁移政策加快调整完善，放开高校毕业生、长期居住在城镇人员以及新生代农民工等重点群体落户限制，简化高校毕业生落户手续，为各类人员落户创造更加便利的条件，确保应落尽落。南宁、梧州、贵港、来宾、百色市已经完成户口迁移政策调整工作。南宁市印发了《关于进一步调整完善南宁市户口迁移政策的意见》，大幅度放宽各类人才、农业转移人口落户城区的户籍准入条件，取消投靠直系亲属的年龄等限制，落户条件堪称"史上门槛最低"。自治区出台《广西公安机关办理居住登记和居住证工作指南》，继续简化手续，规范办理居住登记和居住证工作。2017 年，全区累计制发居住证 283.6 万张，出具《居住证明》26 万份。北部湾经济区居住证"一证通"工作有序推进。积极推动互联网+流动人口居住申报和 78 项户政业务在广西公安互联网+综合服务平台上线工作，让信息多跑路，群众少跑腿。

（2）农民工随迁子女平等接受教育的保障水平不断提高。出台《自治区教育厅关于做好 2017 年义务教育招生入学工作的通知》，将随迁子女义务教育纳入流入地公共教育服务体系，继续实施以居住证为主要依据的入学政策，进一步降低入学门槛、简化入学手续，消除随迁子女入学障碍。大力实施义务教育均衡发展工程、第三期学前教育三年行动计划（2017~2020 年）、高中阶段教育普及攻坚计划（2017~2020 年），着力扩大城市基础教育资源。2017 年秋季学期，全区进城务工人员随迁子女中小学入学人数达 52 万，入读城市公办学校的比例连续 6 年超过 80%。柳州、梧州、钦州、来宾四市通过改扩建、新建学校，挖掘学校潜力，确保进城务工子女 100% 入学。

（3）农业转移人口医疗卫生服务能力不断加强。《关于进一步加强基本公共卫生服务项目和资金管理工作的通知》，明确将农业转移人口纳入基本公共服务范围，基本公共卫生服务人均补助标准从 2016 年的人均 45 元提高到 50 元，服务项目从 12 大类提升到 14 大类，包括农业转移人口在内的群众享受到更好的基本公共卫生服务。加强农业转移人口电子健康档案立档和免疫接种工作，2017 年全区流动儿童平均报告接种率达 98.98%。升级完善广西人口计生管理服务综合信息平台流动人口管理系统（广西 PADIS），全区平台应用率 100%，重点服务管理对象反馈和网络化协作率均达 95% 以上，基本实现了流动人口计划生育重点人群、重要信息的协作共享。

（4）农民工参加城镇社会保险覆盖面不断扩大。进一步明确了农民工参加基本养老和基本医疗保险的政策措施，建立了城镇职工基本养老保险和城乡居民基本养老保险制度，参保人可根据相关条件参加相应的基本养老保险，实现了社会保险关系转移接续无政策障碍。2017 年，全区参加城镇职工基本养老保险人数 773.86 万人，参加基本医疗保险人数 5162.93 万人，分别完成年度计划的 103.87%、109.85%。有序推进城乡居民基本医疗保险制度整合，全区参加城乡居民基本养老保险人数为 1787.26 万人，完成任务数的 101.26%。

（5）农民工就业创业扶持力度进一步加大。提升就业服务信息化应用水平，建立了就业和创业人员实名制数据库。开展"春风行动""就业援助月""民营企业招聘周"一系列就业服务专项活动，为农民工提供岗位对接平台。鼓励和扶持农民工返乡创业带动就业，38 家农民工创业园累计已有入驻企业 668 家，吸纳农民工就业 20689 人。农民工创业担保贷款提速发展，2017 年，全区农民工创业贷款总量累计达 16.31 亿元，帮助 3.6 万人解决创业资金短缺难题。进一步加强农民工培训载体建设，评审认定 10 个广西优秀劳务品牌，将 42 所结对帮扶贫困县贫困家庭"两后生"开展职业培训的技工院校纳入农民工培训实训基地补贴范围。创新实施精准职业培训，城镇失业人员、农民工、新成长劳动力免费接受基本职业技能培训覆盖率 100%。

（6）农业转移人口住房保障渠道不断拓宽。继续将农业转移人口纳入城镇住房保障体系，符合条件的农民工可承租公共租赁住房或购买限价普通商品住房。全区棚户区改造新开工 8.17 万套，完成年度目标任务的 101.53%；全区公共租赁住房累计开工 48.28 万套，正在入住 38.38 万套，正在入住率为 79.84%。为城镇中低收入住房困难群众、外来务工人员、大中专毕生和青年教师、青年医生等新市民解决了阶段性居住困难。

（二）城镇规划建设管理再上新台阶

（1）城镇基础设施服务水平稳步提升。南宁市轨道交通 2 号线年底开通运营，3 号、4 号、5 号线项目加快推进，柳州市轨道交通 1 号线、桂林市建设机场旅游轨道线等有序推进。南宁、柳州、桂林、玉林、北海、防城港、钦州、贵港、来宾 9 个城市实现交通一卡通。全区已建成城镇（县城及城市）污水处理设施 116 座，生活污水日处理能力达 394.6 万吨。已建成镇级污水处理设施 137 座，建成生活垃圾处理场共 82 座。14 个市已实现市政天然气管道供气。

（2）新型城市建设管理水平不断提高。制定标准规程，指导和规范海绵城市及地下综合管廊建设。南宁、柳州、桂林、梧州、北海、防城港、贺州、来宾及崇左市已基本完成建成区 5% 以上的面积，达到海绵城市建设要求的年度目标任务。全区城市地下综合管廊建成廊体 36.32 千米。印发《柳州市、贺州市国家产城融合示范区总体方案》，自治区 30 个产城互动发展试点园区建设取得阶段性成果，产业园区化、园区城镇化、产城一体化建设步伐加快。龙港新区规划建设有序推进，南宁五象新区总体方案再次上报国家发展改革委。积极推进大气污染防治，全区城市空气优良天数比例达 90.5%。加强水污染防治及饮用水源保护，全区水环境质量总体保持优良。深化生态示范创建，生态保护红线方案划定工作有序推进。

（3）城市群建设稳步推进。根据国务院批复的《北部湾城市群发展规划》，研究制订了《北部湾城市群发展规划广西实施方案》和桂粤琼三省区推进北部湾城市群合作机制，为推进规划落地打下了良好基础。北部湾经济区同城化成效显著，通信同城化、城镇群规划、旅游同城化、社保同城化、口岸通关一体化等任务基本完成，户籍同城化大部分改革任务已完成，身份证换领和补领异地办理、户口迁移网上审批、出入境管理、住房公积金异地贷款等实现同城化，交通、金融、教育同城化持续推进。

（4）中小城市和特色小镇培育有序推进。23 个新型城镇化示范县和 101 个百镇示范工程项目持续推进，完成了首批 30 个百镇示范工程项目验收。加快培育发展特色小镇，印发了《关于培育广西特色小镇的实施意见》《广西特色小镇培育阶段验收评估细则》等系列文件，建立了广西特色小镇培育厅际联席会议制度，组织申报了第二批国家级特色小镇，全区累计已有 14 个镇列入国家级特色小镇，有序开展第一批广西特色小镇培育工作。

（三）城乡发展有序推进

（1）"美丽广西"乡村建设活动深入实施。集中开展"产业富民""服务惠民""基础便民"三个专项活动，着力推动农村产业发展、提升农村公共服务水平、改善农村人居环境，清洁乡村、生态乡村活动成果不断巩固，宜居乡村活动取得显著成效。5个国家级农村产业融合发展试点示范县建设有序推进，分别探索出了多种类型的产业融合发展模式。富硒农业、休闲农业、生态循环农业等特色产业不断发展，农家乐等业态不断壮大，第一、第二、第三产业融合发展呈强劲态势。

（2）农村社区建设试点工作深入推进。以推进"十百千"工程为载体，深入开展全区农村社区建设试点单位创建活动，确定了10个自治区级试点县、30个自治区级试点乡镇和300个自治区级试点社区。安排2600万元自治区福利彩票公益金补助各地开展城乡社区服务设施示范项目建设，城乡社区综合服务设施覆盖率进一步提高。

（四）城镇化发展体制机制逐步完善

（1）建立了人地挂钩机制。印发了《广西城镇建设用地增加规模同吸纳农业转移人口落户数量挂钩工作实施细则》，根据"建设用地跟着产业和人口走"原则，综合考虑人均城镇建设用地存量水平，实行差别化进城落户人口城镇新增建设用地标准。开展土地利用总体规划调整完善，为农业人口转移提供规划用地保障。农村土地承包经营权确权登记颁证工作全面开展，可颁证率达96.33%。印发《关于引导和规范农村土地经营权有序流转的意见》，农村土地流转呈现规范有序、量质同步提升的良好局面。

（2）建立人钱挂钩机制。印发了《贯彻落实支持农业转移人口市民化若干财政政策实施方案》，建立了财政转移支付与农业转移人口市民化挂钩激励机制，自治区财政结合中央财政农业转移人口市民化奖励机制，设立农业转移人口市民化奖励资金，根据农业转移人口实际进城落户人数，以及农业转移人口流入地和流出地实际情况，重点对农业转移人口市民化重大项目予以支持，下达6.17亿农业转移人口市民化中央财政奖励资金，调动了各地推进农业转移人口市民化的积极性。

（3）城镇化资金保障机制不断创新。引导开发性金融、政策性金融以及金融保险资金，充分利用城镇建设融资合作平台，创新金融产品与贷款模式，围绕政府购买服务、PPP等方式，提供贷款、投资、债券、租赁、证券、专项基金相结合的综合金融服务，并以组建银团等方式组织和引导社会资金，为棚改、城市地下综合管廊建设、海绵城市建设、城镇污水垃圾处理设施建设、城市轨道交通建设，以及其他城市基础设施建设等提供全面的融资融智支持。稳步推进农村产权抵押贷款试点，为农业转移人口市民化提供有利条件。印发了《关于深化投融资体制改革的实施意见》，PPP项目信息公开化和项目库建设有序推进。

（4）城镇管理体制不断完善。研究起草全区推进经济发达镇行政管理体制改革的实施意见和对乡镇的赋权清单，已上报中央编办。成立了自治区经济发达镇行政管理体制改革工作小组，改革合力不断增强。规范有序推进行政区划调整，提出了全区县改市工作整体方案，指导荔浦、平果县开展县改市，柳州、百色等市开展区划调整方案论证和申报工作，完成了 11 个乡改镇。乡镇"四所合一"运转平稳。

八、深化统计管理体制改革

（一）改革进展

自治区统计局党组高度重视全面深化改革工作，多次召开局党组会，及时组织传达学习中央和自治区深改组会议精神，研究部署改革重点任务，提出改革总体要求，听取工作情况汇报。各责任处室认真贯彻落实加快改革工作进程的文件精神，按照时间节点，倒排工期，加大工作力度，加快改革进度。两项改革任务均有序推进，成效明显，顺利完成。

（1）出台自治区深化统计管理体制改革的实施意见。为深入贯彻落实中央《关于深化统计管理体制改革提高统计数据真实性的意见》（以下简称《意见》），出台自治区深化统计管理体制改革的实施意见，自治区统计局成立深化统计管理体制改革领导小组及其办公室，负责各项改革任务的协调推进和监督落实，按照时间节点开展工作，确保改革任务稳步推进。组成调研组深入柳州、桂林、梧州、玉林、钦州、河池、百色、贵港等市就深化统计管理体制改革工作进行专题调研，赴吉林、湖北、四川等省份开展专项考察调研，学习兄弟省份垂直管理体制改革的经验和贯彻落实《意见》精神的好做法。印发《自治区统计局落实〈关于深化统计管理体制改革提高统计数据真实性的意见〉工作推进方案的通知》，明确推进统计管理体制改革的指导思想、具体任务分工、方法步骤、组织实施，列出任务分解表，将各项工作任务、责任领导、责任处室、时间进度安排做出具体详细安排。统计局党组强化对贯彻落实《意见》的组织领导，精心筹划、严密组织、统筹安排、强力推动，确保了各项改革工作按照既定计划有序有效推进，7 月 31 日自治区党委常委会议审议通过了自治区《关于深化统计管理体制改革提高统计数据真实性的实施意见》（以下简称《实施意见》）。

《实施意见》正式印发后，自治区统计局及时组织全区统计系统认真学习、深入实施，扎实稳妥推进统计管理体制改革。8 月 17 日，自治区统计局起草了《关于恳请单独设立统计执法监督局的请示》（桂统字〔2017〕76号）报自治区编办审批，积极推动统计执法机构建设。11月7日，又结合广西统计工作实际制订了自治区统计局《贯彻落实〈关于深化统计管理体制改革提高统计数据真实性的实施意见〉工作分工方案》，将《实施意见》中9个方面29条改革措施进行工作细化、任务分解，提出了我局需要推进实施的40项具体工作任务，明确了工作要求、责任领导和责任处室单位，确保各项统计管理体制改革举措落细落实到位。12月5日，自治区编办同意设立统计执法监督局。统计执法监督局的主要职责是组织实施全区统计工作的监督检查和统计执法"双随机"抽查，会同有关部门建立对统计造假、弄虚作假的联合惩戒机制；受理、督办统计违法举报，依法查处重大统计违法行为；建立完善统计信用制度；指导监督各市县统计执法检查工作；起草有关统计地方性法规、规章草案，组织开展统计普法宣传；承办涉外调查机构资格认定和涉外社会调查项目审批工作，监督管理涉外和民间统计调查活动；承办统计行政复议、应诉和其他法律系事务；承担统计改革的相关工作。统计执法监督局的建立提高了广西统计执法监督检查的能力，推动了防范和惩治统计造假工作。12月11日，为积极探索统计机构管理的有效模式，夯实统计基层基础，自治区统计局发布了《关于在百色市开展县级统计机构对乡镇（街道）有效管理模式试点工作的通知》（桂统字〔2017〕114号），明确在百色市开展试点探索县级统计机构对乡镇（街道）统计有效管理模式，试点时间为2017年12月至2018年12月。希望通过试点，能够找到县级统计机构对乡镇（街道）统计有效管理模式的建设性建议，以便为全区统计管理体制改革深入推进提供借鉴。目前各项统计管理体制改革任务推进顺利。

（2）建立绿色发展指标体系。建立绿色发展指标体系，是开展绿色发展评价，建设生态文明的重要基础性工作。完善经济社会发展考核评价体系，把资源消耗、环境损害、生态效益等体现生态文明建设状况的指标纳入经济社会发展评价体系，使之成为推进生态文明建设的重要导向和约束。国家开展绿色发展年度评价将作为各省、自治区、直辖市党政领导班子和领导干部综合考核评价、干部奖惩任免的重要依据，这将是替代GDP对各地党政领导开展考核评价的一个新标准。自治区统计局按照国家"一个办法、两个体系"制订建立广西绿色发展指标体系工作方案，结合广西实际，初步确定建立广西绿色发展指标体系工作思路：突出约束性指标，立足国家发展方向要求。集中体现在"十三五"规划纲要和《中共中央、国务院关于加快推进生态文明建设的意见》中的约束性指标，以及生态文明建设和绿色发展的兼容性和协调一致性。主要内容包括资源利用、环境治理、环境质量、生态保护、增长质量、绿色生活、公众满意程度 7 个一级指标和 57 个二级指标。在自治区深改办的统筹指挥和国家统计局的具体指导，以及区直有关部门的有力配合下，自治区统计局建立的《广西绿色发展指标体系》先后完成了指标体系框架调研设计、国家专题培训内容的消化吸收、指标体系文稿起草、专家论证、征求意见、专项小组审议，并对相关资料进行收集和先期试算等各个必经环节的工作。指标建立突出广西沿海、石山地区等差异化特点，并广泛征求意见。11 月 8 日，自治区统计局牵头负责的《广西绿色发展指标体系》研究建立的各项工作已经全面完成。

(二) 已出台重大改革举措落实情况

根据《自治区党委全面深化改革领导小组 2016 年工作要点》、自治区人民政府批转自治区发展改革委《关于 2016 年深化经济体制改革重点工作意见的通知》（桂政发〔2016〕31 号）要求，自治区统计局于 2016 年 9 月研究并制定了《广西非公有制经济发展统计指标体系》。非公有制经济发展统计指标体系的建立和动态监测，全面、系统、真实地反映了广西非公有制经济发展规模、水平、结构状况，为党委政府制定政策规划、加强经济管理和调控提供了重要依据。2017 年，自治区统计局按照体系要求，收集体系涉及的指标数据，研究制订《广西非公有制经济增加值核算方案》，开展非公有制经济增加值核算工作。到防城港、钦州等市深入基层调研，了解广西非公经济发展现状。在完成数据收集，深入调研的基础上，基于指标体系，对广西非公经济现状进行了分析，撰写了《加快广西非公有制经济跨越发展统计监测报告》。

(三) 主要问题

1. 贯彻落实自治区深化统计管理体制改革的实施意见存在的问题

（1）深化统计管理体制改革是党中央的重大决策部署，政策性原则性强、涉及面广、任务重、时间紧、要求高，虽然统计部门是牵头单位，但改革工作涉及多个重要部门，需要各地各有关部门齐心协力、共同推进，确保改革顺利进行。

（2）组建统计执法监督机构和统计管理模式改革涉及编制问题，较为敏感；如果不涉及编制问题，改革又无法取得实质性进展。

（3）当前广西基层统计基础薄弱的情况比较突出，统计力量弱、部门统计的整合能力弱、统计法规制度的执行力弱和统计信息化水平较低等主要问题已经成为制约统计发展的"短板"，制约了广西统计整体功能的发挥。

2. 建立绿色发展指标体系存在的问题

（1）设立的指标体系，部分指标还没有开展调查。对全区来说，必须保证绿色发展指标体系与国家考核的指标体系相同。但部分指标目前还未开展相应调查，比新能源汽车保有量增长率、畜禽粪污综合利用率等，有待国家下发统一规范的测算方法获得数据。

（2）受地域分布差异影响，部分自然资源类指标仅是少数市特有。比如近岸海域水质优良面积比例、自然岸线保有率等，只有北海、防城港、钦州三市有，涉及三市和其他市的权数分配。

（3）县区一级数据难以测算。根据中共中央办公厅、国务院办公厅印发的《生态文明建设目标评价考核办法》中"第十九条 各省、自治区、直辖市党委和政府可以参照本办法，结合本地区实际，制定针对下一级党委和政府的生态文明建设目标评价考核办法"的精神，广西建立的指标体系，只对 14 个设区市开展测算，暂不对县级进行测算。

（4）统计力量有待加强。各级统计部门、部门统计的力量和基础薄弱，必须予以加强。

（四）下一步改革思路

（1）加强部门协调沟通。深化统计管理体制改革工作涉及组织、纪检监察、编办、保密、发改、财政等重要部门，为促进各有关部门齐心协力、共同推进统计改革工作，必须加强部门之间的协调沟通，督促开展统计改革工作。

（2）加强部门统计工作力量。部门统计是政府统计的重要组成部分，承担着客观反映行业发展和行业管理的职责，是国民经济核算的重要基础和政府决策的重要依据。必须加强部门统计力量，有条件的部门应调整组建专司统计工作的机构，推动统计工作开展，进一步提高统计数据质量。

（3）加强统计基层基础建设。县乡两级统计机构是基层统计调查的组织者和执行者，是控制数据质量的第一道关口，地位十分重要和特殊。必须结合县乡两级统计基层基础规范化建设，积极探索县级统计机构对乡镇（街道）统计有效管理模式，使统计基层基础建设水平迈上新台阶。

（4）推动广西资产负债表编制工作实施方案出台。根据《国务院办公厅关于印发全国和地方资产负债表编制工作方案的通知》（国办发〔2017〕45号）精神，推动广西资产负债表编制工作实施方案出台，以便全面、真实、准确、科学地反映广西资产负债状况。

（5）推动广西生产总值统一核算改革实施方案出台。根据中共中央办公厅、国务院办公厅印发的《关于印发地区生产总值统一核算改革方案的通知》（厅字〔2017〕28 号）精神，为推动广西生产总值统一核算改革，坚持真实准确、规范统一、公开透明的原则，改革核算主体，改革核算方法，改革工作机制，提高核算数据质量，准确反映地区经济增长的规模、结构、速度。

第三章　工业和信息化

一、改革进展及成效

（一）大力推进供给侧结构性改革

出台降成本 28 条，加强降成本 41 条和 28 条的督查工作，预计每年可降低企业成本 510 亿元以上。继续深化电力体制改革，降低电力市场化交易准入门槛，扩大电力市场化交易规模。完成市场化交易电量 393.4 亿千瓦时，通过电力市场化交易、区域电网建设等为企业降低用电成本 38.27 亿元，"去产能"任务超额完成，全区化解煤炭过剩产能 246 万吨。在全区范围开展"僵尸企业"的精准识别和分类处置工作。

（二）推动工业投资体制机制改革创新

2017 年以来，自治区推进工业企业"零土地"技术改造项目，对技术改造类工业建设项目实行审批目录清单管理，清单以外项目实行承诺验收制度。实行技改项目备案权限省级"零保留"、备案办理"零前置"、一般行业能评"零审批"，切实降低企业成本，激发企业投资获利。组织实施百项新兴产业培育项目、百项传统产业改造项目、百项产品升级与工业强基项目、百项智能制造与智能工厂"四个一百"产业转型升级项目，建立区、市、县三级联动工作机制，健全部门协调机制，实施技改审批制度改革，加快推进前期工作，协调保障土地、资金等要素，加大政策资金扶持力度。全年全区 823 项重点工业项目累计完成投资 814.02 亿元，新开工项目开工率达 87.2%，竣工投产项目投产率达 100%。

（三）创新工业投融资机制

出台《广西壮族自治区人民政府办公厅关于印发广西政府投资引导基金直接股权投资管理暂行办法的通知》（桂政办发〔2017〕45 号），填补广西政府引导基金直投政策空白。通过股权直投的方式，实现直投资金使用零的突破。加强与区内外金融机构合作，推动社会资本与政府直投资金形成联动。搭建培育发展新兴产业的新平台，推动设立工业新兴产业融资担保基金。广西金融投资集团合作组建广西工业投资集团，打造工业投融资平台。改革工业和信息化资金安排，围绕自治区重点项目、重大事项，实行"处室集中报、领导班子审、一个口子出"模式，根据项目所需扶持情况整合资金集中安排。

（四）推动新旧动能转换

加快推进传统产业"二次创业"，铝业"二次创业"深入推进，推动电解铝新增产能约110万吨。百色区域电网二期建设加快推进，广西华磊新材料等重大项目竣工投产。机械"二次创业"加快实施，"两企三城"规划加快编制。冶金"二次创业"方案印发实施。防城港钢铁基地项目进展顺利。出台政策措施助推新兴产业发展，制订汽车产业新跨越行动方案，制定电子信息产业发展若干政策意见，生物医药产业跨越发展实施方案全面启动。加快推进一批新兴产业项目建设，认定新兴产业企业96家，联合自治区财政厅下达新兴产业发展资金项目计划69项。制定《广西新兴产业重点产品和服务指导目录》（2017年版）。组织实施工业和信息化发展专项资金产品升级项目计划48项，重点支持柳州五菱汽车乘用车消排新产品产业化等项目。按照"4个100"重点项目建设要求，制定产品升级和工业强基项目申报指南和验收办法。组织申报年度技术创新项目，组织实施自治区企业技术创新自筹类项目213项。实施工业产品质量提升工程，认定工业企业质量管理标杆25项。深化工业品牌培育，全区工信部工业品牌培育试点企业达到91家。新认定50家企业技术中心、14家自治区小型微型企业创业创新示范基地。举办广西工业创新大赛和广西工业创新暨成果交易大会，一批工业新产品、新技术、新工艺、新材料、新设计脱颖而出。广西农垦糖业集团与厦门大学联合研发的"右旋糖酐定量检测单抗试剂盒开发及在制糖业中的应用"项目达到国际先进水平。

（五）加快工业园区提质升级

完善基础设施和公共服务平台，安排专项资金支持工业园区基础设施项目47个。制定促进县域工业园区发展政策措施，推动出台《关于加快提升县域工业园区发展水平的实施意见》，制定《广西县域经济发展分类考核指标评分细则》中涉及工业园区部分的考核指标评分细则。全年共开展8个批次园区招商引资活动，全区工业园区新引进项目897个，其中工业项目600个，合同投资额2317.93亿元，增长202.3%。

（六）推进两化深度融合

年度认定智能工厂项目共 41 项。认定工业云和工业大数据试点示范项目 24 个，支持北斗综合应用项目 23 个。制定发布《广西深化制造业与互联网融合发展实施方案》等政策措施，全区两化融合总指数位列西部第 3 位。两化融合工业应用指数排在西部第 1 位，已连续 3 年排在西部前两位。积极开展两化融合贯标体系建设，国家级两化融合管理体系贯标试点企业达到 44 家，广西玉柴荣获年度国家级两化融合管理体系贯标示范企业称号。推动军民深度融合发展，举办深化"一带一路"空间信息走廊建设应用与产业国际化发展研讨会。组织开展国家首批服务型制造示范遴选工作，广西玉柴等 4 家企业入选国家首批服务型制造示范企业和项目。

二、存在的主要问题

一是工业企稳向好基础还不牢固，下行压力仍然很大，制约工业发展的不可预见因素很多。

二是实体经济经营成本总体偏高，降本增效难度加大。

三是信息化应用程度较低，制造业与互联网融合滞后。

三、下一步改革思路

一是突出综合施策，全力扩大工业投资。建立市县行政主官工业招商负责制，推进重点行业的减税让利，推出一批重资产招商项目，建立重大项目财政资金统筹支持新机制，继续实行重点项目分级调度机制。

二是突出精准施策，加大对重点产业的指导。突出抓好四大产业"二次创业"，奋力开创新兴产业发展新局面，提升技术创新对产业转型的引领和支撑能力。

三是突出全面发力，加快推进"两化"融合步伐。大力推进智能制造，发展新型制造模式。实施工业云和工业大数据试点示范建设，促进信息消费。推动北斗导航应用及产业发展。

四是突出营商环境，加快工业改革步伐。全面对标世行营商环境指标体系，推动工业园区投融资改革，推进降成本联合工作机制改革，进一步深化电力体制改革。

五是突出特色主导，推进工业园区提质升级。强力推动园区转型升级和规划布局调整，实施园区分级管理，有序推进工业园区管理体制改革。

第四章　国资国企

一、改革进展情况

（一）做好瘦身健体、优化配置、提质增效、防止流失等重点工作

（1）大力推动压缩管理层级。针对各企业在发展过程中出现管理链条过长，管理层级过多、风险难控制等问题，开展专项督查，督促企业加强风险管控和压缩四级以下企业。根据部分企业主业已发生较大变动、新划入的文化类企业没有确定主业的情况，进一步做好企业主业确定及调整工作，共调整公布 23 户企业主业，引导企业专注主业发展，做精做优做强主业。

（2）有效推进监管企业资源整合。为推进广西冶金产业二次创业，打造广西沿海钢铁精品基地，推动柳钢集团与十一冶建设集团实现战略性重组，助力广西钢铁沿海发展战略。完成新华书店集团与出版传媒集团重组，成立新的广西出版传媒集团，重组后的广西出版传媒集团资产总额达 60 亿元，成为广西第二家资产总额超过 50 亿元的文化企业。自治区国资委管理企业由 40 多户重组到 24 户。协调广投集团在贵州的水泥板块重组至西江集团下属的鱼峰集团，鱼峰水泥产能从 600 万吨跃升至 1650 万吨，水泥建材板块产业得到跨越式发展。推动北投集团在六景的装配建筑项目与建工集团开展合作。研究出台《自治区国资委监管企业内部资源整合指导意见》。

（3）推进剥离国有企业办社会职能和解决历史遗留问题。加快推进国有企业办社会职能，研究制定《加快剥离国有企业办社会职能和解决历史遗留问题工作方案》。加快推进厂办大集体改革，企业剥离医疗、消防、学校等社会职能。全面启动"三供一业"分离移交工作。研究制定《国有企业职工家属区"三供一业"分离移交工作实施方案》及一系列配套文件，配合自治区财政厅向财政部争取补助资金 7.23 亿元并及时下拨企业，为分离移交提供了政策支撑和资金保障。截至 2017 年 12 月，自治区国资委监管企业"三供一业"分离

移交工作取得了明显进展，签订供水、供电、供气、物业分离移交协议（或框架协议）进度分别达到 88.8%、96.6%、90.1%、23.0%。

（4）稳妥推进自治区本级国有"僵尸企业"处置工作。进一步调查摸底区直党政机关事业单位和群团组织所属企业基本情况，建立"僵尸企业"数据库，积极推动有关部门研究完善配套政策，积极稳妥开展处置"僵尸企业"工作。督促各企业、各市国资委强化处置主体责任意识，开展专项督查，提出整改建议并下发整改通知。

（5）做好提质增效工作。坚持领导联系服务企业稳增长制度，委领导带队深入监管企业商定年度经营目标责任，明确各企业 2017 年营业收入、利润总额、应交税费三项指标增幅不低于 8%，切实为实现自治区党委、政府要求的全区年度经济发展目标做出国企贡献。委领导多次带队深入企业调研指导，了解企业重大项目建设、业务拓展、风险防控，帮助协调解决企业遇到的困难和问题。密切关注宏观经济运行动态，加强对企业债务、成本费用、应收账款、存货等关键财务指标的动态监测，有针对性地提出对策措施，引导企业有效调控生产经营，实现平稳高效发展。

（6）防止国有资产流失。一是坚持依法治企。继续推进企业法律顾问制度建设，将总法律顾问制度写入公司章程，积极推进在重要子企业全面建立总法律顾问制度。充分发挥与自治区高院、自治区检察院等单位的联席机制，指导、协调或参与企业重大法律纠纷案件处理，维护国有资产合法权益。二是开展全面风险管理。对 12 户重点国有企业开展全面风险管理督查，下发了风险整改清单督促企业整改。三是防控经营投资风险。加快建立广西国有企业违规经营投资责任追究制度，研究起草《广西壮族自治区国有企业违规经营投资责任追究暂行办法》，并由自治区政府办公厅印发执行。严格履行基金业务的登记备案和报告制度，严格履行基金业务的审批程序，建立和完善基金投资决策和管理机制，落实责任追究与考核制度，进一步加强国有企业私募投资基金的管理和风险管控。四是加强产权管理。加强产权登记，夯实国有资产基础管理工作；运用资产交易、协议转让、无偿划转和资产置换等产权管理手段，优化国有资源配置，提高资源配置效率。五是强化境外投资风险防控。抓好境外投资项目审批，督促企业认真履行市场调研、决策、审批等相关程序。切实做好投资项目的风险评估，指导督促企业建立和完善境外企业的治理结构和管理结构，强化对境外企业财务状况的监控能力，及时采取应对措施规避各种风险。

（二）完善企业运营、监管、激励约束等各项制度，加快公司制股份制改革

（1）实施分类考核。完成对监管企业的分类，其中商业一类企业11户、商业二类企业8户、商业三类企业3户、公益一类企业0户、公益二类企业3户。出台《自治区国资委履行出资人企业负责人经营业绩考核暂行办法》及配套实施细则，分类定责、分类考核，在考核办法中将加强党的领导作为经营业绩考核导向之一，以引导企业将党建工作贯穿于企业生产经营活动中，着力使党组织领导核心和政治核心作用融入现代企业制度。做好文化企业业绩考核与收入分配管理并轨，制定印发《自治区国有文化企业负责人薪酬核定规则（试行）》，与自治区党委宣传部、组织部等单位联合印发《自治区国有文化企业"双效"业绩考核实施细则》。

（2）完善企业激励约束制度。强化对各设区市薪改办深化薪酬制度改革工作的指导，完成各设区市深化国有企业负责人薪酬制度改革意见批复并督促印发实施。指导各薪酬审核部门做好2015年、2016年度企业负责人薪酬信息披露工作。做好2017年自治区本级国有企业负责人基本年薪基数测算工作。坚持"业绩升、薪酬升，业绩降、薪酬降"原则，强化业绩考核与激励约束的紧密衔接，稳步开展工资总额管理，完成2016年度工资总额清算及2017年度工资方案批复工作。强化企业负责人薪酬管理，加快规范履职待遇业务支出管理和职工福利体系。

（3）完善监事会监督制度。不断强化"两个融入"工作理念，推动监事会工作融入国资监管体系，融入企业法人治理结构。提高监事会监督报告质量和成果运用，坚持以"问题和风险"为导向重点揭示企业存在问题，向自治区人民政府呈报22份监事会年度监督检查报告并向企业下达整改要求，办理400多份监事会当期监督报告，加大"一事一报告"力度，向自治区人民政府报送8份涉及企业重大风险的报告。加强企业内设监事会建设工作指导，及时总结推广"建工模式"，构建监事会监督防止国有资产流失的防线。广西国有企业监事会建设得到国务院国资委的充分肯定和高度评价。

（4）加快公司制股份制改革。积极推进全民所有制企业公司制改革，认真研究2016年划转至大企业大集团的15户科研院所改制工作。完成物资集团柳州、桂林、贵港储运公司改制方案的审批，完成柳州兴钢建筑工程处公司、自治区政府汽车队加油站以及旅发集团的下属旅行社改制立项审批。

（三）推进国有资本投资、运营公司试点工作，探索以管资本为主的国资监管新机制

（1）推进国有资本投资、运营公司试点工作。制定广投集团、宏桂集团开展国有资本投资、运营试点工作评价指标。根据试点工作目标制定《国有资本投资公司试点工作评价指标量化表》和《国有资本运营公司试点工作评价指标量化表》，考核指标由治理、运营、授权、管控和党建五大方面构成，内容包括完善法人治理、业绩指标、运营支撑、下放审批事项的接和管、管控运营、领导核心、廉政建设等方面。广投集团按照改革方案的要求，优化使命、愿景和战略，提出"产融投协同发展"模式，完善公司法人治理结构，修订党委会、董事会、董事长办公会和总裁办公会议事规则，建立起与国有资本投资相适应的运行机制；将党的领导融入公司治理各环节，党的领导作用全面发挥；重塑总部职能，调整总部的部门设置和职责。宏桂集团深入推进国有资本运营试点工作，根据国有资本运营公司的特点，重塑集团公司整体发展定位，明确发展目标和发展路径；通过完善党委会、董事会、总经理办公会议事规则，建立起与国有资本运营相适应的运行机制，同时将总部职能部门精简为12个，子公司整合为16家，压缩管理层级，提高分类管控能力，"小总部、大平台"的组织架构逐步建立。

（2）制定权力和责任清单。研究起草国资委权力清单和责任清单，待国务院国资委权责清单出台后抓紧完善印发实施。加快调整优化监管职能和方式，推进国有资产监督机构职能转变，研究制订《自治区国资委以管资本为主推进职能转变方案》，科学界定国有资产出资人监管的边界，精简监管事项31项，其中取消事项8项，下放事项13项，授权事项10项。

（四）积极稳妥发展混合所有制经济，实施国有控股混合所有制企业员工持股试点

一是积极推进混合所有制改革试点配合做好国家发展改革委到广西调研混改各项工作。积极向国家发展改革委推荐国家第三批混合所有制改革试点项目。二是稳妥开展员工持股试点。指导企业开展国有控股混合所有制企业实施员工持股试点，制订试点实施方案，自治区国资委从全区申请开展试点的23户国有企业中选定国海证券、国宏智鸿科技公司等6户企业作为首批试点单位，积极指导试点企业制订实施方案，已完成国宏智鸿科技公司试点方案的批复。三是集中挂牌推介引入非公资本。面向全区国有企业征集与非公资本合作的项目，并筛选、核对32个国有企业（项目）对外公开引入战略投资者，拟采用产权转让、增资扩股、项目合作等方式引入非公资本，涉及引入金额超过100亿元。

（五）完善法人治理机制，开展职业经理人试点

（1）全面推进规范董事会建设。在深入试点企业调研、认真总结试点做法的基础上，自治区国资委会同自治区党委组织部研究出台了《关于全面推行规范自治区直属企业董事会建设的指导意见（试行）》（桂组通字〔2017〕33号），提出力争用2~3年时间，在自治区直属企业全面建立规范董事会，实现外部董事制度全覆盖，逐步建立健全规模适当、结构合理，具备与公司行业特点和发展战略相适应的外部董事架构，进一步构建职责明确、边界清晰、程序规范、运行高效、在公司治理结构中发挥决策作用的规范的董事会，确保企业实现科学决策和民主决策，基本建立起激励约束机制，完善奖惩分明的董事会决策及责任追究追溯机制。

（2）探索推行职业经理人制度。探索建立职业经理人制度，研究制订国有企业建立职业经理人制度的指导意见。以北部湾银行为试点，完成面向社会公开选聘1名行长、1名副行长。研究起草《自治区直属企业实行职业经理人制度的指导意见（试行）》，于11月24日提交自治区党委全面深化改革领导小组第十九次会议审议通过，已联合自治区党委组织部印发实施。

（六）加大上市力度，提高国有资本证券化水平

继续以推动企业上市为主要途径，探索多种方式发展混合所有制，系统研究国有上市后备企业分类推进上市工作，组织区内外优势券商，对上市后备库的上市工作集中把脉，研究出对重点上市后备企业分三个层次分步推进股份制改造方案。支持北部湾港资置换、发行股份购买资产并募集配套资金，进一步减少同业竞争，增强资金实力；批准桂东电力非公开发行不超过16555.50万股A股股票，募集资金不超过7.6亿元；批准绿城水务非公开发行不超过14716.21万股A股股票，募集资金不超过16亿元；批准五菱汽车发行不超过20000万股H股股票，融资金额不超过1.6亿港元。

（七）深化国有企业和国有资本审计监督

2017年3月，自治区党委全面深化改革领导小组第十五次会议要求研究制订广西《深化国有企业和国有资本审计监督的实施意见》（以下简称《实施意见》），由自治区审计厅牵头制订。2017年3月，自治区党委办公厅印发《自治区党委全面深化改革领导小组2017年工作要点》（桂办发〔2017〕10号），将制订《实施意见》列为2017年度重点改革任务。

在广泛调查研究基础上，自治区审计厅认真总结近几年广西国有企业和国有资本审计实践经验，经过反复修改形成了《实施意见（征求意见

稿）》，提出了"坚持依法审计、坚持客观求实、坚持鼓励创新、坚持推动发展、坚持统筹安排"的基本原则，要求主要审计以下内容：一是遵守国家法律法规、贯彻执行中央及自治区重大政策措施情况；二是投资、运营和监管国有资本情况；三是贯彻落实"三重一大"决策制度情况；四是境外国有资产投资、运营和管理情况；五是公司法人治理及内部控制情况。

经自治区党委和自治区人民政府同意，2018 年 1 月自治区党委办公厅和自治区人民政府办公厅以厅字〔2018〕1 号文件联合印发了《实施意见》。

二、改革主要成效

（一）企业经济指标快速增长，自治区国资委管理的国有企业效益创历史最高水平

截至 2017 年 12 月，全区国资委系统 238 户国有企业资产总额 2.95 万亿元，增长 13.61%；营业收入 6843.95 亿元，增长 19.96%；利润总额 232.04 亿元，增长 41.81%；应交税费 260.30 亿元，增长 7.82%。其中，自治区国资委管理的国有企业资产总额 1.30 万亿元，增长 10.89%；营业收入 5352.26 亿元，增长 19.24%；利润总额 172.92 亿元，增长 70.54%；应交税费 179.16 亿元，增长 11.14%。自治区国资委管理的国有企业营业收入、利润、应交税费超额完成 8% 的增长目标。难得的是，企业全部实现了盈利，这在自治区国资委 2004 年成立以来尚属首次，企业经济效益创历史最好水平。

（二）国有资本集中度明显提高，优势企业的综合竞争实力进一步增强

自治区国资委监管企业重组整合到 23 户，国有资本主要集中到基础设施和公共事业、能源、资源、战略性新兴产业、现代服务业、先进制造业等领域。广投集团再次实现营业收入超千亿元，增长 12.9%；柳钢集团实现营业收入 685 亿元，利润 46.8 亿元，营业收入、利润双创建厂以来最高纪录；建工集团实现营业收入 905 亿元，利润 20.09 亿元，营业收入、利润双创历史新高，向千亿元企业奋进。

（三）新旧动能转换提速提档，企业参与市场竞争的能力进一步提升

深入推进供给侧改革，面向市场培育发展新动能，一批关系企业核心竞争力和转型升级的重大项目开工建设、竣工投产，2017 年全区国资委系统企业完成固定资产投资 1530.21 亿元，增长 24.59%，其中自治区国资委管理

的国有企业完成固定资产投资 543.61 亿元，增长 17.01%，主业投资比重达到 96% 以上。加大科技研发和新产品开发，结合大数据、云计算、物联网应用加快业态升级，积极打造新的商业模式、管理模式，企业产品和服务不断向中高端升级。区直企业累计拥有有效专利 1500 多项，柳工股份等 6 户企业获国家级创新型企业类项，文化企业艺术精品、图书出版获得国内外优秀奖项；全区国资委系统企业新产品产值达到 272.62 亿元，同比增长 53.27%，新兴产业、现代服务业逐步成为企业新的经济增长点。

（四）对内对外开放合作不断扩大，企业国际化经营步伐进一步稳健提速

继续面向央企、东盟和港澳台等扩大开放合作，防城港钢铁基地、防城港生态铝、大藤峡水电等重大项目建设和引资入桂、引金入桂取得新进展。广投集团、西江集团、旅发集团、汽车集团、广电网络公司与世界 500 强开展战略合作。柳工机械、五菱汽车、建工糖厂施工和糖机设备在海外打响了中国品牌；港务集团成为中新南向通道、中马两国双园主要建设运营主体；机场集团初步建成了以东盟为主的国际航线网络，北部湾银行面向东盟的国际结算量大幅增长，文化企业与东盟的文化交流合作打开了新局面。区直企业已有超过 1/3 开展境外投资、对外合作业务，广西国有企业对外开放合作进入新的发展阶段。

（五）党的建设全面加强，党的政治优势进一步转化为企业发展的竞争优势，坚持推进全面从严治党，国有企业中党的建设开创了新局面

2017 年，自治区国资委管理的集团公司全部完成党建要求，全部实现党委书记、董事长"一肩挑"，全部配备了专职副书记、纪委书记，全部把党组织研究讨论作为企业决策重大问题的前置程序；企业基层党组织基本实现全覆盖，海外制造型子公司党组织覆盖率达到 100%。编纂出版《国企党建丛书》面向全国发行，创新建设国企党建书院，层层开展知识竞赛，学习宣传贯彻党的十九大精神，中央和自治区各大主流媒体广泛聚焦广西国企。"微笑服务""凤娟标杆""项目党建"等特色党建品牌树立了国企党组织和党员的先锋标杆。在全国国资系统率先将党建考核纳入企业经营业绩考核，国资委党委和驻国资委纪检组专项巡察、企业内部巡察常态化开展，把党建责任层层压实到基层一线，构建了企业全面从严治党新格局。

（六）国有企业和国有资本审计监督成效显著

2017 年，全区各级审计机关认真贯彻落实《若干意见》，积极深化国有

企业和国有资本审计监督，查出主要问题金额合计 140.53 亿元，其中，违规经营 20.25 亿元，资产质量不实 1870 万元，资产闲置 2.51 亿元，违规使用财政资金 1.09 亿元，财务收支核算不实 30.63 亿元，损失浪费 3.19 亿元，其他问题 82.66 亿元。

三、存在的主要问题

一是企业行业发展不均衡，收入利润结构不合理。目前，广西国有资本布局在基础性产业和传统产业较多，高新技术产业和战略性新兴产业较少，企业营业收入主要集中在钢铁、有色、电力、建筑和商贸等盈利水平较低的传统行业上，在科技创新和新能源、新材料等高端行业发展方面严重不足。

二是经营风险依然存在，企业清欠及去库存工作压力较大，一些企业资产负债率仍然较高。

三是现代企业制度还不健全。部分企业虽然建立了法人治理机构，但董事会、经营层职能不清，职责高度重叠交叉、董事配备不足等问题仍然存在，部分企业现代企业制度不健全，定位不清晰，主业不突出。

四是国有资本运营效率还不高。广西国有传统优势制造企业转型升级步伐不快，市场竞争、环境约束、成本上升等压力较大；文化企业社会效益和经济效益的结合还不够好，自身发展能力不足。

五是国有资产管理体制仍需进一步完善。国资监管的及时性、有效性、针对性还不够强，国有资产监督管理的手段比较单一，尤其是相关责任追究制度不完善，导致对企业违法违规行为的责任追究不到位。

六是审计任务进一步加重，审计人员面临的挑战更严峻。在审计"全覆盖"要求下，企业审计工作任务更加繁重，审计的企业中更多"超大型"国有企业的出现，其规模及资金量更庞大，业务更多元，审计工作量也随之加大；"营改增"全面铺开，涉税企业经营管理有所改变，对企业审计人员的知识结构提出挑战；各项减负担降成本政策措施出台，国有企业审计需要关注的内容更多，对审计人员提出了更高的要求。

七是计算机审计水平不高，企业大数据审计尚待加强。虽然广西审计机关的计算机审计水平逐步提高，但是与先进省份相比、与新形势下计算机审计要求相比，仍有一定距离。企业审计所面对的国有大型企业下属子公司众多，各企业使用的财务软件不统一，给数据采集转换造成一定困难。审计对象的日常数据收集和分析没有形成机制，国有企业审计"大数据"尚未充分建立。同时，计算机审计专业人才不足、计算机审计意识不强，也影响到数据的采集和转换、数据关联分析等计算机审计技术的应用。

八是企业内部审计工作的质量和水平发展不够均衡。部分企业内部审计工作停滞不前，在促进企业健全完善内控制度、防控风险、提质增效方面的作用发挥不够。

四、下一步改革思路

一是进一步完善"1+N"政策体系。根据中央已出台文件和党的十九大关于国企改革的要求，结合广西实际出台有关政策。

二是大力推进混合所有制改革。以上市为主要途径积极稳妥发展混合所有制经济；抓好国家第三批混合所有制改革试点广西天然气管网公司的混改工作；积极稳妥推进集团公司或重要子公司混改工作；有序推进国有控股混合所有制企业实施员工持股试点，争取开展第二批试点工作。

三是不断完善和改进国有资产管理体制。加快国资监管机构职能调整，健全国有资本投资、运营公司运营管理机制；进一步完善以管资本为主的投资监管制度；研究出台《广西企业国有资产监督管理条例》。

四是深入推进国有企业收入分配制度改革。推进国有企业工资总额分类预算管理，深入探索职业经理人薪酬管理制度，继续深化企业内部"三项制度"改革。

五是不断完善现代企业制度。进一步完善国有企业法人治理结构，加快推进国有企业公司制股份制改造；全面推行规范董事会建设；加强国企党建工作；不断深化监事会当期和事中监督。

六是加大供给侧结构性改革。深入推进国有企业资源重组整合，不断压缩管理层级减少法人户数；加快推进国有企业剥离办社会职能，全面完成"三供一业"分离移交工作，有效化解过剩产能，清理"僵尸企业"；进一步调整、优化考核指标，增强考核的导向性；研究细化创新创业激励机制，推动各项创新创业工作有序开展。

七是强力推进国有企业和国有资本审计监督。建立健全经常性审计机制、境外国有资产审计监督机制、大数据审计工作机制、内部审计监督机制、审计机关与相关部门和单位的协调配合机制，建立上下级审计机关联合工作机制。

第五章 财 政

一、改革进展及成效

（一）扎实推进预算管理改革

（1）完善预算管理制度体系。加大一般公共预算、政府性基金预算、国有资本经营预算、社会保险基金四本预算的统筹力度，将新增建设用地土地有偿使用费转列一般公共预算，继续提高自治区本级国有资本经营预算收入调入一般公共预算统筹使用的比例，进一步增强预算统筹能力。全区压减部门一般性支出 40.4 亿元，累计盘活使用财政存量资金 971.55 亿元。按照"一个部门一个专项、一个专项一个办法、一个专项一个下达文件、加大简政放权力度、强化跟踪考核问效"的原则，进一步清理整合自治区本级专项资金。

（2）推进部门预算改革。完善预算支出定额标准体系，调整部分人员经费、公用经费定额标准，核定自治区本级机关和参公事业单位公务交通补贴和自治区本级机关事业单位伙食补助费。推进 2017~2019 年部门中期财政规划与 2017 年部门预算相衔接。强化预算项目库管理，印发《关于加强和改进自治区本级部门预算和中期财政规划项目库管理的通知》（桂财预〔2017〕98号），完善项目基本信息，清晰反映项目内容、具体活动和支出需求。改进项目分类，准确反映项目支出性质及用途。强化编外聘用人员经费管理，严控编外聘用人员经费支出增长。规范项目经费预算安排，除中央和自治区党委、政府规定外，区直主管部门不得安排补助市县对口部门运转类经费。推进支出经济分类科目改革，印发《关于进一步做好支出经济分类科目改革有关工作的通知》（桂财预〔2017〕233号），对各部门在预算执行等环节中做好支出经济分类科目改革工作提出具体要求。

（3）加大财政信息公开力度。顺利完成 2017 年政府预算、部门预算和 2016 年政府决算、部门决算等信息公开工作，全面推进自治区本级"三公"

经费预决算公开。印发《关于设立预决算公开统一平台的通知》（桂财预〔2017〕16号）和《关于设立预自治区本级决算公开统一平台的通知》（桂财预〔2017〕34号），明确了全区各级财政部门建立预决算公开统一平台的时间节点，要求进一步细化公开的内容。印发《关于进一步做好预决算信息公开平台的通知》，按"统一页面、统一板块、统一内容"的要求详细部署预决算信息公开工作。目前，全区各级财政部门均已建立预决算公开统一平台。自治区本级、14个设区市、111个县（市、区）已在本部门、本地区预决算公开统一平台上集中公开了2017年预算和2016年决算信息。2016年广西预决算公开度排全国第4位。

（4）继续完善预算绩效管理。强化预算绩效目标管理，2017年制定了《自治区本级预算绩效目标管理办法》和《自治区本级项目支出绩效目标厅内操作规程》，自治区本级200万元及以上项目支出以及所有专项转移支付资金在编制预算时均设置项目绩效目标，所有非涉密区直部门设置部门整体支出绩效目标，强化"花钱必问效"的绩效理念。稳步扩大预算绩效评价覆盖面，项目支出绩效再评价个数由上年的69个增加到79个，部门整体支出绩效再评价个数由上年的49个增加到54个。强化绩效评价结果应用，对预算绩效评价结果进行通报，建立"无效必问责"的问责机制，建立绩效评价结果与预算安排挂钩的机制，对绩效评价结果较差的项目支出扣减2018年预算额度1145万元。

（5）扎实推进财政国库管理改革。稳步推进国库集中支付电子化管理改革，完善自治区本级国库集中支付电子对账体系建设；深化市县国库集中支付电子化管理改革试点工作，在成功开展北海市、合浦县国库集中支付电子化管理改革试点工作的基础上，2017年新增南宁市、梧州市等5个地级市和藤县等5个县（市、区）完成了国库集中支付电子化管理系统上线工作。深入推进公务卡结算制度改革，结合广西实际，联合科技厅印发了《关于自治区本级财政科研项目使用公务卡结算有关事项的通知》（桂财库〔2017〕43号），提高支付透明度和安全性；将公务卡使用率纳入设区市绩效考评指标，督促各市县切实提高公务卡使用率。积极推进非税收入收缴电子化改革，自治区本级开展第三批非税收入收缴电子化管理试点，贵港市、玉林市等6个地区开展市、县级试点，建设了非税收入收缴统一支付平台，并接入广西一体化网上政务服务平台。加强预算单位银行账户管理及资金存放管理，印发《广西壮族自治区本级预算单位资金存放管理暂行办法的通知》（桂财规〔2017〕8号），建立健全科学规范、公正透明的预算单位资金存放管理机制，防范资金存放安全风险和廉政风险；完成 2016 年度预算单位银行账户年检，不断规范预算单位账户管理及使用。持续完善国库单一账户体系，不断强化预算执行动态监控，以事前、事中动态监控为重点，健全对重点领域和重点资金的动态监控规则，严控预算单位"三公"经费、会议费、培训费等重点支出，通过财政监督检查加强事后监控跟踪问效。建立健全动态预算执行监控体系，设置预算指标、用款计划、资金支付、"三公"经费、归垫资金等 9 大类 35 条预警规则，形成较完整的防控链条。

（二）扎实推进财政体制改革

（1）推进自治区与市县收入划分改革。印发《关于核定各市县增值税税收返还基数的通知》（桂财预〔2017〕7 号），核定下达各市县增值税返还基数，并规定自 2016 年起增值税实行定额返还。印发《关于核定营改增过渡期内增值税"五五分享"税收返还基数有关问题的通知》，核定市县过渡期内增值税"五五分享"税收返还（上解）基数，并从 2017 年起通过年终结算办理。

（2）稳妥推进自治区以下财政事权和支出责任划分改革。报请自治区政府出台《关于印发自治区以下财政事权和支出责任划分改革工作方案的通知》（桂政办发〔2017〕10 号），明确改革的总体要求、总体思路、基本原则、职责分工、时间安排、工作程序和保障措施等，积极稳妥推进财政事权和支出责任划分改革。积极开展相关领域财政事权和支出责任划分课题以及方案研究调查工作。

（3）改革完善自治区对县财政体制。报请自治区政府印发了《关于改革完善自治区对县财政体制促进县域经济发展的实施意见》（桂政办发〔2017〕96 号），重新确定 48 个自治区直管县和 23 个市管县，分类施策，充分调动自治区、市、县三级当家理财的积极性。出台激励措施支持县域经济发展，安排下达 2017 年广西科学发展先进县（城区）、进步县（城区）奖励资金 9.2 亿元，对鹿寨县、融水县、阳朔县、荔浦县、灌阳县、容县、陆川县、北流市、大新县、柳南区、鱼峰区、钦南区、玉州区 13 个先进县（区）各奖励 5000 万元；对全州县、东兴市、田阳县、金秀县、龙州县、青秀区、江南区、邕宁区、武鸣区 9 个进步县（区）各奖励 3000 万元。

（4）改革完善自治区对市县转移支付制度。研究制定了《2017 年自治区均衡性转移支付办法》（桂财预〔2017〕118 号），完善标准财政收支的核定方法、增加税收超出平均增幅回补机制、增加有关支出标准过高（绩效奖）约束机制、丰富完善滚动调控机制、增加考虑撤县设区因素等。修订

《广西壮族自治区资源枯竭城市转移支付管理办法》，对资金的分配对象、补助期限、分配因素、支出范围等做相应修订。健全完善县级基本财力动态保障机制，修订《广西壮族自治区县级基本财力保障机制奖补资金管理办法》（桂财预〔2017〕213号），调整完善县级基本财力动态保障机制，持续加大对下财力调节力度，逐步提高市县财政保障能力和提供基本公共服务水平。自治区下达市县转移支付2168.53亿元，增长8.6%，其中一般性转移支付增长10.7%，占转移支付比重达到61%，占比进一步提高。继续加大对民族地区的倾斜力度，下达民族地区转移支付24亿元，增长9.1%，并将防城港市防城区视同民族自治县纳入民族地区转移支付范围。建立健全财政支持农业转移人口市民化机制，2017年，下达农业转移人口市民化奖励资金6.67亿元，着力帮助市县重点解决农业转移人口落户户籍制度改革、农民工随迁子女接受教育、城镇中小学教育"大班额"等市民化突出问题。

（三）扎实推进税费制度改革

按照中央的统一部署，持续深化营业税改征增值税改革，进一步简化增值税税率结构，扩大享受企业所得税优惠的小型微利企业范围，让纳税人减负担，为经济发展添活力。完成健全地方税体系调研课题，提出健全广西地方税体系的总体思路和操作路径；配合中央做好地方税体系方案设计工作，积极向中央有关部门发出"广西声音"。将商业健康保险个人所得税政策试点推广至广西全区范围实施。根据《中华人民共和国环境保护税法》授权，自治区财政厅在深入调查研究、组织专家论证、广泛征求全社会意见的基础上，会同有关部门提出了广西征收环境保护税的适用税额，获得自治区人大常委会高票表决通过并颁布了《广西壮族自治区大气污染物和水污染物环境保护税适用税额的决定》，确定广西大气污染物的适用税额为1.8元/污染当量，水污染物适用税额为2.8元/污染当量，自2018年1月1日起施行，为环境保护税顺利开征奠定了基础，有利于促进广西环境保护和生态文明建设。按照中央和自治区的统一部署，逐步推进非税收入划转地税部门代征，规范市政公共资源有偿使用收入管理，巩固完善目录清单和收费公示制度。

（四）扎实推进财政投入方式改革

（1）不断完善政府购买服务制度。一是强化组织领导和统筹协调。提请自治区人民政府成立了由分管副主席担任组长，自治区编办、发展改革委、民政厅、财政厅、人力资源社会保障厅、工商局、法制办、地税局、国税局、人民银行南宁中心支行十部门领导作为成员的政府购买服务改革工作领导小组，统筹协调全区政府购买服务改革工作。二是推动政府购买服务信息公开。印发《政府购买服务信息公开管理暂行办法的通知》（桂财综〔2017〕29号），为构建广西政府购买服务信息公开机制和操作流程奠定基础。三是支持行业协会商会承接政府购买服务。印发《关于做好行业协会商会承接政府购买服务工作有关问题的通知》（桂财综〔2017〕31号），鼓励行业协会商会通过实现自身转型发展，提高承接公共服务的水平和效率，对行业协会商会应缴纳的企业所得税中属于地方分享的部分自脱钩之年起三年内给予免征，有序引导行业协会商会承接政府购买服务。四是部署推进事业单位政府购买服务工作。会同自治区编办出台《全区事业单位政府购买服务改革工作实施方案》（桂财综〔2017〕50号），支持事业单位分类改革和转型发展，增强事业单位提供公共服务能力。五是规范政府购买服务行为。落实财政部《关于坚决制止地方以政府购买服务名义违法违规融资的通知》（财预〔2017〕87号）要求，及时纠正政府购买服务行为中存在的问题，防范化解财政金融风险。

（2）推进政府和社会资本合作（PPP）模式。一是加大财政支持力度。印发《关于申报2016年度PPP项目财政以奖代补资金的通知》（桂财金〔2017〕32号），组织全区申报PPP项目以奖代补资金，年内拨付南宁、柳州、梧州、玉林等地项目奖补资金5960万元。二是做好项目示范项目申报。组织全区择优选取项目申报国家示范，南宁、梧州、崇左、上林、恭城、扶绥和宁明等地10个项目入选第四批国家示范。三是落实PPP项目信息公开要求。印发《关于做好PPP综合信息平台项目信息录入和公开工作的通知》（桂财金〔2017〕15号），组织全区完善项目信息，及时向社会公开。截至2017年末，广西已入库财政PPP综合信息平台项目224个，计划总投资2353亿元。《中国财经报》专题报道竹排江那考河流域治理PPP项目，并在"中国PPP良好实践"国际研讨会上做典型案例推介。南宁市那考河流域综合治理项目成为国家示范项目。

（3）加快推进政府投资引导基金改革。一是优化顶层设计，不断完善制度建设。提请自治区人民政府审议印发了《广西壮族自治区人民政府关于设立广西政府投资引导基金的意见（修订）》（桂政发〔2017〕18号）、《广西壮族自治区人民政府办公厅关于印发广西政府投资引导基金子基金操作指引（修订）的通知》（桂政办发〔2017〕50号）、《广西壮族自治区人民政府办公厅关于印发广西政府投资引导基金直接股权投资管理暂行办法的通知》（桂政办发〔2017〕45号）等文件，构建"1+2"的引导基金政策文件体系，得到财政部充分肯定，通过《财政信息》向全国财政系统宣传报道广西经验和做法。二是在全国省级政府首创引导基金代理运营竞争合作机制。公开选聘了国内知名的 15 家专业基金管理机构作为战略合作伙伴，选择深圳创新投资管理集团、广东中科招商基金管理公司、民生通海基金管理公司等 5 家专业基金管理机构作为政府投资引导基金的代理运营服务机构，创新的机制开启了广西政府投资引导基金新的发展阶段。三是完善引导基金咨询专家评审制度，建立比较科学合理的引导基金投资子基金评审标准体系。四是加快推进政府投资基金投资进度，放大财政资金杠杆效应明显。2017 年，广西政府投资引导基金参与新设立了广西全域旅游产业发展基金、广西三诺电子信息产业发展基金、广西皇氏产业投资发展基金等 8 只子基金，基金总认缴规模 236.23 亿元，首期认缴 68.97 亿元，其中，引导基金认缴 9.69 亿元，带动社会资本、金融机构认缴 59.28 亿元，实现财政资金放大 5 倍以上杠杆作用，在全国地方省市政府投资基金中，属于进度较快地区。

（4）统筹推进财政资金整合。按照财政部统一部署，建立财政存量资金分月统计报告制度，及时跟踪分析全区财政存量资金变化情况，指导各地做好财政存量资金收回工作并督促加快已收回的财政存量资金支出进度，统筹用于稳增长、惠民生等重点领域。2017 年，在全部 54 个贫困县开展统筹整合使用财政涉农资金试点。探索建立涉农资金统筹整合长效机制，实行"大专项+任务清单"管理模式。

（五）扎实推进供给侧结构性改革

按照中央和自治区推进供给侧结构性改革的重大决策部署，紧紧围绕"三去一降一补"五大重点任务，发挥财政职能作用，促进广西经济持续稳定增长和加快转型升级。

（1）全力支持"去产能"。投入工业企业结构调整奖补资金 4.4 亿元，支持钢铁、电解铝、水泥、煤炭等行业淘汰落后和化解过剩产能。投入阶段性财力困难补助 5.21 亿元，缓解贺州、梧州等地因取缔"地条钢"以及有关市县因产业调整带来的阶段性财力困难。投入企业技术改造资金 5.77 亿元，支持传统优势产业发展精深加工和延伸产业链，推进铝业、机械、冶金等行业"二次"创业。投入工业园区发展资金 4.16 亿元，加大对自治区重点工业园区的支持力度。投入 7 亿元，支持中马钦州产业园建设。安排 2 亿元，支持百色市生态型铝产业区域电网及来宾大工业区域电网建设。

（2）综合施策"去库存"。投入保障性安居工程资金 52.47 亿元，支持保障性住房建设和棚户区改造，落实新市民购房补贴，促进商品房去库存。

投入农业转移人口市民化奖励资金 6.67 亿元，重点解决农业转移人口住房难、随迁子女入学难、城市教育"大班额"等突出问题，引导推动广西农业转移人口市民化进程，加快库存消化。

（3）防范风险"去杠杆"。全面贯彻落实全国和全区金融工作会议精神，成立了广西政府性债务管理领导小组（债务应急领导小组），制订了政府性债务风险应急处置预案，初步建立了全区政府性债务风险应急处置工作机制。制定政府一般债务预算管理实施细则、政府专项债务预算管理实施细则，将政府债务纳入全口径预算管理。组织开展违法违规融资以及对以政府购买服务名义变相融资的排查整改工作，规范政府举债融资行为，防范财政金融风险。将政府债务风险控制作为硬指标列入市、县党政领导班子和党政正职考核范围，以及设区市绩效考核范围，合理制定评分标准。落实政府债务限额管理规定，将政府债务收支全面纳入预算管理，严格履行预算调整审批程序，突出安排重点，强化资金监管。在 2017 年新增限额的分配上，充分与各地的债务率水平挂钩，确保各地债务风险控制在合理范围内。首次实现 20 亿元政府债券溢价续发行，成为全国第一批开展续发行地区，广西获 2017 年度地方政府债券优秀发行人称号。2017 年全年发行新增债券 491.6 亿元（其中一般债券 459.6 亿元，专项债券 32 亿元），促进经济社会发展防范风险；发行置换债券 1224.97 亿元（其中一般债券 477.15 亿元，专项债券 747.82 亿元），缓解各级财政当期偿债压力，降低各级财政利息负担。

（4）多措并举"降成本"。按照中央统一部署，全面落实一系列减税降费措施，简化增值税税率结构和扩大享受企业所得税优惠的小型微利企业范围，进一步清理规范行政事业性收费和取消调整部分政府性基金，全年减轻企业和社会负担约 350 亿元。注入政策性担保公司资本金 7.35 亿元支持向小微企业和"三农"领域提供低成本、高效率融资担保服务，着力解决企业融资难、融资贵问题。

（5）协调发展"补短板"。统筹安排自治区本级预算和中央预算内基建资金 156 亿元，支持公路、铁路、航空、农田水利、住房保障、卫生、教育、节能环保等领域重大基础设施项目建设。集中财力投入 200 多亿元，大力支持推进县县通高速、市市通高铁、片片通民航等项目建设，其中安排 145.48 亿元支持贵港至合浦高速公路、河池至百色等高速公路建设，安排 17.81 亿元支持贵阳至南宁、南宁至崇左等铁路项目建设及沿海铁路货运价格调整，加快补齐交通发展"短板"。投入北部湾经济区重大产业发展专项资金 13 亿元、西江经济带基础设施建设专项资金 6.6 亿元、左右江革命老区重大工程建设资金 4 亿元、巴马长寿养生国际旅游区基础设施建设资金 2 亿元，支持实施"双核驱动、三区统筹"重大战略。落实全区创新驱动发展大会精神，安排创新驱动发展专项资金和科技计划资金 20.27 亿元，支持广西科研能力和科研水平提升，培育经济发展新动能。落实全区开放发展大会精神，统筹中央和自治区促进贸易发展专项资金 7.9 亿元，支持商业流通事务、特产行销活动、对外经贸等事业发展。投入自治区服务业发展专项资金 3.6 亿元，支持发展服务业关键领域和新兴业态。统筹中央和自治区资金 1.36 亿元，支持北海市国家海洋经济创新发展示范城市建设和国家海洋局第四海洋研究所科研及技术合作中心（一期）建设，深度融入国家"一带一路"倡议，大力发展向海经济。

（六）扎实推进财政监督机制改革

坚持把管好用好财政资金作为重要职责，念好"紧箍咒"，确保资金使用安全规范有效。

（1）强化法治财政监管。建立了财政部门行政裁量权基准制度、行政执法调查取证和告知工作规则、重大行政执法决定法制审核办法、异地行政执法协助等制度，进一步提高财政行政执法工作透明度，强化对财政执法行为的规范和监督力度。扎实推进建立党政机关厉行节约反对浪费长效机制。修订广西壮族自治区本级会议费管理办法。会同自治区党委组织部、自治区公务员局修订和出台了广西壮族自治区本级机关培训费管理办法。通过政府采购确定广西 2017~2018 年会议定点场所，并对社会公布。

（2）强化投资评审监管。通过优化评审流程，前移评审关口，规范评审程序，切实提高评审工作效能，强化投资评审服务财政预算管理能力。全区各级财政部门完成投资评审项目 42674 个，送审额 1871.98 亿元，净核减额 190.8 亿元，净核减率 10.2%，节约了大量财政资金。

（3）强化政府采购监管。围绕政府采购评审专家库改革工作，出台政府采购评审专家管理系列制度，有效保障了评审专家合法权益，规范了评审专家的评审行为，确保政府采购评审质量。组织修订了《2018—2019 年广西壮族自治区政府集中采购目录及限额标准》，本着依法、规范、简洁、高效的原则，进行了适当调整，使新一轮集中采购目录及限额标准更具完整性、可操作性。首次采用"双随机一公开"方式开展全区政府采购代理机构监督检查工作，省、市、县三级财政部门联动检查，全区累计检查 110 家代理机构，占广西代理机构总量的 44.89%，抽查项目 1239 个，查出涉及违法违规问题项目数量 826 个，形成处理、处罚决定，并督促相关责任人限时整改。

积极织牢监督网络，加大对政府采购领域违法违规行为惩处力度，依法维护政府采购各方当事人的合法权益和公平公正的市场秩序，2017年正式受理政府采购投诉举报案件42件。同时，不断强化采购人在采购需求、采购政策、信息公开、履约验收，以及完善内控机制等方面的主体责任，督促采购人依法编实编细编准政府采购预算。全区共完成政府采购预算1458.9369亿元，实际采购金额1363.3312亿元，节约资金95.657亿元，节约率6.655%。

（4）强化财政监督检查。围绕强化扶贫资金监管，深入开展对20个贫困县财政扶贫资金管理使用情况检查，查出问题金额59.4亿元，向自治区纪委移送违纪问题线索12条。围绕做好巡视整改工作，组织开展全区"小金库"等问题专项检查，查出"小金库"及其他违规问题金额10.36亿元。围绕加快财政支出进度、管好用好财政资金，组织开展2016~2017年度专项转移支付资金专项核查。围绕硬化预算约束，开展对20个区直部门（单位）预决算执行情况专项检查。围绕规范市场经济秩序，开展机关和企事业单位会计信息质量检查，共发现存在违规问题的单位463户，问题金额40.93亿元，对14名相关责任人进行处罚或移送处理。开展政府债务管理及债券资金使用情况专项核查，对违规举债、违规使用债券资金等问题进行排查并责令整改，遏制了地方政府债务风险的扩大。组织全区财政系统对8900余个预算单位开展2016年决算和2017年预算公开情况专项检查，查出预决算公开不完整、不规范等问题，有力督促全区预决算公开工作。组织对部分市、县（市）整体推进土地整治专项资金开展检查，并对项目绩效部分指标进行评价，查出部分县（市、区）资金支出进度缓慢、未按规定实施政府采购、项目管理混乱等问题。印发《广西壮族自治区财政厅关于印发随机抽查工作细则的通知》（桂财监〔2017〕74号），全面推行"双随机一公开"工作，要求随机抽取检查对象、随机选派执法检查人员，并及时公开抽查情况和查处结果。

（七）协同推进其他领域改革

在推进财税体制改革的同时，深入介入事业单位改革、养老保险改革等领域的改革。比如，事业单位改革方面。提请自治区人民政府办公厅印发《关于分类推进事业单位改革中财政有关政策的实施意见》（桂政办发〔2017〕159号）、《关于分类推进事业单位改革中加强国有资产管理的实施意见》（桂政办发〔2017〕158号），细化完善了广西财政支持事业单位分类改革的财政政策和国有资产管理的有关政策。印发了《广西壮族自治区关于从事生产经营活动事业单位改革中国有资产管理的若干规定》（桂财资

〔2017〕31号），规范生产经营活动事业单位改革中国有资产管理。配合自治区编办出台《关于承担行政职能事业单位改革试点若干问题的答复意见》（桂事改办发〔2017〕2号），研究制定广西承担行政职能事业单位改革试点地区的相关政策。配合自治区编办提请自治区党委办公厅、自治区人民政府办公厅印发《关于从事生产经营活动事业单位改革的实施意见》（厅发〔2017〕56号），明确广西生产经营类事业单位的相关支持政策。养老保险管理改革方面。积极推进机关事业单位养老保险制度改革，配合相关部门出台机关事业单位各类人员参加养老保险、职业年金个人账户记账利率等改革相关配套政策；完善企业职工基本养老保险自治区级统筹制度，修订出台《广西壮族自治区人民政府关于印发广西企业职工基本养老保险自治区级统筹政府责任分担办法的通》（桂政发〔2017〕70号）、《广西壮族自治区财政厅　广西壮族自治区人力资源和社会保障厅关于印发广西壮族自治区企业职工基本养老保险奖补资金管理办法的通知》（桂财规〔2017〕9号），进一步明确自治区、市、县三级政府应承担的责任，强化激励约束机制。推进公立医院综合改革方面，安排补助资金11.7亿元支持自治区、市、县公立医院综合改革全覆盖，全面实施药品"零差率"销售。配合自治区人社厅制定公立医院薪酬制定改革实施意见。加强公立医院的财务和预算管理，制定《关于加强公立医院财务和预算管理的实施意见》。自治区农垦、林场、监狱、水产畜牧系统土地资产管理体制改革方面，会同国土厅等部门完成了工作方案和调研报告，明确改革任务和内容、时间安排等，细化了工作计划完成时限等，并提出产城融合整体开发、产业园区共建、整体包干用地、收储、土地分比开发等开发模式。为支持和促进地方经济建设发展，配合自治区国土厅出台了《贵港市城市周边涉及自治区农垦西江农场土地管理综合改革方案》，对贵港市政府使用自治区农垦土地收益分配给予优惠，即对自治区出资收储新增建设用地的土地收益分配由原来自治区、地市7∶3分成改为5∶5分成。同时，认真研究广西黔江示范牧场和广西武宣种畜场下放来宾市管理土地划转方案，并提出"如今后变形进行开发，则实行有偿划拨。开发土地取得的收入，按现行政策上缴国家和自治区后，来宾市人民政府取得的土地开发收益，依照自治区人民政府规定的比例上缴自治区财政"的意见。推进科技管理改革方面。全面启动自治区本级财政社会科学研究项目管理改革前期调研工作。完善自治区创新驱动发展专项资金管理，印发了《自治区创新驱动发展专项资金管理办法（试行）》，通过"六个明确"强化了对自治区创新驱动发展专项资金的管理和使用。

二、存在的问题

一是中央层面改革滞后影响了地方改革进程。比如，财政事权和支出责任划分工作的决定权高度集中在中央，但中央分领域改革具体内容尚不十分明确，导致该项改革存在一定困难。

二是部分改革没有坚持正确的改革方向。比如，在实际工作中存在政府购买服务范围扩大化的现象，有些地方政府借"政府购买服务"名义进行变相融资，增加了地方债务负担，加剧了财政金融风险。

三是部分改革任务推进难度较大。整合财政专项资金、财政社科类科研经费管理、PPP 项目落地、政府购买服务等财政改革涉及利益调整，改革深入推进协调难度加大。

三、下一步改革思路

一是加强项目支出标准体系建设。梳理编印自治区本级预算支出标准汇编。研究制定自治区本级 2019 年项目支出定额标准体系建设试点工作方案，推动开展项目支出定额标准体系建设试点。

二是推进全区预决算公开工作。做好自治区本级并指导各市县按时公开政府预决算信息，督促自治区本级和市县各部门按时公开部门预决算信息。做好地方预决算公开情况统计上报，组织开展市县预算公开情况自查，加强对市县预决算公开业务培训，继续完善预决算公开平台建设。

三是加快推进自治区以下财政事权和支出责任划分改革。认真做好基本公共服务领域自治区以下财政事权和支出责任划分改革后续工作，并加快推进其他分领域自治区以下财政事权和支出责任划分改革，指导督促设区市统筹推进市与所辖县（市、区）财政事权和支出责任划分改革。

四是继续深化全面实施绩效管理。完善预算绩效管理制度体系，强化预算绩效目标管理，建立绩效目标与预算安排挂钩机制。继续深化预算绩效评价和绩效评价结果应用相关工作，提高预算绩效评价的有效性和结果应用的约束力和权威性。

五是继续深化税收制度改革。按照中央统一部署，积极推进资源税、水资源税、增值税、个人所得税等各项税收立法和税制改革，统筹推进政府非税收入改革，理顺税费关系，加快培育地方税源。

六是继续强化政府性债务管理。合理安排使用 2018 年新增政府债务限额，发挥新增政府债务限额在稳增长和促进高质量发展、均衡发展、充分发展等方面的引领性、关键性作用。稳妥推进存量政府债务置换工作。加强对融资平台公司债务和政府中长期支出事项的统计和监测，研究制订化解存量隐性债务实施方案，妥善化解隐性债务存量，坚决遏制隐性债务增量。加大违法违规举债融资行为问责力度。

七是继续深化财政国库管理改革。稳步推进全区国库集中支付电子化管理改革，完善自治区本级电子对账系统建设，优化自治区本级公务卡系统业务流程和用卡环境。

八是继续优化财政投入方式。改革完善政府购买服务制度，发挥政府购买服务信息平台作用。改革完善支农投入政策体系，研究改革涉农资金转移支付制度，深化专项资金整合机制创新。推进金融和社会资本进入农业综合开发的长效机制。进一步完善广西政府投资引导基金代理运营合作竞争机制。探索建立政府投资引导基金区市联动机制，推动设立各类区域产业、科技创新类投资基金，积极引入区外优质资源到广西。

第六章　国　税

一、改革进展和成效

（一）税制体制改革成效显著，助推广西经济提质增效

2017 年是税收改革持续深化的一年，广西国税系统改革运行平稳、渐行渐好。主要体现在：税制改革效应明显。全面推开营改增试点以来，累计减税 129.09 亿元，有力地促进了广西经济增长、结构调整、转型升级和就业创业，综合效应持续增强，全区超过 95% 的试点纳税人税负得到不同程度的下降，巩固和拓展了"所有行业税负只减不增"的改革效应，相关工作做法及成效多次得到国家税务总局领导的批示肯定。征管体制改革效应凸显。创新提出由"形合"向"形神合一"升级的工作理念以及"九融合"的配套要求，有效引领了国地税合作向纵深发展。压茬推进"广西方案"，完成既定 66 项改革事宜，取得"六好六新"的综合效应。其中，联合办税作为改革的"先手棋"，呈现出"一厅办"向"一窗办"深化的递进效应；金三数据全库共享作为改革的"当头炮"，呈现出"两家联通、多级共享"的增值效应；联合推动《广西税收保障条例》颁布实施作为改革的"重头戏"，填补了广西协税护税的法规空白，呈现出"多方协同、齐抓共管"的长远效应。柳州、钦州、河池等市局大胆创新，工作成效显著，被评为全国市级国地税合作示范区。

2017 年，广西国税总体绩效比 2016 年跃升 16 位，排名全国第 18 位，跻身全国中游。

（二）做好税收"加减法"，保障广西财力量增质优

面对"税收增长与减税效应须同步体现、国家税务总局要求与地方需求须同等兼顾、责任担当与风险防范须同时把握"的多重要求，艰巨性、挑战性、复杂性前所未有的多重考验，国税系统科学统筹、综合施策，牢牢把握

依法征收与依法减免的力度和节奏，彰显了服务经济社会发展的国税担当。为做好税收"加法"，系统各级遵循"四个坚决"原则，服从大局、服从指挥、服从安排，年初抓早、年中抓实、年末抓稳，全年完成总局口径1418.5亿元，增长23.3%；其中，完成中央级税收907.86亿元，增长13.2%；地方政府口径完成1345亿元，增长22%。增速上，剔除营改增翘尾因素，实际增长9.8%，呈现出"三高"态势，即高于全国税收增长、高于全区GDP增长、高于全区财政收入增长。贡献上，占全区财政收入比重达到51.6%，首次跨越"半壁江山"，国税站位得到进一步巩固和体现。在总量、增速和贡献度明显提升的同时，税收质量也不断趋优，既防止了"过头税"，又清理了历年欠税、严控了新增欠税，还保证了中央、地方各级国税收入与经济的协调增长。其中，南宁、桂林、北海、防城港、钦州、河池等市局工作得力，为全区国税收入目标任务完成做出了积极贡献。为做好税负"减法"，系统各级深度融入供给侧结构性改革大局，既抓好延续性优惠政策的落实，又抓实新出台减免政策的落地，发挥了税收政策减负降本增效的积极作用。全年减免退税364.5亿元，增长31.7%，高于税收增速8.4个百分点，有力地助推了广西产业转型升级和企业发展壮大。审批办理出口退税50.3亿元，增长5.3%，为广西外贸出口增幅高于全国平均水平提供了助力。

（三）以主业为抓手促进纳税服务上新台阶

2017年是广西国税以税收主业发力破题的一年。面对税收主业与全国先进水平的差距，广西国税系统持续发力服务和管理两个"一号工程"、持续发力机关与基层"两个积极性"、持续发力局部试点与系统推行"两个着力点"，制定实施深化"放管服"改革50条措施，较好地落实了"有声有色优服务、不动声色强管理"，实现了税收主业的整体进步。在全国各地竞争激烈的情况下，有11项主业指标获绩效考核一档，主业指标得分排全国第19名，是实施绩效考核以来主业指标最好的一年。主要体现在：发力消除服务痛点，大力构建服务新格局，积极推动"网上办税"从网上申报拓展到申报、登记、备案全网办，促进了网上办税少到厅；"自助办税"从发票领取升级为领取、代开全程办，促进了自助办税少到窗；"窗口办税"从"分窗办"改良到"一窗办"再逐步优化为区分事项的"分区办、专窗办、简事快办"，促进了窗口办税少等候，从而增强了纳税人获得感，提升了纳税人满意度。全国调查结果反映，广西国税纳税人满意度测评整体比上年提升5名，得分增幅列全国第6名，非省会城市的县区局抽样测评排全国第3名，实现了全区有提升、局部有跃进。其中，梧州、桂林、北海、玉林等市局基础扎实，表现良好。发力破解管理难点、大力推行实名办税，实名信息采集率大幅提升，基础不牢、管户不实的问题得到一定程度的缓解。改善风险防控，逐步做实扎口管理，有效避免了任务多头下发、基层应接不暇的问题。建设"大数据平台"，逐步做优涉税数据的集成和共享应用，为各级实施信息管税和风险应对提供了数据支撑。加强营改增后续管理，房地产、建筑行业管理取得积极进展。一系列"管要规范且有效"的举措的推出，收获了一批有分量、有影响的工作成果。防控发票风险、严打发票虚开，使虚开势头得到了初步遏制。在总局 2017 年下发的虚开风险名单中，广西虚开户数占全国比重比上年大幅递减。区局、河池市局等地稽查部门与公安部门联手破获中华人民共和国成立以来广西最大的一起发票虚开案，不仅收到了公安部的贺电，还连续两天被央视《新闻联播》、央视新闻频道予以正面报道。柳州、防城港、贵港、百色、贺州、来宾、崇左等市局积极探索，形成一批有特色的做法，为推动管理有效性提供了有益借鉴。

二、存在的主要问题

一是税收的征管体制、征管能力和信息化水平与发达地区相比还有很大的差距。

二是纳税服务水平和服务模式还不能完全满足纳税人需求。

三是税收专业人才紧缺，不利于税收改革事业的推进和发展。

三、下一步改革思路

一是推进税收改革攻坚和服务地方经济发展双重任务，从税收角度助推广西经济发展。

二是进一步提高税收征管效率，努力做到让纳税人少跑腿，切实降低纳税人成本。

三是从税务队伍内部挖掘做好各项工作的内生动力，做到"面"上有进步，"效"上有进位。

第七章　地　税

一、改革进展及主要成效

（一）全力组织，地税收入实现稳定增长

2017年，广西地税部门抓早抓紧组织收入工作，全力以赴强征管、堵漏洞、挖潜力，全年汇算清缴入库企业所得税29.2亿元，清查入库股权转让个人所得税4.3亿元，清理欠税10.2亿元；坚持组织收入原则，坚决防止和纠正收"过头税"等虚增收入行为，确保收入质量；坚持每季度加强组织收入工作督查，切实帮助基层解决组织收入过程中遇到的问题，确保地税收入同口径平稳增长。全年共组织地税总收入805亿元，同口径增长9.8%，其中组织财政收入738.4亿元，同口径增长7.4%，高于全区财政收入增幅1.3个百分点；其他收入66.5亿元，同比增长45.5%。

（二）服务发展能力显著增强

不折不扣落实各项税费优惠政策，全力释放政策红利，全年共为纳税人减免税费233.9亿元，有效促进了实体经济发展。出台房产税和城镇土地使用税困难性减免政策，推动各市、县按减负原则对辖区内城镇土地使用税税额标准进行调整，减轻企业税收负担。出台支持易地扶贫搬迁项目税费优惠政策，助力脱贫攻坚工作。

（三）税收改革不断提质增效

抓好"放管服"改革，出台实施82项改革措施，精简76项行政权力运行流程，取消870种涉税资料，新增46万户"多证合一"企业和"两证整合"个体工商户，不断优化营商环境。抓实税制改革，积极做好环境保护税实施方案制订、税额标准确定、档案资料交接等各项开征准备工作；资源税改革持续深化，纳税人税费负担率下降24.6%；继续做好增值税"双代"工

作，全年共代征增值税 4.3 亿元，代开增值税发票 32 万份。抓牢国地税征管体制改革，已完成并销账改革事项 53 项，到期应完成进度达 100%；在梧州、北海推进地税部门代征社会保险费试点工作进展顺利，得到了自治区政府主要领导的批示肯定。

（四）税收法治环境持续改善

推动出台《广西税收保障条例》。推行执法公示制度，印发实施《行政裁量权基准（试行）》，减少税收执法自由裁量权。完善重大税务案件审理机制，加强行政复议和应诉工作，全年共审理结案 4 起重大税务案件、9 起行政复议案件。印发推行法律顾问制度实施方案。认真组织开展国务院第四次大督查自查整改、税务总局第三次系统专项督查整改、税收执法大督察和日常税收执法督察，累计整改问题 411 个，追究责任 436 人。进一步完善稽查"双随机"工作机制，严厉打击涉税违法行为，全年累计查补收入 20.5 亿元，创下地税成立以来最高纪录。

（五）征管方式转变步伐加快

出台施行《转变税收征管方式实施工作方案》《纳税人分类分级管理实施办法》。强化税收风险管理，全年通过风险分析与应对查补入库税款 20.4 亿元。强化税收数据治理，处理修正 222 万条异常数据，解决近 20 万户纳税人国地税电子档案号不一致问题，数据质量高于全国平均水平。深化国地税合作，推进国地税信息共享共用，实现 2568 张表单数据实时查询，全年国地税合作征收税款 19.4 亿元，柳州、钦州、河池被评为全国百佳国地税合作市级示范区。坚持"四个统一"统筹推进信息化建设，抓好应用系统开发、应用、升级和运维工作。加强税收协同共治，全年通过第三方获取涉税信息 105.5 万条，征收税款 138.7 亿元，占同期地税收入的 16%。

（六）纳税服务水平明显提升

持续深入开展"便民办税春风行动"，推出 41 条便民措施，得到税务总局王军局长的批示肯定。全面加强纳税服务质效管理，全系统纳税人限时办结率达 97.1%，12366 热线平均接通率达 90.4%，在税务总局纳税服务绩效考核中获优秀档次。深化国地税联合办税，双方共建办税服务厅 28 个、共同进驻政务中心 56 个，183 个窗口实现"一窗一人一机"联合办税新模式。持续推广网上办税、自助办税、微信办税、全区通办、同城通办等多元化服务，继南宁、柳州后又在桂林推出"互联网+房产交易涉税业务办理平台"，大幅降低纳税人房产转让涉税业务办理时间。持续推进纳税信用体系建设，获评的 A 级和 B 级纳税人比例明显增加；深化"银税互动"合作，全年协助银行为 2319 户诚信纳税人发放贷款 30.6 亿元。

二、主要工作亮点

（一）"互联网+办税服务"便捷办税成效明显

依托广西地税微信、网站平台全新开发"互联网+预约办税"服务，已实现全区 6 个市地税局所辖的 64 个办税服务厅排队、业务办理信息的联通，纳税人办税时间大幅减少。南宁市、柳州市地税局已经率先实现个人存量房交易的"互联网+预约办税"服务，纳税人等候时间从营改增后的 50 分钟提速到平均 8~10 分钟。目前，广西地税微信公众平台已开通缴税信息、欠税情况、税务登记信息、纳税信用评定等级、纳税人涉税违法记录等事项查询。

（二）社会保险费征管改革成效大于预期

梧州、北海两市地税局试点征收社保费 14.7 亿元。从各月收入情况看，两市实现了社会保险费代征收入逐月增长、缴费户数逐月增长和征收入库率逐月增长"三增长"的好局面。地税部门服务网点多、缴费方式灵活、与纳税人和用人单位联系密切的征管和服务优势正逐步显现，获得了缴费人普遍称赞。

（三）推动出台《广西壮族自治区税收保障条例》

推动出台《广西壮族自治区税收保障条例》，并于 2017 年 10 月 1 日起正式实施。进一步构建了税收协同共治格局，健全了涉税信息交换和共享机制，加强了税收信用体系建设，完善了税收监督机制，明晰了税收共治法律责任，为地方税收工作和地方财政收入提供了有力的法制保障。

三、存在的问题

一是经济发展的不确定因素依然存在，实体经济困难较多，这将影响税源的稳定增长。

二是质量变革还需进一步努力，一些地区对单项税种过度依赖，在关键时期出现收入异常波动，存在虚收风险。

三是深化税收改革面临更多挑战。

四、下一步改革思路

一是着力坚持依法征税，切实保障组织收入量增质优。

二是着力发挥税收职能，切实增强服务改革发展能力。

三是着力深化税收改革，切实激发创业创新活力。

四是着力推进依法治税，切实提升税收法治素养。

五是着力转变征管方式，切实构建数据管税大格局。

六是着力优化纳税服务，切实提高纳税人满意度。

第八章 金 融

一、改革进展及成效

2017 年广西金融改革工作成绩显著，亮点纷呈，可以概括为：围绕一个中心，突出两个关键，深化三项改革。

（一）围绕一个中心

1. 供给规模进一步提升

面对经济下行压力加大、金融基础薄弱、债券市场违约等诸多不利因素影响，积极协调中央驻桂金融单位，牵头统筹金融资源投放工作，加强科学统计分析，准确研判经济金融形势，千方百计扩大融资规模，提升金融服务实体经济的能力。积极发挥银行信贷融资主渠道作用，通过向上争取、运用货币政策工具等措施，保持信贷稳定投放；通过推动企业上市（挂牌）、发展债券市场、推动基金投放等措施，扩大直接融资规模；推动自治区政府与国家开发银行、邮储银行、渤海银行等签订战略合作协议，加大保险资金运用，拓展融资渠道；推动金融机构创新开展金融市场业务，为实体经济创造更多信贷投放空间。2017 年，全区金融供给创造了"两个新高"，即地区社会融资规模增量和新增贷款投放量创造了历史新高，保持了"两个高于"，即"资金供给增速高于固定资产投资增速，信贷增速高于全国平均水平"，其中，全区社会融资规模增量为 3168 亿元，同比增长 56.7%，比同期固定资产投资增速高出 43.9 个百分点，位于全国第 16 位、西部地区第 3 位，分别比去年同期前进了 3 个位次、2 个位次，为全区经济扭转下行态势、实现平稳增长做出了重要贡献。

2. 融资效率进一步提升

引导金融机构优化信贷投向，服务供给侧结构性改革，支持重点区域、重要产业和重大项目建设，交通、水利和电力三大基建行业新增贷款占贷款增量比重超过 40%，小微、民营、涉农贷款同比多增，六大高耗能行业中长期贷款增速明显下降。坚持质量第一、效率优先，金融行业实现资产质量和经营利润"双升"，银行业不良贷款余额、不良率持续下降，分别为 389 亿元、1.71%，利润增速比去年同期提高了 28.5 个百分点。开展自查督查，加强政策宣传解读，全面落实自治区降成本 41 条和"新 28 条"，切实降低企业融资成本，优化企业投资和发展环境。2017 年，广西银行业在前两年推进沿边金融综合改革试验区 6 市服务收费同城化的基础上，进一步减费让利，共精简、合并收费项目 44 项，降低 192 项服务的收费标准，累计减少服务收费 8.04 亿元，缩减存贷利差让利超 15 亿元，累计向 9890 户小微企业客户发放无还本续贷资金 377 亿元，为企业减少融资成本 14 亿元。融资担保行业聚焦实体经济发展，降低实体企业融资担保成本 30%。

3. 服务力度进一步提升

加大政策扶持力度，引导金融资源向县域经济和绿色经济汇聚。加强政银企对接，推动政银企互动交流，重点对接全区重大项目、"一带一路"项目和"四个一百"产业转型升级项目，2017 年有效促成银行业金融机构与相关企业达成合作、签约落地项目 12 个，金额 1048 亿元。加强企业上市（挂牌）培训，建立"走出去，请进来"的双向轮动培训机制，全年受训企业 300 多家近 1000 人次。实施企业精准帮扶，组织金融专家组成联合调研组，对区内 30 多家企业进行实地调研，采取"一企一策"的办法，专题帮扶，推动企业加快上市（挂牌）进程，全区新增新三板挂牌企业 19 家，其中百色市实现上市（挂牌）企业"零突破"。完善上市（挂牌）后备企业培育机制和地市任务考核机制，狠抓后备企业资源建设，自治区上市（挂牌）后备企业资源库 308 家，库内与券商签约企业 138 家。

4. 金融可得性进一步提升

持续推进普惠金融服务，有效强化民生领域金融保障。2017 年，全区小微企业、民营企业、涉农贷款分别新增 622.88 亿元、23.72 亿元和 866.39 亿元，同比分别多增 247.53 亿元、73.58 亿元和 215.13 亿元。聚焦深度贫困，助推形成"综合运用全方位保险工具，整合投入全系统保险资源，有力助推产业扶贫，有效解决深度贫困"的保险扶贫"广西模式"，农业保险实现跨越式发展，保险范围基本覆盖全区主要种植养殖业，累计为全区 555.84 万户农户提供 533 亿元的风险保障，累计补偿农业灾害损失达 3.69 亿元。

小贷、融资担保扎根服务小微企业。小贷行业试点至 2017 年末累计发放贷款 2203 亿元，90% 以上用于"三农"、小微企业和个体工商户经营需求。截至 2017 年 12 月末，"4321"新型政银担合作和银担风险分担机制业务累计发生额 21.40 亿元，总业务在保余额 21.64 亿元，平均担保费率低于 1.32%，有效降低了小微企业融资成本。2017 年，安排扶贫再贷款限额合计 60 亿元，实现对全区 49 个贫困县的全覆盖；2017 年，全区人民银行累计发放扶贫再贷款 20 亿元，为地方法人金融机构实施扶贫小额信贷工程提供了低成本的资金来源。截至 2017 年末，广西金融精准扶贫贷款余额 2004 亿元，同比增长 26.77%，当年累计投放 823 亿元。其中，广西个人精准扶贫贷款余额 281 亿元，当年累计投放 70 亿元，包括扶贫小额信贷投放 34 亿元，共支持和带动建档立卡贫困人口 63 万人；产业精准扶贫贷款余额 229 亿元，当年累计投放 177 亿元，共带动建档立卡贫困人口 42 万人；项目精准扶贫贷款余额 1494 亿元，当年累计投放 576 亿元，服务搬迁贫困人口 305 万人次。

（二）突出两个关键

1. 多措并举做大做强金融产业

着力"补短板"、抓关键，从组织体系、市场体系、政策体系入手，在"新"上做文章，多措并举、多方施力，做大做强金融产业。2017 年，金融业实现增加值 1273.40 亿元，同比增长 8.7%，比同期工业增加值、地区生产总值增速分别高出 1.9 个、1.4 个百分点，进一步巩固了金融业作为广西国民经济重要支柱产业的地位。

一是政策支持激发新动力。认真落实各项扶持政策，加大财政奖补、税收优惠等的政策力度，引导企业积极开展资产证券化和股权、债券融资，加快多层次资本市场发展。2017 年，共对成功开展资产证券化和发行公司债、非金融企业债务融资工具的企业发放扶持资金约 2700 万元，对挂牌企业及股权托管机构发放奖励资金约 1242 万元。同时，为进一步引入区外资金支持广西企业上市（挂牌），在《关于进一步降低实体经济企业成本的意见》中明确对在广西新设立、具有法人资格、注册资本在 1 亿元以上的总部级股权投资基金管理公司在财税等方面给予优惠政策，有效激发了区内外企业对接广西多层次资本市场的积极性。

二是市场培育取得新成效。培育发展多层次资本市场，引导辖区证券期货经营机构和私募机构立足广西，聚焦主业，大力拓展各类投资银行和财富管理等业务，积极发掘培育企业上市挂牌资源，助力供给侧结构性改革和

"三去一降一补"，提升服务实体经济能力。2017年以来，全区新增证券分公司8家，证券营业部10家，网点布局已覆盖区内所有地市及近一半县域，市场经营和服务体系更趋完善。推动出台《广西壮族自治区人民政府办公厅关于促进区域性股权市场规范发展的实施意见》（桂政办发〔2017〕178号），引导支持地方政府将区域性股权市场作为中小微企业扶持资金的综合运用平台，延续对挂牌企业的财政扶持政策，鼓励区域股权市场开展业务产品创新，切实增强融资中介功能。辖区两家区域性股权市场运营机构挂牌企业已达2721家。

三是"引金入桂"实现新突破。推动、配合中国进出口银行广西区分行的筹建和挂牌开业，实现三大政策性银行全部入驻。推动平安银行南宁分行的设立工作，已于2017年10月获中国银监会批复筹建，全国性股份制商业银行大部分已落户。推动设立地方法人寿险公司工作。2017年1月，国富人寿获得中国保监会批准筹建，广西成为中西部地区中少数同时拥有地方法人产险公司和寿险公司的省份之一。推动国务院同意广西设立1家与香港合资证券公司。

四是地方金融获得新发展。加快农合机构改制步伐，2017年新改制田林农商银行、马山农商银行，完成改制农村商业银行26家，占应改制机构的28.57%，崇左市率先成为广西首个实现农商行全覆盖的地级市。2017年新设立5家村镇银行，实现村镇银行设区市全覆盖，县域覆盖率达到56%。发动区内优秀民营企业，做好民营银行培育工作，推进广西民营银行的设立工作。开展对全区小额贷款公司行业的全面专题调研，掌握了全区小额贷款公司行业状况，为加快行业发展和加强行业监管奠定了基础。为小贷公司行业争取税收优惠政策，争取了有关部门的支持和自治区政府的重视，将小贷公司行业企业所得税地方得益部分再实现"两免两减"优惠政策。优化行政审批流程，加快小贷等地方新型金融业态发展。

2. 双管齐下有效维护地方金融稳定

（1）勇于担当加强地方监管。一是加强交易场所监管。坚持审慎原则，严格审批。加强日常监管，切实防范风险。建立"黑名单"，加强风险提示。通过摸排和跟踪监测，对符合"黑名单"特征的经营主体，坚决列入自治区交易场所"黑名单"，并正式公开发布，第一批"黑名单"已于2017年6月30日在自治区政府门户网站上正式公开发布。坚持分类处置，有序推进清理整顿。清理会员服务机构，切除风险源。对交易场所的会员、代理商、授权服务机构等严格比照分支机构进行管理和清理整顿，共梳理出区内交易场所的会员单位 180 家，其中对注册在区外的 152 家会员单位，按规定通报反馈注册地监管部门。另外，共接收外省（区、市）注册在广西的交易场所会员单位 355 家，按照属地管理原则将有关情况反馈各地市，要求予以清理。

二是加强小贷行业监管。第一，继续完善分类监管机制。根据全区小额贷款公司最新的监管评级对行业经营区域范围、融资额度以及开设分支机构进行权限调整。下发了《广西小额贷款公司 2016 年度考核评价评分细则》，把"小额贷款公司违反资金来源及管理规定，未经主管部门同意，擅自融入资金，考评等级直接定位 B 级"增加为"一票否决"内容，并完成了全区335 家小贷公司的 2016 年度考评复评及 2017 年现场检查的工作。第二，开展对非正常经营企业的摸排，建立重点监管名单库。5 月，自治区金融办对辖区内非正常经营的小额贷款公司进行摸排，针对行业存在连续 3 年亏损、连续 3 个月以上无新增贷款发放、无利息收回、连续 3 个月以上未登录广西小贷公司监管信息系统录入上报数据报表、连续 3 个月以上公司经营场所无人办公、公司联系人失联等情况的非正常经营企业进行排查，对排查出的113 家公司建立名单库，列入日常重点监管名单。第三，积极推进监管信息平台升级。加快小额贷款公司行业信息化建设步伐，强化规范管理和风险防控。6 月中旬，举办了三期监管信息系统培训班，使部分小额贷款公司人员及市办监管人员熟悉并掌握新系统操作流程，不断提升监管效能。

三是加强融担行业监管。第一，加强审批工作和窗口服务。按照有关规定，做好行政许可审批工作，以审批促行业组织结构优化；全年政务服务窗口收到各类审批事项全部受理并办结，现场测评满意度 100%。第二，探索外部评级和分类监管工作。首次在全区融资担保行业实施分类监管制度，通过政府购买服务引入第三方外部信用评级；将行业监管和发展指标列入对设区市的绩效考核事项，并将其列入自治区党委深化体制机制改革任务，属全国唯一和首创；在南宁、桂林、柳州三设区市试行开展了小微企业融资担保机构的分类监管评级工作。第三，完善主监管员制度。14 个设区市行业监管部门均实现专人专责，对融资性担保公司日常运营可持续性监管及对突发事件及时上报并妥善处置。第四，加强"双随机"现场检查。进一步创新事中事后监管方式，在全区监管部门全面推行了"双随机、一公开"监管模式，按照国办发〔2015〕58 号文件要求，采取随机抽取检查对象、随机选派检查人员的"双随机"抽查方式进行现场检查，随机抽查比例达到 20%，采用双随机的检查事项占总事项 100%。第五，考核评价机制列入设区市绩效。2017 年首次将各设区市对辖内政府性融资担保机构和银行业金融机构的考核情况列入自治区对各设区市的绩效考核指标，充分发挥了绩效考核指挥棒作用，保障政府性融资担保体系各项工作顺利推进。

（2）齐抓共管防范金融风险。

一是积极化解涉企金融风险。协调推动广西银监局和有关金融机构对债务规模较大且涉及三家以上债权银行的困难企业组建债权人委员会 587 家，涉及银行表内外融资 10265.8 亿元，以协商方式，不简单抽贷、停贷，用时间换空间，以帮助企业渡过难关、化解风险，有效推动风险处置化解工作。

二是大力打击非法集资。出台《非法集资举报奖励暂行办法》《非法集资案件统计信息员制度》等制度，进一步健全防范处置非法集资工作机制。组织开展企业集资风险摸底化解、非法集资风险专项排查、预付卡领域非法集资风险专项排查和涉嫌非法集资广告资讯信息排查清理以及防范非法集资宣传月等活动。2017 年，全区新发涉嫌非法集资案件 62 起，集资金额 27.9 亿元，集资参与人数 46787 人，新发案件数、集资金额、集资参与人数分别比去年同期下降 13.89%、81.55%、41.51%。

三是深入开展互联网金融风险整治。开展全区互联网金融风险大排查大检查行动，进一步摸清风险底数。2017 年，已实现对 147 家疑似互联网金融机构和 793 家含"金融"字样企业的摸底排查和全面摸底排查，确定了 40 家互联网金融机构，其中 P2P 网络借贷信息中介机构 36 家。充分履行整治办职能，积极应对同城人人贷、学信贷等风险事件，有效化解部分投资人组织大规模群体性事件的企图。开展 P2P 网络借贷领域和通过互联网开展资产管理及跨界从事金融业务领域企业专项整治工作。

（三）深化三项改革

1. 深化沿边金融综合改革试验区建设

为深入贯彻习近平总书记对广西"三大定位"新使命和"五个扎实"新要求，积极落实李克强总理关于中国—东盟"3+X"合作框架新任务，广西以沿边金融综合改革试验区建设为平台，以跨境金融、沿边金融和地方金融为改革创新主线，在跨境人民币业务、贸易投资便利化、跨境金融合作等方面取得了显著成效。广西跨境人民币结算总量在全国 8 个边境省（区）中一直保持首位，至 2018 年 6 月末达 8868 亿元，2017 年，广西人民币跨境收支占全部本外币跨境收支的 41.57%；边境贸易进出口达 1469 亿元。其中边民互市贸易进出口达 633 亿元，占全国 74.4%，在全国沿边省区排第 1 位；边境小额贸易进出口达 836 亿元，占全国 31.9%。

2017 年末，试验区六市 GDP 达 9345.7 亿元，较 2013 年末增长 55.67%，高于广西 15 个百分点。试验区六市城镇居民可支配收入增幅均高于全区平均水平。南宁、北海、钦州、防城港市农村居民人均可支配收入高于全区平均水平，百色市农村居民人均可支配收入四年增速高于全区 11 个百分点。实现了改革与兴边富边相互促进、开放与稳边固边共同深化。

2. 全面推进农村金融改革

一是农村金融供给明显增强。截至 2017 年末，全区涉农贷款余额 7798.48 亿元，同比增长 15.28%，实现涉农贷款规模持续增长目标。2017 年全区农业保险保费收入 12.5 亿元，同比增长 41.1%；农业保险保障金额 1023.2 亿元，同比增长 23.7%，赔付金额 5.3 亿元，同比增长 0.19%。

二是全面推进农村产权抵押贷款试点。"两权"抵押贷款覆盖所有试点地区，林权抵押贷款规模和试点范围进一步扩大。截至 2017 年 12 月末，试点地区农村承包土地的经营权抵押贷款余额 6.31 亿元，同比增长 114.27%；农房抵押贷款余额为 927 万元，同比增长 26.74%。林权抵押贷款不断扩大试点范围，截至 2017 年 12 月末，林权抵押贷款余额 149.60 亿元，同比增长 13.33%。

三是大力推广田东"农金村办"模式。加快建设"三农"金融服务室，创建"三农"金融服务室 10645 个，全年增加 2694 个，增长 33.88%，行政村覆盖面从 2015 年底的 6.13% 上升到 76.56%。百色、梧州、来宾三市实现涉农行政村全覆盖。打造一批"农村金融服务进村示范点"，自治区投入专项财政资金 3300 多万元，将助农取款（支付）服务点与"三农"金融服务室有机结合，打造"农金村办"升级版，提升农村普惠金融"最后一公里"服务效能。

四是积极推动农村信用"四级联创"工作。全区评定 489 万户信用户、6106 个信用村、493 个信用乡镇，创建面分别达 52.02%、43.91%、44.62%，并创建 4 个信用县。85 个县域单位的农村信用信息系统已上线运行，为加大区域及"三农"信贷投放提供了良好环境。

五是推动产权交易平台建设。玉林市、田东县农村产权交易中心实现正常运转，可提供鉴证、流转、抵押评估、登记、贷款办理等服务。完善风险补偿和缓释机制，8 个试点县（市、区）均落实风险补偿基金，建立风险补偿机制，到位资金 2350 万元。

六是引导各金融机构及服务重心下沉。全区银行业金融机构县域及以下服务网点占比达 97.4%，助农取款服务实现行政村全覆盖。

3. 加快建设政府性融资担保体系

加快融资担保行业改革，全力推动建立政府性融资担保服务体系，实现政府性融资担保机构在全区 14 个设区市全覆盖，基本建成自治区、设区市、县"三级联动"的融资担保服务体系，政银担"三方合作"，准公益性、政策性、商业性"三位一体"的广西新型融资担保行业发展格局，得到部级联席会议的高度评价。"广西特色"政府性融担体系主要体现在一个体系五个机制上。

一个体系就是广西政府性融资担保体系，五个机制分别是：

一是建立健全资本金持续补充机制。协调各级财政按照桂政发〔2016〕62 号文件要求，对广西再担保有限公司、各地市小微企业融资担保机构等政府性担保机构持续补充资本金。截至 2017 年 12 月，政府性融资担保机构资本金规模总计达 127 亿元，资本实力不断壮大。指导各设区市、县人民政府建立了对本级政府性融资担保机构的资本金持续补充机制，南宁、柳州、桂林等多市政府将资本金持续补充所需资金纳入年度财政预算。

二是建立健全"4321"新型政银担合作和风险分担机制。持续督促和推动广西再担保有限公司与银行业金融机构合作，多家银行与广西再担保签署了银担合作框架协议和小微企业比例再担保合作协议，其中与建设银行广西区分行、广西北部湾银行、邮储银行广西区分行合作实现了再担保业务新的突破。截至 2017 年 12 月底，再担保业务 2017 年累计发生额 18 亿元，在保余额 18.65 亿元，平均担保费率 1.32%。

三是建立健全融资担保代偿补偿机制。督促指导 14 个设区市建立融资担保代偿补偿机制，南宁、柳州、桂林等多市政府将代偿补偿所需资金纳入年度财政预算或预算调整，根据本地区政府性融资担保体系年度代偿发生情况及时补偿到位。

四是建立健全考核评价机制。推动设区市均建立市级融资担保业务联席会议制度，出台对辖内政府性融资担保机构和银行业金融机构的考核制度，并组织考评工作。设区市行业监管部门制定了风险处置预案，确保不发生系统性、区域性风险。

五是建立健全厅际联席会议协调推动机制。2017 年初建立了政府性融资担保体系厅际联席会议制度，成立了联席会议领导小组，设立了联席会议办公室，落实了联席会议成员单位，明确了各成员单位的工作职责，有效协调推进了全区政府性融资担保体系建设。

二、存在的主要问题

一是高层次金融人才匮乏。

二是与周边国家金融交流合作层次较低。

三是部分金融改革政策未能落地。

四是金融服务体系不够健全。

五是金融生态环境需进一步优化。

三、下一步改革思路

一是开展广西建设面向东盟的金融开放门户专题研究，编制总体方案并上报国务院。

二是对沿边金改进行第三方评估验收。

三是开展防范金融风险专项行动。

四是围绕东盟和粤港澳推动金融对外开放。

五是升级引金入桂战略方案。

六是启动实施企业上市（挂牌）三大工程。

七是做优发展地方金融。

八是构建跨境金融风险防控机制。

第九章 科 技

一、改革进展情况

（一）推动科技改革制度创新，出台科技领域规范性文件

2017 年，制定出台有关科技重大专项管理办法、重点研发计划管理办法、高层次人才考核办法、科技计划项目专业机构管理办法、专家库管理办法、科学技术奖励办法等规范性文件。出台了《广西壮族自治区专利资助和奖励办法（试行）》（桂财教〔2017〕55 号）、《广西科技重大专项管理办法（试行）》（桂科计字〔2017〕113 号）、《广西重大科技创新基地建设管理办法（试行）》（桂科计字〔2017〕114 号）、《广西壮族自治区八桂学者聘任期满考核办法（试行）》（桂科政字〔2017〕80 号）、《广西科技专家库管理办法（试行）》（桂科计字〔2017〕153 号）、《广西重点研发计划管理办法（试行）》（桂科计字〔2017〕155 号）、《广西科技计划科技报告管理暂行办法》（桂科计字〔2017〕167 号）、《自治区本级财政科技计划项目管理专业机构管理暂行规定》（桂科计字〔2017〕178 号）、《广西壮族自治区科技企业孵化器认定和管理办法》（桂科高字〔2017〕212 号）、《广西壮族自治区重点实验室评估规则》（桂科基字〔2017〕89 号）、《广西大型科研仪器开放共享绩效考核暂行办法》（桂科基字〔2017〕99 号）、《广西科技文献信息共享服务绩效考核办法（试行）》（桂科基字〔2017〕100 号）、《广西科学技术奖励办法》（桂政发〔2017〕59 号）及《广西农业科技园区监测评价办法》（桂科农字〔2017〕147 号）等规范性文件。

（二）制定创新驱动发展专项资金管理办法，打造创新驱动发展"九张名片"

（1）制定自治区创新驱动发展专项资金管理办法。按照自治区科教领导小组要求，起草制定了《自治区创新驱动发展专项资金管理办法》，6 月 7

日，自治区财政厅、科技厅印发《关于印发自治区创新驱动发展专项资金管理办法（试行）的通知》（桂财教〔2017〕59 号）。

（2）制定创新驱动发展战略工作任务分解表。把全区创新驱动发展大会期间出台的"1+8"系列政策措施细化分解为 200 条，逐条落实到相关部门和设区市，明确工作目标、主要措施、完成时限、责任人员。2 月 9 日，自治区党委、政府正式印发分解方案。积极宣讲科技创新政策，组织宣讲团分别赴全区各地和有关高校、科研院所开展政策文件宣讲解读。

（3）打造创新驱动发展"九张名片"。重点围绕打造传统优势产业、先进制造业、新一代信息技术、互联网经济、高性能新材料、生态环保产业、优势特色农业、海洋资源开发利用保护、大健康产业 9 张在全国具有竞争力和影响力的创新发展名片，凝练重点科技项目，完善创新链条，推动更多优势创新资源向"九张名片"领域聚集，形成广西创新驱动发展的新优势。目前，已下达 129 个项目（课题），涉及 28 个重大专项、26 个重大项目，总投资 58 亿元，安排财政资助资金 12.99 亿元。

(三) 推动科技管理改革，释放创新创业活力

（1）完善科技计划项目和经费管理的制度体系。2017 年以来，制定或修改完善了 20 多个科技计划管理制度，包括创新驱动专项和自治区五大科技计划在内的各类计划和经费的管理办法。同时，起草了《广西科技计划项目内部管理流程》《广西科技计划项目受理流程优化方案》等内部管理文件。

（2）完善广西科技管理信息平台建设。广西科技信息管理系统覆盖科技业务全流程，支持层层审核，支持全过程留痕管理，并做到谁操作谁留痕，实现网上追溯核查。系统对单位和个人执行严格的权限管理，执行黑白名单制度，进行信用管理。平台强调对科技投入的安全管理，强调公开透明、公平公正，接受审计监督，有效防控廉政风险，为科技计划管理和财政经费安全使用保驾护航。

（3）加快专业机构和专家库建设。印发《广西科技计划项目管理专业机构征招公告》，召开了 2017 年项目管理专业机构遴选评估会，并对 2016 年已正式委托的专业机构进行绩效评估。经评估和整改，委托广西科技项目评估中心、广西科技情报学会、南宁市知识产权服务中心 3 家机构开展 2017 年评估工作。

（4）全面启动科技计划项目申报等改革。发布《"十三五"广西科技计划项目申报指南》（第二版），实现了申报常态制，取消申报负责人年龄和职称限制，放宽申报限项，降低申报门槛。截至 2017 年 11 月 7 日共受理了

7973 个项目申报，大大超过了 2016 年全年的项目受理量，迎来了大众创新的新一轮热潮。

（四）完善区域创新体系，建设创新示范载体

（1）制定出台《广西高新技术产业开发区创新能力提升计划》。推进高新区建设，科技部发布的 147 家国家高新区评价结果显示，南宁高新区综合排名跃升至第 37 位（在西部排在第 5 名），创广西国家高新区全国排名历史新高。柳州高新区、桂林高新区和北海高新区综合排名分别排在第 45 名、第 66 名和第 93 名。自治区批复同意建设玉林和防城港 2 个自治区级高新区，总数达到 12 个。全区高新区经济运行保持快速发展势头，纳入统计的 9 个高新区完成工业增加值 1399.91 亿元，同比增长 31.50%。启动百色国家农业高新区申报工作，自治区成立创建百色国家农业高新区联合工作组，编制了《广西百色高新技术开发区现代农业展示基地可行性研究报告》。

（2）编写《广西壮族自治区桂林市可持续发展规划》和《广西壮族自治区桂林市国家可持续发展议程创新示范区建设方案》。积极组织指导桂林市开展申报创建工作，制定发展规划和建设方案，经国家可持续发展实验区咨询委员会和国家持续发展实验区部际联席会议审议上报，2018 年 2 月 13 日，国务院批复同意桂林市建设国家可持续发展议程创新示范区，与山西省太原市、广东省深圳市一起成为全国首批国家可持续发展议程创新示范区，示范区成功落户桂林对广西具有开创先河、引领示范的重要意义。

（3）加快自主创新示范区建设。自治区人民政府批复同意依托柳州、桂林、南宁和北海 4 个国家级高新区，建设柳州、桂林、南宁和北海 4 个自治区级自主创新示范区，并积极推进南柳桂北国家自主创新示范区申报前期筹备工作。

（4）加快高新技术企业培育。加快培育高新技术企业，在柳州、桂林等地连续举办多期高新技术企业认定业务培训班，动员、鼓励各市的企业积极申报认定高新技术企业。先后推荐三批共计 595 家企业申请高新技术企业国家备案，其中第一批 153 家获得国家备案。

（五）推动科技成果转化制度建设，促进科技与经济融合

（1）修订广西壮族自治区促进科技成果转化条例。2017 年 3 月，自治区人民政府下达了立法计划。自治区科技厅组织了调研起草组，立即着手开展调研，召开专家座谈会，起草了条例修订草案，网上公开征求意见，召开专家论证会，征求各有关部门和单位的意见。2017 年 7 月 30 日，《广西壮族

自治区促进科技成果转化条例修订送审稿》报自治区法制办审查。

（2）修订广西科学技术奖励办法。经过调研，向各市科技局与自治区有关部门、高校、科研院所、企业征求意见，2017 年 9 月，自治区科技厅向自治区人民政府报送了奖励办法的报审稿。2017 年 10 月，自治区人民政府召开专题会议研究，提出修改完善意见和要求。2017 年 11 月 14 日《广西壮族自治区人民政府关于印发广西科学技术奖励办法的通知》（桂政发〔2017〕59 号）印发执行。

（3）起草广西技术转移体系建设实施方案。2017 年 9 月，国务院印发《国家技术转移体系建设方案》（国发〔2017〕44 号）后，自治区科技厅立即组织开展广西技术转移体系建设方案的起草工作，调研起草了《广西技术转移体系建设实施方案（征求意见稿）》。2017 年 10 月 13 日，广西科技厅组织自治区有关厅局和高校院所及企业对《方案（初稿）》进行研究，提出修改意见。2017 年 11 月 21 日，经过审核，自治区科技厅向自治区人民政府报送了《广西技术转移体系建设实施方案（送审稿）》。

（4）制定出台《广西企业购买科技成果转化后补助暂行管理办法》。企业购买科技成果并成功产业化，最高可获得 500 万元补助，激励企业开展科技成果转化。深入开展科技成果转化大行动，制定了科技成果转化认定标准。加强科技成果的产出和管理，2017 年 1 ~ 10 月，全区科技成果登记量 4290 项，超过 2016 年全年登记总量。

（六）推动科研条件建设，夯实科技创新基础

（1）统筹整合自治区级各类财政科技计划资金。根据自治区科教领导小组要求，坚持科学统筹、分类定位、制度先行的原则，统筹安排 20.15 亿元财政科技资金，涉及科技重大专项计划、重点研发计划、基地和人才计划、自然科学基金及技术创新引导计划 5 类计划 13 个专项。

（2）编制完成《广西重大科技创新基地建设工作方案》。加强对广西大学、桂林理工大学等高水平重点实验室依托单位开展重大科技创新基地建设工作的政策指导，扎实推进《广西医科大学科研平台建设工作方案（2016—2020 年）》，印发《广西壮族自治区科技企业孵化器认定和管理办法》，推荐广西联讯 U 谷科技企业孵化器等 2 家申报 2017 年度国家级科技企业孵化器，新认定一批自治区级科技企业孵化器（培育）名单。

（3）开展《广西壮族自治区主席院士顾问聘任管理办法》和《自治区主席院士顾问聘任管理办法》修订工作，参与出台《广西壮族自治区高层次人才认定办法（试行）》等 6 项人才政策措施。自治区人民政府举行第三批

自治区主席院士顾问聘任仪式，聘请左铁镛等 51 名院士为自治区主席院士顾问，聘期为 2017~2019 年。自治区主席陈武在聘任仪式上讲话，并向出席仪式的院士颁发聘书。认定广西水产科学研究院等单位建设的 24 家院士工作站为第三批广西院士工作站。

（4）加大科技经费投入。2017 年，全区一般公共预算安排科技支出 50.72 亿元，同比增长 13.5%。其中，自治区本级一般公共预算安排科学技术支出 34.16 亿元，同比增长 71%。2017 年 10 月 10 日，国家统计局、科技部和财政部联合发布的《2016 年全国科技经费投入统计公报》显示，广西研究与试验发展（R&D）经费投入强度（与国内生产总值之比）为 0.65%，比上年提高了 0.02 个百分点，扭转了自 2014 年以来研发经费投入强度连年下降的势头。

（七）推动知识产权强区建设，提升知识产权综合实力

（1）修订出台《广西壮族自治区专利资助和奖励办法（试行）》。以建设特色型知识产权强区为目标，开展知识产权战略实施十年评估，深入实施知识产权战略，加快知识产权和科技创新相互融合，加快知识产权体制机制改革，开展知识产权区域布局试点，全面推进发明专利双倍增计划，提高全区知识产权产出、转化和保护等方面的能力。

（2）起草《广西壮族自治区专利权质押融资专项经费管理暂行办法》。一是向自治区人民政府专题报送《关于我区专利质押融资情况的报告》（桂知报〔2016〕3 号）。二是开展专利质押融资风险分担及补偿机制调研。2017 年 3 月，自治区知识产权局组织自治区金融办、广西银监局、广西保监局等部门的相关人员前往长沙、青岛市调研学习专利质押融资工作的成功经验和做法。三是组织召开专题座谈会研究推进落实。四是起草《广西壮族自治区专利权质押融资专项经费管理暂行办法》并广泛征求意见。

（八）推动科技精准扶贫工作，打造科技精准扶贫新模式

（1）制定印发《广西深入推行科技特派员制度实施方案》（桂政办发〔2017〕9 号）、《广西壮族自治区"星创天地"建设和创业型科技特派员注册登记工作方案》（桂科农字〔2017〕21 号）。深入推行科技特派员制度，打造一批"星创天地"。验收和批准建设了首批 18 个"星创天地"。第二批"星创天地"认定申请工作，2017 年各地市共完成推荐 89 个，经自治区统一审查公示后将给予认定。根据有关要求，推荐国家级"星创天地"备案 27 个。

（2）完成科技特派员组织选派任务。组织召开"2017年全区科技扶贫工作推进会暨科技特派员工作培训班"，总结交流2016年全区各市、县科技扶贫工作成效和经验做法，布置2017年全区科技扶贫工作，同时开展贫困村科技特派员管理服务工作培训。经过服务对接，组织签订科技服务协议书。2017年，自治区党委组织部、科技厅联合选聘2959名贫困村科技特派员，组成21个产业科技服务团队，科技服务全面覆盖贫困村。

（3）组织实施贫困县贫困村产业科技创新发展行动。通过科技项目立项支持，围绕贫困县、贫困村特色、优势产业的科技需求以及民生科技需求，结合贫困村科技特派员开展创新创业与科技服务，结合现代农业产业科技示范县、农业科技园区、现代农业核心示范区建设以及科技成果转化大行动，重点支持贫困村科技特派员、家庭农林场、种养大户、返乡农民工、留守青年妇女等，在贫困村建立产业科技示范基地（示范点、示范户），转化示范推广优新品种和先进适用技术，并通过协会、专业合作社、贫困户入股等方式带动贫困户脱贫致富。

二、改革主要成效

（一）全面启动项目申报常态制等在全国具有创新性改革举措

在全国首推科技计划项目申报常态制，科技计划项目申报由原来每年一次改为常年接受申报，每年进行4次评审资助并逐步"放管服"模式获得科研人员的广泛好评。

（二）产业科技创新取得重大突破

自治区主席院士顾问袁隆平院士领衔的超级稻高产攻关示范基地——灌阳县"超级稻+再生稻"示范基地两季合计亩产总量1561.55千克，再创世界高产纪录。玉柴机器股份有限公司成功研发的10多款国六发动机集成了当今世界最新内燃机技术成果，具有动力强劲、燃油耗出色、可靠耐用等优点，产品性能优于国际同类产品。

（三）高层次人才建设取得重大突破

八桂学者、广西民族大学教授王东明当选欧洲科学院外籍院士，成为广西实施高层次人才认定办法以来首个A层次人才。聘请51名院士为自治区主席院士顾问。参与出台《广西壮族自治区高层次人才认定办法（试行）》等6项人才政策措施，是近年来广西实施力度最大、系统性和针对性最强的人才制度创新。

（四）高新技术产业发展跃上新台阶

南宁高新区成为广西首家国家级双创示范基地，在全国 147 家国家级高新区综合排名第 37 位，创广西国家级高新区全国排名历史新高。广西高新技术产业化指数连续三年位居全国第 9 位，排在西部地区第 3 位。新增玉林、防城港 2 个自治区级高新区，总数达到 12 个。

（五）每万人口发明专利拥有量同比增长 27.23%

2017 年，全区拥有发明专利 18277 件，每万人口发明专利拥有量为 3.81 件，同比增长 27.23%，增长率位居全国第 9 位。

三、存在的问题

一是五大科技计划与创新驱动发展专项资金的关系错综复杂，易造成重复交叉支持，一定程度上影响了计划项目的执行进度。

二是发明专利授权呈现下降趋势，特别是发明专利获授权量同比下降将近 30%；专业机构的力量薄弱、数量少、能力弱，难以完全支撑科技管理改革重任。

三是综合科技创新水平仍然排在全国第 25 位，与广西经济发展水平不相匹配，科技创新环境指数、科技投入指数在全国的排名均下降等。

四、下一步改革思路

一是贯彻落实中央、自治区科技领域科技改革重要举措。制定《广西科学数据管理实施办法》《广西壮族自治区知识产权对外转让审查细则（试行）》《广西壮族自治区科研诚信管理暂行办法》，按照《关于深化项目评审、人才评价、机构评估改革的若干意见》要求，出台贯彻落实关于项目、人才、机构改革实施方案。

二是加强统筹协调、转变政府职能。加强创新驱动统筹协调，建立健全部门之间、自治区与各市之间、政府部门与社会各界之间的工作会商与沟通协调机制，加强不同政策、规划、计划间的有机衔接。加快转变政府职能，减少对市场化科技活动的直接干预，加快推进科技管理部门从研发管理向创新服务转变。引导全社会加大创新投入，尽快提高全社会的研发投入水平。

第十章 民 政

一、社会福利事业改革

(一) 改革进展及成效

(1) 大力发展养老服务业。2017 年，广西加大养老服务供给侧改革，创新体制机制，不断提升养老服务质量，完善以居家为基础、社区为依托、机构为补充、医养相结合的养老服务体系。

一是全面放开养老服务市场。依托广西养老服务业综合改革试验区建设，不断深化推进养老服务"放管服"改革，激发社会资金进入养老服务业，出台《广西壮族自治区关于全面放开养老服务市场提升养老服务质量的实施意见》，制定了全面放开养老服务市场提升养老服务质量的 10 项重点任务。各相关部门在财政、金融、用地、医疗、税费、保险、人才等方面出台 20 多项配套政策文件，进一步放宽养老机构准入门槛，优化投融资环境，鼓励社会资本进入养老服务业。

二是高位开展养老院服务质量建设专项行动。三次动员部署，自治区、市、县三级同步部署，每次参会 1500 人以上，实现各级民政、卫计、质监、食药监、消防等部门领导及养老机构和行业组织全覆盖。三次专题培训，通过远程教育、现场教学以及平台交流"三位一体"的培训模式，举办三期专题培训班，培训人数 500 多人，实现养老工作骨干全覆盖。三次实地督查，每次派出四个督察组，以"五查五改、对标达标"为主要内容开展专项督查。对系统填报的 1277 家养老院进行了全覆盖检查，通过下发整治通知、撤并处理、媒体曝光等方式，对 1103 家不达标养老机构和 23899 条整改事项立查立改，基础性指标不合格机构整治率达到 100%以上。通过专项行动，合格率达 61%以上，362 家养老院服务明显提升，各级消防部门督促整改隐患 2185 处，全区养老院服务质量得到明显提升。

三是深化养老机构管理改革。全面实施养老机构星级评定，根据《广西养老机构星级评定管理暂行办法》，按照养老机构的环境建筑与膳食、医疗康复、养老护理质量、行政管理四大内容将养老机构星级分为五个档次，养老机构星级评定使全区养老院迈进了标准化管理的快车道，服务环境和管理水平明显提高。目前，全区已评定出 4 家五星级、8 家四星级、57 家三星级、62 家二星级养老机构。全面实施入住机构老年人能力评估，根据《广西老年人能力评估管理暂行办法》，养老院对入住老年人能力等级进行评估并确定护理等级，实现对入住老年人的分类管理和精准护理，2017 年底实现全区养老机构入住老年人能力评估全覆盖。开展民办养老机构补贴并实现系统精准发放，根据《广西壮族自治区民办养老机构补贴暂行办法》，在提高一次性床位建设补贴的基础上，采取养老机构运营补贴与老年人能力等级评估、机构星级评定"双挂钩"的方式，区分 15 个档次按照每人每月 60～160 元的标准给予运营补贴，提高失能老年人的补贴标准。启用广西养老机构信息管理系统，实现民办养老机构补贴、护理员补贴网上申请，达到精准补贴的工作目标。2017 年通过系统发放养老机构补贴 1500 多万元。推动养老服务标准化建设，自治区技术监督局先后发布《养老机构安宁（临终关怀）服务规范》《家庭服务养老护理员服务质量要求与等级划分》等广西地方标准，为提升养老服务质量提供遵循。

四是大力发展社区居家养老服务。完善社区居家养老配套政策，出台《关于加强全区城乡养老服务设施建设规划的意见》，明确社区居家养老服务设施的规划及建设用地，提出按照人均用地不低于 0.12 平方米的标准，分区分级规划设置养老服务设施，2017 年全区重点建设 17 个社区居家养老示范中心。深化社区居家养老服务试点，鼓励各地采取公建民营等方式，将产权归政府所有的养老服务设施委托企业或社会组织运营，通过政府扶持、社会力量运营、市场化运作方式，推动社区居家养老服务快速发展。2017 年自治区安排专项资金 3400 万元，通过政府购买或"以奖代补"的形式，培育扶持老来福、小棉袄、爱父母等一批初具规模化、连锁化、品牌化的社区居家养老服务品牌机构。推动老年人宜居社区建设，出台《广西老年人宜居社区建设规范》地方标准，推进一批居民社区进行适老化改造；引导规划建设一批以健康养老服务功能为核心的地产项目，规范配套公共服务设施建设，为老年人打造现代宜居的生活社区。

五是加强农村养老服务。建设农村互助性养老服务设施，积极支持各地农村幸福院建设，开展自助式、互助式养老服务，为农村留守老人、独居老人和散居"五保"老年人提供文化娱乐等日间照料服务的公益性活动场所,目前全区建成农村幸福院4300多个,成为农村老年人喜爱的文化娱乐场所和敬老、孝老文化阵地。完善农村养老服务,2017年重点建设了22个养老服务示范园、10个农村区域性养老服务中心,面向社会提供养老服务。加大现有乡镇敬老院改造和管理改革力度,逐步将40%的乡镇敬老院转型为农村区域性养老服务中心,在满足农村特困人员集中供养需求的前提下,为农村低收入老年人和失能、半失能老年人提供便捷可及的养老服务。开展"养生养老小镇"创建,自治区政府制定《广西养生养老小镇创建工作实施方案》,依托广西各地独特的生态环境优势和丰富的长寿养生资源,从2017年起每年评选命名一批养生养老小镇,并从自治区本级福彩公益金给予每人一次性奖励200万元,鼓励和引导各地大力发展特色养生养老产业,完善养生养老服务功能,促进养老与相关产业融合发展,全面提升整体综合竞争力,2017年命名贺州市黄姚镇等首批5个养生养老小镇。

六是加快推进医养结合。积极探索医养结合模式,统筹推进医养结合试点,自治区卫生和计生委、民政厅联合批复鹿寨县等12个自治区级医养结合试点示范县(市、区),覆盖全区所有市。建立医疗卫生机构设置审批绿色通道。推动养老机构内设的医疗机构纳入城镇基本医疗保险或新型农村合作医疗定点范围。设立家庭病床,将家庭病床医疗费纳入基本医疗保险支付范围。积极推进基层医疗卫生机构与老年人建立医疗契约服务关系,提供家庭医生式服务和老年人健康管理服务,老年人健康管理率为70.26%。目前,全区有63家医养结合机构,其中有33家养老机构内设医务室,占全区县级以上养老机构1/3左右。

七是加快养老产业发展。按照"一核四区"的总体布局,大力发展休闲养生健康养老产业、"候鸟式"旅游养老业、老年健康管理服务业、民族特色医药产业、老年文化创意产业,推动形成养老产业集聚区。广西太和自在城、梧州市岭南生态养生城、桂林国际智慧健康产业园等一批大型养老产业项目在广西落地。贺州市生态健康产业示范区、巴马国际长寿养生养老服务集聚区、玉林国际健康城等30多个各具特色的养老产业园区开始规划建设。11月,举办中国(南宁)养老产业发展高端论坛暨招商推介会,吸引国内外及港澳台地区知名养老企业到广西兴办养老机构,促进广西养老服务业实现跨地区、跨领域融合发展。

(2)积极落实残疾人福利政策。自治区投入资金60多万元建成广西残疾人两项补贴信息管理系统并投入使用,简化审批手续,为残疾人提供快捷高效的便民服务。通过系统对外与残联、人社数据对接，对内与孤儿、优抚、低保系统数据对接，实现残疾人相关信息互联互通，确保全区22.4万困难残疾人和39万重度残疾人两项补贴的精准管理、精准发放。建立自治区加快发展康复辅助器具产业厅际联席会议制度，及时出台了《广西壮族自治区人民政府关于加快发展康复辅助器具产业的实施意见》。

（3）不断发展慈善事业。及时向社会公开了本级慈善信托备案受理方式、受理部门、监管部门等内容，建立慈善信托备案机制。充分发挥慈善公益组织在扶贫济困、助医、助学、助残等方面的作用，实施一批慈善助学、扶贫济困等公益项目。投入资金182万元，组织实施"爱心小屋"旧物循环利用公益项目。推动设立"八桂慈善奖"。积极开展中国移动爱"心"行动——广西贫困先心病儿童救助计划二期助医项目，为386名贫困先心病患儿免费手术治疗。

（二）存在的问题

一是社会养老服务体系基础设施薄弱。广西养老服务业发展起点低、底子薄，财政投入有限，整体发展水平还处于初级阶段，养老床位数缺口大，与全国平均水平相比、与发达地区相比、与人民群众日益增长的养老服务需求相比还有较大差距。

二是城乡养老服务发展不均衡。城市养老服务发展迅速，农村养老服务匮乏，基本依靠家庭养老，城乡养老公共服务差异大。基层乡镇养老机构床位闲置率高，而城市养老"一床难求"。城市养老机构设施条件、管理服务水平比较高，而乡镇敬老院条件简陋，管理人员少，消防安全条件差。

三是社区居家养老发展缓慢。广西各地社区居家养老服务的发展还处于起步阶段，设施设备缺乏、服务组织较少、服务能力不强等问题突出。

四是社会参与不足。社会化大型养老项目少、运营模式单一，健康养生养老产业尚未形成集聚，相关产业链辐射带动作用不强，养老产业对拉动服务业增长的作用未达预期。

（三）下一步改革主要思路

一是加快推进养老服务"放管服"改革。

二是建立健全行业规范与标准体系。

三是加强养老服务供给侧结构性改革。

四是创新推进医养结合。

五是持续推进养老服务业综合改革试验区建设。

二、社会救助事业改革

(一) 改革进展及成效

（1）全面建立县级政府困难群众基本生活保障工作协调机制。2017年2月底，全区111个县（市、区）全面建立了由政府负责人牵头，民政部门负责，发展改革、财政、卫生计生、人力资源社会保障、教育、住房城乡建设、扶贫、残联等部门和单位参加的困难群众基本生活保障工作协调机制，为扎实推进困难群众基本生活保障工作打下了坚实基础。

（2）加快推进农村低保制度与扶贫开发政策衔接。截至2017年12月31日，全区共有农村低保对象253.9万人，其中纳入农村低保范围的建档立卡贫困人口有141万人，占全区农村低保对象总数的55.5%。

一是提高了城乡最低生活保障标准。2017年，全区除南宁市外全部提高了农村低保标准（南宁市2016年农村低保标准已经达到每人每年3500元以上，2017年可以不提）。截至2017年12月底，全区城市低保平均标准达到518元/人·月，农村低保平均标准达到3338元/人·年（278元/人·月）。目前，全区111个县（区）农村低保标准全部超过国家扶贫标准线（2952元/人·年）。

二是提高了城乡低保平均补助水平。自治区民政厅联合自治区财政厅下发《关于提高全区城乡最低生活保障补助水平的通知》，从2017年1月1日起，全区城乡最低生活保障对象平均补助水平每人每月提高30元，农村低保平均补助水平平均每人每月由140元提高170元。截至2017年12月底，全区城乡低保月平均补助水平分别达到337元和170元。全区农村低保平均补助水平的提高增加了困难群众尤其是建档立卡贫困户的收入，有力地保障了全区2017年脱贫攻坚任务的完成。

三是加大低保资金的筹措力度。自治区民政厅积极争取民政部加大对广西的支持力度。截至2017年12月底，下达2017年城乡困难群众基本生活补助资金71.81亿元，其中中央补助资金62.18亿元，占全年筹措目标106.39%。累计支出城乡低保资金66.1亿元，其中城市低保资金8.67亿元，农村低保资金57.46亿元，保障了全区城市低保对象19.1万人、农村低保对象253.9万人的基本生活权益。

四是低保工作改革成效明显。广西农村低保制度与扶贫开发政策有效衔接工作得到民政部的充分肯定，自治区民政厅先后多次在民政部相关会议上作经验介绍。《人民日报》2017年7月24日刊登《广西力堵"关系保""人情保"——数据上云端、核查不再难》文章，报道了广西低保核对大数据平台所取得的成效。广西低保无纸化网上审批改革获得民政部的肯定，2017 年 5 月在全国社会救助信息化培训班上做了经验介绍，年内先后有天津、浙江、重庆、云南、贵州、甘肃、新疆 7 个省市区来学习考察广西的做法，罗城县民政局为作全区低保申请网上无纸化审批改革代表获得民政部 10 个"2017 年度社会救助领域优秀创新实践案例"之一。田林县把低保审批权限下放乡镇人民政府的改革，有效解决了县级民政部门既是运动员又是裁判员的尴尬局面，同时也有力地促进了乡镇人民政府切实履行社会救助责任主体，动员整合乡镇各方面力量共同做好低保等社会救助工作，推动精准救助，此项改革也得到了民政部的肯定，目前在百色市全市范围内进行推广。

（3）推进特困人员救助供养制度改革。一是科学制定特困人员供养标准。各地结合实际，按照不低于城乡最低生活保障标准 1.3 倍的标准制定本地城乡特困人员的基本生活供养标准。截至 2017 年 12 月底，全区城乡特困人员的平均基本生活标准分别达到 664 元/月和 4703 元/年，集中供养和分散供养水平分别比 2016 年提高了 65.6% 和 30.7%。2017 年 1～12 月，全区为 25.5 万特困人员（其中城市特困人员 0.48 万人）发放基本生活费 11.8 亿元。二是合理制定照料护理标准。各地分别对半自理和全护理的特困供养人员按不低于当地最低工资标准的 30% 和 60% 确定护理补助标准。目前，全区特困供养人员照料护理标准最高可发放至 1400 元/月以上，最低的照料护理标准也在 300 元/月以上，有效解决了特困人员"平日有人照应、重病有人看护"的问题。

广西特困供养服务机构社会化改革做法获得民政部的肯定，2017 年 11 月 7 日在民政部办公厅召开的部分省份农村特困人员供养服务机构社会化改革座谈会上，广西作了特困供养服务机构社会化改革的经验介绍。

（4）进一步发挥医疗救助作用。2017 年，积极推进医疗救助与大病保险衔接工作，全面开展重特大疾病医疗救助，促进医疗救助在保障对象、支付政策、经办服务、监督管理方面与大病保险的有效衔接。自治区民政厅联合自治区财政厅、人力资源和社会保障厅、卫生计生委、广西保监局、自治区扶贫办等部门印发了《广西医疗救助与城乡居民大病保险有效衔接实施方案》，指导各地进一步做好医疗救助与城乡居民大病保险衔接工作。全年筹措医疗救助资金 8.74 亿元，其中中央补助 6.86 亿元、自治区补助 1.2 亿元、市县配套 0.68 亿元。截至 12 月底，全区共支出 9.17 亿元医疗救助资金，救助困难群众 313.52 万人次，其中支出 3.35 亿元资助参合参保 284.69 万人；支出 5.75 亿元直接救助困难群众 26.41 万人次，重特大疾病医疗救助 3042

人次，门诊救助 2.11 万人次。通过开展医疗救助，将符合条件的建档立卡贫困人口等困难群众纳入医疗救助范围，解决一批因病导致生活困难的家庭困难，有效防止因病返贫现象的发生。

（5）健全完善临时救助制度。各级民政部门通过建立健全部门协同、信息共享、慈善衔接机制，加大"先行救助""分级审批""转介服务"等规定的落实力度，对遭遇突发事件、意外伤害、重大疾病或其他特殊原因导致基本生活陷入困境的家庭或个人给予应急性、过渡性的救助。截至 12 月底，全区累计支出临时救助资金 1.66 亿元，实施临时救助 17.82 万人次，有效保障了困难群众基本生存权利和人格尊严，彰显了临时救助制度的"兜底"作用。

（6）不断完善边民生活补助政策。边民生活补助对象涉及东兴、防城、靖西、那坡、大新、宁明、龙州、凭祥 8 个县（市、区）31 个乡镇 192 个行政村 1394 个自然屯约 35.81 万人。2017 年 7 月，自治区人民政府同意将广西陆地边境 0~3 千米范围内的易地搬迁建档立卡贫困对象和城镇无工作单位居民纳入边民生活补助范围。为进一步做好陆地边境 0~3 千米边民生活补助对象范围扩大后的认定工作，自治区民政厅会同自治区财政厅、自治区边海防办对《广西壮族自治区边民生活补助管理办法》进行修改和完善，并已获得自治区政府批准。2017 年，自治区下达边民生活补助资金 5.59 亿元，发放边民生活补助每人每月 130 元。

（7）发挥全区核对信息平台作用，做到"凡进必核"。2017 年，全区核对信息平台继续扩大数据共享部门的范围，在原有 14 个部门信息数据共享的基础上，新增了与农村信用社和建设银行的存款数据交换，提高了核对的精准度。各地充分发挥核对信息平台的作用，凡新申请社会救助的对象，必须经过核对信息平台核对后，方可审核审批，做到了"凡进必核"。

另外，2017 年，广西安排 60 年代精减退职老职工享受原工资 40% 救济人员补助资金 640 万元，为约 1700 人发放 300 元人·月精减退职老职工救助。

（二）存在的困难问题

一是农村低保与扶贫开发政策衔接还不够。部分地区没能很好地把精准扶贫的成果应用到精准救助上来，一些县（市、区）农村低保对象与建档立卡贫困人口双向衔接还不到位。

二是社会救助精准度还有提高的空间。由于不是所有的银行都与核对信息平台联网，一些低保对象的家庭隐性收入难以核查，导致还有一些救助对象精准认定难，少数地方的"人情保""关系保"时有发生。

三是基层社会救助工作力量严重不足。目前，全区绝大部分乡镇街道没有专设民政机构，基层民政人少事多的矛盾十分突出。

（三）下一步改革思路

一是深入推进农村低保制度与脱贫攻坚有效衔接。

二是深入开展"农村低保专项治理活动"。

三是加大临时救助工作力度。

三、社会组织管理改革

截至 2017 年底，全区在各级民政部门登记的社会组织总数达 24567 个，其中社会团体 12574 个、民办非企业单位 11913 个、基金会 80 个。

（一）改革进展及成效

（1）社会组织管理得到进一步加强。自治区全面深化改革领导小组将社会组织管理改革和第二批行业协会商会脱钩改革试点纳入年度重点改革任务，自治区党委常委会研究社会组织管理改革工作并审议了关于社会组织管理改革的实施意见。自治区政府将社会组织工作纳入绩效考评，设置了 30 项考核指标，进行量化考核，各地都把社会组织管理工作列入了年度绩效考评体系。南宁、梧州、玉林、钦州等市提请市委、市政府审议出台社会组织管理制度改革和行业协会商会培育发展的实施意见及方案措施，有的地方在增加人员编制、建立制度机制、提供经费保障等方面实现了新突破。这些都为社会组织工作提供了坚强领导和有力保障，凸显了社会组织工作的地位和作用。

（2）社会组织管理制度改革取得新突破。一是自治区出台了《关于改革社会组织管理制度促进社会组织健康有序发展的实施意见》。该意见结合广西实际，围绕社会组织登记制度、自身建设、党建工作、发展环境、综合监管等方面内容提出了改革要求。二是开展了第二批行业协会商会脱钩改革试点。根据中央有关行业协会商会与行政机关脱钩改革的总体方案要求，坚持上下联动、同心协力、分类指导，围绕"五分离、五规范"推进改革试点，取得了明显成效。2017 年，全区各级共有 588 个行业协会商会列入第二批脱钩试点名单，其中自治区本级 103 个，各市、县（市、区）485 个。自治区本级 103 个行业协会商会已全部完成脱钩，占当年任务量的 100%；柳州、梧州、钦州、玉林、贺州、百色、河池 7 个市第二批脱钩试点任务基本完成。全区和各市、县（市、区）第一批试点和第二批试点数量分别占相应行业协会商会应脱钩总数的50%和63%以上，达到了国家要求的脱钩比例，为此，民政部在南宁召开了全国地方第二批脱钩试点经验交流会，广西在会上作了经验交流发言。三是继续抓好社会组织统一社会信用代码制度改革。全区存量社会组织代码转换率达到100%，存量社会组织换证率超过96%；实现了广西社会组织统一社会信用代码库系统与民政部全国代码系统、自治区电子政务数据交换和信息共享平台的对接和数据推送；开展了同时担任多个社会组织负责人的专项清理，建成了广西民政电子证照库系统，为实现社会组织登记"互联网+政务服务"奠定了坚实基础。

（3）社会组织政治引领得到加强。自治区本级成立了自治区民政管理社会组织党委和纪委，全区14个设区市社会组织党建工作体系初步整体成型，较好地解决了党建的力量支撑问题；各级社会组织管理系统会同业务主管单位，坚持把党建工作贯穿到社会组织管理的全过程，做到了"四有"，即社会组织申请登记有党建工作承诺书、年度检查有党建工作报告、等级评估有党建工作指标、日常监管有党建工作检查，实现党建工作与业务建设同步推进。南宁市召开行业协会商会党建工作会议，探索推进社会组织党建工作与业务管理联动机制；柳州市在全市评选出8家社会组织党支部示范点，以点带面推进社会组织党组织覆盖率；玉林市推行社会组织与党组织同步孵化、同步指导、同步发展的"双孵化"机制，推进树立了协会、商会、民办非企业单位三类社会组织党建工作示范点，全市符合条件的社会组织100%建立了党组织，党组织覆盖率达到83.5%；梧州市将党建工作作为重要的检查内容，对应建未建党组织的，采取降低年检等级的办法，督促党建工作的落实；贵港、河池、百色、北海、钦州等市，建立党建工作与社会组织登记审批、年检、评估"三同步"动态管理机制，北海市社会组织成立党组织覆盖率达到87.9%。全区各级社会组织登记管理机关共举办社会组织党建培训班86期，受训人数7000余人次。

（二）存在的问题

一是经济发展新常态提出新要求。经济新常态下，经济下行的压力传导到社会组织领域，求生存、谋发展成为社会组织面临的现实问题。行业协会商会与行政机关脱钩后，斩断了利益链条，一些习惯于依赖行政权力获取资源、按照行政命令开展工作的行业协会商会难以适应，如不及时转型将难以为继。

二是社会组织管理改革伴生新情况。深化社会组织管理改革，特别是行业协会商会脱钩、四类社会组织直接登记和规范公务员在社会组织兼职取酬行为后，如何理顺管理体制，明确社会组织管理机关、业务主管单位和相关职能部门的综合监管责任，是社会组织工作的当务之急。

三是形势任务发展变化提出新挑战。人少事多、任务重、压力大是当前自治区社会组织管理机关的常态。目前，自治区社会组织管理局（包括社会工作处）还没有设立专门的执法机构和队伍，还没有与相关部门建立联合执法机制；广西县（市、区）社会组织管理人员平均不到 0.3 人，人均需要指导、服务和管理社会组织达 300 多个，难以进行全面的规范指导和实施有效监管，特别是没有专门的执法队伍，社会组织管理不托底，承担着不可知、不可控的连带责任和追责风险。

（三）下一步改革思路

一是进一步加强对社会组织工作的领导。

二是进一步优化社会组织发展环境。

三是进一步完善社会组织的综合监管政策。

四、行政区划调整改革

截至 2017 年底，广西壮族自治区行政区划为 14 个设区市、7 个县级市、64 个县（含 12 个民族自治县）、40 个市辖区、799 个镇、319 个乡（含 59 个民族乡）、133 个街道。

（一）改革进展及成效

（1）积极开展县改市申报工作。国家《设立县级市标准》和《设立县级市申报审核程序》出台后，自治区民政厅结合全区各县的经济社会发展实际，进行了全面综合的调研论证，就全区县改市工作提出了整体方案，并报自治区党委、政府审定。2017 年重点指导荔浦、平果两县开展县改市申报工作，及时向国务院报送了荔浦县撤县设市相关申报材料，并积极开展对上汇报协调工作；民政部年内召开了县改市专家论证会，对包含荔浦在内的 11 个县改市进行论证评估，自治区民政厅领导和荔浦县领导在会上积极推介，得到与会专家、领导的好评；指导平果县按照设市新标准准备申报材料，拟适时上报国务院；争取民政部召开专家会并同意"藤县"拟使用"藤州"作为下一步藤县撤县设市时的专名。自治区新型城镇化厅际联席会议相关成员单位对县改市工作给予了大力支持，及时为荔浦、平果县提供了所需的证明材料。

（2）组织开展区划调整调研。为进一步解决广西行政区划存在的问题，指导相关市县科学开展区划调整工作，加强调研论证，会同自治区社科院完成了《广西行政区划调整战略规划和设市预测研究》，联合自治区测绘地理信息局出台了《关于做好区划地名图编制工作的意见》，并得到了民政部以参阅文件（民阅〔2017〕4号）形式转发各省、自治区、直辖市民政厅（局）及相关部门参阅。同时，自治区民政厅组织调研组相继到南宁、柳州、桂林、梧州、玉林、百色、来宾等市开展区划调整工作调研，协同地方开展区划调整方案论证和评估工作，加快推进各地行政区划调整工作；同时，协同玉林市领导到民政部汇报，争取区划地名司领导到广西开展区划调研工作，指导柳州市完成了部分市辖区行政区划调整方案，推动玉林和柳州市部分行政区划调整方案尽快得到批复落实。

（3）抓好乡镇级行政区划调整的调研论证和审核工作。一是完成了柳州市柳城县马山乡等11个撤乡建镇方案的调研论证、征求意见和审核报批等工作，6月，自治区政府批准了11个撤乡建镇方案；二是指导贵港市港南区、港北区、覃塘区和平南县做好撤镇设街道工作，年内先后设立了港南区八塘街道、港北区港城街道、覃塘区覃塘街道、平南县平南街道和上渡街道，全区共新增5个街道；三是配合做好自治区深入推进经济发达镇行政管理体制改革相关工作，按照自治区党委、政府的战略部署，严格对照设立县级市标准，对符合法定标准、具备行政区划调整条件且行政管理体制改革成果显著的经济发达镇稳妥有序地开展设立县级市工作。

（4）加强对政府驻地迁移的监督检查。根据民政部的部署，开展了政府驻地迁移的监督检查工作，对全区各级政府驻地迁移管理情况进行了一次全面清查。根据自治区领导批示精神，自治区民政厅于3月下发《关于政府驻地迁移管理工作的情况通报》（桂民函〔2017〕351号），指导各地基本完成了政府驻地搬而不报、未批先搬、先搬后报、批而不搬等违规问题的整改。截至2017年底，针对全区7件县级、9件乡级政府驻地违规迁移情况，各地均进行了严肃认真的整改，加快推进各级人民政府驻地迁移事项的规范化法制化管理。

（二）存在的问题

（1）传统中心城市城区规模偏小。南宁、柳州、桂林、梧州是广西的传统中心城市，拥有一定的经济实力和人口规模，分别是北部湾、桂中、桂北、沿江干流4大城镇带的核心城市。但这些城市都一定程度上存在行政区划影响当地工业化和城镇化发展的问题，亟须进行相应的调整。

（2）近 20 年成立的地级市城市发展后劲不足。特别是只有一个市辖区的百色、来宾、崇左市，资源有限，发展后劲不足，且市和区的职能交叉，事权划分矛盾较多，不利于行政管理，影响城市建设和经济发展，不能发挥城区中心带动作用。

（3）中小城镇发展动力不足。一是县级市太少，目前其数量和布局不利于引导和培育区域中心城市，不利于提高土地等资源的开发利用强度，更不利于有效分担核心城市安置农村富余劳动力的压力；二是部分县级和镇级政区人口面积差异大或布局不合理，不利于行政管理和促进城镇化，更不利于全区共同和谐发展；三是县政府驻地镇行政管理体制不利于城镇化管理；四是经济发达镇管理体制不顺。

（4）功能区管理体制不顺。当前，广西各级各类开发区（包括管理区、保税区、经济合作区、风景管理区、旅游度假区、港口区等）数量很多。这些开发区都管理一定的区域范围，有的还代管一些乡镇、街道，行使一定的行政管理职能。尽管功能区的各种管理组织及其工作部门在该区域经济社会管理中发挥了重要作用，但一方面，它们严重冲击了国家标准行政区；另一方面，由于它们不是一级完备的区划建制，在行政管理和法制建设方面的问题和矛盾日益突出。

（三）下一步改革思路

一是继续强化区划调整的决策调研、咨询论证、公众参与、风险评估、合法性审查、集体讨论决定的程序，探索建立行政区划调整专家论证机制和各级区划调整专家库。

二是指导地方严格按照区划调整审批流程，将区划调整的指导思想统一到城乡融合上来，科学制定能解决城乡发展不平衡、不充分的区划调整方案。

三是有序推进具备行政区划调整条件的县改市，积极培育中小城市，填补设市空白区。

四是努力解决大中城市区划布局不合理和单一市辖区发展后劲不足问题，稳妥做好县改区工作。

第十一章　市场监管

一、创新工商监管方式和机制

（一）用服务发展思维定位监管重点

增强用职能工作服务中心工作的意识，围绕社会关注、问题多发、政治敏感等产品和领域精准开展监管工作。开展"红盾2号"执法行动，加大农资市场监管力度，2017年，全区共查处农资案件1342件，案值960.26万元，罚没461.91万元，查没不合格劣质化肥74.58吨，共抽检1420批次农资商品，合格率为90.9%。开展禽流感疫情防控，结合工商部门职能做好防控工作，检查禽类交易市场1663个，检查活禽经营户8421户次，检查禽类制品经营户46220户次，广西工商部门配合禽流感疫情防控工作得到了国务院督查组的肯定。组织开展"地条钢"专项整治行动，共抽检钢材115批次，其中不合格26批次，立案调查三无钢材案件21件。组织开展流通领域电动自行车商品抽检45批次，合格率37.8%。组织开展流通领域成品油专项检查，共抽检564个批次，合格率94.9%。强化商标侵权案件查处，深入推进打击侵犯知识产权和制售假冒伪劣商品专项行动，全区全年共查处各类商标违法案件736件，案件总值740.75万元，罚没金额479.48万元。加强对旅游市场监管力度，牵头7个厅局单位组织开展加强旅游购物消费市场专项整治行动，针对中央媒体曝光的导游变相强制消费、"不合理低价游"、"不合理消费"和商业贿赂等问题开展执法督查。2017年，在涉及民生、"三农"等方面没有发生重大影响事件。

（二）用技术手段创新商品交易市场监管方式

深入推进天眼工程建设。在2016年底，自治区工商局本级天眼工程指挥中心与南宁、桂林、玉林、钦州4个试点单位的数据实现互联互通的基础上，2017年，其余各市数据已接入自治区天眼系统，实现了市场监管的实时监控、实时调度。到 2017 年底，已在全区 14 个市全面铺开天眼工程建设，完善天眼工程的惠民服务系统、信息联合发布系统、枢纽管理系统，实现市场监管综合执法的信息化。国家工商总局对广西建设"天眼工程"构建市场智能化管理的探索给予了充分的肯定。年内，组织召开了全区工商系统开展"美丽广西·宜居乡村·规范市场"活动经验交流现场会。

（三）用现代治理理念创新监管机制

商事制度改革后，自治区工商局以社会治理理念，主动适应商事制度改革的新常态，构建集"企业自治、行业自律、社会监督、政府监管"为一体的市场监管工作新格局。广西在全国首创格式合同公示制度，建设了广西合同格式条款公开查阅系统，从强调行政监管向强调企业合规义务转变，实现治理主体从执法部门包揽向社会共同治理的转变。目前已有 600 余家企业，尤其是涉及民生面广的银行业、保险业、电信业等行业的企业向社会公示了7000 多份格式合同，接受社会公众的监督。广西局合同监管工作得到了国家工商总局的充分肯定，在 2017 年 9 月召开的全国工商和市场监管部门合同行政监管工作座谈会上做了题为《立法先行 科技保障 开创合同行政监管新格局》的经验交流发言。

二、营造宽松便捷的市场准入环境

（一）积极下移管理层级

在全部省级发证产品的工业产品生产许可证核发审批权限下放至设区市级质监部门基础上，2017 年国务院调整工业产品生产许可证管理目录后，自治区质量技术监督局再次上报自治区政府，在全区优化营商环境大行动中，将全部省级发证产品的工业产品生产许可证核发审批权限下放至设区市级质监部门并开通网上办理渠道，做到政务服务"24 小时"不打烊，方便了企业就近办事，提升了基层的监管能力和效率。

（二）大力推行简化审批程序

2017 年自治区质量技术监督局积极向原国家质检总局申请，并获批准成为第三批试行工业产品生产许可证简化审批程序的地区。从 2018 年起，全区 17 类省级发证产品中推行"先证后核"，取消发证前产品检验，将现场审查放在取证之后，企业申请受理后经书面审查符合要求的，10 日内即可取得生产许可证，把取证时间进一步压缩 66.7%。后置现场审查只对企业的关键设备进行核验，不再审查企业的具体质量管理工作，促进企业落实质量主体责任。实施"一企一证"改革,改变过去一类产品一个证书的做法,生产多类产品的企业由多张证书多次申请审批简化为一张证书一次性申请审批,一些大中型企业因此受益。简化申请材料,取消其中有关技术人员、生产设备、检验设备和原辅材料等信息的填写,将企业提交的申请材料由一大本简化为"一单一书一照一报告"。在这些有力措施下,审批时限大大缩短,办证提质增速,为企业节约了大量时间成本。

(三) 完善网上审批系统

大力实施"互联网+政务服务",加快推广应用"广西质监行政审批管理系统"。推行"不见面审批""最多跑一次""减证便民""一事通办",实现"区—市—县"三级质监部门的行政许可事项(区级 9 项,市级 5 项,县级 3 项)和部分便民事项(区级 4 项)的全流程网上办理。依托建设的全区质监电子证照库,对涉及电子证照进行数字化管理和据交换等功能,基本实现群众证书在线打印,各部门证照信息交叉共享,以信息代替群众跑腿,真正实现了政务服务"零跑腿"。

三、健全市场监管体制机制

(一) 全面实施"双随机、一公开"监管

一是根据规范事中事后监管的要求,不断完善自治区质量技术监督局"双随机、一公开"工作机制。每年制定印发年度广西质监"双随机、一公开"实施方案,指导广西质监系统的随机抽查工作。二是及时根据自治区质量技术监督局的权责清单和质检总局清单内容对随机抽查事项清单进行动态调整,修订完善《广西壮族自治区质量技术监督局"双随机一公开"实施细则(试行)》,进一步规范自治区质量技术监督局事中事后监管行为。三是自治区质量技术监督局为推进"双随机、一公开"机制的有效实施,提高随机抽查工作的自动化、信息化水平,积极做好"双随机一公开"系统的开发工作,根据各个随机抽查事项的特殊需求完善系统建设。截至目前,系统建设已基本实现两库随机抽取、技术专家协助抽查、抽查结果公开等步骤的流程化和全覆盖。各设区市质监局的"双随机、一公开"机制的信息化建设也正在稳步推进。

(二) 强化部门联动

自治区质监局主动与政府以及公安、工商、工信、发改、农业等有关部门加强联系。2017 年以来,先后在消费品、特种设备、建材等领域的监管执

法中协作配合，特别是在围绕化解过剩产能和清理整顿落后产能工作中，联合发改、工信等部门开展打击和取缔违法生产销售"地条钢"专项行动。对全区 104 家钢铁生产企业检查全覆盖，拆除 17 家企业的中频炉，其中 14 家钢筋混凝土用热轧钢筋产品生产企业的中频炉全部拆除，采取全面抽查、错时检查、联合督查以及"回头看"等多项举措，严防"地条钢"死灰复燃，顺利完成了广西全面打击和取缔"地条钢"工作目标任务。

（三）完善法规规章

加快推进《广西壮族自治区电梯安全管理条例》立法工作。2017 年，该《条例》列入了自治区人民政府 2017 年立法工作计划的预备项目。

（四）规范执法行为、强化执法监督、加强行政执法和刑事司法衔接

一是依法行政，全面推进落实权责清单制度工作。认真梳理融合，全力推进权责清单制度。其一是将推行权力清单制度工作与政府职能转变和机构改革、深化行政审批制度改革紧密结合；其二是合法与合理结合，即有法定行政职权行使程序的，依法设定责任环节，明确相应责任事项，无法律明文规定的参照同类法律法规合理确责；其三是共性与个性结合，即依据一般法确定权力的共性责任，依据部门法确定权力的个性责任；其四是事前与事后结合，即适应政府管理从事前审批向事中事后监管方式的转变，突出部门行使职权的事中事后监管责任；其五是问题与问责结合，即坚持问题导向，聚焦权力行使易发多发问题的关键环节，确定权力对应的责任。经过全面的梳理审核，依据现行有效的法律法规，自治区质量技术监督局本级保留的行政权力事项共 65 项（其中，行政许可 13 项、行政处罚 16 项、行政强制 6 项、行政检查 11 项、行政确认 2 项、行政奖励 5 项、行政裁决 2 项、其他权利10 项）。

二是完成行政权力运行流程优化编制工作。根据《广西壮族自治区人民政府关于印发编制和优化市县乡三级行政权力运行流程工作方案的通知》（桂政办发〔2017〕51 号）要求，自治区质量技术监督局按照"依法依规、权责一致、高效便民、公开透明"四项基本原则，对本级的 65 项行政权力分别编制了行政权力运行流程，并按照逐级审核的要求，完成了对 14 个市局上报的 2278 项行政权力事项进行了逐项审核工作，确保了广西质监系统"同一事项、同一标准、同一编码、上下对应、有效衔接"。

三是全面落实行政执法责任制。2017 年，根据自治区法治政府建设要求，为进一步严格规范公正文明执法，自治区质量技术监督局相继起草并制

定了《规范性文件统一登记统一编号统一印发管理办法（试行）》《行政执法调查取证和告知制度（试行）》《行政处罚自由裁量权实施办法（试行）》《行政处罚自由裁量权基准（试行）》《异地行政执法协助工作制度（试行）》《行政执法与刑事司法衔接工作制度（试行）》《重大行政执法决定法制审核规定（试行）》等多项制度，不断完善以执法有依据、行为有规范、权力有制约、过程有监管、违法有追究为主要内容的行政执法责任制度体系，切实维护行政相对人的合法权益。

四、深化标准化改革

（一）开展重要技术标准研制，掌握标准领域话语权

2017 年，广西壮族自治区发挥标准引领作用，围绕"14+10"产业及优势特色产业发展需要，组织全区企事业单位、高等院校、科研院所等加大重要技术标准研制，通过标准规范广西各行业生产经营活动，提高产品和服务的质量。全年主导或参与制（修）订《循环经济评价铝行业》等 64 项国家标准；共发布实施了《党政机关电子公文传输与交换规范》《城市水系生态环境修复技术指南》等 208 项广西地方标准，下达了《石墨烯三维构造粉体材料磷酸铁锂电池正极导电添加剂》《红树林生态修复工程效果评估技术规程》等十批次共 457 项广西地方标准立项项目，内容涵盖工业、农业、服务业、节能环保、社会管理和公共服务等各个领域，其中地方标准《党政机关电子公文传输与交换规范》的发布实施，为全区党政机关电子公文传输与交换提供了重要的技术支持。引导社会团体按照《团体标准管理规定（试行）》要求，开展团体标准化工作，培育一批有知名度和影响力的团体标准制定机构，制定了《白砂糖》《广西好粮油 广西香米》等一批团体标准，增加了标准的有效供给。

（二）开展"标准化+现代农业"行动计划，持续推广实施农业标准化

2017 年，广西壮族自治区以农业标准化示范区建设为载体，持续推广实施农业标准化。建设农业标准化示范区，启动阳朔县第九批国家级农业综合标准化示范县和东兴市金花茶种植、凭祥市美人椒种植、南宁市青秀区肉牛养殖、三江县稻田养鱼、宾阳县牛大力种植 5 个国家级农业综合标准化示范区建设并完成第一年建设任务。其中，南宁市青秀区肉牛养殖标准化示范区，通过"龙头企业+基地+标准化+农户"的推广模式，建立了四野牧歌肉

牛养殖标准化核心示范基地，目前基地标准化种植牧草及经济饲用作物 3200 亩，建有标准化牛舍 18 栋，面积 40000 立方米，存栏种牛 2500 余头，年产良种牛犊 2200 头，年育肥出栏优质肉牛 6000 头，2017 年销售额达 1.48 亿元，比 2016 年提高了 1700 万元。钟山县贡柑、苍梧县六堡茶、田林县甘蔗等 6 个自治区级农业标准化示范区项目通过目标考核，批复了地理标志产品百色芒果、武鸣区绿色火龙果、陆川县橘红、都安县两性毛葡萄等 9 个项目创建自治区级农业标准化示范区。

（三）开展"标准化+美丽乡村"行动计划，助力乡村振兴

2017 年，广西以美丽乡村标准化试点建设为切入点，推动农村综合改革。组织专家指导帮扶南宁市邕宁区、东兴市和恭城瑶族自治县 3 个第二批全国农村综合改革标准化试点项目承担单位，依托试点建设探索制定涵盖建设、管理、维护、服务及评价等各环节美丽乡村标准，用标准化方法和手段推进广西美丽乡村建设。其中，南宁市邕宁区通过创建国家级美丽乡村标准化试点，建立了包含通用基础、村庄建设、生态环境、产业发展、公共服务、基层组织和长效机制等 8 个子体系在内的美丽乡村标准体系共 180 项标准，并依托试点探索制定《美丽乡村 电子商务服务站（点）管理与服务规范》《美丽乡村 文化广场管理与维护规范》《农村有机垃圾沼气工程运行与维护规范》《邕宁生榨米粉制作技术规程》等多项广西地方标准，农村人均收入显著提高，农村人居环境得到明显改善，乡风文明大幅度提升，2017 年，邕宁区农村居民人均可支配收入完成 12584 元，同比增长 9.5%，试点村那贵坡人均可支配收入达 14876 元，增长 18.2%，群众满意度达 100%，美丽乡村标准化试点那贵坡所在的良勇村获"第五届全国文明村镇"荣誉称号。

（四）开展"标准化+服务业"行动计划，打造优质服务品牌

2017 年，广西壮族自治区以标准化试点为转手，打造标准化示范特区。指导自治区政务服务中心等 5 个国家级社会管理和公共服务综合标准化试点，以标准化手段推进政府机关自身建设，依托试点建设推进管理创新，打造优质服务品牌；指导南宁市青秀山景区、百色起义纪念馆等 10 家旅游服务业标准化试点企业顺利通过考核验收，指导帮扶桂林象山景区、黄姚古镇景区、大地公关会展等 16 个服务业试点健全服务业标准体系，以标准化为抓手提供服务业服务质量水平，打造服务业品牌。其中金秀县通过创建自治区级旅游服务业标准化试点县，强化指导全县旅游景区、旅行社、旅游饭

店、旅游餐饮、旅游购物店等涉旅企业实施国家、行业、地方标准，旅游标准化使整个旅游环境面貌焕然一新，旅游业取得了长足的发展和进步。从创标工作综合效应来看，金秀县旅游业一直保持了持续快速增长趋势，2017年上半年，共接待游客199.68万人次，旅游总消费14.57亿元，分别同比增长14.43%和18.89%。从产业规模和产业结构来看，全县现有300多户旅游基本单位，其中有国家AAAA级景区5个，国家AAA级景区2个，星级饭店5家，旅行社7家，四星级乡村旅游区2个，三星级乡村旅游区2个，三星级农家乐9个，直接和间接从事旅游业人数超过5万人。旅游服务业标准化试点县的创建，促进了金秀旅游业的全面升级转型，并作为强大引擎推动金秀旅游产业向着标准化、现代化迅速发展。

（五）积极推动企业标准管理制度改革，强化企业标准化主体责任

2017年，积极推进企业标准管理制度改革，强化企业标准化主体责任。按照企业标准管理制度改革工作部署，探索企业产品标准自我声明公开制度，从事前监督变为事中、事后监督，认真组织各地开展企业产品和服务标准自我声明公开试点工作，在全区范围内全面开展试点工作，对在企业标准信息公共服务平台上自我声明公开的广西行政区域内企业产品标准开展监督检查。据统计，截至2017年底，全区累计上传12140项标准，涵盖化工、机械、轻工冶金、涂料、包装材料、机械、纸浆、塑料制品、印刷品、电子等20615种产品类型。

（六）开展标准"走出去"研究，推动中国标准走向东盟

2017年，广西壮族自治区实施标准"走出去"战略，促进与东盟国家标准信息交流、标准技术合作、标准化人才交流培养等，进一步推进中国农业标准走向东盟。指导广西标准技术研究院与广西农职院合作，在中国—老挝合作农作物优良品种试验站建设农业标准化示范区，与广西农职院签订2017年合作协议，拓展标准化种植的农作物品种；与广西木薯研究所合作，利用广西木薯研究所与缅甸依洛瓦底省木薯淀粉协会的合作基础，在缅甸木薯主产区依洛瓦底省建设木薯种植农业标准化示范区；与广西皓凯生物科技有限公司合作，在首都内比都市郊的中国（广西）—缅甸农作物优良品种试验站建设农业标准化示范区，标准化种植甘蔗、水稻、茄子，并开展我国种植标准在缅甸的适用性研究；根据缅甸种植作物的实际需要，收集我国甘蔗、水稻、茄子、木薯等相关标准28项，并翻译成缅甸语；2017年10月，广西质监局派出专家参加《2017年发展中国家食品与农产品标准化官员研

修班》，并为来自发展中国家的40多名司处级标准化官员做"发挥广西区位优势 推动中国—东盟农业标准化示范区建设"专题讲座，受到与会代表的好评。

五、加强特种设备安全监管

（一）加强特种设备信息化体系建设

一是探索"互联网+政务服务"模式，扎实做好政务服务工作。在特种设备业务方面，完成了特种设备生产许可（5个子项），特种设备使用登记等特种设备业务的全网上办理（除特种设备作业人员）。

二是积极推进"互联网+特检"广西质监特种设备监察平台建设。2017年6月广西质监特种设备监察平台通过自治区质量技术监督局项目立项，正式筹备建设。根据国务院办公厅印发《政务信息系统整合共享实施方案》（国办发〔2017〕39号，以下简称《实施方案》）的文件精神，2017年9月自治区质量技术监督局党组决定将广西质监特种设备监察平台融入广西质监一体化信息平台中。该项目可行性研究报告2017年获得了自治区发展改革委批复，于2018年6月底开始建设，2019年1月建成试运行。

三是建设车用气瓶电子标签监管系统。自治区质量技术监督局将加强车用气瓶信息化建设列入了2017年度工作。以南宁市为试点，计划在2018年底前建立车用气瓶电子标签全过程监管信息系统，完善车用气瓶电子标签监管系统的建设，拟定为气瓶配发一枚身份证（电子标签），将电子标签、气瓶绑定在一起，建立气瓶完整信息及全生命过程档案信息库，记录其充装、检验、监督检查、报废等过程每笔记录，运用信息化手段对车用气瓶实现全过程监控和动态监管。2017年底已完成车用气瓶电子标签监管系统建设工作，预计2019年上半年进行项目验收后投入使用。

（二）全面提高检验检测技术支撑能力和服务水平

通过建设中国特种设备检测研究院东盟特种设备检测研究中心和国家工业锅炉质量监督检验中心，全面提高机构的服务水平和能力，强化特种设备安全保障的技术支撑，并进一步完善特种设备事故救援和应急处理的体系机制，为企业或使用单位提供全方位的特种设备安全解决方案服务，实现特种设备检验检测的全覆盖，确保全区特种设备尤其是具有高温、高压、高速、高空、高技术、高参数等特点的特种设备安全，保障人身和财产安全，维护广西经济社会稳定健康发展。

通过形成的高新技术优势进行服务的延伸，满足广西工业企业更高的安全和延伸服务需求，并可重点服务和扶持与特检院目前业务关系密切的铝加工业、机械装备类、冶炼加工类、化工类、造纸及制品加工类、新能源类、食品加工类、物流会展等广西"十三五"规划的工业发展重点项目，将对实现广西工业发展的宏伟蓝图产生直接的推动作用。

同时，中国特种设备检测研究院东盟特种设备检测研究中心和国家工业锅炉质量监督检验中心的建设，符合广西关于加快建设一批创新平台或基地，积极引进和建设国家级、自治区级的重点实验室、技术研究中心、产品研发中心以及中试基地的要求，对增强广西的人才小高地建设、科技创新能力和优化创新发展具有重要的推动作用。

六、建设中国—东盟检验检测认证高技术服务集聚区

2017 年，中国—东盟检验检测认证高技术服务集聚区规划建设进入实质性阶段，一期与国家质检总局技术机构合作共建的 6 个东盟检验检测认证中心项目批量入园建设，项目建设稳步推进并取得初步成效。

（一）集聚区发展定位

中国—东盟检验检测认证高技术服务集聚区立足广西、面向东盟，统筹考虑广西等国内省份产业发展需要及东盟国家产业发展需求，按照政府规划、市场驱动、创新发展、开放合作的建设原则，以及跨地区、跨部门、跨领域、跨经济属性的建设思路，通过平台聚集，吸纳区内外、国内外高端检验检测认证机构以及先进制造业、服务业等项目入区建设，引导国家质检中心等优势检验检测认证资源向集聚区集中，推进检验检测认证体制创新、技术创新、管理创新和服务模式创新，打造中南、西南和东盟区域高水平检验检测认证公共平台和科技创新平台，形成我国与东盟检验检测认证服务与信息有机衔接的枢纽，成为检验检测认证行业信息、人才、机构汇聚交流和产业合作示范的重要基地。

（二）主要做法

（1）注重顶层设计，集聚区项目纳入广西重大规划项目建设和政府重点工作。

（2）强化调研，积极沟通，扎实开展项目前期各项工作。

（3）合作共建，科学规划，分步实施稳步推进项目建设。

（三）成效初显

中国—东盟检验检测认证高技术服务集聚区已通过广西现代服务业集聚区认定，成为首批认定的自治区级现代服务业集聚区之一。一期的6个东盟中心项目已进入主体工程全面施工阶段，其中东盟特检中心一期工程项目主体已全部封顶。以集聚区为平台，不断推进与必维（BV）国际检验集团、香港标准及检定中心（STC）等国内外知名检测机构在项目建设、检验检测领域等的深入合作，其中通过桂港两地合作共建广西—香港（STC）检验检测认证中心和设立首批广西CEPA先行先试示范基地展开深度合作，共同面向东盟，服务"一带一路"建设，全国政协副主席梁振英在自治区党委书记彭清华陪同下考察项目时对此给予了高度肯定。

同时，自治区质监局以集聚区建设为契机，不断加强与东盟检验检测认证的交流合作并取得成效，努力为集聚区建设运营奠定良好的基础。自治区质监局编写完成东盟国家质量技术基础状况调查报告，初步搭建中国—东盟标准、计量、质量、特检、认证认可等信息平台。在标准领域，积极面向东盟国家开展中国农业标准适用性研究和标准化培训，在柬埔寨、老挝、缅甸、越南等国共建农作物标准化示范区；收集、翻译和研究东盟国家各类产品标准、检测方法标准、安全标准、技术法规、认证认可实施规则目录和部分标准文本，将我国的相关标准翻译成多个东盟国家语言，促进我国与东盟检验检测认证交流与合作。在计量领域，落实与柬埔寨国家计量院签署的《计量合作备忘录》，开展计量检定研究性比对，为柬埔寨计量中心开展计量培训，并在实验室建设上提供援助等；积极推动与老挝等其他东盟国家的交流，扩大计量合作的范围。在质检和认证领域，积极为上汽通用五菱汽车股份有限公司、广西越香园乳制品股份有限公司等企业产品出口东盟国家提供技术服务；开展《东盟四国高速铁路技术性贸易措施体系研究》课题研究，助力中国高铁进入东盟等。在特检领域，在越南、泰国、缅甸等国开展锅炉、球罐等大型特种设备技术服务业务，并在越南设立了特种设备检测业务办事处，在越南成功举办两期特种设备作业人员培训班等。

七、规范检验检测认证市场秩序

（一）委托下放机动车检验检测机构资质认定审批权限

2017年，全区机动车检验检测机构资质认定工作已委托下放至设区市质监部门办理，全年指导各设区市质监部门办理机动车检验检测机构资质认定审批共计 256 件，其中，首次申请 34 件、扩项 118 件、复查换证 61 件、变更备案 61 件、补领证书 1 件，减少了审批办结时间，提高了审批效率，提升了行政效能。

（二）加强强制性产品认证监管

扎实推进电线电缆生产企业专项整治工作，对全区所有的电线电缆生产企业共计 56 家进行了拉网式专项监督检查，对强制性产品认证方面存在严重问题的 3 家电线电缆生产企业依法严肃查处，并通报有关监管部门。组织开展全区流通领域 3C 产品灯具的专项监督检查，共抽查 18 家企业 35 批次产品，对不合格产品责令销售商和生产企业立即停止销售并召回处理，通报生产企业所在地省级质监部门和相关认证机构，切实做好生产企业的后处理工作。

（三）自愿性认证推广取得新成效

推行低碳产品认证取得新突破。印发《关于大力推进低碳产品认证工作的通知》，为广西节能低碳产品认证提供政策支持。2017 年华润水泥（田阳）有限公司和华润水泥（上思）有限公司 2 家企业获得低碳产品认证证书，实现了广西低碳产品认证零的突破。有机产品认证示范区建设取得新进展。2017 年上林、资源、凌云、防城区 4 个县（城区）获得国家有机产品认证示范创建区称号，广西的国家有机产品认证示范创建区总数量排名上升至全国第四。资源县、乐业县等 11 个县列入国家首批有机产品认证扶贫试点名单，占全国 24 个入选县（镇）的 45.8%，入选数量居全国首位。

第十二章　人力资源和社会保障

一、进一步深化职称制度改革

2017 年，广西印发了《自治区党委办公厅　自治区人民政府办公厅印发〈关于深化职称制度改革的实施意见〉的通知》（桂办发〔2017〕47 号）和《关于调整我区职称外语和计算机应用能力考试有关要求的通知》（桂人社发〔2017〕4 号），重新修订了工程系列、经济系列、农业系列等 16 个系列（行业）的专业技术资格评审条件。在经济系列副高级职称评审中开展职称评审社会化试点，把中小学教师、工程、卫生等系列副高级评审权限下放到符合自主评审条件的设区市，不断扩大评审自主权，全区共新组建了 15 个高级评委会。完善职称层级设置，印发了统计系列、经济系列和技工学校教师系列正高级职称评审条件，打通专业技术人员职业发展通道。

广西深化职称制度改革实施意见确定的改革任务是：

（一）健全职称制度体系，畅通专业技术人才职业发展通道

严格执行国家职称系列，按照职业分类和岗位属性要求，调整规范各职称系列专业类别设置，探索将新兴职业领域新增专业纳入职称体系。拓展专业技术人才职业发展空间，未设置正高级职称的职称系列均设置到正高级。结合广西实际，优化职称认定制度，博士后（含海外博士后）科研流动站、工作站人员出站后，符合广西规定的，可认定相应的职称。结合广西高层次人才引进政策，为人才引进助力，按照自治区高层次人才认定办法认定为 C 层次以上人才，可直接申报评审正高级职称。完善引进海外高层次人才和急需紧缺人才职称评审绿色通道，放宽资历、年限等条件限制。在职称与职业资格密切相关的领域建立对应关系，专业技术人才取得职业资格即可认定其具备相应系列和层级的职称，并可作为申报高一级职称的条件。

（二）完善职称评价标准，突出评价专业技术人才的品德品行、能力素质、业绩贡献和创新成果

坚持德才兼备、以德为先，把品德放在专业技术人才评价的首位，重点考察专业技术人才的职业道德。从 2018 年起，在全区建立职称申报评审诚信档案和失信黑名单制度，实行学术造假"一票否决制"，对通过弄虚作假、"暗箱操作"等违纪违规行为取得的职称，一律予以撤销。

突出评价专业技术人才能力素质。实施意见明确，对实践性、操作性强，研究属性不明显的职称系列，可不作论文要求，主要评价其工作能力。对学术性、原创性、研究属性较强的职称系列，推行代表作制度，淡化论文数量要求。探索以专利成果、项目报告、工作总结、工程方案、设计文件、教案、病历等成果形式替代论文要求。对职称外语和计算机应用能力考试不作统一要求。申报中级及以下职称和县级以下基层单位专业技术人才申报各级别职称，对职称外语和计算机应用能力考试不作要求；申报高级职称，确实需要评价外语水平和计算机水平的非县级以下基层单位专业技术人才，由用人单位或高级职称评审委员会根据实际情况自主确定。

突出评价专业技术人才业绩贡献。对自然科学人才，重点评价其取得的自主知识产权和重大技术突破对广西产业发展的实际贡献以及科研成果的原创性、科学价值、学术水平、影响等。对哲学社会科学人才，重点评价其在推动理论创新、文明传承和解决广西经济社会发展重大现实问题、为各级党委和政府决策提供服务支撑等方面的业绩贡献。对取得相应重大贡献的专业技术人才，可直接申报评审高级职称。对长期在艰苦边远地区和基层一线工作的专业技术人才，侧重考察其实际工作业绩，适当放宽学历和任职年限要求。

突出评价专业技术人才创新成果。专业技术人才在发展高新技术产业中，对本专业领域内的相关理论有较大突破，提出或制定具有市场价值的技术创新方案，应用创新的知识、技术开发可供转化的高科技产品，取得重要专利加以推广应用并获得较好社会经济效益，其主要贡献者可优先评定职称；对运用新理论、新技术、新材料、新工艺取得显著社会经济效益，进行高科技成果转化技术咨询取得显著成效，可破格申报高一级职称。

（三）创新职称评价机制，注重引入市场评价和社会评价，畅通申报渠道，强化监管制度

建立以同行专家评审为基础的业内评价机制，采用多种评价方式提高职称评价的针对性和科学性。实行定性与定量相结合，在条件成熟的系列推行

量化评审。逐步扩大考评结合的职称系列范围。完善基层专业技术人才职称"定向评审、定向使用"制度。

组织开展职称评审社会化试点工作，逐步在条件具备的社会组织中推行职称评审社会化，建立完善个人自主申报、业内公正评价、单位择优使用、政府指导监督的社会化评审机制。

完善评审监督制度。完善评审专家遴选机制，加强评审专家库建设。健全评审委员会工作程序和评审规则，明确评审委员会工作人员和评审专家责任，建立倒查追责机制。推行"阳光评审"，建立健全职称评审公开制度，主动接受社会监督。建立随机抽查、巡查制度，建立复查、投诉机制，发现违反评审工作纪律或用职权徇私舞弊的，按照有关规定追究责任。构建政府监管、单位（行业）自律、社会监督的综合监管体系。同时，依法大力查处制作和贩卖假证等违纪违法行为。

（四）促进职称评价与人才培养使用相结合，突出基层导向

鼓励专业技术人才积极参与业务培训、合作交流、国际会议等形式的非学历继续教育，按规定将继续教育情况作为专业技术人才考核评价、岗位聘用的重要依据。突出基层导向，引导专业技术人才到基层锻炼。

坚持评以适用、以用促评，建立健全岗位结构比例动态调整机制，实现职称评价结果与各类专业技术人才聘用、考核、晋升等用人制度的衔接。根据国家统一部署，对于全面实行岗位管理、专业技术人才学术技术水平与岗位职责密切相关的事业单位，一般应在岗位结构比例内开展职称评审。完善高层次人才职称评聘政策，事业单位引进符合条件的高层次人才可不受单位岗位总量、结构比例限制。注重面向基层制定完善职称评审、岗位设置及岗位聘用等倾斜政策。

（五）改进职称管理服务方式，强化管理责任

突出用人主体在职称评审中的主导作用，科学界定、合理下放职称评审权限。逐步下放高级职称评审权。指导设区市、系列主管部门逐步下放中初级职称评审权限。探索开展自主评审试点工作，对开展自主评审的单位，政府不再审批评审结果，改为事后备案管理。加强对自主评审工作的监管，对突破范围、违反程序等不能正确行使评审权，不能确保评审质量的，暂停自主评审工作直至收回评审权。加强职称公共服务平台建设，逐步实现网上申报、评审、查询验证，做好专业技术人才统计分析，提高职称管理服务水平。建立健全评审专家管理制度，明晰评审专家权责，加强对评审专家的培

训教育，强化职业道德，规范评审行为，提升业务水平，提高评审工作质量。

加强领导，落实责任。实施意见明确全区各级党委及其组织部门要在政策研究、宏观指导等方面发挥统筹协调作用。全区各级人力资源社会保障部门会同行业主管部门负责职称政策制定、制度建设、协调落实和监督检查；充分发挥社会组织专业优势，鼓励其参与评价标准制定，有序承接具体评价工作；用人单位作为人才使用主体，自主组织开展职称评审或推荐本单位专业技术人才参加职称评审，实现评价结果与使用有机结合。

二、坚持改革创新推动事业单位人事管理工作

2017年，广西事业单位人事管理工作突出问题导向，坚持改革创新，在规范事业单位用人制度、优化政策环境等方面取得了新突破，稳步推进了事业单位人事制度改革。

（一）创新用人机制，在教育卫生领域推动人员总量管理

为解决教育卫生领域事业单位岗位总量不足，岗位设置结构比例偏离了单位实际工作需要等问题，广西教育卫生体制改革中建立健全新的用人机制，根据实际需要核定岗位总量，纳入岗位总量管理人员在招聘方式、聘用制度、岗位设置、竞聘上岗、工资福利待遇等方面实行统一的人事管理制度。

（二）优化政策措施，事业单位公开招聘工作更加科学

转发《中组部、人社部关于进一步做好艰苦边远地区县乡事业单位公开招聘工作的通知》，并结合广西实际情况提出了贯彻落实的具体要求，进一步优化基层艰苦边远地区招聘人员倾斜政策。在统一组织实施的市以下事业单位公开招聘工作中，继续采取根据岗位分类组织公共科目笔试。鼓励事业单位按照"干什么、考什么"的原则，采取更加科学的考试测评方式。继续组织赴区外招聘现场考试考核、高层次及紧缺人才简化招聘程序等方式，在确保公平的基础上为用人单位提供更便捷的人才引进方式。

（三）完善制度环境，推动创新驱动发展战略实施

印发《关于支持高校科研院所专业技术人员创新创业人事管理及有关问题的通知》，支持高校科研院所专业技术人员离岗创业、到企业兼职或在职创业、选派到企业创新创业，以及创新人才到高校科研院所兼职等几种创新创业方式，专业技术人员创新创业有了更具可操作性政策。

（四）推进改革试点，探索高等教育领域简政放权放管结合优化服务改革工作

选择广西大学为深化人事制度综合改革试点单位，全面落实广西大学公开招聘、岗位设置、聘用管理等方面自主权，探索职员制改革工作。

（五）认真履行职能，扎实推动各项业务工作

组织实施了2017年专业技术二级岗位实施和首期专业技术二级岗位聘用人员聘期考核工作。研究制定事业单位新聘人员首次岗位聘用、台湾居民在桂事业单位就业等规范性文件。印发文件规范事业单位岗位设置方案变更工作。积极开展事业单位职员等级晋升制度改革试点调研和数据测算。研究部署开展机关事业单位防治"吃空饷"问题长效机制建立情况专项督查工作。主动参与事业单位分类改革以及教育、卫生、国有林场等各行业领域改革，配合制定基层人才队伍建设、引导高校毕业生到基层就业等政策，全面推动各领域事业单位人事人才工作的改革与发展。

三、扎实推进高校和科研院所薪酬制度改革试点工作

2017年，自治区人力资源和社会保障厅调研组对广西大学、广西医科大学、广西科学院、广西农科院、广西社科院等几所高校、科研院所进行了专题调研，了解各单位实施绩效工资的基本情况、单位收支结余、奖励性薪酬分配，以及存在的困难和突出问题，听取实施高校和科研院所薪酬制度改革的意见和建议。经自治区人民政府批准，2018年1月23日，自治区人力资源社会保障厅、财政厅印发《广西高校和科研院所高层次人才薪酬制度改革试点方案》（桂人社规〔2018〕1号），部署和启动广西大学和广西科学院两个单位试点工作。试点时间为期一年。试点方案的主要内容包括：

（一）指导思想

按照自治区党委、自治区人民政府深化高校和科研院所体制机制改革和收入分配制度改革的总体部署开展试点，探索建立与广西高层次人才引领创新驱动核心地位相匹配的薪酬分配制度，形成具有少数民族自治区特色的高层次人才引才、聚才、留才、用才的新局面。

（二）基本原则

坚持以增加知识价值为导向。坚持尊重知识、尊重人才与重实绩、重贡献相结合，完善工资激励机制，使高层次人才的收入与实际业绩挂钩、回报与贡献匹配，提升高层次人才荣誉感、获得感。

坚持灵活多样的分配方式。根据事业单位高层次人才特点和承担任务情况，鼓励探索实行灵活多样的分配形式，切实增强激励措施的针对性、实效性。

坚持效率优先、兼顾公平。引入市场分配机制，合理确定高层人才待遇水平。同时，注重公平，合理处理高层次人才与其他人员之间的工资分配关系。

（三）总体目标

通过提高工资收入、落实科技成果转化奖励等激励措施，使科研人员收入与岗位职责、工作业绩、实际贡献紧密联系，在全社会形成知识创造价值、价值创造者得到合理回报的良性循环，构建体现增加知识价值的收入分配机制，力争广西高校和科研院所高层次人才薪酬水平原则上不低于全国同类人员平均水平。

（四）主要措施

调研发现，试点高校和科研院所的高层次人才的收入偏低，与之贡献不相匹配，影响了工作的积极性，甚至造成人才流失严重。为改进这种状况，配合深化高校和科研院所体制机制改革，允许试点单位作如下试点改革：一是赋予试点单位更大的收入分配自主权，允许突破现行事业单位常规分配制度标准，自主决定收入分配办法；二是支持多元分配形式，可实行协议工资、项目工资、年薪制等灵活多样的分配形式；三是允许高层次人才在履行好岗位职责、完成本职工作的前提下，到其他相关的企业、科研机构、高校等兼职工作。

四、审慎开展 2017 年公开遴选和公开选调公务员工作

（一）基本情况

自治区人力资源和社会保障厅、自治区公务员局与自治区党委组织部高度重视公开遴选和公开选调公务员工作，在总结历年来公开遴选工作经验的基础上，结合遴选机关和考生的实际需求，联合印发了《关于进一步推进公务员公开遴选工作的通知》（桂组通字〔2017〕55 号），进一步明确把公开遴选作为广西设区市以上机关从基层补充公务员的主渠道，畅通和规范广西基层公务员上升的通道，扩大了设区市以上机关选人用人视野；下发工作方案，发布公告；组织了笔试；公布笔试合格分数线；指导各遴选和选调机关完成了面试、考察、体检、办理调动等工作，顺利完成了 2017 年公开遴选

和公开选调公务员工作。

公开遴选工作由广西壮族自治区公务员主管部门统一组织实施，自治区和设区市直机关共遴选537个职位708人，其中46个自治区直属机关165个职位遴选258人，全区14个市187个市直机关366个职位遴选450人；共有10567人报名，通过资格审查6220人，实际参考5243人，参与本次遴选的设区市、机关、报名人数、参考人数均创历史新高。

结合公开遴选，2017年广西首次探索开展公开选调工作，共拿出12个职位选调12名处、科级领导干部，其中3个自治区直属机关3个职位选调3人，南宁、柳州、玉林、百色、贺州5个市8个市直机关9个职位选调9人；共有156人报名，通过资格审查33人，实际参考27人。

（二）主要做法和工作亮点

通过资格条件设置、成绩权重选择、考试方式和考察方式选择等环节的创新，使遴选机关可以根据编制限额、职位需要和队伍结构，科学设置职位和资格条件，增加遴选机关选人用人的自主权，使遴选职位条件设置更加科学、更加贴近遴选机关的用人实际，有利于遴选机关选拔到合适的人员，有效地解决了过去多数机关不愿意参加遴选、选不到合适人选、遴选周期长等难题。

（1）首次将各市纳入自治区统一遴选。从2017年开始，广西公务员录用考试不再允许在职公务员重新报考公务员，为顺应形势要求，根据《关于进一步推进公务员公开遴选工作的通知》精神，公开遴选和选调公务员工作也进行了创新，将各市的遴选和选调工作全部纳入自治区统一遴选和选调，扩大了遴选工作的范围，实现了遴选选调工作省、市两级全覆盖。

（2）首次进行自主命题。自2012年广西统一组织开展公开遴选工作以来，今年首次由自治区党委组织部、自治区人力资源和社会保障厅、自治区公务员局组织命题专家，自主命制笔试题目，题目内容紧扣改革发展主题，更加贴近工作实际，真正让"干得好"的人"考得好"，受到上级领导、遴选单位和考生的广泛赞誉。

（3）首次拿出部分职位专门面向选调生进行遴选。根据工作需要，自治区党委宣传部，南宁、百色、玉林等市首次拿出14个职位，专门面向选调生进行遴选，有利于基层选调生锻炼成长。

（4）首次允许遴选机关作出性别限定。在广西2017年遴选和选调工作方案中明确，遴选和选调机关现有人员或近3年新补充人员性别比例失衡或有特殊原因的，经自治区公务员主管部门批准，可以有限制地做出性别限定。

（5）赋予遴选机关更多自主权。一是在资格条件设置方面，赋予遴选机关更多自主权。在遴选机关设置职位上，鼓励遴选机关不限专业，也可以根据岗位需要设置专业，有利于遴选机关选拔到专业性强的适岗人员。二是在笔试、面试成绩的权重选择上，赋予遴选机关更多自主权。笔试、面试成绩的权重比例由遴选和选调机关自主决定。明确面试、专业测试合格成绩。对面试、专业测试规定了 60 分为合格成绩，面试（专业测试）成绩不合格的，不得列为考察人选。三是面试方式，赋予遴选机关更多自主权。面试方式可单独选择结构化面试、情景模拟、无领导小组讨论或深度面谈等方式，也可以选择多种方式相结合的面试形式。四是考察方式，赋予遴选机关更多自主权。过去采取短期培训或跟班学习等方式进行考察的时间原则上不超过 1 个月，因工作特殊需要经自治区公务员主管部门批准，可延长短期培训或跟班学习时间至 2 个月，有利于遴选和选调机关对考生做出更客观全面准确的评价。考察无合格人选，遴选和选调职位可以空缺。

（6）提高遴选和选调工作效率。合并了部分步骤，使遴选和选调工作更加精简、高效。在工作方案中把面试资格审查和面试资格复审 2 个环节合并为 1 个环节，使程序上更加精简、高效，节约了遴选工作时间。针对历年来都有部分遴选机关因自身工作效率的原因未能按时完成遴选工作的情况，在方案里明确了完成本次遴选的时限，即"原则上相关手续应在笔试结束后 3 个月内完成"。

（7）继续实施再次遴选制度，便于用人机关适时补充人员。为方便设区市以上直属机关适时补充工作人员，在 2018 年公开遴选和选调公务员公告发布前，需要通过公开遴选和选调补充人员的单位，可重新申报遴选和选调计划，经同级公务员主管部门审定后发布遴选和选调公告，在 2017 年公开遴选和选调合格分数线以上人员中，按照报名、资格审查、面试、考察、体检等程序，择优遴选和选调。通过再次遴选，编制、职数有空缺的市以上机关可以及时补充人员，降低工作成本，提高工作效率。

（8）首次探索开展公开选调工作。2017 年南宁、柳州、百色、贺州、玉林 5 市 8 个市直机关和 3 个省直机关共拿出 12 个职位，计划选调 12 人，面向全广西（含中央驻桂）国有企事业单位，试点探索开展公开选调工作，有 156 人报名，有效畅通部分党政机关与国有企事业单位人才交流渠道。

（三）存在的问题

（1）目前政策对乡镇公务员报名的限制条件较多。乡镇公务员是最基层的公务员，工作服务的对象主要是当地群众百姓，是最接地气的干部，由于工作条件艰苦、任务重、工作压力大，乡镇公务员的"上行"的愿望最强烈，每年都是参加遴选考试的主力军。但是，目前政策对乡镇公务员报名限制的条件比较多，如中央办公厅印发《关于加强乡镇干部队伍建设的若干意见》规定的"乡镇党政正职一般应任满一届。乡镇领导班子成员任期内一般不得调动或调整。新录用乡镇公务员在乡镇机关最低服务年限为5年（含试用期）""乡镇领导班子成员干满一届也不得调动或调整""贫困乡镇的领导班子成员，未脱贫的也不得调动或调整"等政策的限制，而且广西遴选政策要求考生年龄为35周岁以下，导致了乡镇公务员中真正符合报名条件的公务员不多。例如，防城港2017年遴选有5个科级领导职位，由于乡镇领导班子不能报考，县里的科级领导一般都是领导干部而不愿报考，这些遴选职位因符合条件的考生太少，达不到开考比例被取消。

制定政策的初衷，是引导广大公务员下基层锻炼，同时既要稳定乡镇基层干部队伍，确保基层政权的安全稳定，又要畅通基层公务员上升渠道，激发乡镇干部工作的积极性。把握不好，乡镇基层公务员的合法权益，会受到影响，导致社会上的考生在考录公务员时不愿报考乡镇基层公务员，导致乡镇"招人难、留人难"问题更加突出，形成恶性循环。

（2）对遴选和选调的技术支持还不够。一是报名系统还有待改进。考虑到相关隐私因素，本次公布给遴选和选调机关的报考信息屏蔽了考生手机号码，部分遴选和选调机关无法联系上只留有座机号的考生，导致部分考生的信息无法核实影响报名审核。由于2017年是第一次使用全国人事考试服务平台，广西人事考试院和各遴选机关操作都不是很熟练，甚至部分考生的报名信息不能及时打印出来，导致了部分遴选和选调机关不能及时审核考生资料，影响了部分考生因审核迟迟不通过，不能及时改报其他职位，错过了参加本次遴选和选调的机会。二是报名系统对再次遴选报名的需求不支持。由于2017年用的是国家的报名系统，国家报名系统不支持再次遴选，导致再次遴选只能采取人工审核纸质材料的方式进行，人工审核纸质材料的方式效率低、容易出错，开发支持再次遴选的报名系统迫在眉睫。

（四）下一步改革思路

（1）争取在国家层面适当放宽乡镇公务员交流的条件，既有利于鼓励乡镇公务员服务基层，同时又畅通乡镇公务员的上升通道，建立基层优秀公务员培养选拔机制，树立良好导向，促进社会考生报考基层机关。

（2）争取加强对广西遴选和选调的技术支持。一是争取报名系统能向遴选和选调机关公开报名者的手机号码，以方便单位与考生及时沟通，提高审核效率，也能保证考生及时改报职位，同时对打印报名表等服务进行改进，方便遴选机关审核。二是争取国家人事考试中心和技术提供公司加强对广西人事考试院的业务培训和技术指导，尽快解决广西使用全国人事考试服务平台出现的问题，特别是尽快解决再次遴选报名的技术问题。

五、"四个一"扎实推进中越跨境劳务合作试点

2017年，自治区人力资源和社会保障厅会同广西出入境检验检疫局、自治区公安厅积极建设广西越南入境务工人员管理信息系统，力求整合各部门资源，实现"一个系统、一个窗口、一套材料、一个证件"的目标。2017年11月初步建成管理信息系统，自治区人社厅分别赴试点地区崇左市和防城港市开展业务培训。

广西越南入境务工人员管理信息系统主要创新和特点可概括为"四个一"：

一个系统：人社、公安、检验检疫部门通过越南入境务工人员管理信息系统，实现对所有用工单位、中介机构和越南入境务工人员的管理。试点地区用工单位和中介机构在该系统注册备案并经人社部门审核同意后，方能聘用越南入境务工人员。聘用越南务入境工人员的申请、注销、变更、查询等业务均在该系统办理。人社、公安、检验检疫部门均可在该系统查询、统计、分析越南入境务工人员的信息数据。

一个窗口：试点地区用工单位和中介机构注册备案和申请等各项业务只需通过管理信息系统这一个窗口即可办理，所有申请材料均可以原件扫描上传系统，无须前往相关部门递交材料。用工单位和中介机构只需带领越南入境务工人员前往检验检疫部门体检并前往公安部门核验申请材料原件，即可领取证件。为提高效率，崇左市和防城港市已建立境外边民"一站式"管理服务中心，人社、公安和检验检疫部门进驻，接受业务办理和咨询。

一套材料：人社、公安、检验检疫所需审查材料整合为一套材料，简化申请流程、方便业务办理，用工单位和中介机构在系统上申请时一次性提交。系统可根据人社、公安、检验检疫部门的不同审核要求，自动筛选申请材料提交各部门审核。

一个证件：系统实现"多证合一"。检验检疫部门、人社部门、公安部门在系统按先后顺序审核用工申请，申请信息经前一个部门审核通过后转到下一个部门审核。系统运行后，检验检疫部门不再签发健康证，人社部门不再签发用工资格证和务工证，以公安部门签发的外国人停留证（最长可停留

180 日）作为越南人入境务工和停留的唯一合法证件。

下一步，自治区人力资源和社会保障厅将根据试点地区系统运行情况，会同广西出入境检验检疫局、自治区公安厅不断优化系统，研究采集指纹等生物信息，完善越南入境务工人员基础信息数据库，增强系统数据统计和分析功能，提高数据利用效率，并加强与有关部门的数据共享，让管理信息系统进一步推动提升中越跨境劳务合作管理水平。

六、推进医疗、医保、医药联动改革完善社会保障体系

印发了《广西建立现代医院管理制度实施方案》，推动建立现代医院管理制度框架，完善医院各类管理制度，建立医院治理体系，加强医院党的建设，落实政府办医责任，逐步实现政事分开、管办分开。

印发了《关于深入推进医疗联合体建设的实施方案》，全面推进医联体建设。截至 2017 年底，全区 14 个设区市均已实现 1 个以上的医疗联合体签约运行，全区 55 个县（市、区）的 97 家县级公立医院和 287 家乡镇卫生院开展了医共体建设，自治区和设区市的 56 家三级医院与 141 家县（市）二级医疗机构组建了 83 个医联体，其中 16 个紧密型"三二医联体"。3 个区市组建了城市医疗集团，各大医院重点专科和特色专科牵头组建了 116 个专科联盟。

印发了《关于规范广西基本医疗保险支付范围管理有关问题的通知》，明确了基本医疗保险药品目录管理和基本医疗保险医疗服务项目支付范围管理规定，着力加强医疗服务监管。

出台了《医疗机构药品采购"两票制"实施方案》，明确从 2017 年 9 月 1 日起，柳州、玉林、百色、防城港市实行"两票制"；从 2018 年 1 月 1 日起，全区全面推开公立医疗机构药品集中采购"两票制"。

第十三章 国土资源

一、改革进展及成效

（一）建立人地挂钩实施机制

根据国土资源部、国家发展改革委、公安部、人力资源社会保障部、住房城乡建设部 5 部委《关于建立城镇建设用地增加规模同吸纳农业转移人口落户数量挂钩机制的实施意见的通知》（国土资发〔2016〕123 号）要求，自治区国土资源厅会同自治区有关部门起草了《广西城镇建设用地增加规模同吸纳农业转移人口落户数量挂钩工作实施细则》。2017 年 5 月 28 日，自治区人民政府同意自治区国土资源厅牵头制定的《广西城镇建设用地增加规模同吸纳农业转移人口落户数量挂钩工作实施细则》，2017 年 6 月 28 日，自治区国土资源厅会同自治区有关部门联合印发实施。2017 年 7 月 7 日在自治区国土资源厅门户网站上对广西城镇建设用地增加规模同吸纳农业转移人口落户数量挂钩工作实施细则政策进行了解读。

（二）出台加强耕地保护和改进占补平衡工作的改革措施

2017 年 5 月 22 日，自治区国土资源厅草拟了加强耕地保护和改进占补平衡工作实施方案，经自治区人民政府审定，以桂政办发〔2017〕68 号文印发实施。

（三）加大补充耕地指标交易政策的实施力度

为解决广西部分地区耕地后备资源不足、补充耕地指标缺乏的问题，以经济手段鼓励有条件的县大力开发补充耕地指标，倒逼用地单位节约集约用地、少占耕地，根据《中共中央　国务院关于加强耕地保护和改进占补平衡的意见》（中发〔2017〕4 号）和《广西壮族自治区土地整治办法》（自治区人民政府令第 116 号）的有关规定，自治区国土资源厅印发了《广西壮族自治区补充耕地指标交易管理暂行办法（修订）》和《广西壮族自治区补充耕地指标交易管理暂行办法实施细则（修订）》（桂国土资规〔2017〕12号），建立自治区、设区市两级补充耕地指标交易平台。

（四）推进非农建设占用耕地剥离耕作层土壤再利用工作，强化耕地数量质量并重保护

广西按照试点先行，典型示范，全面推广的形式在全区推进非农建设占用耕地耕作层土壤剥离利用工作。2017年，自治区国土资源厅联合自治区财政厅、农业厅印发了《关于加快推进非农建设占用耕地耕作层土壤剥离利用工作的通知》（桂国土资发〔2017〕4号），标志着广西全面规范和推进表土剥离利用工作。开展试点项目从单一试点到2017年每个县（市）至少完成一个土壤剥离利用项目，耕作层土壤剥离比例从不低于供地面积所占耕地面积的10%提高到20%，并纳入2017年设区市人民政府绩效考核范围。落实表土剥离奖励政策。

（五）统筹推进集体经营性建设用地入市和土地征收制度改革试点工作

（1）基本情况。2015年6月和2016年10月，北流市先后被列为全国农村集体经营性建设用地入市和土地征收制度改革试点。试点开展以来，自治区国土资源厅积极指导北流市紧扣试点任务，大胆探索实践，积极创新作为，初步建立起"同权同价、流转顺畅、收益共享"的农村集体经营性建设用地入市制度，试点工作进展在全国33个试点地区中名列前茅。截至2017年底，北流市已成功入市54宗地200公顷，成交价款5.04亿元，入市地块宗数、面积等均位于全国33个试点地区前列。

（2）取得成效。一是试点制度进一步完善。指导北流市按照国家改革试点要求，研究起草了农村集体经营性建设用地入市和土地征收的相关系列文件，于2017年5月经自治区农村土地制度改革领导小组审议通过，由北流市人民政府印发实施，包括《北流市2017年统筹协调推进农村土地制度改革试点工作方案》和北流市统筹协调推进农村土地制度改革试点配套文件《北流市农村土地征收管理办法》《北流市农村土地征收项目目录》《北流市农村集体经营性建设用地入市管理办法（2016年12月22日修订稿）》《北流市农村集体经营性建设用地土地增值收益调节金等费用征收使用管理实施细则》等，为稳步推进农村土地制度改革试点工作建立了相对完善的制度保障。

二是积极探索农村集体经营性建设用地入市交易模式和收益调节机制。

探索创新了就地入市、零星分散农地整治后入市、城中村集体建设用地整治后入市、新增集体建设用地入市 4 种入市途径；确立了出让、入股、出租、抵押 4 种入市交易方式；明确了工业、商业、住宅、旅游、公益用地 5 种用途地类；制定工业类（5%）、公益类（10%）、旅游类（20%）、商住类（48%）4 类用地调节资金收取比例。

三是激发了农村土地资源活力，有效破解了用地保障难题。改革试点建立起城乡统一的建设用地市场，农民对集体经营性建设用地的开发利用更加重视，以往粗放的利用方式得到改变，土地利用更加高效。在改革试点中，原本是撂荒地、废旧厂矿、"空心村"、"城中村"等实际未利用或低效利用的集体建设用地，通过入市重新高效利用起来，长期沉睡的农村存量建设用地得到盘活，提高了农村土地使用效益。原本零星分散在边远村庄的集体建设用地，整治复垦后，腾退的建设用地指标集中安排在乡镇城区等市场价值更高的区域，经过规模化利用，建设用地效率得到极大的提高，土地资源配置更加优化，保障了新增建设项目顺利落地。

四是切实增加了集体与农民收入。北流改革试点的实施，激活了沉睡多年的农村土地市场，农村土地价值得到显现，土地增值效益明显。已经入市的 54 宗集体经营性建设用地成交价款 5.04 亿元，极大地提升了农民资产收入。改革试点改变了传统的土地征收模式，让农民在保留所有权的基础上，获得比传统征地补偿更加高额的收益，极大地激发了农民群众的积极性，提升了农民对土地权益保护的意识。

（六）探索自治区农垦、林场、监狱、水产系统土地资产管理体制改革，进一步盘活土地资源，推进与所在地协同发展

（1）基本情况。建立了工作机制，强化统筹协调，对改革遇到的问题，及时召开专题会研究解决，组织开展区内外调研，加强学习交流。自治区国土资源厅起草了《城市周边涉及自治区农垦、林业、监狱、水产畜牧系统国有土地管理综合改革方案》（以下简称《改革方案》），已经自治区深化改革领导小组审定。按照《改革方案》要求，自治区水产畜牧兽医局和来宾市于 2017 年 8 月 8 日共同制定了《关于广西黔江示范牧场和广西武宣种畜场下放管理工作方案》，率先进入改革实施阶段。

（2）取得成效。一是摸清了相关情况。贵港、柳州市城市发展涉及农垦、林业、监狱系统区本级土地面积约 21.78 万亩，已征收使用 5.34 万亩，剩余 16.44 万亩，来宾市城市发展涉及水产畜牧系统土地 13.7 万亩。二是探索了农垦等四大系统国有土地管理综合改革原则和模式。以中央和自治区

有关改革精神为指导，正确处理改革、发展和稳定的关系，按照积极稳妥、充分协商、统筹兼顾、因地制宜、分类施策、保持稳定的原则，改革创新，实现共赢。目前，广西土地管理模式主要有"产城融合整体开发模式、产业园区共建模式、整体包干用地模式、联合出资收储模式、土地分比开发模式"5种类型。

二、试点面临的问题

北流市农村土地制度改革入市融资难。由于农民集体缺乏资金，零星分散集体经营性建设用地整合入市，主要由政府主导推动，但在整合资金投入上需要在社会上融资。北流市曾经探索利用北流市三大国有平台公司实施土地储备，或通过PPP、购买服务、成立合作企业等多种方式融资。但融资成本高，融资困难。

三、下一步改革思路

一是继续深入推进北流市农村集体经营性建设用地入市和土地征收制度改革试点，根据国家农村土地制度改革试点工作统一部署，北流市农村土地制度改革试点延长一年，至2018年底结束。

二是稳步推进城市周边涉及自治区农垦、林业、监狱、水产畜牧系统国有土地管理综合改革。做好跟踪问效，协助自治区有关部门对统一规划、土地收储、补偿安置、收益分配等改革举措开展调研和评估，提炼经验和做法，解决困难和问题，完善相关制度规定和配套文件，确保土地管理综合改革取得实效。

第十四章　住房和城乡建设

一、改革进展及成效

（一）试点先行，城乡规划建设管理制度改革持续推进

探索城市规划建设管理制度改革，印发城市规划编制实施管理评价文件，建立了适合广西城市规划编制实施管理评价的指标体系。柳州市被列为全国 15 个新一版城市总体规划编制的改革试点城市之一，南宁市、北海市被列为国家城市设计试点城市，桂林市、柳州市被列为国家城市双修试点城市。南宁市开展街区制试点。加快推进乡村规划建设管理制度改革，优化乡村建设规划许可证核发流程缩短办证时间，实现农民建房办证周期由原来的近 100 天缩短至 20 个工作日左右。深入开展农民建筑工匠自治管理试点，探索建立农村基础设施建设工匠领建制、乡村规划师挂点制、风貌管控激励机制，乡村风貌管控得到较大提升。

（二）加强体制机制建设，城市管理执法体制改革取得新突破

2017 年 11 月 16 日，自治区出台《关于深入推进城市管理执法体制改革的实施意见》（桂发〔2017〕26 号），推动广西城市管理执法体制改革全面展开。自治区层面设立了城市管理监督局，市、县两级政府开展城市管理领域大部门制改革。64 个市县（区）实现管理执法机构综合设置，22 个市县建立了相应的城市管理协调机制，24 个市县实现住房城乡建设领域行政处罚权的集中行使，91 个市县（区）公布权责清单，推进柳州市执法全过程记录试点。"6 市 1 县 1 区"国家智慧城市试点有序推进，柳州市电子政务云平台建成使用，南宁等 29 个市县（区）整合形成数字化城市管理平台，政务服务质量和城市管理水平进一步提升。62 个市县（区）完成城市管理执法制式服装换装，开展"强基础、转作风、树形象"专项行动，柳州市城市管理行政执法局、北海市城市管理局被住房城乡建设部评为表现突出单位。

（三）加强调查研究，做好制定深化完善广西住房制度改革实施意见前期工作

落实专人负责，及时了解掌握中央、各省（区、市）制定深化完善住房制度改革实施意见的进展情况以及相关政策；组织赴柳州、桂林、钦州、百色、贺州等市开展区内调研，征求区直有关单位和相关人员意见建议；多次召集部分市、县房改办负责人，座谈讨论广西深化住房制度改革相关热点问题。由于中央尚未印发相关正式文件，为确保广西此项改革政策与中央保持基本一致，自治区住房城乡建设厅按照住房城乡建设部住房改革发展司的建议，将待中央出台实施方案后再结合广西实际情况制定实施意见。

（四）积极探索住房保障新机制，城乡低收入群体居住条件持续改善

一是保障性住房建设全面推进。首创公共租赁住房"一账两库"的重点项目监管机制，创新督查机制，邀请 31 名自治区人大代表、政协委员对全区在建项目进行分片包干巡查。大力开展公共租赁住房货币化保障试点和农民工等新市民住房保障专项行动，全面将农民工、外来务工人员等新市民纳入住房保障范围，积极推行公共租赁住房集中申请和分类保障新机制，对环卫工人、公交司机等特殊行业实行定向分配。实施拆旧建新，一大批居民实现"出棚进楼"，城市老旧街区、危旧住宅小区风貌得到了有序更新。2017年，全区危旧房改住房改造新开工 9788 套，基本建成 9844 套。全区棚户区改造新开工 8.17 万套，新增城镇住房租赁补贴 8800 户，棚户区和公共租赁住房基本建成共计 13.33 万套，2013 年底前开工和 2014 年开工的政府投资公共租赁住房分配入住率分别达到 92.89% 和 88.50%，提前超额完成国家下达的新开工 8.05 万套、基本建成 7 万套和分配入住率分别达到 90%、85% 的目标任务，解决了 40 多万城镇居民的阶段性居住困难。二是农村危房改造任务超额完成。国家下达广西农村建档立卡贫困户等 4 类重点贫困户危房改造开工任务 7.14 万户，自治区下达为民办实事任务农村危房改造任务 10 万户。截至 2017 年底，广西农村危房改造共开工 12.6 万户、竣工 11.07 万户，完成投资 66.5 亿元（其中，4 类重点贫困户危房改造共开工 8.56 万户、竣工 7.96 万户），均提前并超额完成国家和自治区下达的农村危房改造开工任务，解决了 40 多万农村贫困群众的安全住房需求，极大地改善了民生。加强农村危房改造资金专项治理和审计问题整改，农村危房改造领域腐败案件发生率较 2016 年下降了 72%，多发态势得到有效遏制。广西农村危房改造成效明显，于 2017 年 4 月获得国务院表扬激励。

（五）坚持以推进供给侧结构性改革为主线，保持房地产市场平稳健康发展

一是全力抓好房地产市场调控。自治区成立房地产市场调控工作协调小组，初步建立多部门间的信息共享和联合查处机制。坚持分类调控，因城因地施策，南宁、柳州、桂林、北海等热点城市分别采用收紧金融信贷政策、加强现房转让管理、价格监管、加强住房和土地供应管理，规范住房装修标准和定价等方式，防范商品住房销售量价过快上涨，保持房地产市场平稳健康。强化房地产市场监管，开展房地产市场风险排查，严肃查处房地产企业和中介机构违法违规行为。强化市场运行分析，建立和完善全区房地产市场交易信息统计分析监控体系，将监控体系由自治区、市两级扩展为自治区、市、县三级。2017年，广西商品房销售面积为5170.99万平方米，同比增长22.7%，增速在全国排第3位；其中，商品住房销售面积为4687.41万平方米，同比增长21.3%。全区商品房平均售价为5834元/平方米，同比增长11.4%。全区商品房库存面积共计4721.57万平方米，同比下降7.6%，消化周期约10.8个月。二是培育和发展住房租赁市场。自治区印发了加快培育和发展住房租赁市场的实施意见。探索住房租赁服务新模式，与中国建设银行广西分行签订住房租赁市场发展战略合作协议，通过深化部门协作，规范制度安排，创新发展方式等合作，加快住房租赁市场培育发展。三是用好住房公积金支持住房消费。规范住房公积金缴存，出台个人自愿缴存住房公积金管理办法，扩大住房公积金制度覆盖面。各地调整住房公积金政策，支持合理住房消费，遏制投资投机性购房贷款需求，实现了住房公积金政策性金融有保有压的目标。2017年，全区住房公积金用于住房消费达431亿元，拉动住房销售面积约900万平方米，约占全区商品住宅销售面积的1/5，住房公积金个贷率为88.28%，同比提高5.57个百分点。

（六）城乡规划引领作用加强，新型城镇化建设质量进一步提高

一是城市规划龙头作用不断凸显。广西沿边城镇带、城市公共服务设施体系、广西绿道体系、自治区风景名胜区核心景区划定等规划获得自治区政府批复实施，为统筹城乡发展空间、落实区域重大设施、推进生态文明建设提供依据。南宁、柳州、来宾、北流、融水、龙胜、合山、陆川、合浦等市县开展城市总体规划修改或编制工作，百色、贺州、河池、崇左、凭祥、藤县、容县、宁明等城市和县城总体规划获得了自治区政府的批复。各市县加强城市规划实施管理，加快推进控制性详细规划全覆盖。探索搭建自治区级规划信息管理平台，规划信息统计分析和总体规划审查功能已基本完成。各

地开展海绵城市、城市地下综合管廊、燃气等专项规划编制。二是城市设计和城市风貌建设初显成效。加强历史文化保护，柳州、桂林、北海三个国家历史文化名城共划定历史城区范围9.89平方千米。全区普查出符合条件的历史文化街区41条，历史建筑464处（含已公布的18条街区和225处建筑）。全区33个风景名胜区保护利用水平不断提升，核心景区范围划定工作取得重大突破。提高城市园林绿化水平，大力推进第十二届中国（南宁）国际园博园建设，第十届和第十一届广西园林园艺博览会在贺州、贵港成功举办。灵山、浦北、南丹、德保4个县荣获"国家园林县城"称号，桂林市、环江县加强自然遗产保护管理。开展风景名胜区规划编制、保护及执法检查，开展城市绿地生态服务价值评估、广西园林园艺博览会后评估、"三绿"指标核查及古树名木资源普查工作。加强城乡风貌建设。自治区印发关于开展生态修复城市修补工作方案的通知，各市相继出台"城市双修"工作方案，全面推进"城市双修"。各市不断加强城市设计，南宁市深入开展13个城市设计项目编制工作。有序推进违法建设专项治理，各市县查处存量违法建设1145万平方米，查处新增违法建设132万平方米，坚持新增违法建设"零容忍"，提前完成查处存量违法建设的年度目标任务。加强建筑施工扬尘专项治理，开展施工扬尘检查1万次以上，提升了城镇居住环境质量。三是县域城镇化发展水平明显提升。深入实施大县城战略，推进自治区新型城镇化示范县建设，分别完成新型城镇化示范县、百镇建设示范项目投资48亿元、21.4亿元；完成乡改镇投资4186万元；组织第三方评估并完成第一批百镇、第一批少数民族乡和特色名镇名村验收工作。加快培育特色小镇，印发培育广西特色小镇实施意见等6个文件，建立广西特色小镇培育厅际联席会议制度，初步建立了广西特色小镇培育体系。完成第一批广西特色小镇的申报和评审工作，广西共有14个镇入选国家特色小镇，总量排在全国第11位。细化支持沿边开放开发政策，逐步启动沿边城镇带建设。

（七）推进建筑产业现代化，建筑业转型发展稳步壮大

一是建筑业持续健康发展。大力支持企业转型和资质升级，通过采取企业资质升级"一对一"服务等措施，扶持全区建筑业企业做大做强，新增建筑业特级企业5家、一级企业11家，监理企业晋升甲级资质6家。加强市场监管，全区10个设区市实现了电子化招标投标常态化，实施电子化招投标的房建市政项目累计达3284个。启动住宅工程质量满意度四年提升专项行动，住宅工程质量满意度达到79%，广西做法在全国会议上做了经验交流。开展建筑施工安全生产"严管重罚、惩防并举"活动，实现建筑市场层

级监督检查市县全覆盖，建筑施工安全生产形势平稳。全区有1个工程获得国家"鲁班奖"、有18个工程获国家优质工程奖、有17个工程获全国建筑工程装饰奖、有20个工程获全国施工安全生产标准化工地。广西国际壮医医院等自治区60周年大庆及重大公益性工程项目顺利推进。二是推进建筑业改革发展。完善建设工程担保制度，推进建设工程保证（保险）试点，鼓励建筑业企业采用建设工程保证保险方式缴纳保证金，减轻企业负担，国务院网站转发了广西的做法。全面推进工程总承包国家试点，试点项目达411个，累计完成投资451亿元。广西成为全国第2个"建筑师负责制"试点省份、第9个全过程工程咨询试点省份；推动工程质量保险、建立工程质量评价体系、建筑施工安全生产监管信息化、大型公共建筑工程后评估、勘查质量管理信息化、城市轨道交通工程双重预防机制6项全国工程质量安全提升行动试点，通过试点先行，促进建筑业改革全面深化。三是推广装配式建筑取得突破性进展。制定出台装配式建筑的技术标准、政策措施和发展规划，举办广西装配式建筑展览会、项目现场示范会，加快装配式建筑发展。玉林市成为第一批国家装配式建筑示范城市，广西建工集团、玉林福泰建设公司成为第一批全国装配式建筑产业基地。全区10个装配式建筑生产基地、7个装配式建筑项目开工建设，预计装配式混凝土结构产能将达到250万立方米，装配式钢结构产能达到168万吨，激发了市场活力。

（八）深化行政审批制度改革，住房城乡建设领域"放管服"改革红利更加彰显

规范行政审批行为，取消3项自治区行政审批事项，优化行政权力运行流程，完成了自治区住房城乡建设厅220项行政权力事项的运行流程材料。放宽建筑业和房地产企业市场准入，简化资质管理。取消和调整住房城乡建设行业行政许可事项，推进行政许可动态管理。推进政务公开，改进政务服务，办件现场办结率、群众满意率均达到100%。广西建筑行业智能审批系统正式上线，实现政务服务24小时"不打烊"目标。"三类人员"所有业务（新申请、延续、变更、注销）实行无纸化申报，系统自动识别申请并审批，审批结果实行电子化，监管部门可在线开展日常管理，行政审批和"事中事后"监管实现联动。推进住房公积金综合服务平台建设，全面接入全国住房公积金异地转移接续平台，实现住房公积金"账随人走、钱随账走"。

（九）住房城乡建设领域投融资改革成效显著

全区住房城乡建设领域PPP项目占全区项目总数一半左右，投资总额占全区总额的1/3以上。以南宁市那考河流域治理PPP项目为代表的试点成为

全国水环境治理、海绵城市建设实施 PPP 模式的成功典范。贵港市成为市政工程领域 PPP 创新国家试点城市。广西与国家开发银行、农业发展银行等多家金融机构签订战略合作协议，为全区保障性安居工程、城镇基础设施和改善农村人居环境等项目建设提供资金保障，专项贷款合同额达 1357.13 亿元。

二、存在的主要问题

一是乡村规划建设有待进一步加强。乡村规划编制水平较低，自然村规划编制比例仅为 26%。农村地区生产生活类基础设施和公共服务设施比较薄弱，特别是污水垃圾处理设施、村屯道路、给排水、照明、环卫等设施及教育、医疗等公共服务欠账较多。农村危房改造资金压力大。

二是城市管理执法体制改革措施需进一步落实。执法人员编制和配备比例难以落实，人员配备及执法车辆保障不到位。与相关行政主管部门的职责界限划分不清，行政处罚权划转后，自治区本级其他领域行政处罚权的相对集中以及市县两级住房城乡建设领域全部行政处罚权的集中行使和其他领域行政处罚权的相对集中较难推进。

三是部分城市商品住房销售价格增长较快。2017 年，全区商品住房销售均价同比增长 11.5%。其中，南宁、北海、柳州等城市商品住房销售量价同比增长较大。热点城市商品住房均价上涨压力大。

四是建筑业转型升级仍需加快。广西与区外建筑业发达地区相比，建筑业企业竞争力仍显不足。部分建筑业生产经营模式仍然较为粗放，风险管控能力不足，对工程总承包、建筑信息化管理和装配式建筑等新型生产方式的掌握和应用仍处于探索阶段，走出区外的步伐缓慢。装配式建筑生产企业和项目的实施尚未形成完善的产业链，处于各自的运作状态。自治区和各试点城市相继出台的优惠政策多为原则性指导意见，具体配套的实施办法和实施细则有待落实。

五是市政公用行业市场化改革力度需进一步加大。市政公用行业机制和法律法规需要完善和健全，项目财政资金保障不足，投资回报率较低，吸引社会资本活力不足，政府对社会资本投资项目把控能力偏低。PPP 项目存在风险与收益不对称、征地困难及土地权属不明等问题。

三、下一步改革思路

一是继续推进乡村规划管理体制改革。推进全区 111 个县域乡村建设规划编制和村庄规划编制工作。深化"四所合一"机构改革，大力提升农村建房办证比例。深入开展规划下乡服务活动。

二是深化城市管理执法体制改革。深入实施广西城市管理执法体制改革实施意见，推进各市县出台地方实施方案，指导各市县实现城市管理领域的机构综合设置和住房城乡建设领域行政处罚权的集中行使，推进《广西城市管理执法条例》立法工作。深入开展"强基础、转作风、树形象"专项行动，进一步完善数字化城市管理平台建设。

三是推进住房供给侧改革。加快建立多主体供应、多渠道保障、租购并举的住房制度，扎实推进新一轮棚户区改造工作，积极推进广西危旧房改住房改造，大力发展住房租赁市场，做好公共租赁住房工作，完善住房公积金制度。

四是积极探索新市民住房保障新路径。多渠道筹集公共租赁住房实物房源。鼓励将符合条件的闲置用地变更为商品房或经营用地，加快建立新市民房租赁补贴制度。

五是推进建筑业改革。出台促进建筑业持续健康发展实施意见，优化发展环境，提高发展质量。推进工程建设组织方式改革，大力推行工程总承包，大力推进装配式建筑和绿色建筑发展。

六是推进行政审批制度改革。强化"互联网+政务服务"和智能化审批。进一步优化行政审批办理流程，承诺件审批时限提速率达50%以上，审批事项按时办结率达到100%，受理相关投诉结案率达到100%。

七是推进市政公用行业市场化改革。贯彻落实城市基础设施建设投融资体制改革五大任务，大力推广运用PPP模式，强化PPP项目规范操作及政府监管责任，防范政府性债务风险。

八是提升县域城镇化发展水平。推进23个新型城镇化示范县建设，继续推进百镇建设示范工程，全面完成101个示范镇建设项目，完成59个特色民族乡改造。全面推动广西特色小镇培育工作。

第十五章　招商引资

一、改革进展情况

（一）强化招商机制建设，完善开放招商政策体系及时兑现奖励

充分发挥自治区投资促进委员会的统筹领导协调作用，制定完善了自治区投资促进委员会议事规则，积极探索有利于招商引资的方式方法，创新完善招商引资的制度机制。深入开展课题调研，《创新招商政策　激活社会投资》课题报告受到自治区主要领导批示。及时出台了《广西招商引资激励暂行办法实施细则》《广西构建全球化招商引资网络实施方案》《广西战略性新兴产业和先进制造业招商引资工作实施方案》《广西招商引资项目联合策划包装及评审工作办法（试行）》等一系列文件，打出一系列政策"组合拳"。创新推动驻桂异地商会党建工作，发挥商协会在推动经济发展中的桥梁和纽带作用，积极组织商协会参加投资促进活动。加强政策激励，兑现招商引资考核奖励经费2100万元，建设用地指标2400亩；奖励招商引资重大项目4个，兑现奖励经费762.76万元。2017年企业对广西整体投资环境满意度为81.38，比上年提高了0.15，近1/3的调查企业认为广西投资环境明显改善。

（二）坚持高位推动，形成整体联动合力

自治区党委、政府把投资促进工作作为全面推进"三大攻坚战"，持续营造"三大生态"、加快实现"两个建成"最直接的抓手，自治区各部门和各设区市坚持"招商引资是所有部门的共同责任"和上下"一盘棋"的新理念，相互协同，主动作为。自治区主要领导亲自参加重大活动、亲自会见重要客商、亲自洽谈重大项目、亲自协调重大问题。自治区党委书记先后3次作出重要批示，并会见了信义玻璃、正威集团、中电建等世界500强的主要客商。自治区主席对投资促进工作也在很多场合给予肯定，多次会见重要

158

客商，亲自组织协调推动重大项目落地，成效显著。时任自治区投资促进委员会执行主任、自治区副主席多次带队谈项目、引资金。其他自治区省级领导和自治区投资促进委员会成员单位领导结合分管工作，积极谋划开展招商引资，取得明显成效。各设区市主要领导亲自带队招商，分管领导牵头推进，完善机制，充实力量，督促落实，为招商引资工作营造了良好的环境。

（三）坚持招强引优，集聚转型升级动能

坚持以供给侧结构性改革为主线，围绕稳增长、调结构、促投资，招大引优，招大引强。推动糖、铝"二次创业"，改造提升传统优势产业，引进金冠、中粮、中铝、宜家等一批知名企业。加快发展先进制造业，引进中车公司、中国电子、富士电梯、中船重工、信义玻璃等一批优质项目。加快实施战略性新兴产业倍增计划，引进华为、中兴、浪潮、哈工大机器人、正威、华奥、惠科等高新技术领军企业，战略性新兴产业到位资金同比增长54%。新业态和新商业模式蓬勃发展，外来投资三次产业到位资金比重为5.9%、39.8%、54.3%。

（四）坚持开放带动，开展务实精准招商

落实"三大定位"新使命，加快构建"四维支撑、四沿联动"开放发展的新局面。务实开展项目策划包装工作，强化产业主导，分产业分类别收集项目1000多个，在广西投资促进网发布项目400多个，确保了招商活动有项目。组织"双百行动"精准招商，区市派出27个招商小分队，开展宣传推介活动163场次，走访企业1781家，洽谈对接合作项目1593个，促进葛洲坝集团、中国中铁股份、平安保险集团、太平洋建设集团、渤海银行、中国电力建设集团等世界和中国500强企业与自治区政府签署战略合作框架协议。组织推进现代特色农业投资合作洽谈系列活动，借助中国—东盟博览会打造招商品牌，开展"汇商聚智 携手圆梦——共建'21世纪海上丝绸之路'"活动、首届"名企八桂话东盟"、第二届中国—东盟商会领袖高峰论坛、项目集中签约等主题鲜明的活动。利用丝博会、厦洽会、广博会、中俄博览会、东北亚博览会等9个展会平台，拜访企业352家，达成合作协议72个。组织开展桂港合作论坛、广东知名企业家广西行、央企入桂、民企入桂和跨国公司暨世界500强八桂行活动，坚持产业招商、以商招商，到广西对接洽谈项目的客商同比增加15%以上。

（五）坚持协调服务，着力优化营商环境

按照"热情招商、冷静洽谈、审慎签约、全力落实"的要求，以问题为

导向，聚力重点项目，聚焦项目问题，实行清单管理，派出督查督办和跟踪服务组，狠抓督导落实，解决项目落地"最后一公里""最后一步路"问题。精心组织"加快推进项目实施百日行动"。

二、存在的问题和困难

一是围绕产业链招商有待加强。全区产业发展依然不平衡不充分，产业结构不合理、产业链不长、产品附加值不高、产业支撑要素不足等矛盾需要通过招商引资来优化调整。比如，糖、铝"二次创业"产业链招商潜力巨大，有待进一步延伸。

二是拓展投资来源地有待加强。全年引入广东投资约占全区总量的40%以上，近两年也持续保持同样比例，引进中国香港投资约占利用外资的63%。招商引资过分倚重广东和香港。

三是优化营商环境有待加强。虽然广西营商环境逐年趋好，但横向比较，在全国排名仍然比较靠后，据人民大学国发院发布的国内首个政商关系评价报告显示，2017年广西政商关系指数在全国31个省份（港澳台除外）中排在第20名，整体排名比较靠后。其中，政商关系清白指数排全国第9名，远高于广西主要经济指标在全国的排名，但政商关系亲近指数排名全国倒数第3名，表明广西在优化营商环境、构建新型政商关系方面要着重解决"清而不亲"的问题。

三、下一步工作思路

一是高质量做好招商引资顶层设计。

二是高质量搭建投资促进平台。

三是高质量开展产业链精准招商。

四是高质量拓展投资服务。

第十六章　旅　游

2017 年，全区接待国内外游客 5.23 亿人次，同比增长 27.9%，实现旅游总消费 5580.36 亿元，同比增长 33.1%。旅游业综合贡献测算研究结果显示，2017 年，全区旅游业综合增加值为 3029.9 亿元，占 GDP 的比重为 14.9%，约比全国平均水平高 3.9 个百分点。旅游业已经成为富民兴桂的战略性支柱产业。

一、改革进展及成效

(一) 深耕"试验田"，为全国旅游业发展提供经验

(1) 桂林国际旅游胜地建设阶段性指标基本完成。一是旅游用地改革产生实效。自 2013 年 6 月国土资源部正式批复《桂林旅游产业用地改革试点总体方案》，桂林成为国土资源部批复同意的全国第一个旅游产业用地改革试点城市，制定并实施《桂林旅游产业用地改革试点若干政策（试行）》（31 条）及一系列配套政策，为旅游产业用地改革订立规则。试点工作开展以来，全市已有一批旅游产业用地项目运用 31 条并在规划管控、差别化用地、保障农民权益等方面取得了显著效果。万达文旅城、龙胜龙脊生态旅游城镇基础设施项目等一批关系桂林市旅游产业转型升级的重大项目，通过 31 条实施解决了土地利用总体规划调整问题。阳朔、灵川等县涌现出一批农民集体土地参与旅游开发的实例，切实为农民增收打下基础。4 年多来共引进旅游产业用地项目 160 个，已营业项目 10 个，创造产值约 1.36 亿元，实现税收 3351 万元，新增就业人数 2000 余人。

二是导游体制改革全面领先。自 2016 年入选全国线上线下导游自由执业试点城市，桂林积极开展试点工作。2017 年 5 月 11 日，《桂林市深化导游体制改革加强导游队伍建设实施方案》正式出台，进一步完善导游准入和退

出机制，规范导游工资薪酬，建立健全导游执业保障体系，健全导游监管体制，规范导游自由执业行为。同时，推动全国著名旅游电商和桂林市相关企业加快导游自由执业网络预约平台建设，根据导游自由执业管理办法和服务标准，深入组织开展导游自由执业试点工作，扩展导游执业渠道。通过导游体制改革，破除现行导游管理体制机制障碍，推动导游管理向法治化、市场化转变。

三是旅游管理体制深入发展。旅游秩序综合整治深入实施，建立旅游综合监管、联合执法常态化机制。桂林市及阳朔、兴安、龙胜 3 县旅游巡回法庭相继成立。2017 年 3 月 3 日，漓江分局增挂桂林市公安局旅游警察支队牌子，成为广西地级市内首支"旅游警察队伍"。桂林市由"旅游主管部门""旅游工商分局""旅游巡回法庭""旅游警察"以及涉旅部门共同构成的"1+3+N"旅游管理体制正式形成。

四是漓江管理体制改革成效显著。以漓江为抓手，积极构建山水生态保护新格局。着力完善漓江风景名胜区生态保护长效管理机制，四级网格化监管体系不断健全。集中开展"四乱一脏"专项整治行动，漓江流域 21 家关停采石场全部实现生态复绿，漓江市区段洲岛鱼餐馆及违法搭建全部拆除。漓江城市段污水集中治理基本完成，城市污水集中处理率超 99%。

通过改革创新，全市旅游质量效益持续提升，旅游接待总人数、旅游总消费、人均消费屡创历史新高。据统计，2017 年全市接待游客 8232.79 万人次，同比增长 52.86%，其中国内游客 7983.89 万人次，同比增长 54.95%；入境过夜游客 248.9 万人次，同比增长 6.68%。实现旅游总消费 971.76 亿元，同比增长 52.48%，其中国内旅游消费 882.89 亿元，同比增长 57.99%；国际旅游（外汇）消费 13.16 亿美元，同比增长 11.3%，在全国继续保持领先地位。

（2）巴马国家级旅游业改革创新先行区扎实推进。自 2017 年 7 月成功列入第二批国家级旅游业改革创新先行区，巴马加快旅游业改革创新步伐。

一是加快旅游管理体制改革步伐。加强部门间的协作，汇聚旅游业改革发展的合力，建立巴马瑶族自治县旅游业发展领导小组，定期研究部署相关工作。强化旅游部门的职责，将自治县旅游局改为自治县旅游发展委员会，纳入政府组成部门。建立健全了"政府统一领导、部门依法监管、企业主体负责"的旅游综合管理工作机制。挂牌成立旅游巡回法庭、旅游警察大队和旅游市场工商质监所，常态化整治旅游市场秩序。

二是大力推进投融资体制改革。积极组建巴马国际旅游区投资发展（集团）有限公司以及城投、旅投等 6 家子公司，为巴马旅游业的发展注入资本活力。通过政府明股实债等方式参与企业在巴马设立公司或者进行股份化改造，帮助企业争取政策性银行贷款，解决企业发展面临的融资难、融资困境。用好用足国家西部大开发、脱贫攻坚等系列优惠政策和国家证监会的 IPO 绿色通道，制定出台《支持外地企业变更企业注册地入驻巴马优惠政策》，创设更加优越的发展环境。

三是加快完善旅游基础设施建设。2017 年自治区人民政府制定了《巴马长寿养生国际旅游区基础设施三年行动计划方案（2017～2019）》，从 2017 年起至 2019 年，广西将投资 37.04 亿元，加快巴马长寿养生国际旅游区的交通、旅游、生态环保等基础设施项目建设。同时，县财政建立了旅游发展专项资金，每年安排至少 1000 万元旅游发展基金，加快旅游基础设施建设。

四是以旅游规划引领"多规合一"。委托中国建筑设计研究院城镇规划院编制全域旅游规划，已于 2017 年 8 月召开全域旅游规划编制征求意见会。同时，委托中国建筑设计院有限公司编制巴马县"多规合一"规划，待规划完成编制后，及时着手整合全域要素，统筹全域开发，按照"资源整合、产品优化、功能提升"的思路，集中力量，加大投入，加快旅游项目建设进度，使规划的重点项目尽快成为具有影响力的旅游产品。

五是创新旅游扶贫机制。第一，组织动员群众以景区景观资源为股份，与旅游公司签订旅游开发协议，共同发展旅游。旅游公司每年按门票收入税后的 8%或 3%返还给景区所在的乡镇人民政府，由乡镇人民政府给群众进行分红。同时为让群众直接从旅游收益，巴马所有景区内二次消费均让利给当地群众。企业与群众在旅游消费收益比例达 1∶5。第二，安排专项资金扶持贫困村旅游脱贫项目建设及开展小额信贷，推进"旅游+产业"扶贫模式，多渠道支持旅游扶贫开发工作。

（3）中越德天—板约瀑布跨境旅游合作区加快推进。2015 年 11 月，中越两国政府签署协定，中越德天—板约瀑布跨境旅游合作区成为我国首个跨境旅游合作区。为了深入推进跨境旅游合作区的建设，2017 年 5 月，自治区主席陈武和越南高平省人委会主席黄春映在南宁市共同主持中越省级协调委员会首次会晤，双方成功签署了合作保护和开发德天—板约瀑布旅游资源省级联合协调委员会协议，确定了日常会晤机制。8 月在崇左举办了"中越合作保护和开发德天—板约瀑布旅游资源省级联合协调委员会交流培训班"，加强了政策沟通。10 月，外交部组织国家有关部委与越方国家代表团联合召开中越德天—板约瀑布跨境旅游合作区建设专题磋商会，双方就合作区物理围网、游客进出合作区查验达成共识。与此同时，2017 年广西共投入 3145 万元用于中越德天—板约瀑布跨境旅游合作区建设，德天跨国瀑布景区创国家 5A 级景区已通过初评，进一步打响了"全球最美的瀑布景点"品牌。

（二）聚焦"双创双促"，擦亮广西旅游发展名片

（1）推动"创特"工作深入发展。一是自治区对全区所有县（市、区）实行旅游发展差异化考核，这一考评机制改革，为探索全域旅游"广西模式"提供了强大的激励导向，全区形成特色旅游发展燎原之势。二是资金投入力度加大，2017 年，33 个广西特色旅游名县（创建县）累计投入旅游发展专项资金 23.88 亿元，实现旅游业社会总投资 880.22 亿元，同比均大幅增长。三是广大干部群众投身"创特"，任劳任怨，苦干实干，事迹可歌可泣，业绩可圈可点。截至 2017 年底，广西总计成功创建 20 个特色旅游名县，全面完成 2013 年全区旅游发展大会确定的创建目标。

（2）加强全域旅游发展顶层设计。一是出台《关于加快县域特色旅游发展的实施意见》《广西全域旅游发展规划纲要（2017~2020）》等政策，以政策标杆及规划标准引导全区全域旅游发展。二是依托特色旅游名县创建基础，制定具有广西特色的全域旅游考核体系，并完成北海、上林、融水等市县全域创建初审工作。三是发挥市县两级主力军作用。南宁市统筹成立全域旅游创建工作领导小组；北海市以涠洲岛、合浦"创特"为契机，贺州市以姑婆山、黄姚古镇创 AAAAA 级旅游景区为抓手，推进全域旅游示范区创建；凭祥市通过跨境旅游合作区建设，兴安县通过实施改厨改厕改圈工程，为全域旅游打下坚实基础。

全域旅游发展"广西模式"取得了显著成效，得到国家旅游局领导的批示："广西旅委抓'双创双促'推进全域旅游，取得了好的效果，创造了经验。"

（三）狠抓各项改革，构建现代旅游治理体系

（1）全面推广旅游综合治理模式。由桂林在全国率先开创的"1+3+N"旅游综合执法模式，2017 年在全区得到了深入推广和发扬光大。目前，全区 16 个县级国家全域旅游示范区创建单位中有 9 个成立旅游发展委（局），7 个成立旅游巡回法庭，2 个成立旅游警察派出所（大队），2 个成立工商旅游分局（所），1 个成立食药监旅游分局。

不少地方还打破常规，如阳朔骥马村抓共建共享运作的"党员综合服务

中心"，通过乡村党政综合中心、旅游咨询，旅游调解等功能，让党的执政基础进一步延展和深入基层，是乡村全域旅游在体制机制上的有益探索和实践；上林县、昭平县任命旅游发展委员会主任为县政府党组成员，宜州区旅游发展委员会主任兼任区委、区政府办公室副主任等。

（2）扎实推进国有旅游企业改革。一是扎实推进项目建设，固定资产投资稳步增长。广西旅游发展集团采取"一个项目一个推进方案"的措施，重大项目建设稳步推进。南宁五象新区自治区重大公益性项目片区商务街住宅楼购销两旺，巴马赐福湖君澜度假酒店项目总体工程量已基本完成，三江"百千万"工程、程阳八寨 AAAAA 级景区提升工程全面启动，三江旅游度假酒店年内竣工开业，北海冠岭旅游综合体项目及商业配套项目开工建设。二是做大做强融资平台，助推民生改善工程。自治区人民政府已同意引导基金首期出资 2.895 亿元。基金首期计划募集资金 30 亿元，今年到位第一笔资金 10 亿元。三是加大对外合作，资源整合加速。将以广西国旅、南宁中青旅、广西海外旅等旅行社为基础组建旅行社集团；成功引进全球最大的家居用品零售企业瑞典宜家集团，在五象核心区建设宜家批发销售中心；与万豪国际集团签订酒店管理协议，委托其管理五象新区商务街"喜来登""源宿"两家酒店，以及北海冠岭山庄主楼、北海冠岭二期等酒店项目。

（3）推进"旅游+金融"百亿元项目包工程。积极搭建由政府主导、市场化运作的全域旅游融资平台。协调全区相关金融机构，创新发展符合旅游业特点的信贷产品和模式，在 2016 年与农业银行广西分行签订战略合作协议的基础上，推动与工商银行广西分行、建设银行广西分行、农发行广西分行、兴业银行南宁分行、国家开发银行广西分行等金融机构签署促进旅游产业发展战略合作协议，推出系列 100 亿元旅游投资项目包工程，重点支持边境国家风景道、健康养生、特色旅游村镇、文化旅游等重点旅游项目开发和重大旅游基础设施建设。

（4）创新机制加快重大旅游项目建设。一是发挥财政资金的"四两拨千斤"作用。通过大幅增加旅游发展专项资金、设立旅游发展担保基金、加大贴息支持力度等方式，强化旅游业的投融资政策保障。2013 年以来，自治区财政累计安排资金 22 亿多元用于旅游基础设施建设和公共服务体系建设，有效撬动了社会资本对旅游业投资的积极性。二是积极对接央企和上市企业来桂投资开发旅游项目。自治区人民政府分别与新奥集团、中国旅游集团签订战略合作协议。其中，新奥集团将在广西投资 220 亿元，开发建设红水河及巴马长寿养生国际旅游区旅游、北海旅游项目等；与泛海集团达成了在广西投资健康旅游项目的意向，投资规模超过 100 亿元；北京东方园林集团计划投资 120 亿元，整体开发中越边关风情旅游带国家风景道。

（5）深入开展旅游联合体探索。2017 年以来，广西旅游部门深入贯彻落实党中央关于乡村振兴、区域协调发展等战略部署，积极发挥政府引导、市场主体的作用，进一步拉长产业链，丰富产品供给，整合旅游要素资源，探索旅游联合发展模式，形成了以明仕田园为代表的"景区（企业、协会）+村屯（农户）"、以阳朔、荔浦、蒙山为代表的县域旅游联合体等多种旅游联合体模式，取得了积极成效。

（6）有序推进市级旅游资源整合。桂林市强力推进市级旅游资源整合工作。一是推动桂林旅游发展总公司、桂林旅游股份有限公司全面深化改革。市级旅游资源整合的主要任务是将园林局管辖的訾洲公园旅游经营权和经营性资产授予桂林旅游发展总公司，由桂林旅游发展总公司利用芦笛、七星、象山、滨江四景区六公园旅游经营权和经营性资产，整合成立新的景区旅游经营管理公司，整合资源，统一经营管理。将桂林旅游发展总公司改造为桂林市市属旅游投融资公司，按照现代企业制度要求，合理配置旅游发展总公司、旅游股份有限公司领导班子，使两公司形成高度统一的发展战略、经营理念、经营机制。目前，两大公司领导班子选配工作基本完成，相关资源整合正有序推进。二是推动榕湖饭店与桃江宾馆、桃江宾馆二期、政府部分资产进行整合，组建桂林市榕湖饭店集团有限公司，打响榕湖饭店品牌。三是组建桂林市文化体育产业投资发展集团，促进桂林文化、旅游、体育融合发展。

崇左市积极探索旅游景区两权分置。2017 年 11 月，市政府与中国旅游集团签订《崇左市大新德天跨国瀑布景区暨德天小镇旅游项目合作协议》，成功引入港中旅集团共同开发运营德天跨国瀑布景区。目前，政府正在与港中旅集团积极对接，探索德天跨国瀑布景区管理和运营方式。同时，市政府与中国旅游集团签订《崇左市花山岩画旅游项目合作协议》，成功引入港中旅集团，与宁明旅投公司等组建新的运营公司，共同开发运营花山岩画景区旅游项目。

贺州市成立政府对旅游区派出机构。2017 年 6 月，贺州市在借鉴黄姚古镇旅游文化产业区的经验基础上，成立了姑婆山森林生态养生旅游产业区管委会，作为贺州市平桂区人民政府的派出机构，全额拨款实业编制 10 名，由平桂区人民政府管理，主要针对广西姑婆山森林生态养生旅游产业区的生态养生、资源保护、规划建设、开发管理等工作。内设办公室、规划局、建设局、发展局、林业局 5 个部门。目前，姑婆山森林生态养生旅游产业区推进的姑婆山温泉足球小镇项目一期工程已完成 6 个足球场建设，其他足球场和配套设施正在加快推进，为姑婆山景区创 5A 打下坚实基础。

二、存在的主要问题

与新时代人民群众的旅游美好生活需要相比，全区旅游业还存在以下问题：

一是旅游发展布局不够优化。新时代旅游行业矛盾发生变化，广西营造"三大生态"，实现"两个建成"的部署正在实施，各地高铁、航空、高速公路等交通网络迅速发展，新形势对广西旅游业发展布局提出了新要求。

二是旅游基础配套不完善。旅游厕所、旅游集散中心、自驾车营地等公共服务设施存在用地困难、投入不足等问题。通往主要景区景点的道路仍面临可入性差和"最后一公里"等问题。旅游目的地智慧营销系统和便民服务系统等需进一步提升。

三是旅游市场主体较弱。广西旅游企业散弱小现象普遍存在，旅游企业国际化程度不高，大型旅游集团少、上市旅游企业少、旅游融资平台少，自创、自主品牌较少。

四是旅游产业融合有待提升。旅游与农林水文卫体等产业联合开发程度不够，融合存在简单化、表面化现象，旅游供给不能满足多样化需求。

三、下一步改革思路

一是成立强有力的领导机构，统筹推进旅游产业发展。向江西、海南、贵州等省学习，把旅游业作为全区现代服务业中率先崛起的产业来打造，成立自治区旅游产业发展领导小组，由主要领导担任组长。明确各级党委、政府是旅游强区建设的责任主体，党政"一把手"是第一责任人，区直涉旅部门是重要责任单位，形成全区上下联动、部门齐抓共管、区域协调并进的旅游发展新格局。

二是每年举办全区旅游产业发展大会，形成快速发展的倒逼机制。借鉴江西省和贵州省的经验，每年举办一届全域旅游发展大会，确定一个主题，配套一个政策，扶持一个地方，打造一个重点，一地举办，带动全区。把旅游发展大会变成倒逼机制，促进各地旅游发展，形成你追我赶的发展局面。

三是充分调动各部门发展旅游的积极性，推动旅游产业融合再上新台阶。进一步出台促进"旅游+"融合发展的政策，消弭行业界限和壁垒，统筹协调旅游业与工业、农业、林业、文化、卫生、体育、教育和交通等相关产业的融合发展，打造更多具有标杆意义的"旅融体"，提升全区产业发展整体水平和综合价值。

四是深化体制改革，加大旅游公共服务领域"补短板"工作力度。整合广西旅游专项资金支持广西旅游发展集团撬动金融资本，通过行业性打捆，统一规划、统一设计、统一评审、统一招标、统一实施，提升广西旅游公共服务设施建设。同时充分发挥以工程包带项目、以投资平台推项目的规模效应和政策效应，降低项目推进实施的制度性成本，扶持广西旅游发展集团发展壮大。

五是实施"四大革命"，推动旅游基础设施和公共服务提档升级。继续推进"厕所革命"，推动旅游公共服务水平迈上新台阶，努力补齐影响群众生活品质"短板"；全面开启"最后一公里"革命，推动旅游交通网络基础设施不断完善，努力解决景区的通达性难题；深入推动"智慧旅游革命"，以"广西旅游直通车"为抓手，让游客共享高科技旅游成果；大力实施"服务区革命"，将高速公路服务区打造为具有旅游功能的休闲区、购物区，努力提升自驾车旅游的品质。

第十七章 农业农村

一、改革进展及成效

（一）农村土地承包经营权确权登记颁证深入推进，可颁证率达96.3%

自治区党委、政府把2017年列为确权攻坚年，自治区人民政府办公厅出台了《2017年农村土地承包经营权确权登记颁证工作攻坚年行动方案》（桂政办电〔2017〕71号），自治区通过加快制定完善配套政策制度、强化组织推进、加强部门协作、重视宣传培训和加强督查考评指导等方面，全面统筹推进。2017年全区涉农县、乡全面开展确权工作，至年底全区完成地块测量4594万亩、承包方调查885万户，分别占全区集体耕地面积、农户总数的95.2%和100%，确权登记850万户，可颁证率已达96.3%。自治区和大部分市县的农村土地确权管理信息系统基本建成，自治区系统平台调入成果数据进行运行测试，待初步验收后可接收县（市、区）汇交成果数据。

（二）制定全区农村产权流转交易政策，全区农村土地流转突破900万亩

自治区先后制定出台了《引导和规范农村土地经营权有序流转的意见》《广西农村产权流转交易市场建设方案》等系列政策措施，引导和鼓励农村土地经营权向新型农业经营主体流转，稳步开展农村产权流转交易市场建设试点。2017年底全区农户承包地经营权流转面积达930万亩，占全区承包地总面积的27.8%，比2016年底（880万亩）增长了5.7%。

作为国家农村产权流转交易市场改革试点，玉林市创新推进了农村集体土地所有权、土地承包经营权、集体建设用地使用权、集体建设用地上房屋所有权、林权、小型水利工程产权农村"六权"的确权登记颁证和产权交易。2017年底，玉林市的农村集体土地所有权、林权已基本完成确权，其他

4 权确权按计划有序推进。玉林市探索出的水域养殖权抵押贷款、信贷+农业担保、信贷+贷款保证保险在全广西属于"零突破"。截至 2017 年底，玉林市共成功办理农权抵押贷款 254 笔，余额 14.8 亿元，比年初增长 22.11%。

（三）农村集体资产股份权能改革试点成效明显，梧州市长洲区改革试点基本完成

自治区出台了《中共广西壮族自治区委员会、广西壮族自治区人民政府关于稳步推进农村集体产权制度改革的实施意见》，为全区有序开展农村集体产权制度改革指明了方向和路径。同时，进一步细化操作，出台了《稳步推进农村集体产权制度改革实施方案》和《开展农村集体资产清产核资实施方案》，逐步引导全区由点及面推进集体经营性资产股份合作制改革。其中，承担国家首批改革试点任务的梧州市长洲区，认真贯彻落实中央、自治区的改革部署和要求，经过两年多的探索，改革试点工作基本完成，取得了一批可复制、可推广的改革基本经验。截至 2017 年底，长洲区参与改革的 26 个村（社区）全部完成成员身份界定，共量化集体总资产 21.98 亿元（扣除应付款后），配置股份（股权）135104.2 股，按户颁发集体资产股权证书32980 本，股权颁证已全面完成。探索发展形成 5 种主要合作制类型，分类指导成立股份合作社，共建立完善了 219 个村组集体股份合作组织，其中村级合作社 17 个（包含 16 个土地股份合作社，1 个集体资产股份经济合作社），村民小组合作社 202 个。26 个改革试点村（社区）均已建立资产台账和集体资产信息化监管平台。2016 年长洲区农民人均纯收入 1.25 万元，高于广西平均水平 2000 元，股份分红成为村民增收的重要来源，改革成效显著。在梧州市长洲区试点经验的基础上，广西又成功推进河池市金城江区和来宾市合山市成为全国第二批农村集体产权制度改革试点县区。

（四）积极扶持和培育新型农业经营主体，新型经营主体辐射带动效应进一步增强

通过政策引导、财政支持、示范推进等措施，加大力度扶持第一、第二、第三产业融合、适度规模多样经营、社会化服务支撑，以农民专业合作社、家庭农场为代表的新型农业经营主体蓬勃发展，呈现出发展模式多元化，行业分布扩大化，经营类型多样化，与"互联网+"紧密结合，带动小农生产和现代农业发展有机衔接。2017 年底，全区农民合作社、家庭农场达44054 家、7413 家，增幅分别为 17.75% 和 11.84%；农民合作社示范社创建速度加快，全区国家级示范社数量达 159 家，自治区级示范社达 991 家，市级示范社达 1122 家。持续推进新型职业农民培育，新型职业农民竞争力不断

提高。2017年在全区82个县（市、区）实施新型职业农民培育工程，落实项目资金5549万元，开展新型职业农民示范培育和现代青年农场主培养，全区累计培育新型职业农民42983人，认定28706人，培养现代青年农场主1000多人。

二、存在的问题

（一）农村土地承包经营权确权登记颁证工作方面

一是一些地方在指界、公示审核等重要关键环节工作和审核纠错不够到位，质量上仍存在一些问题；二是信息系统平台和数据库虽已建成，但一些地方数据录入不够及时，向农业部进行数据汇交进度不够快；三是确权成果县级自查（市级核查）验收、数据成果整合拼接质检汇交、新版经营权证印制等后续关键工作需要统筹推进。

（二）农村土地承包经营权流转工作方面

在广西近1000万亩的农村土地经营权流转过程中，存在不少问题，如：规范的流转合同签订率低，甚至没有签订合同只有口头约定；承租方因为经营不善拖欠租金；契约意识不强，出租农户反悔终止出租约定；基层土地承包经营纠纷调解仲裁体系不够完善，矛盾纠纷化解能力不强；乡镇农经管理职能缺失，不能满足当前土地经营权流转需要等。

（三）新型农业经营主体培育工作方面

一是新型农业经营主体创新不足，开展土地股份合作等创新形式较少，主体功能拓展领域小。二是农民合作社、家庭农场等新型农业经营主体的带头人管理能力和市场运转能力较为欠缺，内生动力不足，可持续发展能力较弱。三是乡镇农经机构缺失、管理弱化，对新型农业经营主体服务、扶持方面力度不够。

三、下一步改革思路

一是多举措扎实有效推进农村土地确权工作。

二是继续引导农村土地经营权有序规范流转。

三是加快新型农业经营主体规范发展。

四是扎实开展农村产权流转交易市场建设。

五是加快农村集体产权制度改革推进力度。

第十八章 林 业

一、改革进展及成效

（一）积极开展集体林地林权证发放查缺补漏纠错工作

2017 年 8 月 3 日，以自治区人民政府的名义下发了《关于开展集体林地林权证发放查缺补漏纠错工作的通知》（桂政发〔2017〕105 号），落实县（市、区）人民政府在林权证发放工作中的主体责任，并将此项工作纳入自治区政府 2017 年绩效考核范围，督促指导各地制定了未来 3~5 年细化到年度和乡镇的集体林地林权证发放查缺补漏纠错工作方案，争取用 5 年左右的时间将林权证发证率提高到 85% 以上。同时，起草了《广西壮族自治区办公厅关于完善集体林权制度的实施意见》。为积极规范集体林权流转行为，起草修订了《广西集体林权流转管理暂行办法》。

（二）探索集体林权"三权分置"办法

开展集体林权"三权分置"调研，在全区选取 11 个县（区）开展"三权分置"试点。继续指导贺州市八步区、百色市右江区、桂林市兴安县三个县区开展"两权"抵押贷款试点工作，力争在简化林地抵押贷款资产评估程序、延长贷款期限、建立林地收储机制等方面取得进展。另外，通过联合人民银行南宁中心支行和各金融机构继续开展"政银企"对接工作，新增列入"政银企"对接名录库的林下经济经营主体数量达 118 多家。

（三）积极完善自然保护区管理体制和生态补偿机制建设

通过各种渠道收集汇总了周边省份关于自然保护区管理体制和生态补偿机制的政策文件，并借鉴其他省份先进经验推进广西制定改革方案。另外，结合广西实际情况，起草了《广西林业自然保护区管理机构改革方案》，并于 4 月 10 日经自治区林业厅第 8 次厅党组会议审议通过。同时，保护区的森林资源已全部区划为重点公益林，全面实行森林生态效益补偿制度，从2017年起将已完成确界的自然保护区权属集体和个人的公益林补偿标准由15元/亩提高到20元/亩。各地在安排补助资金时，将财政资金直接补助给重点公益林管护人员，提高了广大林农的生态保护意识，调动了林农参与公益林管护的积极性，保护区森林资源管护不断增强。

（四）稳步推进国有林场改革

2017年全区共有139家国有林场列入改革范畴，涵盖14个设区市、65个县（市、区）及12家自治区直属国有林场。一年来，各地、各部门按照自治区的统一部署，落实改革主体责任，强化各部门合力，扎实推进改革各项工作，取得初步成效。一是林场进一步优化整合。2017年，全区共有139家国有林场列入改革对象，桂林市兴安县、灌阳县，防城港市上思县等8个市的15个县分别对林场进行了优化整合，改革后国有林场整合为116家，减少了16.5%。二是公益性显著增强。116家林场确定为公益一类42家、公益二类70家、企业性质林场4家，公益类林场比例达到96.6%。三是科学核定事业编制。既考虑了国有林场在职在编人员保持稳定的实际需要，又考虑了根据林场规模和培育保护任务科学核定编制要求，部分地方保持原有编制稳定，部分地方适当核减了编制，在职在编人员整体稳定。四是社保政策全面落实。各地认真落实桂发〔2016〕12号文件要求，全面解决国有林场职工社会保障问题。国有林场按改革后确定的单位性质依法参加基本养老保险和基本医疗、失业、工伤、生育保险，按时足额缴纳社会保险费。已争取到中央改革补助资金4.779亿元、自治区改革补助资金1.3亿元，解决了部分林场欠缴社会保险费问题。五是财政保障能力明显增强。定为财政全额保障的林场增多了，部分公益二类林场也定为了财政全额保障，原为差额保障的部分国有林场也不同程度地提高了保障额度。改革后，财政全额保障林场达到64.7%，差额保障林场为32.8%，定额保障林场为1.7%。六是富余职工妥善安置。各地积极采取购买服务、提供特色产业、解除劳动关系、转岗就业等多种方式妥善安置，坚决做到了不因改革而导致职工失业，确保富余职工就业有渠道、收入有保障。

（五）深入推进"放管服"改革

一是作为区直单位3个试点单位之一，研发了广西林木种子生产经营许可证核发智能审批及监管系统，以"信任在先、过程监管、信用保障"为原则，推行企业和群众办事申办网络化、审批智能化、结果电子化，打造

"7×24小时不打烊"的审批平台,实现群众办事零跑腿,随报随批。二是印发了《关于重新调整委托许可事项的通知》《市、县林业部门权力流程参考模板》和《广西林业系统权力运行流程编制指南》《市县林业部门权力事项指导目录》等文件,为规范包括行政审批在内的各类权力行为,做到"同一事项、同一标准"迈出了重要一步。三是积极开展网上审批系统建设,启动了广西林业审批系统建设,目前前期调研结束,进入紧张研发。

二、存在的困难和问题

(一)查缺补漏纠错工作推进难度大

一是重视不够。部分市县政府及相关部门在思想认识上仍存在偏差,没有把这项工作提上重要日程。特别是国家出台机构改革方案后,不少地方对推进这项工作抱着迟疑态度,严重影响了工作的深入开展。二是经费安排不到位。不少县(市、区)没有足额安排查缺补漏工作经费,有的县(市、区)没有将查缺补漏纠错工作经费纳入部门预算。三是力量不足。有的县(市、区)只安排个别人负责,有的是临时抽调人员,工作积极性不高。

(二)保护区社区矛盾比较突出

广西林业自然保护区大部分地处偏远山区,林业自然保护区面积58.3%是集体林,社区经济仍以传统农业、林木经营利用为主,对自然资源的依赖程度很大,自然保护区相关法规陆续出台,对自然保护区均采取最为严格的绝对保护制度,禁止经营,山区群众失去了原有林地的自主经营权,失去了长期赖以生存的生产生活资料,生活水平与保护区外差距越来越大,导致保护区生态保护与社区经济发展之间的矛盾日益尖锐。

(三)国有林场改革面临攻坚难题

一是职工社保资金未得到全部落实。目前,全区国有林场欠缴社保资金缺口约5.6亿元。此外,少数国有林场尚未落实机关事业养老保险和城镇职工医疗保险制度。二是国有林场债务沉重。全区国有林场负债总额194.8亿元,其中银行贷款余额124.4亿元,金融债务化解难度大。

三、下一步改革思路

一是集中精力抓好林权证发放查缺补漏纠错工作。
二是加快推进"三权分置"试点工作。

三是强化自然保护区建设管理和执法监督检查。

四是深化国有林场改革。

五是深入推进"放管服"改革。

第十九章　水　利

一、改革进展

(一) 农田水利设施产权制度改革和创新运行管护机制试点工作方面

试点建设资金投入 1953 万元，已颁发产权证（使用权证）的农田水利设施 2919 处；维修养护经费筹集 757 万元；试点区累计建立农民用水合作组织 25 个。

(二) 深化小型水利工程管理体制改革方面

广西 18 个试点县（其中，全国试点县 2 个、自治区级试点县 16 个）的试点工作已全面完成；有改革任务的 94 个面上县（市、区）已全部成立了领导小组，出台了县级《实施方案》。全区累计纳入改革范围的水利工程 83420 处，已颁发工程权属证书 31384 本，落实工程管护主体 40521 处，签订工程管护责任书 39439 处，建立健全工程管护制度 36697 处，培育用水者合作组织 2096 个，工程管护经费得到进一步落实，各地积极探索总结适合实际的小型水利工程管护模式。

(三) 河长制方面

2017 年是广西全面推行河长制改革元年，广西按照工作方案到位、组织体系和责任落实到位、相关制度和政策措施到位、监督检查和考核评估到位"四个到位"的总体要求，通过采取"月推进会商、旬督导检查、红黑榜通报、落后约谈、严格考核问责"等强有力的措施，各项改革工作扎实有序推进，各项工作取得了重要阶段性成效，全面完成四项约束性指标：自治区、市、县、乡四级河长制工作方案按时间节点要求全面出台；建立五级河长体系，共设立总河长 2710 人、河长 25861 人，境内主要江河湖库都落实了河长；中央要求建立的河长会议、信息报送、信息共享、工作督察、考核问责和验收 6 项工作制度，自治区、市、县、乡全部制定实施；完成江河湖库分级名录调查工作，并全面推进江河湖库"一河（湖库）一策"方案编制。

（四）河湖管护体制机制创新试点方面

永福县河湖管护体制机制创新试点县实施方案编制已完成并通过了水利部审查，永福县成立县级"河长制"工作领导小组，积极推进河湖管理试点各项工作：已完成重要河流（河段）和水库工程管理范围的外业测量及内业绘制工作，目前埋设界桩工作正在进行；已完成 4 条主要河流的河长制覆盖工作；同时建立了巡查制度、考核制度、会商工作制度，并在日常的工作中贯彻执行。

（五）农业水价综合改革工作方面

2016~2017 年试点建设资金累计投入 7400 万元，2016 年改革试点县（区）正按照试点实施方案落实各项改革试点任务，已基本完成建设内容，农业水价定价及水权确定工作有待进一步完善；2017 年改革试点县（区）已完成实施方案的编制工作，各项改革任务正在积极推进。

二、主要做法及成效

（一）农田水利设施产权制度改革和创新运行管护机制试点工作方面

一是明确改革内容，水利厅于 2017 年 4 月在南宁市组织召开农田水利改革工作布置会，总结 2016 年工作完成情况及存在问题，并布置 2017 年工作目标及时间安排；二是狠抓督查指导，水利厅已于 2017 年上半年组织了 3 次试点专项督查工作，对于督查中发现的问题，提出了整改意见，并规定了整改时限，加快了改革步伐；三是加强组织培训学习，水利厅于 2017 年 5 月在河海大学举办农田水利建设管理能力提升培训，各试点县水利局领导均参加培训，通过培训拓宽各地的改革思路，加深对产权制度理解。11 月水利厅联合财政厅、发展和改革委印发了《关于组织开展广西农田水利设施产权制度改革和创新运行管护机制管家试点县验收的通知》，编制了试点县考核办法及评分细则，指导了试点县的验收工作。截至 2017 年 12 月 31 日，4 个试点县均已全部完成改革任务，并通过了本市验收工作。

（二）深化小型水利工程管理体制改革方面

一是加强组织领导，谋划工作部署。水利厅深化小型水利工程管理体制改革领导小组积极担当履职，年初谋划部署年度工作目标任务；年内共召开

4次会议，专题研究推进改革工作具体措施。二是多层次开展督导，狠抓末端落实。为加强改革督导工作，2017年5月制定印发了《广西深化小型水利工程管理体制改革工作督查制度》（桂水水管〔2017〕34号）。通过采取抽调各市改革办负责同志交叉分片督导和联合农业水价综合改革督导，共开展2次全面督查和业务指导，全覆盖了有改革任务的94个面上县，并对各地改革进展情况进行了通报，表扬先进，鞭策后进，指出存在问题，提出整改措施和要求。三是抓好示范引领，推广成功经验。认真总结18个改革试点县的成功经验，注重突出特色、可复制、易推广的典型经验，组织编印了《广西深化小型水利工程管理体制改革试点县典型经验汇编》，为面上县改革工作提供了可遵循的经验借鉴。四是制定验收办法，强化改革验收把关。在《广西深化小型水利工程管理体制改革试点县验收办法》的基础上，总结了试点县验收工作经验，水利厅、财政厅联合制定《广西深化小型水利工程管理体制改革验收办法》，对改革工作的验收程序、验收标准进一步规范和统一，突出改革成效的核验，进一步细化、实化改革验收工作指标要求。

（三）河长制方面

一是抓好顶层设计，全面深入贯彻中央文件。自治区在准确把握中央总体要求、全面贯彻落实中央精神的基础上，全国首创出台了全面推行河长制的实施意见和工作方案"两个文件"。自上而下实行"双总河长制"；建立横向到边、纵向到底江河湖库全覆盖的自治区、市、县、乡、村五级河长体系；建立由政府分管领导兼任主任的河长制办公室；建立细化实化到部门的六大任务责任清单；建立跨区域协调联席会议机制；构建行政区域与流域相结合的系统性网格化江河湖库管理保护工作格局。二是坚持高位推动，层层传导压力加快推进。坚持党政主要领导亲自挂帅出征，高位推动工作落实。自治区党委、自治区人民政府主要领导多次作出重要批示指示；自治区人民政府多次召开专题会议研究部署，自治区分管领导亲自督促落实；自治区河长带头开展巡河、调研。通过高位推动，领导率先垂范，层层传导压力，扎实加快推进各项工作，确保各项工作任务目标的如期实现。三是严格考核问责，确保制度执行落地见效。将推进河长制工作列入自治区党委深化改革领导小组办公室的改革督查重点工作进行督查，列入自治区党委组织部对市县党政领导班子和党政正职政绩考核内容，列入自治区绩效办对各市人民政府和自治区相关部门的年度绩效考核。通过严格考核问责，确保河长制各项工作制度得到全面执行。四是开展环境治理，捍卫金字招牌。2017年4月，习近平总书记视察广西时指出："广西生态优势金不换，要坚持把节约优先、保护优先、自然恢复作为基本方针，把人与自然和谐相处作为基本目标，使八桂大地青山常在、清水长流、空气常新。"根据总书记的指示，以全面推行河长制工作为契机，积极开展环境治理和保护工作。大力推进漓江、九洲江、南流江、钦江等重点流域综合整治，投入治理资金19亿元，推进污水处理项目建设，强化畜禽养殖污染整治，促使重点流域水质水环境得到显著改善。2017年，九洲江两广交界石角断面主要水质指标均达地表水Ⅲ类标准。2017年全区52个地表水国家考核断面水质优良比例为96.2%，森林覆盖率达62.28%，植被生态质量和植被生态改善程度居全国前列。五是重视宣传培训，积极营造良好社会氛围。加大新闻宣传和舆论引导力度，通过《广西日报》和广西电视台等主流媒体跟踪宣传报道，营造全社会共同关心关注河长制工作的良好氛围。建立河长制信息系统，编印河长制工作简报和工作手册，建立微信工作群，搭建交流平台。在全区农业供给侧结构性改革培训班、全区推行河长制专题培训班等多个培训班，培训各级领导干部1000多人次。同时，结合日常业务工作，多次召开推进会、专题会、座谈会等，通过以会代训、以训促学方式对各级干部进行培训。

（四）河湖管护体制机制创新试点方面

河湖管护体制机制创新试点方面：一是根据河流情况和存在的突出问题，编制完成了《永福县"三江六岸"规划》《永福县河道采砂管理规划》等规划，同时完成4条河流的"一河一策"方案修编；二是将巡查、保洁经费列入县财政预算，落实巡查人员及设备，制定完善河湖管护巡查、保洁方案；三是大力引导村民自治，制定村民公约，发挥村民在河湖管理保护中的主人翁作用；四是通过向社会购买服务等方式，大力提升河湖管护能力和水平。

（五）农业水价综合改革工作方面

一是建立健全机制，自治区成立以水利、财政、农业、物价等部门为重要组成成员的厅际联席会议制度，同时要求各市对本市农业水价综合改革工作负总责，且广西农业水价综合改革各试点县（区）均成立以政府分管领导为组长的领导小组。二是强化沟通协作，自治区水利厅、物价局、财政厅、农业厅联合印发了《关于贯彻落实广西农业水价综合改革实施方案的意见》（桂水财〔2017〕28号），并举办了广西农业水价综合改革培训班，对各市县水利局、物价局、财政局和农业局分管农业水价综合改革的200多名负责人进行了培训。三是制订年度工作方案，水利厅印发了2017年广西农业水价综合改革试点实施方案，明确 2017 年试点目标、工作任务、开展范围、保障措施和实施计划。四是加强督导考核，将农业水价综合改革纳入自治区对各市年度绩效考核指标，同时在下达资金时，将农业水价综合改革绩效目标作为重要的考核内容。2017 年 6 月，水利厅、物价局组成调研组，对田阳县、鹿寨县 2 个试点县开展了调研督导。2017 年 10 月，水利厅组织开展深化小型水利工程管理体制改革和农业水价综合改革联合督查。通过座谈交流、查阅资料、现场查勘相结合的方式，就农业水价综合改革工作中遇到的困难和问题与试点县进行深入研讨，并在机制建设、工程实施、资金管理等方面的工作提出了具体指导意见。

三、存在的困难和问题

（一）农田水利设施产权制度改革和创新运行管护机制试点工作方面

一是群众参与改革工作积极性不够高，思想认识有待提高；二是地方财政困难，改革需要的工作经费难以足额落实；三是实行的水价标准难以达到供水全成本。

（二）深化小型水利工程管理体制改革方面

一是部分非试点县地方领导重视不够，没有认真履行主体责任，造成改革工作没有实质性进展；二是由于非试点县缺乏改革工作经费，未能全部开展摸底调查，造成家底不清，未达到应改尽改的要求；三是绝大部分非试点县停留在权属调查阶段，改革工作进展缓慢；四是改革完成后，管护经费难以落实；五是部分涉及公共安全的小型水库、水闸等工程，仍未能彻底解决管护主体能力不足、无技术支撑等瓶颈问题；六是相当部分用水者协会未能正常开展工作、良性运行，作用没有充分发挥。

（三）河长制方面

一是技术力量薄弱。部分县乡缺乏专业技能人才，技术力量薄弱，业务能力不足。二是工作任务繁重。广西江河湖库众多，江河湖库管理保护、管理范围划界、日常监管、六大任务实施等工作量巨大。三是必要保障条件缺乏。各地可供调节使用的人力、物力、财力有限，尤其是资金缺口较大。四是五级河长之间以及各级河长会议成员单位之间横向纵向协调联动机制有待进一步完善。

（四）河湖管护体制机制创新试点方面

永福试点县推行河长制工作经费缺口大，由于地方财政困难，试点经费有限，未能完全满足河流巡查、保洁、治理、管护等工作需要，如何有效整合各部门现有资金多渠道投入有待商榷。

（五）农业水价综合改革工作方面

一是水费收取难度大，影响改革推进。二是地方财政有限，难以满足对中型灌区工程改造和农业水价综合改革的投入需求。三是计量设施欠账多，制约改革推进。四是农民用水合作组织有待加强规范化建设。

四、下一步改革思路

第一，农田水利设施产权制度改革和创新运行管护机制试点工作方面。建议召开全国农田水利设施产权制度改革和创新运行管护机制试点经验交流和总结。通过召开经验交流会，及时推广改革效果理想的方法经验，提出改革中遇到的难题并予以解决。

第二，深化小型水利工程管理体制改革方面。将深化小型水利工程管理体制改革工作，与当前全面推行河长制工作有机结合起来，引起各级政府对深化小型水利工程管理体制改革工作的重视，落实工作人员及经费，争取将深化小型水利工程管理体制改革工作列入对设区市绩效考评，促进改革工作的全面推进。

第三，河长制方面。一是围绕2018年6月全面建立河长制的工作目标，对标检查，查漏补缺、补齐"短板"，确保顺利通过2018年水利部、环保部全面建立河长制总结评估。二是调整河长制工作重点。由全面建立河长制阶段向"抓好河长制六大任务落实，推动河长制工作出成效、出成果"转变，抓好"一河一策"编制实施工作。三是组织开展江河湖库专项治理，切实解决当前江河湖库管理保护中面临的突出问题，维护江河湖库健康生命，让人民群众有获得感。四是推行奖优罚劣政策。设立自治区奖补专项资金，奖励补助工作进展较快、成效突出的市县，探索开展河长制工作示范县建设；继续实施"红黑榜"通报制度和考核问责制度，加强考核结果运用。五是继续加强督导检查。完善明察暗访工作机制，检查问题导向，加强对重点区域和流域的督导检查。六是抓好宣传培训工作。通过创新宣传培训的方式方法，切实提高各级河长的履职能力，让河长制工作真正为广大群众所了解、认识、支持、参与，形成江河湖库管理保护强大合力。

第四，河湖管护体制机制创新试点方面。永福试点县要加强对乡镇级河长制办公室及河长的指导和管理，充分发挥河长的主导指挥作用；积极落实各级财政资金用于河长日常工作、巡查、保洁、奖励等经费，以保证河长制工作常态化。

第五，农业水价综合改革工作方面。在总结广西农业水价综合改革试点经验的基础上，继续推进农业综合水价改革试点工作，建立节约用水和优化水资源配置的水价形成机制，创新组织的建管机制，落实农业水权和产权制度，逐步建立产权清晰、权责明确、管理科学、可持续发展工程管理体制和运行机制，促进农业节水。

第二十章　海洋渔业

一、改革进展

（一）全面实施水域滩涂养殖证制度

养殖水域滩涂规划是合理调整水产养殖结构、推进现代化渔业的发展、保证水产养殖绿色低碳、环境友好发展的前提。做好与相关规划、区划衔接，优化水产养殖产业布局，从源头上控制水产养殖污染，促进水产养殖业有序、可持续发展。实施水域滩涂养殖证制度，颁发水域滩涂养殖证，是科学管理的有效手段之一。截至 2017 年底，全区共核发养殖证 2105 本、16228.35 公顷（其中，国有水域滩涂养殖证 1120 本、8794.64 公顷，集体所有水域滩涂养殖证 985 本、7433.71 公顷）。

（二）加强水产生态养殖设施建设

一是实施池塘标准化改造。为减少池塘养殖废水排放及其对水域环境的影响并提高产能，大力推动实施池塘标准化改造工程。通过年度部门预算渔业生产项目和国内渔业捕捞和养殖业油价补贴政策调整资金项目，落实项目资金近 3000 多万元，在全区示范改造池塘面积 2 万多亩，带动全区完成池塘标准化改造面积 5 多万亩。通过对养殖池塘进行清淤挖深、加固护坡、完善进排水系统等，在有效地增加养殖水体、降低病害发生的同时，进一步改善生态环境、提高抵御自然灾害能力，夯实生态养殖的基础。二是建设养殖（育苗）尾水处理设施。落实财政补助资金约 500 万元，在全区支持建设养殖（育苗）尾水处理设施示范点 10 个，在改造池塘的同时，配套建设养殖（育苗）尾水处理设施，通过综合运用物理、化学和生物方法，对养殖（育苗）尾水进行处理达标后排放或循环利用，实现生态保护、循环利用、可持续发展的目的。三是开展工厂化养殖设施建造。落实财政补助资金约 500 万元，在全区支持建设工厂化养殖示范点 10 个，发展可控性集约化设施渔业养殖，进一步减少渔业养殖对水域环境的影响。四是开展深水抗风浪网箱建造。落实财政补助资金约 3600 万元，在沿海地区支持建设深水抗风浪网箱 180 口，大力发展离岸养殖，尽量减少水产养殖对近海环境的影响。

（三）推动水产生态养殖发展方式转变

以组织创建水产健康养殖示范场为载体，在全区推广应用各种生态健康养殖技术与模式，进一步推动了水产养殖生产发展方式的转变。一是积极发展碳汇渔业。在山塘、水库等内陆大水面，积极发展鲢鱼、鳙鱼等滤食性鱼类养殖，通过滤食浮游动植物，促进碳、氮、磷等营养元素的转化，延缓与遏制水质富营养化进程，起到净化水质的目的；在沿海浅海滩涂积极推广发展贝类养殖，通过贝类滤食作用，吸收水体中的碳元素（CO_2），以及固定、转化和移除水体中的富营养物质，有效地减少了水产养殖生产对环境的影响。二是大力发展稻渔生态综合种养。落实财政资金 3000 万元、在全区支持建设稻渔生态综合种养示范基地 50 多个，带动全区大力发展稻渔生态综合种养 100 多万亩，稻渔产品年产量达 6 万多吨。三是大力发展休闲渔业。到 2017 年底，获得全国休闲渔业示范基地 24 个，获得自治区级休闲渔业示范基地 53 个，全区休闲渔业年综合产值达 100 多亿元。四是在全区大力推广各品种轮养、套养、混养、立体养殖等其他生态养殖技术和模式。几年来先后推广了大水面生态网箱养殖、鱼虾贝类混养、罗非鱼链球菌病疫苗防控、循环水养殖、稻田养殖、养殖废水处理等技术与模式，取得了较好的效果，养殖户科学用药、投饵、水处理等技术水平不断提高，养殖水产品质量安全风险明显降低，养殖生产对水域的污染程度也得到了有效控制。

（四）强化水产生态养殖监管与服务指导

一是组织制定渔业生态（清洁）养殖标准。根据渔业生态养殖发展规划要求，出台 6 个广西渔业生态养殖技术规范，指导各地按照规范要求开展渔业生态养殖。二是组织创建水产健康养殖示范场和开展"三品一标"建设工作。三年来共落实财政补助资金 2000 多万元，通过组织实施《农业部渔业标准化养殖项目》，在全区推动水产健康养殖示范场创建工作。到 2017 年底，全区共创建农业部水产健康养殖示范场 240 家。创建无公害水产品产地 41 个，无公害水产品 61 个，获农产品地理标志登记的水产品 16 个。三是组织专项监督检查。每年都有计划地组织开展对各地落实养殖水域滩涂规划情况、生态养殖项目实施情况和水产品质量安全生产管理情况专项监督检查工作，进一步规范了水产养殖生产行为，有力地确保了水域生态环境保护和水产品质量安全。据不完全统计，自治区层面共组织专项监督检查 5 次，共检（抽）查水产养殖场 50 多家（次）、水产苗种场 80 多家（次）。通过加强监督指导，养殖和苗种生产单位的养殖基础设施得到了改善，养殖育苗档案和质量安全管理制度进一步完善，应用健康生态养殖管理技术的主动性进一步增强。

二、改革成效

（一）水产绿色生态养殖有力推进

一是生态养殖设施建设进一步加强。全区建设了 15 个养殖（育苗）尾水处理示范基地、14 个工厂化养殖示范基地、34 个渔业生态养殖示范园区，示范建设与改造水产生态养殖池 1 万多亩。二是微生物在水产养殖得到广泛应用。沿海地区对虾养殖使用微生物制剂的面积已超过 95%，淡水养殖使用微生物制剂也达到 40% 左右。三是稻渔生态综合种养得到进一步提升。全区稻渔生态综合种养示范基地有 150 多个、示范面积 5 万多亩。2017 年，全区发展稻渔生态综合种养总面积达 105 万亩，总结提炼推广了广西三江"一季稻+再生稻+鱼"等稻渔生态综合种养"十大模式"。

（二）水产绿色生态养殖布局得到了优化

根据全区各地渔业生态环境状况和渔业资源优势特色情况等，通过政策支持与引导，进一步优化了渔业生态养殖业发展布局，已初步在全区培育建成了"一带三区"产业发展布局：在沿海三市建设了浅海滩涂海水贝类生态养殖带；在桂林、柳州、来宾等地建设了稻田生态养殖区；在北部湾经济区、贵港等地建设了池塘生态养殖区；在梧州、百色、河池、崇左、贺州等地建设了大水面网箱（围栏）生态养殖区。

（三）水产品质量安全得到有效保障

水产品质量安全监管和检测机构得到加强，建设完善省级产品质量安全检测中心 2 个，通过计量认证的辖区市动物产品（含饲料投入品）质量安全检测中心 8 个，全区已建成 41 个县级水生动物疫病防治站。全区农业部水产健康养殖示范场达到 240 家，自治区级水产健康养殖示范场 103 家。自治区本级水产品及水产苗种样品抽检合格率每年在 98% 以上。三年间全区无重大水产品质量安全事故发生。

三、存在的主要问题

当前，影响水产绿色生态养殖发展的主要问题有：

一是水产生态养殖基础设施落后。由于财政资金有限，多年来对水产生态养殖基础设施建设的投入相对比较少，导致养殖池塘老化严重，养殖（育苗）废水处理设施和工厂化循环水养殖设施建设严重滞后，网箱、渔排、渔筏等养殖设施简陋，在极易受到外界环境影响的同时，也极易影响到周围的水域生态环境。

二是水域滩涂养殖规划执行还不完全到位。部分市县（市、区），特别是沿海地区养殖水域滩涂规划执行落实还不完全到位，核发养殖证时顾虑多；水产养殖禁养区和限养区的划定工作还在进行当中，国有水域滩涂无证养殖现象还比较多，集体水域养殖证发放率还较低。

三是部分水产养殖（育苗）场的尾水未经处理直接排放。水产养殖是一个传统的产业，普遍存在规模小、发展不均衡、池塘分散且涉及群众多、基础设施落后等问题，再加上部分养殖业主环保意识薄弱、责任意识不强、资金缺乏等原因，部分养殖（育苗）场均未配套建设有尾水处理设施，养殖（育苗）尾水未经处理直接排放，对水域环境造成一定的影响。

四、下一步改革思路

一是进一步加大水域滩涂养殖证制度实施力度。

二是进一步加大水产生态养殖设施建设力度。

三是进一步推进水产生态健康养殖。

四是进一步优化渔业生态养殖环境。

五是进一步强化监督管理与服务指导。

第二十一章　交通运输

一、推进智慧交通同城化改革

（一）推进广西道路客运联网售票系统建设

一是 2017 年 2 月 27 日组织召开了项目建设工作推进会，就全区道路客运联网售票系统项目建设进展及运营情况、存在的问题及解决思路、市场推广方案等事项进行讨论，研究部署加快推进广西道路客运联网售票平台建设，加强运输企业和客运站协调力度，扩大客运站联网覆盖率，力争 2017 年完成覆盖 90% 二级及以上客运站的目标。二是推进道路客运实名制工作，联合自治区公安厅印发《关于推进道路客运实名制管理工作的通知》和《关于道路客运实名制管理实施方案》，首先在全区道路客运联网售票系统实施道路客运实名制，为全面实施广西道路客运实名制管理制管理工作奠定基础。三是截至 2017 年底，全区 128 家二级及以上的客运站接入平台为 119 家，接入率为 92.97%，超额完成了自治区下达 90% 二级及以上客运站接入平台的建设任务。

（二）推进广西交通一卡通互联互通项目建设

一是组织召开 2017 年度全区交通一卡通工作会议，部署各市交通一卡通建设和推广工作任务，确保 2017 年底前同城化六市完成互联互通，区内其他市争取完成互联互通。二是组织开展广西交通一卡通工作调研会、专项协调会、推进会等，督促和协调解决交通一卡通建设问题及困难。三是协助各市推进交通一卡通建设，截至 2017 年底，全区 10 个地市已经完成互联互通建设，与全国 200 多个城市实现互联互通。

（三）推进广西 IC 卡道路运输电子证件项目建设

一是加强 IC 卡道路运输电子证件（以下简称 IC 卡电子证件）系统项目

建设的指导和组织，调整了项目建设工作领导小组成员和工作职责。二是在贵港、百色、崇左市组织 IC 卡电子证件试发放工作，并及时总结试发放情况，完善 IC 卡电子证件系统项目建设和卡片发放工作流程、技术管理。三是部署全面发放 IC 卡电子证件。9 月 17 日，全区 14 个地市 IC 卡电子证件系统建设初步完成，IC 卡电子证件正式全面发放。截至 10 月底，全区申领 IC 卡电子证件总量已超过 8 万张。四是 IC 卡电子证件与高速公路非现金储值卡业务双卡合并，并加载中石油加油功能，实现了 IC 卡道路运输证、高速公路储值卡、加油卡"三卡合一"。道路运输经营者使用 IC 卡电子证件可同时享受高速路通行费和加油优惠，降低了经营成本，达到了降本增效和便民、惠民的项目建设目的。

二、推动物流业降本增效工作

按照《广西壮族自治区人民政府办公厅关于推动物流业降本增效促进我区物流业健康发展若干政策的意见》（桂政办发〔2017〕55 号）精神，为切实推动物流业降本增效，自治区交通运输厅结合工作职责和实际，组织制定了《2017 年推动交通物流业降本增效工作方案》，主要从降低运输车辆通行成本和提高运输效率两个方面推动交通物流业降本增效，2017 年降低物流成本成效显著，全年减免运输车辆通行费 15.66 亿元。

（一）落实收费公路绿色通道等车辆通行费减免政策

（1）严格落实绿色通道减免政策。近年来，广西交通运输部门认真贯彻落实鲜活农产品绿色通道政策，不断完善鲜活农产品目录，在全国鲜活农产品目录的基础上增加了果蔗、茉莉花等 14 个具有广西特色的鲜活农产品品种，各收费公路管理单位采取措施对整车合法装载鲜活农产品的运输车辆实行免费快速通行。广西执行绿色通道政策以来，累计减免鲜活农产品运输车辆通行费 117.3 亿元，其中，2017 年共减免鲜活农产品运输车辆 256.77 万辆次，减免通行费 13.88 亿元。

（2）对北部湾经济区国际标准集装箱运输车辆减半收取通行费。为促进广西北部湾经济区港口及物流业发展，对进出北部湾港的钦州、北海、防城港 3 个港区和东兴、友谊关、凭祥铁路 3 个口岸的国际标准集装箱运输车辆减半收取车辆通行费，该政策的实施对北部湾港口物流特别是集装箱运输发展起到了积极的促进作用。2009 年以来，广西累计减免车辆通行费 4.02 亿元，其中 2017 年度减免集装箱运输车辆达 47.65 万辆次，减免通行费 0.93

亿元；北部湾港口集装箱吞吐量逐年增长，由 2009 年的 35 万标箱上升至 2017 年的 228 万标箱，年均增长 27%。

（3）对珠江—西江经济带港口国际标准集装箱运输车辆减半收取车辆通行费。为贯彻落实党中央、国务院关于加快珠江—西江经济带发展的重大战略部署以及自治区出台的《加快珠江—西江经济带（广西）发展若干政策》，鼓励支持国内外大型码头营运商、航运企业、现代物流企业到经济带开展业务，2017 年 10 月，自治区交通运输厅联合自治区财政厅、自治区物价局印发了《珠江—西江经济带（广西）港口、码头国际标准集装箱运输车辆减半收取车辆通行费实施办法》（桂交财务函〔2017〕530 号），将国际标准集装箱优惠范围扩大到整个珠江—西江经济带，进一步促进广西沿海、内河港口物流协同发展。

（二）降低六寨至河池、河池至都安两条贫困地区高速公路收费标准，助力精准脱贫攻坚

为贯彻落实自治区政府推动物流业降本增效促进广西物流业健康发展的有关精神，减轻企业和社会负担，助力贫困山区脱贫攻坚，根据广西高速公路的实际情况，从 2017 年 7 月 1 日起，停收六寨至河池、河池至都安两条贫困山区高速公路一类桥隧车辆通行费，2017 年度降低通行费收入 1268 万元，有效降低贫困地区公路运输物流成本。

（三）通过政府购买服务减免柳州绕城高速公路车辆通行费

指导柳州市政府为缓解城市拥堵，实现车辆分流，自 2016 年 12 月 8 日起对通行柳州绕城高速公路并通过洛埠站与柳州北站的"桂 B"车牌车辆，由柳州市财政通过政府购买服务方式统一预缴车辆通行费，过往车辆在高速公路收费现场免费通行，2017 年度累计减轻车主负担 1869 万元。

（四）加大高速公路 ETC 推广应用

加大高速公路不停车电子收费系统（ETC）推广力度，扩大 ETC 用户规模，给予 ETC 用户 5% 通行费优惠。2017 年累计给予 ETC 用户车辆通行费优惠 5347 万元。

三、推进行业供给侧结构性改革

（一）继续推动甩挂运输发展

一是 11 月印发了《广西壮族自治区甩挂运输车辆补助资金补充实施细则》，为 2017 年甩挂运输补助的申报提供了依据。二是做好国家第四批"面向东盟跨境物流的甩挂运输主题性试点项目"的指导和督促工作，6 月下旬赴凭祥甩挂运输站场开展了 2017 年上半年的现场督促指导工作，检查了甩挂运输站场建设进展情况，并就建设进度缓慢问题进行了通报。

（二）积极发展多式联运

一是根据《交通运输部办公厅关于开展多式联运重点联系企业运行动态监测工作的通知》（交办运〔2017〕61 号）文件精神，组织做好第一批多式联运示范工程的市场运行动态监测，启动广西多式联运示范工程集中督导机制，组成联合工作组赴百色现场督促指导，确保多式联运示范工程建设取得实效。二是根据《交通运输部办公厅 国家发展改革委办公厅关于组织开展第二批多式联运示范工程申报工作的通知》（交运发〔2017〕53 号）要求，组织开展了第二批多示联运示范工程申报工作，各地市共申报项目 8 个，参与企业 20 多个，7 月下旬召开广西第二批多式联运示范工程申报审查会，对申报的示范工程实施初步方案进行了审核，在八个项目中选取了两个具有竞争力的项目参加 2017 年交通运输部第二批多式联运示范工程的申报，其中由广西北部湾国际港务集团有限公司、广西中外运物流有限公司、广西沿海铁路股份有限公司联合申报的广西实践"一带一路"倡议、"西南—北部湾—东盟/中国沿海"点线并举、境外布局多式联运示范工程成功入选全国第二批多式联运示范工程。连续两年广西都有申报的多式联运项目入选全国多式联运示范工程，广西开展多式联运示范工程建设取得较大成效。

四、促进交通运输行业转型升级

（一）道路客运方面，促进道路客运行业转型升级

在认真完成区内外调研的基础上，2017 年第三季度交通运输厅印发了《关于深化改革加快推进我区道路客运转型升级的实施意见》，主要从四个方面推进道路客运行业转型升级：一是推进道路客运线路资源整合，提升道路客运创新发展能力。二是推进综合运输融合发展，提升道路客运综合服务能力。三是推进道路客运与互联网的融合，规范发展定制服务。四是提升道路客运安全生产能力。通过道路客运转型升级，逐步扭转公路客运周转量持续下降的局面。

（二）城市客运方面，促进出租车行业改革

指导各市出租汽车行业改革配套政策文件及监管平台建设。一是对南宁、桂林、柳州、梧州、防城港、贵港、百色、河池、崇左 9 个城市的出租

汽车行业改革情况进行了督导检查，指导各市贯彻落实出租汽车行业改革和网约车管理文件。二是组织有关地市赴上海、江苏、浙江等省市开展出租汽车行业改革调研工作，学习借鉴出租汽车行业改革和管理先进经验。三是指导各市制定出租汽车行业改革和网约车管理文件及配套政策，目前南宁市、柳州市已经出台相关文件及政策并正式施行，其他 12 个地级市中，其他大部分地市均已完成初稿，部分地市正在征求意见和修订中。

（三）道路运输专项方面，加快机动车驾驶培训服务模式改革工作

认真贯彻实施交通运输部 2017 年全面深化交通运输改革工作要点和重点任务对机动车驾驶培训服务模式改革的相关部署，指导和督促各级道路运输管理机构全面推广"计时培训，计时收费，先培训后付费"驾驶培训新模式。截至 2017 年 11 月，全区 576 家驾培机构已有 484 家提供"先培训后付费"服务模式，占比达 84%，提前完成了交通运输部 2017 年工作要点和更贴近民生实事对行机动车驾培机构培训服务模式改革覆盖率 80% 以上的要求。

五、广西北部湾沿海港口发展一体化改革试点

（一）港口行政管理体制运行更加高效

北海、钦州、防城港三市人民政府的港口行政管理机构上收垂直管理后，港口统筹能力、港政管理效率明显提高，企业、船东受益更多。沿海航道养护、航道行政管理、引航管理、港口经营许可等管理制度相继出台实施，进一步规范了沿海公共设施管理与养护、引航、港口理货等管理工作。统一引航费征收标准，积极为企业减负，从 2016 年 10 月 1 日起，广西北部湾港三港域引航全部按基本港（防城港）收费标准征收引航费，不再加收引航附加费。同时，对外贸集装箱船统一执行优惠政策，免收超程部分的引航费、节假日和夜班引航费。执行新标准和优惠政策后，每年减轻企业负担约 1500 万元。2017 年全年共计安全引领各类中外船舶 7994 艘次。

（二）交通基础设施建设有序推进

为提升北部湾港集疏运能力，2017 年重点推进北海铁山港航道三期工程、防城港渔满港区第五作业区进港航道工程等通道项目建设，实施钦州港大榄坪南作业区 3#~5# 泊位改造工程，改造成专业化集装箱堆场。钦州港东航道扩建工程（扩建 10 万吨级双向航道）前期工作已完成，于 2017 年 5 月开工建设。钦州 30 万吨级进港航道支航道主体工程已建成，并于 2017 年 11 月通过交工验收。

（三）南向通道建设加快推进

2017 年以来，自治区交通运输厅认真贯彻落实中央赋予广西的"三大战略定位"，按照自治区党委、政府部署要求加快推进中新互联互通南向通道建设相关工作。广西北部湾港作为通道关键节点，通过加快补齐设施及运力"短板"，扩大开放合作，升级服务等措施，大力发展外贸航线，推动南向通道建设发展。2017 年北部湾港新增外贸集装箱航线 3 条，优化整合部分航线。一是新增外贸航线 3 条。2017 年 6 月 5 日、8 日分别新开通北部湾港—泰国林查班（挂靠印尼雅加达港，BBG1 线）、北部湾港—泰国林查班（挂靠泰国曼谷港，BBG2 线）航线，是北部湾至泰国林查班、印度尼西亚雅加达的第一条直航航线，为越南、泰国、新加坡等东南亚主要港口的进出口货源、广西及西南腹地的基础货源提供海运新通道，改变了广西及西南腹地只能选择香港、珠三角等区域航线服务的局面。2017 年 11 月 9 日，"北部湾港—印度/中东"远洋航线暨"北部湾港—新加坡"天天班公共航线正式开通，该航线有机衔接了南向通道，是北部湾港打造多式联运枢纽迈出的重要一步，为中国中南、西南、西北内陆地区货物经北部湾港直达印度、中东等地区提供了便利，物流时间缩短 7～12 天。二是整合开通钦州—香港"天天班"航线。该航线于 2017 年 11 月 1 日开通，每天班开行，有效解决了北部湾港至东北亚、美洲等东行货源的中转问题，凸显南向通道的时效优势。三是升级调整钦州—东盟国家主要港口航线。通过升级调整航线挂靠顺序，共舱增加运力，有效适应北部湾港集装箱业务发展需求，满足货源市场，为航线健康运营提供服务保障。

（四）港口企业竞争力显著增强

一体化整合北部湾港口资源，有效解决港口间的内耗现象，从根本上避免三港同质化、恶性竞争的情况。同时，三港域统一规划，突出各港区的优势、功能定位，发挥各自的特点，促进了协调发展，达到整体提升的效果，也更好地实现了与产业的对接，整体提升了广西北部湾港的竞争力。2017 年底，广西北部湾港年综合通过能力达到 2.44 亿吨，其中集装箱 423 万标箱。2017 年广西北部湾港完成货物吞吐量 2.2 亿吨（其中外贸 1.21 亿吨），完成集装箱吞吐量 227.77 万标箱，货物吞吐量、集装箱吞吐量分别是 2008 年的 2.7 倍、6.7 倍。2017 年完成货物吞吐量在全国沿海港口中排第 15 位，其中外贸货物吞吐量排第 10 位。

（五）港口对外开放开发格局更加宽阔

2017 年 9 月，自治区北部湾港口管理局与文莱摩拉港签署友好合作谅解备忘录，港口对外合作交流工作再次取得新突破。截至 2017 年底，北部湾港已经与世界 80 多个国家和地区的 200 多个港口通航，海运网络覆盖全球，成为我国与东盟地区海上互联互通、开放合作的前沿，北部湾港已开行定期集装箱班轮航线达 42 条，其中外贸航线有 24 条，内贸航线有 15 条，穿梭巴士 3 条。

第二十二章　粮食流通

一、改革进展及成效

到 2017 年底，全区国有粮食企业有 523 家（比 2001 年底减少了 1940 家），其中购销企业 338 家，附营企业 5 家；全区粮食系统职工人数为 6017 人（比 2001 年底减少了 44164 人）。全区大部分县（市、区）开展兼并重组工作，基本上达到一县一企的要求。从 2008 年开始至今，国有粮食企业汇总每年实现盈利，2017 年广西国有粮食企业实现利润 1.84 亿元。

（一）粮食安全行政首长责任制有效落实

严格贯彻落实国务院《关于建立健全粮食安全省长责任制的若干意见》，对照国家部委联合印发的《关于认真开展 2017 年度粮食安全省长责任制考核工作的通知》要求，进一步优化粮食安全省长责任制考核机制，牵头召开联席会议，举办责任制考核工作培训班，并将考核结果纳入自治区各有关部门和设区市的年度绩效考评之中，各地粮食安全责任意识普遍增强，有力地推动了粮食工作的开展。在 2017 年国家开展的粮食安全省长责任制考核中，是得到全国通报表扬的 17 个省区市之一。

（二）粮食购销收储工作实现平稳增长

健全完善粮食收储制度，进一步完善直补订单粮食收购方案，落实粮食购销各项政策措施，合理分配直补订单粮食收购计划，优化直补订单品种结构，增加优质稻收购计划，粮食购销实现平稳增长。截至 2017 年 12 月 31 日，全区全年完成直补订单粮食收购 79.07 万吨，占年度收购计划的 98.8%。2017 年全区总购进粮食 2380 万吨（贸易粮，下同），总销售 1220 万吨，转化用粮 1030 万吨，同比分别增加 13%、15.6% 和 19.7%；全区共轮换出库自治区、市、县三级储备粮 137.5 万吨（折原粮），同比增加 6.1 万吨。全区市场粮食供应充足，品种丰富，价格基本稳定。

（三）粮食基础设施建设稳步推进

全力推进粮食仓储设施中央补助项目建设，特别是注重抓好国家"优质粮食工程"粮食产后服务体系、质检体系建设及纳入自治区"十三五"总体规划的粮食加工、仓储、物流和应急设施项目建设。截至 2017 年 12 月 31 日，全区共有 48 个国有粮食仓储在建项目，全年累计完成投资 2.1 亿元。稳步推进粮库智能化升级改造工程建设，已完成项目总体规划设计和招标工作。加快广西（中国—东盟）粮食物流园区建设，全年累计完成投资 4.54 亿元。南宁国家粮食交易中心正式挂牌成立，实现与国家粮食电子交易平台联网，会员总数 395 家，截至 2017 年 12 月 31 日全年共完成粮食交易量 39.7 万吨，交易额达 9.44 亿元。军粮供应网点设施建设取得新进展，广西军粮配送中心、南宁、柳州、桂林、来宾市兴宾区等军粮供应站落实建设用地并开工建设。

（四）粮食产业经济发展态势良好

抓住国家在粮食流通领域实施"优质粮食工程"的机遇，积极推进"优质粮食工程"建设，加快发展粮食产业经济。经争取，2017 年广西被列为全国首批实施"优质粮食工程"重点支持省份，年度内已研究制定广西"优质粮食工程"实施方案并组织实施。加快发展"广西香米"特色优势产业，积极打造"广西香米"区域公用品牌，制定印发了"广西香米"区域公用品牌建设实施方案，组织成立了"广西香米产业联盟"，组织制定"广西好粮油·广西香米"团体标准，通过了自治区质监局组织的评审组评审并于 2017 年 12 月 30 日发布，将于 2018 年 1 月 10 日起正式实施。积极组织企业参与"广西香米"品牌宣传推介，2017 年 10 月，在第十五届中国国际粮油产品及设备技术展示交易会上，广西"广西香米产业联盟"的 7 家粮油企业的产品荣获大会粮油产品展金奖。加快发展粮油加工业，努力实现打造粮油加工千亿元产业发展目标，2017 年全区粮油工业总产值 830 亿元，利税 18 亿元。广西粮食产业经济发展得到国家粮食局的充分肯定，在 2017 年召开的全国加快推进粮食产业经济发展经验交流会上做交流发言。

（五）粮食依法行政和监督检查进一步加强

积极做好部门职权法定化有关工作，认真梳理自治区粮食局权力清单和责任清单，推进行政审批制度改革，调整审批职能，减少审批项目，健全了行政审批运行机制。全面加强粮食储备管理，强化粮情监测预警，坚守"两个安全"和四条底线，结合粮食安全隐患"大排查、快整治、严执法"集中行动，派出安全储粮工作组深入重点地区开展粮食库存、粮食安全生产、储粮安全等专项大检查，及时排除库存、生产和储粮安全隐患，安全生产工作得到进一步加强。2017 年，全区共抽检中央储备粮、国家临时存储粮、地方储备粮和纳入统计范围的多元市场主体库存粮食样品 819 份，全国交叉检查样品 40 份，超额完成 2017 年库存粮食抽检计划。

（六）国有粮食企业改革稳步推进

全区粮食系统按照《国务院关于促进企业兼并重组的意见》以及自治区和国家粮食局的部署，稳步推进各级国有粮食企业改革，进一步加强对市县国有粮食企业兼并重组产权制度改革的指导，推动直属国有粮食企业进行产权制度改革，培育粮食产业化优秀主体，延伸产业链条，提高经济发展质量和效益。2017 年顺利完成直属 3 家企业移交和 14 家企业的托管工作。全区全年国有粮食企业实现销售收入 56 亿元，完成绩效目标的 120%；实现利税总额 2.3 亿元，完成绩效目标的 434%。

二、存在的主要问题

一是产权制度改革进展缓慢。大多数国有粮食企业只是分流安置了职工，采取撤并重组方式进行改革，大部分企业未实施产权制度改革。

二是企业经营管理机制不够活。有些县的粮食企业资源没有进行有效整合，基层国有粮食企业经营规模小，管理方式比较粗放，经营机制不活，竞争力仍然较弱。不少国有粮食企业主要依托政策性业务，自营收购量比重有所下降，实现盈利的基础还不牢固。

三是粮食的产、购、销、加等主要环节产业化程度不高。在生产领域，规模型的优质粮食、绿色粮食生产基地尚未形成；在收购领域，主要依赖政策性"订单"收购；粮食加工技术落后，多数停留在对粮食的初级加工上，粮食产业化程度较低。

四是粮食部门机构不健全，人员素质不高，队伍年龄结构不合理、知识老化，难以担负企业发展壮大的重任。

三、下一步工作思路

一是扎实做好粮食安全行政首长责任制考核工作。
二是切实抓好粮食购销收储工作。
三是加快推进粮食物流园区建设。

四是抓紧实施"优质粮食工程"，打造"广西香米"公用品牌。

五是继续推进粮食仓储设施改造建设。

六是继续加强粮油质量检验监测能力建设。

七是加强人才培养和直属企业改革与监管工作。

八是深化行政审批制度改革，完成"减证便民"工作。

第二十三章　户籍管理

一、改革进展及成效

(一) 建立城乡统一的户口登记制度

2014 年，广西已全面实施城乡统一的"一元化"户籍登记制度，取消按农业、非农业性质户口登记常住户口的办法，跨出了消除城乡差别关键的一步。

(二) 进一步降低落户门槛

国务院出台《关于进一步推进户籍制度改革的意见》（国发〔2014〕25 号），自治区人民政府于 2015 年出台《关于进一步推进全区户籍制度改革的指导意见》（桂政发〔2015〕8 号），明确广西实行三级差别化落户政策，合理确定南宁和柳州市落户条件，有序放开桂林和玉林市落户限制，全面放开其他设区的市、县级市、县城和建制镇的落户限制。目前，全区 14 个地级市的户口迁移政策已全部调整完毕，全区除南宁、柳州市以外的其他设区市、所有的县级市、县城和建制镇已全面放开落户限制，基本实现城镇落户"零门槛"。

(三) 推动重点群体和外来人口落户

一是全面放开重点群体落户限制。对农村学生升学和参军进入城镇的人口、在城镇就业居住 1 年以上和举家迁徙的农业转移人口以及新生代农民工等重点群体，进一步放宽落户门槛，确保应落尽落。取消购买房屋、投资纳税等落户限制，积极推动有能力在城镇稳定就业和生活的农业转移人口和常住人口有序实现市民化。据统计，2017 年全区农业转移人口落户城镇的人员，农村籍大中专院校毕业生有 812 人，在城镇就业和居住五年以上的农业转移人口有 4418 人，举家迁徙的农业转移人口有 1928 人，农村籍退出现役人员有 241 人。其中，具有专业技术职称的 1236 人，具有技能等级的 1052 人。二是为高校毕业生落户提供便利。全面放开对高校毕业生落户限制，高校毕业生到基层就业可根据需要自愿迁移户口。各地公安机关降低设立单位集体户门槛，简化高校毕业生落户手续，积极为高校毕业生落户提供便利化服务。

（四）切实解决无户口人员落户问题

自治区人民政府出台政策，解决过去因受计生"一证管多证"限制无法落户问题。国务院办公厅下发《关于解决无户口人员登记户口问题的意见》（国办发〔2015〕96 号）以来，全区共摸排无户口人员 121420 人，全部办理了落户。

（五）全面推进居住证制度全覆盖

2016 年，国务院《居住证暂行条例》颁布实施后，广西及时修订《广西壮族自治区流动人口服务管理办法》，明确居住证持有人依法享有 8 项基本公共服务和 7 项便利。各地公安机关依法为流动人口办理居住登记和制发居住证，积极为持有居住证的流动人口提供异地办理港澳通行证、换（补）领居民身份证、购车入户上牌、考驾照、免费为电动车上牌等服务。自治区各有关部门陆续出台涉及住房、就业、教育、社保等方面的配套措施，确保居住证持有人享有与当地户籍人口同等的劳动就业、基本公共教育、基本医疗卫生服务、计划生育服务、公共文化服务、证照办理服务等权利。截至 2017 年 12 月 31 日，全区累计制发居住证 286 万张，其中 2017 年制发居住 24 万张。

（六）积极推动建立户籍制度改革政策体系

一是农民工随迁子女平等接受教育的保障水平不断提高。实施以居住证为主要依据的入学政策，消除随迁子女入学障碍。二是农业转移人口医疗卫生服务能力不断加强。将农业转移人口纳入基本公共服务范围，提高广西基本公共卫生服务人均补助标准，包括农业转移人口在内的群众享受到更好的基本公共卫生服务。三是农村产权制度不断完善。积极推进全区农村土地承包经营权、宅基地和集体建设用地确权登记颁证工作。四是建立了城镇职工基本养老保险和城乡居民基本养老保险制度。截至 2017 年底，全区参加城乡居民基本养老保险人数为 1805.94 万人，参加基本医疗保险人数 5172.33 万人，参加城镇职工基本养老保险人数 776.95 万人。五是农民工就业创业扶持力度进一步加大。截至 2017 年底，全区农民工创业贷款总量累计达

18.6亿元，帮助3.6万人解决创业资金短缺难题。六是农业转移人口住房保障渠道不断拓宽。将农业转移人口纳入城镇住房保障体系，符合条件的农民工可承租公共租赁住房或购买限价普通商品住房。截至2017年底，共解决了近125万城镇中低收入新市民阶段性居住困难。

截至2017年底，全区户籍总人口5599.66万人，其中城镇人口1748.84万人；年度户籍人口城镇化率为31.23%，比2014年提高5.08个百分点。具体如表23-1所示：

表23-1 2014~2017年广西户籍人口城镇化率情况

年份	户籍人口（人）	城镇人口（人）	农业转移人口（人）	户籍人口城镇化率（%）
2014	54754920	14318676	1087171	26.15
2015	55182323	16779106	2778135	30.41
2016	55791162	17108919	527880	30.67
2017	55996479	17488431	397129	31.23

人口统计数据分析表明：2014~2017年，广西总人口和城镇人口持续增长。除2015年因统计口径调整，城镇人口出现了比较大的增幅外，户籍人口城镇化率的增长率一般维持在0.2%~0.6%，符合广西的实际情况，客观反映了广西农业转移人口市民化的变化规律。

二、存在的主要问题

由于城乡二元社会结构的客观存在和历史沉淀，虽然取消了农业、非农业户口性质的划分，但是附加在户籍制度之上的各项社会管理政策太多，住房、医疗、教育、就业、社保等公民权益保障方面长期以来与户口挂钩，成为当前深化户籍制度改革的难题。户籍制度改革是一项综合改革，需要其他部门的配套工作和统筹协调共同推进，在推进改革过程中仍存在一定问题和阻力，广西户籍人口城镇化率提高不明显。根据自治区人民政府《关于进一步推进全区户籍制度改革的指导意见》（桂政发〔2015〕8号）确定的"到2020年，努力实现600万左右农业转移人口和其他常住人口落户城镇"的目标要求，2015~2017年广西要实现新增城镇人口370万人，但实际上任务仅完成61.67%。其主要原因如下：

（一）小城镇基础设施建设对农村居民没有吸引力

广西小城镇数量多、分布散、规模小，文化、教育、卫生、交通等基础设施建设较落后，城镇综合承载能力低。城市基础设施和产业培育存在不少"短板"，教育、就业、社保、住房等公共服务不完善，仍存在城镇公办学校超负荷运转、外出务工人员多和招工难矛盾突出、农业转移人口社会保障水平不高、农民工住房保障和需求仍有较大差距等问题。相比较而言，国家推广新农村建设后，农村充分利用新农村建设的倾斜政策，加大农村基础设施建设投入，农村的文化、教育、卫生、水电、交通基础设施日益更新和改善，农村的生产生活环境日新月异，有的农村甚至比城镇更美丽、更宜居。优美的农村景色已引起部分已进城落户的居民"倒流"和"逆流"，要求将户口转回农村原籍的情况不少。

(二) 户籍制度改革缺乏合力

虽然各地陆续出台了一些户籍制度改革配套措施，但是配套的政策不给力，农村居民对进城落户享受的待遇仍有"疑问"。一是进城务工人员随迁子女教育问题未能完全实现均等化。近年来，越来越多的进城务工人员想方设法把子女带到城市入学，希望能享受到城市优质的教育资源，但是各地大部分的城区学校都不同程度地存在校舍紧缺、教师编制少、教育资源严重不足的情况，公办学校无法完全满足进城务工人员随迁子女入学。在调查中，一些进城务工的农村居民反映，各级政府教育部门虽然出台了进城务工人员随迁子女平等接受义务教育的文件，但是在实行当中，其子女教育还是未能完全享受就近或平等接受教育的权利。公办学校在接收学生前都优先考虑在城镇有商品房、自建房户和机关单位职工的子女，若当年生源超编或超出学校的承教能力，一些在中心城区租房居住的进城务工人员子女就只能到较远的学校去入学。而一些民办学校收费较高，进城务工人员工资收入普遍较低难以负担。二是城乡教育资源不够均衡。一些城区公办学校大班额、大通铺、师生比偏大等现象普遍存在，而有的乡村校舍却不同程度闲置，只有少量学生就读。如玉林市博白县初中班级人数普遍超过 70 人，有的班级甚至达到 100 人，县城小学班级人数一般为 70~80 人，超过教育部核定标准；而一些农村学校有的班级只有 30 人左右，部分教室座位空置，城乡就读情况差异较大。三是个别部门只是以工作方案代替政策，进城农民或流动人口应享受的均等化待遇没有"实质化"，农村居民或流动人口觉得还是"老套路"，还是觉得把户口留在农村或原籍比较靠谱。

(三) 农业转移人口落户城镇意愿低

近年来，全区平均每年只有 10 万人左右的农业转移人口办理了进城落户手续，其中 80% 是购（租）房和投靠亲属落户，且主要集中在南宁、柳州、桂林等城市。从实际情况来看，尚有大部分符合条件的流动人口和人户分离人员不愿进城落户。造成这一现象的主要原因是：现阶段农业转移人口在城镇凭居住证就可以享受子女在教育、卫计、社保、就业等方面的城镇基本公共服务，不需要办理进城落户手续。在调研座谈会中，一些参加座谈会的企业和农民工代表表示，非常愿意到城市就业、居住生活，但是也担心就业不稳定不长久、待遇不高无法满足养家需求、子女不能和城镇居民同等享受优质教育资源以及在城镇没有住房保障等问题，以至于现阶段大多数农业转移人口不愿意在城镇落户。如桂林君泰福电气有限公司有 512 名农村籍大中专毕业生职工，目前只有 40 人为解决子女进公立学校就读办理了进城落户手续，仅占农村籍大中专毕业生职工的 7.8%。

（四）农村产权制度改革仍需破题

农村集体土地所有权、宅基地使用权、土地承包经营权确权登记颁证工作尚未全部完成，农村经营性建设用地入市、宅基地制度改革、农村"三权"维护和自愿有偿退出等激活机制仍处于研究探索阶段，具体实施方案尚未出台，一定程度上影响了农村居民进城落户的积极性。而近年来，国家越来越重视农村的建设，政府不断出台惠农政策，农民身价不断提高，农村户口含"金"量越来越大，经初步统计，农村户口可享有权益和保障有 8 项之多，农民不舍得抛开高含金量的身份，既想保留农村户籍、享有农村福利，又想在城市打工挣钱、享受城市生活和城市居民权益。要解决农村居民的后顾之忧，必须尽快完善农村产权制度改革配套政策，破解改革难题。

（五）农业转移人口融入城市的素质技能有待提升

目前在广西城镇就业的农村居民大多从事低端低薪行业，劳动强度大、生活环境脏乱差、工作待遇低、工作不稳定，使其对城镇生活没有期望和追求，抱有"保留农村户口就保留土地，就有后路可退，还有选择余地"的思想。据调查，桂林市农村劳动力资源的文化程度大多数在初中以下，比例高达 84.75%，高中及以上文化程度仅占 15.25%，大部分转移就业人员技能水平较低，从业结构单一，就业面狭窄，就业层次普遍较低，多数从事简单的一线体力劳动，技能要求较低的手工操作和劳动强度大、工作条件差、劳动报酬低的劳动密集型行业。2016 年以来，桂林市将近一半的外出务工人员已多次更换从事的工作，或到处打零工，就业岗位不稳定。此外，部分农民工观念滞后，竞争意识淡薄，参加技能培训积极性不高。也存在少部分有培训意愿的农村劳动者找不到培训资源，还不了解补贴政策，以及农村劳动力技能培训与市场、岗位信息需求对接还不够紧密，培训针对性和实效性不够强等因素，综合影响到农民工素质技能的提升。

（六）边境地区户籍人口城镇化率提升难度大

广西防城港、百色、崇左市部分县（市）地理位置特殊，与越南边境接壤。例如，崇左市有广西最长的陆地边境线，与越南接壤的陆地边境长达533千米，有多达200多条连通中越两国的小道便道。崇左市7个县（市、区）中就有宁明、龙州、大新、凭祥4个县（市）处在中越边境线上，边境四县总人口121万人，占到全市总人口的48.43%。长久以来，边民在维护国家主权领土完整、打击边境违法犯罪等方面立下了汗马功劳。为了鼓励边民在边境地区安心居住生活和生产劳动，国家还给在边境0~3千米范围内居住的群众发放边境补贴。目前，中越边境一线多为乡村地区，城镇的户籍人口只有5.11万人，仅占总人口的15%，城镇化任务非常艰巨。在边境地区严峻的维稳形势和稳边固边的现实需要面前，不应片面强调提升户籍人口城镇化率，更应当考虑的是如何富边兴边，增加边境地区公共基础设施的投入，提高边境地区乡村居民的生活水平，让他们即使生活在边境乡村，也可以和城镇居民一样享受应有的公共服务和资源。

（七）农村振兴战略需要统筹推进

实施乡村振兴战略，是一项长期而艰巨的工作任务，不是一蹴而就的，需要统筹推进。必须要把制度建设贯穿其中，深化重点领域、关键环节改革，逐步建立城乡统一的医疗、就业创业、社会保障制度，疏通要素流通渠道，激活农村资源要素，优化农村发展外部环境，为乡村振兴注入新动能。而如何建立健全城乡融合发展的体制机制和政策体系来振兴乡村是个突出问题，需要各职能部门制定科学合理的乡村振兴规划，有序推进乡村振兴。

三、下一步改革思路

一是做好户籍制度改革的顶层设计，科学、合理地设计户籍制度改革政策。

二是推动修订《中华人民共和国户口登记条例》，确保基层公安机关依法依规开展户口登记工作。

三是出台和完善户籍制度改革配套政策，保障城乡居民享有均等化服务和保障。

四是加大城镇公共服务设施建设，提高城镇品位和承载能力，吸引更多居民到中小城镇落户。

五是结合当前的扶贫攻坚行动，把生态环境恶劣的贫困户转移到城镇，有效提高人口城镇化率。

六是深化推进流动人口服务管理创新力度，吸引外省人口到广西城镇投资创业。

七是加强部门配作，强化基层改革执行力，形成多部门齐抓共推的工作机制。

八是创新农业转移人口市民化的成本分担机制，提高城镇化的资金保障水平。

九是加大政策宣传力度。

第三部分　区域篇
QUYU PIAN

第一章 南宁市

一、改革进展及成效

(一) 行政审批制度改革持续深化

(1) 提高行政审批效率。清理行政许可事项目录，全市保留的行政许可事项共 316 项，承接自治区委托实施的行政许可事项共 28 项。启动南宁市编制和优化市县乡三级行政权力运行流程工作。完善网上审批大厅预受理和办件预约等多种功能，实现办理事项上线申报率达 80% 以上的目标。"多证合一"登记制度改革顺利开展。2017 年，发放"多证合一"营业执照 23762 份，推进个体工商户"两证整合"，共新发个体工商户"两证整合"营业执照 60669 份。

(2) 实施"两单融合"。开展权力清单和责任清单"两单融合"，2017 年 9 月 30 日，市辖 12 个县区实现"两单融合"，新的权责清单全部编制完成并公布。

(3) 推进相对集中行政许可权试点。市行政审批局实质运行，29 个市直部门（单位）原承担的 182 个行政许可事项划由市行政审批局承担，实行"一枚公章管审批"，实现"进一个门、盖一个章、办所有事"。推进法治建设服务改革发展，研究出台了《南宁市行政审批局实施行政许可与监管协调联动办法（试行）》，成为在全国推进相对集中许可权改革的城市中，首个为审批改革探索出台规范性文件的城市。

(4) 实行企业投资项目"容缺后补"制度。对涉及企业投资项目的 11 个部门 83 项非主审要件事项共 208 项材料实行"容缺后补"缺项受理，实行非主审要件缺项受理和审批。企业办理时限平均缩短了 10 个工作日以上。

(5) 实行服务事项"零跑腿"办理。2017 年 4 月，将 137 项服务事项实行网上审批与邮政快递相结合，推行申报材料和审批结果"双向寄送"服务方式，进行"不见面"审批，实现企业或群众足不出户就能办成事，有效解决排队难、办事久等问题。

（6）推行"一窗受理"审批模式。以商事登记领域为突破口，对办理量较大、关联性较强、受益群众较多的23项许可事项进行并联或串联审批，实施"套餐式"全流程服务，减少材料重复提交，减少内部审批环节，减少群众往返次数，实现"一窗受理、并行审批、限时办结、一窗出件"。

（7）"放管服"改革有序推进。实行"39证合一"登记制度改革，整合了包括《住房公积金缴存登记》等10个部门的33个登记备案类事项，实现"39证合一"。通过"一次采集、一套材料、一表登记、一窗受理"工作模式，全部流程在内部流转，办事群众只需交一次材料即可办理，以"减证"推动企业"降成本"。此项举措比自治区实施"多证合一"改革提前了一天，比国务院规定的时间提前了一个月，南宁市成为全国范围内较早实现"多证合一"改革的城市之一。抓好在线并联审批平台、优化外商投资企业审批服务机制两个着力点，确保深化投融资体制改革有序推进。

（二）金融、财税、投融资体制改革加快落地

（1）大力实施"引金入邕"战略。中国进出口银行广西区分行开业运营，三大政策性银行全部入驻南宁；注册地在南宁市的经中国证券基金投资业协会备案的基金公司及股权投资机构达到55家，占全区总数的77%。全市共有银行业金融机构41家、保险公司41家、证券分公司23家（含筹建）。新增兴宁、隆安、马山3家村镇银行，村镇银行实行县区全覆盖。21家金融机构入驻五象新区总部基地金融街，109家企业入驻东盟商务区互联网金融产业基地，集聚效应显现。

（2）推进沿边金融综合改革，金融开放水平进一步提升。推动跨境人民币业务创新，16家驻南宁银行业金融机构介入CIPS系统，为跨境贸易、跨境投融资和其他跨境人民币业务提供便利的清算、结算服务。截至2017年末，南宁市成功办理11笔全口径跨境融资业务，签约金额累计4.90亿美元，提款金额累计4.56亿美元。

（3）培育发展多层次资本市场，直接融资规模不断扩大。积极推动企业上市（挂牌）融资，截至2017年末，全市共有15家上市企业，新三板成功挂牌的南宁市企业达26家，新增11家。规范发展金融资产交易平台，南宁金融资产教育中心累计融资15亿元。落地6只城市发展子基金，总规模为104.22亿元，2017年提款58.88亿元。落地2只产业发展子基金，发挥财政资金杠杆作用来撬动金融机构和社会资本投入17亿元，助力南宁市产业的

发展。

（4）规范小额贷款公司发展，2017 年全市共有小贷公司 108 家，贷款余额 402.88 亿元。推动小额贷款公司行业经营业务同城化试点，19 家小额贷款公司在试验区范围内跨设区市的城区、县域开展业务。

（5）有序落实财税体制改革。一是全市 16 个县区（开发区）的预决算公开统一平台全部完成建设并实现内容上线，各县区（开发区）2017 年的政府预算和部门预算也实现了统一公开。二是进一步完善政府购买服务配套制度。印发《南宁市政府购买服务实施目录》（2016 年修订）和《推进南宁市政府购买服务改革工作实施方案》，规范了信息公开、合同管理以及支持行业协会商会承接政府购买服务。三是完善财政专项资金统筹使用机制。组织有关部门对各类不符合当前经济形势、不利于市场充分竞争以及执行到期的资金政策文件进行清理。2017 年选取市本级工业、现代服务业和科技三个重点科目下的 8 个专项资金，整合为市本级产业发展专项资金予以统筹使用，共计 15.15 亿元，同比增加 2.12 亿元，增长 16.25%。四是完善 PPP 项目财政奖补资金申报规则，推动更多 PPP 项目落地。2017 年累计落地 PPP 项目 13 个，涉及总投资 233.07 亿元，其中纳入财政部 PPP 示范的 5 个项目全部顺利落地。

（三）国资国企管理体制改革不断深化

（1）在全国率先创建国资管理信息系统。2017 年 6 月 30 日南宁市公共资产负债管理智能云平台正式上线，在全国首次实现政府对公共资产负债的全面管控和监测。

（2）稳步发展混合所有制经济。根据《南宁市人民政府关于国有企业发展混合所有制经济的意见》明确提出了发展混合所有制经济的原则、方向和措施，南宁市国有企业通过招商引资、增资扩股和股权转让等不同方式发展混合所有制，与民营资本形成优势互补，共同发展。2017 年共有 7 家集团下属的 14 户企业有计划实施混合所有制试点。

（3）加快企业自身结构改革调整，提升自身市场竞争力。南宁市国有企业通过拓展经营业务、加快资本市场扩张、强化规划导向和降本增效等措施，促进国有企业提升自身核心竞争力。威宁投资集团积极打造"互联网+"生态圈，在零售百货、便利店、酒店旅游等实体企业运营中搭建集商业、文化、社区服务为一体的商业平台，实现线上线下全渠道融通。农工商集团重组六大业务板块，通过整合与公司主业不相关或对业主影像不大的资产来提高资产集中度，从而提升集团品牌价值。

（4）现代企业制度建设逐步完善。南宁市国有企业逐步完善企业法人治理结构，制定公司章程，使法人治理结构的各组成部分之间具有明确分工，实现各负其责、各司其职的分工模式。同时，进一步规范了企业干部选拔任用工作和开展市场化选聘职业经理人试点。既完善了国有企业党建工作，增强党对国有企业的领导，也坚持了党管干部与落实董事会依法选择经营者相结合的原则，逐步增强企业自身市场竞争的能力。

（四）科技体制改革全面开展

（1）以南宁·中关村为核心的南宁高新区双创示范基地获批为广西首个国家级双创示范基地，全市高新技术企业预计将突破 400 家。

（2）获 2016 年度广西科学技术奖科技成果 38 项，获得自治区科技成果登记 443 项，全市发明专利各项指标继续保持全区前列。良庆区获批建设自治区第二批可持续发展实验区，实施"产城融合"可持续发展战略。

（3）科技服务业集聚区建设初见成效，中国—东盟检验检测认证高技术服务集聚区被授予"自治区科技服务业集聚区"称号。富士康东盟硅谷科技园建成三创加速中心和富士康南宁研发检测认证中心，初步实现富士康产品由"广西制造"向"广西创造"转变。

（五）机关和事业单位管理改革稳步推进

（1）指导县区打造"四所合一"改革示范点，全市共设立和培育 15 个乡镇、1 个街道办"四所合一"改革示范点。

（2）全市企事业单位车改有序推进。完成全市 3951 辆取消车辆处置和 3306 辆保留公务用车喷涂统一标识工作。加快建设全市公务用车平台"一张网"的多级信息化管理平台体系，完成全市企事业单位公务用车数据摸底统计和培训工作。

（3）推进从事生产经营活动事业单位改革，市场发展服务中心、南宁地区矿业公司等单位已完成转企改制工作，对单位职工、干部进行妥善安置。

（六）全国养老服务业综合改革试点取得突破

（1）开放养老服务市场，印发《2017 年南宁市养老服务业综合改革试点建设工作要点》。加强社区居家养老服务，下达社区日间照料中心建设补助资金 900 万元和城市养老服务中心项目资金 1800 万元。

（2）完成本市民办非营利性养老机构补贴审核发放工作，下达补贴资金 333.475 万元。吸引民间资本投资的两块地块已分别落在兴宁区和武鸣区，各县区、开发区积极推进 300~500 张床位公办示范性养老机构建设。

（3）开展南宁市养老服务机构星级评定工作，在全区率先开展养老机构星级评定。

（七）供给侧结构性改革扎实推进

1. 做好政策顶层设计

南宁市印发了《供给侧结构性改革政策顶层设计工作方案》（南府办函〔2017〕137号），从全市层面明确提出采用"1+5"模式。

2. 加快产能优化升级

制定出台了《关于加快工业转型升级的若干政策意见》。启动全市96家国有"僵尸企业"处置工作，加快资源流动。

3. 积极推动"去杠杆"工作

推动企业上市和新三板挂牌，15家上市企业通过资本市场累计股权融资360.26亿元。南宁股权交易中心开业运营，区域性跨境人民币业务平台（南宁）上线运营。

4. 加快补齐发展"短板"

加快地铁2号线等交通基础设施建设，区域性国际综合交通枢纽初步形成。建成区黑臭水体治理取得显著成效，"南宁蓝"成为常态。五象新区医疗、教育、公共服务建设实现最高配置。大力实施创新驱动战略，成功创建了南宁·中关村创新示范基地，哈工大机器人、上海明匠等23家企业入驻，合作高校达37家，经济发展后劲增强。

二、存在的主要问题

第一，金融和投融资体制改革推进慢。金融业态日新月异，风险防范压力加大。政府性引导基金投资运作进展缓慢。小额贷款公司同城化业务规模较小。

第二，供给侧结构性改革推进难。"僵尸企业"化解难度大，部分产品短期价格回升，新旧产能转换缓慢，房地产市场结构性库存突出，库存两极分化，金融债务风险隐患仍然存在，企业融资渠道单一。企业运营总成本居高不下，重点领域的薄弱面貌尚未得到根本性改变，基本建设投资的融资难度加大，导致城市道路、教育、卫生等公共服务基础设施项目资金缺口较大。

三、下一步改革思路

（一）坚持创新驱动战略，培育经济发展新动能

（1）以高新区为核心，联动各特色区域，建设国家"双创"示范基地，

充分发挥南宁·中关村创新示范基地的辐射作用和溢出效应，增强"双创"和"互联网+"集众智汇众力的乘数效应，加快规划建设南宁·中关村产业园，扶持新兴产业和高科技企业发展。

（2）深化科技合作交流。推进与国内著名高校和大院大所的科技合作，进一步加大科技合作资金支持力度，鼓励高层次人才来南宁工作和创业，吸引高新技术项目落户南宁。打造新型技术创新体系，加快产学研基地建设，与高校院所共建创新研究工作站，提高科技成果转化率。加快企业创新平台的建设，继续支持南南铝业和富士康东盟硅谷科技园等创新平台的建设工作。

（二）持续扩大有效投资，稳定经济增长

（1）强化重点领域有效投资。纵深推进投资结构调整，积极谋划、储备、推进一批重大项目，以自治区成立 60 周年以及改革开放 40 周年为契机，着力推进南宁园博园、邕江综合整治工程等一批社会以及重大、投资体量大和带动作用强的重大项目。

（2）推动产业项目攻坚，以推进产业转型升级为扩大投资的着力点，重点推进农业、工业、服务业、建筑业等投资额排名前 30 位的重大项目，扩大先进装备制造业、生物医药、电子信息三大产业和现代服务业等能引导产业升级的实体经济投资。强化对县域基础设施和城市公共服务配套等补短板领域的投资，尤其要加快民生教育、医疗及县区重点交通基础设施建设，加强产业园区基础设施投资，提升园区的设施配套水平。

（3）有效扩宽投融资渠道。突出企业投资主体地位，加快建立投资项目管理负面清单、权力清单、责任清单、缩减企业投资项目核准范围。引入市场机制，积极探索融资租赁、特许经营、资产证券化等融资模式。大力培育和发展资本市场，推动更多优势企业上市挂牌，鼓励符合条件的企业利用债券市场、区域性股权市场和私募市场扩大直接融资规模。

（4）积极优化营商环境。提升政策环境，努力破除歧视性限制和各种隐性障碍，构建"亲""清"新型政商环境。优化政务环境，持续推进"放管服"改革，持续推进行政审批流程优化再造，简化审批、财评等前期手续，提高项目审批效率。强化政府部门权责清单"两单融合"的后续管理，全面实施"双随机一公开"的监管机制。持续深化商事制度改革，推动国家级开发区开展"证照分离"改革试点。改善经营环境，加快信用体系建设，建立健全守信联合激励和失信联合惩戒制度，加快推进在行政管理过程中使用信用记录和信用报告。

（5）激发民间投资活力。推动 PPP 项目落地并规范实施，积极推进政府和社会资本合作，加大基础设施和公用事业领域的开放力度，鼓励和支持民间资本股权占比高的社会资本方参与 PPP 项目，有序盘活存量资产，丰富民营企业投资机会，完善 PPP 管理政策和相关机制，着力引导民间资本投入基础设施、公用事业和高技术产业等重点领域。

（三）继续推进供给侧结构性改革

（1）深入推进"三去一降一补"，出台并实施市本级供给侧结构性改革"1+5"政策文件，推动一批新的"去产能""去库存""去杠杆""降成本""补短板"的政策措施落地，优化存量资源配置，扩大优质增量供给。

（2）扎实有效去产能，运用市场化法治手段完成全市国有"僵尸企业"的有效处置工作。引导房地产市场的理性消费，加大力度化解非住宅商品房库存，加快消化商业办公用房库存。促进企业盘活存量资产，推进资产证券化，支持市场化法治化债转股，加大股权融资力度，强化企业特别是国有企业财务杠杆约束，逐步将企业负债降到合理水平。进一步制定涉及降低企业税费负担、用工负担、融资成本等多方面的政策措施。加大补"短板"力度，加快提升公共服务、基础设施、创新发展和资源环境等的支撑能力。

（四）持续加强重点领域改革

（1）全面深化国资国企改革。稳妥推进混合所有制改革，改革国有资本授权经营体制，推进国有资本经营公司试点和混合所有制试点，推动国有资本做大做强做优。深化公共资产负债管理职能云平台建设，不断拓展内涵和外延，推进财政、国资、扶贫资金管理等系统一体化建设，确保公共资产"摸得清、来去明、管得住、利用好"，加快完善以管资本为主的国资监管体制，加强事中和事后的监管力度。健全完善公司治理体系，推进企业董事会规范化建设。

（2）突出抓好财政系统改革。建立财权与事权相匹配的财政体制，深化预算绩效管理改革。加快政府购买服务改革，支持事业单位和社会组织承接政府购买服务。探索以城市为中心、功能辐射周边的区域性重大基础设施、公共服务项目共建共享模式，建立各级财力保障和分担机制。

（3）加快推进金融改革。鼓励和支持金融机构为"一带一路"沿线国家城市和企业提供跨境金融服务。争取开展绿色金融试点，创新发展绿色金融产品，推动绿色企业上市。引导传统金融机构依托"互联网+"、支付终端等技术转型升级，加强互联网金融的规范化管理。

（4）推进财政投融资机制改革。探索财政支持经济社会发展的方式。对国有控股公司主要采取股权投入、引导基金、贷款贴息、税收优惠等措施。对中小企业主要采取由政府融资担保体系给予担保、以奖代补、税收优惠、引导基金等办法。对农村经济组织主要采取以奖代补、先建后补、民办公助、一事一议等方式。对公共基础设施建设主要采取资本金收入、规范 PPP 等方式。对公共服务主要采取以奖代补、购买服务、拨款补助等方式。

第二章 柳州市

一、改革进展及成效

（一）着力加强供给侧结构性改革

深入开展"稳增长、降成本"工作，全年为企业减负约 8 亿元。积极部署柳州市"僵尸企业"处置出清工作，制定处置"僵尸企业"实施方案。制定供给侧结构性改革"去产能"行动计划，建立过剩产能行业职工安置工作协调机制，出台化解过剩产能职工安置工作突发事件预防和应急处置预案，扎实推动钢铁、化工、水泥等行业化解过剩产能。

（二）深化"放管服"改革

（1）提升服务优势，优化审批流程。最大限度压缩审批时限、优化审批流程；重新修订各级操作规范、流程图和服务指南 1249 个，审批办理层级压缩在两个以内。清理涉及审批环节、政府买单的中介服务、取消审批收费等，预计每年为企业节省近 600 万元；清理的审批前置收费，预计每年为企业降低 3000 多万元的经营准入门槛。积极推出"保姆式"上门帮办、"预勘"服务、"照证一窗通""政银合作"和"CEPA 绿色通道"等新型服务，再创广西审批服务先例。运用"互联网+政务服务"方式，创新推出"一网一微一系统一平台"，以"最多跑一次"办事理念，打造网上大厅"一站式"全流程服务，增加掌上办事大厅微信功能，2017 年荣获中国"互联网+政务"50 强。

（2）创新政府配置资源方式，健全公共资源交易体系。一是健全进场交易机制。简易办理程序，提高集中交易项目进场效率。制定了《关于在公共资源交易领域加强对精准扶贫项目"放管服"工作的实施方案》，为精准扶贫项目提供"四个优先服务"。二是优化涉企服务。2017 年 4 月 1 日起，暂停电子投标服务费、交易服务费、政府采购代理服务费、标书制作工本费 4

项收费,预计每年可减轻企业和社会负担约 400 万元。三是强化信息化建设。推进交易项目全流程电子化,积极推行工程监理项目电子化招投标。探索交易项目远程异地评标评审,拟建立全市统一的异地远程评标系统。着手建设大数据分析系统,确保项目建设工作顺利推进。四是健全监督管理机制。梳理监管职责,探索市县统一监管模式;完善制度规则,规范公共资源交易活动;开展社会监督活动,拓宽监督渠道。

(三)深入推进国企国资改革

(1)全面推进国企改革,加快"1+N"文件落地。持续推进国企国资改革向"深水区"迈进,推进国有产权制度、国有企业负责人薪酬制度等制度改革。出台了国有企业重组整合、监管企业功能界定与分类、加强和改进国有资产监管、国有企业负责人薪酬制度等 17 个国企国资改革文件,国企国资改革顶层设计基本完成,形成"1+16"国企国资改革政策体系。

(2)深化国有企业混合所有制改革,推进布局结构调整。稳妥推进柳州市国有企业混合所有制改革。实施大企业集团战略,推动国有企业重组整合,不断优化国有企业布局结构,打造了一批支撑柳州市产业升级、树立柳州市形象的大企业集团。完成轨道交通、城建、金融、东城、产业、北城、水务、文化旅游和农业投资九大集团公司的组建工作。出台推进国有企业发展混合所有制经济的实施意见,推进集团公司新成立 3 家混合所有制子企业。

(四)深化财税体制改革

(1)加快财政事权和支出责任划分改革,完善政府购买服务制度。积极配合做好自治区财政事权和支出责任划分改革相关工作,梳理柳州市以下财政事权和支出责任划分。制定柳州市对所辖区财政事权和支出责任划分改革工作方案。建立完善的政府购买服务制度,调整完善政府购买服务指导目录。

(2)深化预算管理制度改革,全面推开营改增试点工作。出台地方政府一般债务和专项债务预算管理办法,建立健全地方政府专项债务预算管理长效机制,有效防范和化解政府性债务风险。全面推开营改增试点工作,全市 1.88 万户试点纳税人税制转换平稳过渡,总体税负平均下降至 2.92%,顺利实现"税负只减不增"的目标,累计为企业减税 16 亿元,有力地支持了地方经济的发展和转型升级。

(3)转变征管方式,提高税收征管效能。大力推进税收征管现代化,充分发挥税收职能作用，深化征管改革，转变征管职能，推动征管方式转变，进一步完善税收征管组织体系，注重信息化在分类分级管理、税收风险管理方面的运用，着力解决机构职责、资源配置、社会地位、队伍建设与税源状况、工作要求不匹配、不适应等问题，优化征管职能和人力资源配置，实现纳税服务标准化、基础管理属地化、风险管理专业化和法制事务规范化。

（五）推进金融体制改革

（1）创新金融产品，扶助实体经济。鼓励金融机构推出各种服务企业的金融产品，多层次、多维度地满足企业自主创新方面的融资需求。多家银行推出了应收账款质押业务、保兑仓业务、动产质押等多样化融资服务，为企业创新发展提供了资金支持。通过推进金融支持企业产业"群""链"发展，创新融资产品，打造"银担、银商、银政"合作平台，推动企业融资规模稳步提高。以构建区域性产业金融中心为核心，完善金融体系建设。根据新形势、新要求，改革和完善金融监管体制，加强金融市场制度建设，运用多种政策工具组合，创造有利于发展的金融环境。继续开展"引金入柳"，通过不断吸引更多的境内外机构入驻柳州市以及境内外资金投入柳州市、留在柳州市，并鼓励符合申报条件的民营资本发起设立民营银行，增强柳州市金融活力，服务实体经济发展。

（2）持续深化投融资体制改革，进一步完善决策机制。规范和加强市本级政府性投资基本建设项目的投资管理，出台了《柳州市本级政府性投资基本建设项目投资决策机制》，对政府性投资的项目范围、资金来源、决策原则、决策内容和决策执行等方面予以确定，确保项目投融资有序。出台了《柳州市深化投融资体制改革的实施方案》，将进一步促进转变政府的投资管理职能，不断释放市场活力和增强内生动力，加快建立新型投融资体制机制，充分发挥投资对稳增长、调结构、惠民生的关键作用。

（六）健全创新驱动发展体制机制

（1）突出改革顶层设计，加强创新政策供给。加强创新政策供给，相继出台了《柳州市关于深化体制机制改革实施创新驱动发展战略创建国家创新型试点城市的实施意见》《柳州市企业购买科技成果转化补助暂行办法》《柳州市科技创新券实施管理办法（暂行）》《柳州市小微企业创业创新基地城市示范专项资金管理办法》等政策，为柳州市创新驱动提供政策保障。

（2）多措并举，全面构建创新体系。一是力促企业创新能力提升。加强对企业建设技术中心、研发中心及重点实验室的指导和培育。推动企业积极申报自治区级企业技术中心、工程技术研究中心和重点实验室，对获得自治区企业技术中心或工程技术研究中心的企业，柳州市另外奖励一次性补助20万元。二是力推技术创新公共服务平台搭建。以建设小微企业创业创新基地城市的有利契机，安排财政资金，重点打造100个面向企业研发设计、试验验证、检验检测、成果转移转化等促进企业创新创业的公共服务平台。三是做好高新技术企业认定和培育工作。目前已有72家高企获得国家公示，新增高企27家。新增自治区级知识产权优势培育企业17家，新增广西高价值培育示范中心1个。四是加快知识产权工作实施。拥有有效发明专利3073件，万人发明专利拥有量达7.83件/万人，位列全区第二。五是加快自主创新示范区建设。全力配合自治区人民政府创建南柳桂北国家自主创新示范区。六是建立科技人才机制。利用国内外两种创新资源，争取国家、自治区高层次创新资源落户柳州，加快引进国内外的科技资源。引进清华紫荆（柳州）技术转移中心等知名大学的高端科研平台及研究团队；加强政企合作，加大引导协调力度，政府和企业共同加大研发投入，以科技园、职教园为载体，建立政产学研协同创新体系机制；培育科技中介服务机构7家作为示范试点，逐步形成覆盖全市的科技中介服务网络。

（3）聚焦"双创"多点施策，激发社会创造活力。出台了《柳州市支持科技企业孵化器和众创空间建设发展办法（暂行）》《柳州市全面推进小微企业创业创新基地城市示范工作的若干政策措施》，明确对国家高新技术企业认定、柳州市创新创业大赛的资助政策。初步构建"孵化生态"和"创业生态"的"双生态"模式，打造"众创空间+孵化器+加速器"全孵化培育链。

（七）大力推进社会体制改革

（1）深化医疗、医保、医药联动改革，完善社会保障体系。一是出台配套改革文件。全面推开城市公立医院综合改革，推进现代医院管理制度建设。从公立医院管理体制、药品招标、医院监管、医疗规划、中医药发展、专科建设、医改宣传等多方面进一步完善城市公立医院综合改革配套文件。二是稳妥推进改革任务。稳妥推进药品集中带量采购工作，积极推行药品购销"两票制"工作。柳州市所有公立医疗机构于2017年9月1日起在药品采购全面推行"两票制"，同步清退不符合"两票制"要求的库存药品。建立公立医院绩效考核体系，出台了《柳州市公立医院绩效考核方案》。健全分级诊疗制度，推动紧密型医联体、医共体建设，组建跨区域专科联盟，完善远程医疗，深入推进家庭医生签约服务。三是扎实推进城市公立医院人事薪酬制度改革。2017年3月，自治区将柳州市列为自治区公立医院薪酬制度改革试点城市，要求出台柳州市公立医院薪酬制度改革实施方案并组织实施。为加快推进城市公立医院薪酬制度改革，充分调动医务人员积极性，稳定卫生人才队伍，出台了《柳州市城市公立医院薪酬制度改革实施办法（试行）》。目前该办法已通过了政府常务会和市委常委会，等待正式下发。四是深入实施全民参保计划。深入推进"全民参保登记计划"，把被征地农民纳入社会保障范围，实现农业转移人口的无障碍参保，稳步开展建筑业参加工伤保险专项行动，落实和完善社保衔接转续政策，建立统一的城乡居民基本医疗保险制度。目前，城乡居民医保各项经办业务正有序开展，实现了城乡基本医保制度的"八统一"（即统一管理体制、统一覆盖范围、统一筹资政策、统一保障待遇、统一医保目录、统一定点管理、统一基金管理、统一信息系统）。

（2）优化公共就业服务，促进公共服务均等化。一是推进就业实名制工作。对柳州市 16~59 周岁的适龄劳动力进行就业失业实名登记，并通过信息化手段，逐步实现动态管理和分类管理。二是建成覆盖城乡的公共就业服务体系。2017 年末，已建成覆盖全市 116 个街道（乡镇）、1207 个社区（行政村）的公共就业服务体系，在 13 个乡镇建立了人才分市场，所有行政村均已建立就业和社会保障工作站，为进城务工人员提供及时有效的就业用工信息等服务。三是积极推进公共就业服务信息网络联网建设。2017 年末，全市12 个县区公共就业服务中心、116 个乡镇（街道）、39 个职业培训机构、325 个社区（行政村）公共就业服务体系全部联网，联网率、登录信息系统办理业务登录率均达到 100%。

（3）深化事业单位和社会组织改革，完善退出机制。根据中央、自治区稳慎推动生产经营类事业改革的有关要求，柳州市认真研究草拟生产经营类事业单位改革总体方案，拟从加强生产经营类事业单位改革工作的组织领导，进一步明确相关部门责任，根据实际情况分批分类推进改革，明确改革的时间节点和工作步骤等方面推进改革工作。目前已初步完成总体方案的起草工作，待自治区改革方案和配套政策明确后，将及时提请市委、市政府审议印发。同时还积极探索推进职能弱化的生产经营类事业单位退出事业单位序列，选择市园林规划建筑设计院进行改革试点工作。

二、存在的主要问题

（一）供给侧结构性改革方面

一是进一步降成本措施出台难度较大。降成本的主要措施的制定权限基本在自治区，柳州市各部门进一步拿出市级降成本措施的空间有限。二是柳州市"僵尸企业"处置工作进展滞后。核定"僵尸企业"需要掌握大量的基础数据，短时间内难以掌握；企业或企业负责人不配合填报有关数据；"僵尸企业"身上背负大量的人员和债务，处置起来非常困难，这既会影响到员工利益和地方的经济社会发展，也对金融机构构成巨大现实和潜在风险。

（二）行政审批制度改革方面

一是审批与监管职责有待进一步厘清。由于上级下放或委托市级承办的事项和需由市级提出初审意见或代为现场勘查的事项，存在职责划定不清、承办法律依据不足等问题，有些审批与监管的边界无相关法规明确界定。二是行政执法人员短缺。根据《关于开展全区行政执法人员专项清理工作的通知》要求，柳州市行政审批服务中心被委托执法目前尚无法律依据，不能成为"受委托行使行政执法权的组织"，而中心承接审批局所有的行政许可工作，需要获得委托行政执法资格，这就造成了行政执法人员的紧缺。三是公共资源交易监管工作有待指导与改善。公共资源交易监管工作指导文件较少，公共资源交易监管部门存在职责不清、界限不明及监管模式、监管水平参差不齐等问题。

（三）国资国企改革方面

一是国企国资监管政策体系需进一步完善。国家和自治区层面国企国资改革"1+22"配套文件已逐步出台，柳州市也相应出台了部分文件和政策，但仍有部分文件由于多方面原因无法出台并实施。二是国有经济布局结构调整相对缓慢，产业结构仍不尽合理。柳州市监管企业过度集中在基础设施建设、政府性投融资等，而战略性新兴产业比重不高，专业化优势不明显，核心竞争力不强而导致企业债务重，融资能力不强，处置低效和无效资产力度不够。三是公司法人治理结构不够健全，市场化的经营机制和监管机制不够完善。规范董事会建设尚未实质性开展，协调运转、有效制衡的企业法人治理结构尚未真正建立，市场化导向的选人用人机制、分配机制和长效激励机制有待完善。四是混合所有制改革推进效果不理想。混合所有制改革推进缓慢，投资回报率低，引入外部战略投资者工作相对滞后。

（四）金融体制改革方面

一是金融机构有待发展。柳州市目前还没有外资银行进驻，信托公司、融资租赁公司及财务公司等非银行金融机构还有待发展。二是区域地位有待增强。柳州市金融辐射及带动作用有待加强，区域金融一体化建设成效不突出，区域金融中心地位不够显现。三是存在的困难。当前全市推进重大项目过程中仍存在审批耗时较长，项目建设资金需求大，项目融资无法全覆盖，征地拆迁困难，部分项目业主推动效率较低等问题。

（五）科技创新方面

一是科技创新政策支撑体系还是不够健全。现有的激励科技创新政策较多，但部分政策还缺乏相关的配套政策和实施细则，针对高新技术企业优惠政策落实不到位，高新技术企业税收优惠等政策有待进一步完善。二是企业创新主体意识还是不强。企业整体研发投入还是不足，科技型领军企业不多，数量众多的民营科技中小企业更面临融资难问题，科技创新能力更加薄弱。全市科研开发机构数量少、力量薄弱、研发水平参差不齐，高层次和高水平的研发机构偏少。三是创新投入还是相对不足。科技创新投入远不能满足创新驱动发展的需求。全社会科技创新投入的有效形式还不够丰富，政府投入为引导、企业投入为主体、金融信贷与风险投资为支撑、社会投入为补充的多元化、多渠道、高效率的科技投融资体系仍需完善。

（六）社会体制改革方面

一是扶持大众创业的政策资源整合程度有待提高。社会各界参与投建创业孵化基地的积极性不高；承担就业创业重要作用的乡镇和行政村就业创业工作经费普遍缺乏。此外，劳动力总量供大于求的矛盾依然存在，就业结构性矛盾日益突出，创业带动就业工作力度还不够大，公共就业服务均等化程度有待提高。二是城乡居民参保缴费受到多方制约。有些学校不积极配合做好学生参保工作；农村经办平台进展缓慢；由于银行的管理问题，导致原新农合的代扣代缴工作在合并后无法正常开展。

三、下一步改革思路

（一）继续推进产能过剩行业企业市场化退出机制

一是加大宣传力度和政策解读。加强对地方执行部门的业务指导，编制政策宣传手册，细化政策执行实施流程。同时，加强政策解读力度，对政策执行中容易造成误解的，要及时给予权威解答，并及时向社会公布。积极指导和帮助企业用足用好自治区降本减负的惠企政策。二是通过市场竞争机制来淘汰"僵尸企业"。健全法律制度，使"僵尸企业"的破产、兼并、重组有法可依，也让企业形成稳定预期，打消侥幸心理。加快处置"僵尸企业"和亏损企业治理，全面深入推进国有企业职工家属区"三供一业"分离移交。同时加快推进有关部门和各县区开展疑似"僵尸企业"核查工作，对确定的"僵尸企业"及时录入系统并实行动态管理。三是全力推动产业转型升级。引导产能过剩行业转型提升，采取有针对性的措施，鼓励钢铁企业优化产品结构，增加特种钢、优质钢等中高端产品供给。四是推动地区产业转移和产能合作。积极开展与"一带一路"沿线国家的产能合作，拓展产能发展新空间。

(二) 深化行政审批制度改革

一是围绕改革深化行政权力相对集中。继续深化"一枚印章管审批"改革工作，推进县（区）、开发区相对集中行政许可权改革试点工作，消除行政审批制度改革"中梗阻"。二是围绕标准规范行政权力运行。继续完善行政权力运行流程相关后续工作，结合"两单融合"，落实行政权力运行流程动态调整机制。梳理编制行政许可目录、公共服务事项、进驻政务服务中心事项清单。进一步推进前台审批和实地核查相分离的改革工作。三是围绕惠民开创系列政务服务。坚持以人为本、以服务为本的窗口形象，积极为企业和群众创新提供快捷、高效、优质的服务。继续在商事制度改革、便民利民服务创新，结合电子化信息技术，简化优化审批流程，进一步激发社会投资、创业积极性。四是围绕"互联网+"搭建政务平台。积极推进重大项目联合审批工作，构建一整套公开透明、高效便捷的政务服务体系，让群众办事更方便、创业更顺畅。五是围绕公平推进公共资源交易。进一步完善柳州市公共资源交易领域制度规则。强化公共资源交易管理委员会机制，研究解决在公共资源交易监管过程中出现的难点问题。健全公共资源交易社会监督机制，确保公共资源交易社会监督活动常态化、专业化、标准化。全面梳理柳州市各部门公共资源交易监管职责，强化监管，落实责任，提高效率。

(三) 加快国资国企改革

一是加快国企国资改革政策落地。加快出台了《关于建立国有企业职业经理人制度的指导意见》《柳州市混合所有制企业员工持股试点意见》《推进市属企业上市的实施方案》，开展改组或组建国有资本投资运营公司工作。二是健全完善公司治理体系。推行公司制改革和规范董事会建设，在国有独资企业董事会推进实施外部董事制度。加快外派监事会工作制度建设，使外派监事会工作有章可循，制度化、规范化开展工作。三是加快国资监管职能转变。积极推进国资监管机构职能和监管方式转变。推进市本级经营性国有资产统一监管，逐步实现国资监管全覆盖。

（四）创新推进财税体制改革

一是建立和完善政府购买服务信息平台。2018 年，柳州市将初步建立"信息充分公开、公开内容一致、提供信息同步、发布渠道集中"的政府购买服务信息平台，各购买主体通过其部门门户网站公告政府购买服务项目信息，按政府采购程序组织的购买服务项目通过政府采购信息制定媒体上公告的相关信息。二是创新推进国税地税征管体制改革。探索建立以全面委托国税实施随征税费为前提，明确国地税合作的具体事项，统一国地税相互授权的实施范围，全面整合国家税务局、地方税务局服务资源。三是创新抓好地方税体系构建。做好环保税的征收工作，确保环保税顺利开征；深化资源税改革；做好水资源税开征工作；做好消费税、个人所得税改革的调研工作。落实好《广西行政事业性收费、政府性基金征收职能划转地税方案》，健全地方税费收入体系。四是持续推进转变税收征管方式。按照区地税转变税收征管方式的要求，抓好"五个体系"构建工作，即建立健全与事中事后管理相适应的征管制度体系；构建分类分级的专业化管理体系；建立严密高效的税收风险管理运行机制；优化以数据治理为重心的税收信息化体系；建立征管质量与绩效管理相融合的监控评价体系。五是深入推进税收风险管理。以风险管理为导向，将税收风险管理贯穿于税收征管的整个流程。完善风险管理各项机制，实现风险管理一体化的高效管理。加强风险管理系统的应用，建设各行业、税种风险特征库存、模型和指标体系并持续优化，提高分析识别准确率。加强风险应对管理，抓好重点行业、重点税种、重点事项、重点领域的风险管理，按低风险提醒服务，中风险纳税评估，高风险税务稽查的方式开展应对工作。

（五）加大金融体制改革

一是更好地发挥好金融"造血"功能。用好开发性及政策性金融扶持政策。继续组织符合条件的项目申报国开行、农发行专项建设基金，争取降低项目资本金成本。二是进一步拓宽融资渠道。积极指导企业采取海外发债、企业债券等多种渠道灵活融资，通过探索不断扩大政府向社会力量购买服务范围和方式来实现业务创新，为重大项目建设提供长期稳定、低成本资金支持。三是继续坚持实施"引金入柳"战略。完善金融体系建设，推动全国性商业银行进驻柳州，争取外资金融机构进入柳州实现零的突破，鼓励非银行类金融机构进驻柳州。四是加快柳州金融"走出去"步伐。推动各大银行机构实现海内外分行联动，为区域内客户提供国际结算、贸易融资、现金管理、项目融资、投资银行等金融服务。规范发展网络金融、供应链金融等金融新业态，增强对创新创业、新兴产业开放发展的支持力度。

（六）继续深化科技体制改革

构建科技项目新的"高度"和"广度"；继续引导企业主导技术创新、支持企业建立研发平台、鼓励企业加大研发投入为抓手，健全产学研用协同创新机制，强化创新链和产业链的有机衔接；探索建立多种形式的科技金融结合机制，推进科技投融资体系建设；加强科技创新服务体系建设，完善对中小微企业创新的支持方式；扩大科技交流合作，深化"科技入柳"长效机制；强化知识产权维权体系，抓好专利申请，引导企业以市场竞争为导向不断提高知识产权质量，帮助企业守住创新的后防线。

（七）进一步完善社会保障体系

一是促进公共服务均等化。进一步加快教育、医疗卫生、社会保障等社会领域供给侧结构性改革和体制改革步伐，推动教育、医疗卫生、社会保障供给服务均等化发展。二是实施更加积极的就业政策。持续推进"大众创业、万众创新"，促进以创业带动就业，强化政策扶持，推进创业孵化基地、农民工创业园和众创空间建设，持续优化创新创业环境。三是深化医疗卫生改革。推进紧密型医联体和医共体建设，进一步扩大县域医共体建设范围，完善医联体内分工协作机制；探索开展药品集中带量采购工作，鼓励医联体与医联体组成采购联合体或医联体跨区域与其他医疗机构组成联合体进行议价采购；进一步健全家庭医生签约服务制度，建立健全签约服务激励约束机制。进一步推进 DRGs 付费方式改革，积极配合开展医养结合工作。

第三章　桂林市

一、改革进展及成效

（一）深化行政审批制度改革继续走在前列

全面完成权责清单"两单融合"，公布了新的《桂林市人民政府部门权责清单》，明确了 43 个部门权力事项 3033 项、共性权力 10 项，与行政权力对应的责任事项 20332 项。推进"互联网+政务服务"，制定实施了《加快推进网上政府服务工作实施方案》，桂林市"互联网+政务服务"平台于 2017 年 9 月底试运行。推动集中审批，积极推进行政审批服务局筹备组建工作。"四所合一"改革顺利通过自治区的评估验收。

（二）供给侧结构性改革体现桂林特色

（1）防止新增过剩产能方面。一是严把审批准入关，严格执行国家、自治区关于化解产能严重过剩矛盾的相关政策，全市本级未以任何形式审批、核准、备案过产能严重过剩行业新增产能项目，也未受理过需提请自治区"两高会"审核的"两高一剩"项目。二是牵头开展打击取缔"地条钢"专项行动，在全面摸底排查、制订工作方案、落实主体责任、明确部门职责、设立举报电话、督促设备拆除、开展全市督查、按月上报进度、纳入绩效考核、公示拆除信息、指导县区验收等方面做到了全流程全覆盖，2017 年 8 月 15 日，已完成拆除"地条钢"任务的桂林平钢钢铁有限公司通过了国家取缔"地条钢"抽查组第三组的实地检查。

（2）培育升级优势产能方面。一是城区老工业区搬迁改造扎实推进，桂林国际线缆大型环保特种线缆技术升级搬迁改造项目获 2017 年城区老工业区搬迁改造中央预算内资金 1698 万元支持，是 2017 年广西唯一获资金支持的项目，组织完成桂林创源金刚石有限公司搬迁改造非金属脆性材料加工智能系统项目竣工验收工作。二是加快推进中电科光电子光通信产业园等先进制造业基地建设，顺利完成年度投资计划。三是加快推动现代服务业集聚区建设和实施好服务业百项重点工程。出台服务业集聚区发展规划、五年行动计划和认定办法，15个服务业集聚区列入《广西现代服务业集聚区发展规划（2015～2020年）》，已开工建设8个，完工投入运营3个。广西物资集团桂林储运总公司物流园、桂林创意产业园、龙胜生态旅游核心示范集聚区被自治区认定为首批现代服务业集聚区。建立百项重点工程实施情况月报制度，组织指导37个服务业项目申报获批2017年自治区服务业发展专项资金2715万元。四是依托国家健康旅游示范基地建设加快发展健康养生产业。成为全区唯一获批创建国家健康旅游示范基地的城市，创新医养合作模式，26个重点项目纳入《广西健康产业三年专项行动计划（2017～2019年）》，计划总投资超150亿元。五是服务业业态加快升级，完成靖江王府、塔山、福隆园等文化旅游休闲街区改造，支持雁山区万达旅游城、阳朔戏楼、益田西街等商贸综合体项目加快发展，大力发展金融、信息服务、现代物流、商务会展等产业，打造服务业标准化试点企业提升工程，提升前三批全市服务业标准化试点企业质量。六是着力培育特色农业，保障农产品有效供给。基本完成2016年41个项目"菜篮子"工程项目验收工作，安排市级财政补助专项资金799万元，有力支持蔬菜、食用菌、肉牛等基地规模化、标准化建设。积极申报创建莲花镇红岩村农村产业融合示范园，进一步落实恭城县国家级农村产业融合试点县建设工作。七是编制完成《桂林市军民融合发展专项规划（送审稿）》，明确了桂林市军民融合发展的重点目标、重点任务，部署了重大项目。

（3）加强国际产能与区域经济合作方面。《粤桂黔高铁经济带合作试验区（桂林）广西园发展总体规划（2016～2030年）》通过广东、贵州、广西三省区专家评审，自治区发展改革委与桂林市人民政府联合行文上报自治区人民政府。牵头市相关部门配合贵州方面做好第三届粤桂黔高铁经济带合作联席会议筹办事项。组织编制了《市发改委关于〈珠江—西江经济带发展规划〉实施三年中期评估报告》，梳理谋划83个合作项目列入珠江—西江经济带（广西）投资合作项目手册，认真落实珠西发展若干政策并及时总结。

（4）降低电力成本方面。组织桂林市39家企业参与电力市场化交易，降低用电成本约900万元；指导广西桂林高铁经济产业园区增量配电网试点项目申报列入配电业务改革试点。

（5）提供公共服务供给能力方面。一是根据国家及自治区发布的基本公共服务均等化规划，研究编制了《桂林市基本公共服务均等化"十三五"

规划》，作为"十三五"桂林市履行公共服务职责的重要依据，并将向社会公示"桂林基本公共服务标准清单"，把基本公共服务制度作为公共产品向全民提供。二是争取中央预算内资金 2.76 亿元支持桂林市社会民生领域 35 个项目已全部开工，开工率跨入全区第一队列。三是扶贫开发持续推进，组织实施以工代赈及其示范工程 78 个，年度完成投资 2305 万元，累计完成投资 4085 万元，完成计划投资的 79%，其中完成中央预算内投资 3701 万元，建成村屯道路 91.7 千米、硬化通村屯道路 29.3 千米，惠及群众 3.5 万多人。

（三）商事制度改革继续走在全区前列

从 2017 年 9 月起实施"多证合一、一照一码"改革，优化登记流程。在全区率先实现企业登记全程电子化全覆盖，全市电子化业务总量占全区的 83.4%，在全区排名第一。推行简易注销登记、"双随机一公开"监管机制。工商登记制度改革激活了市场主体，全市实有市场主体同比增长 13.07%。

（四）国资国企改革稳步推进

制定《桂林市人民政府关于推进国有企业发展混合所有制经济的实施方案》，在金融、商业类国有企业稳妥推进混合所有制改革，引进中广核集团对桂林银行增资扩股。成立了桂林国投产业发展集团有限公司，国企监管力度不断加大。

（五）改革规范市级投融资平台，组建市级投融资公司

严格按现代企业制度要求，将原市级投融资公司和 22 家相关企业重组为 8 家投融资公司，推动了政府投融资平台转型发展，规范了政府投融资行为，增强了投融资能力和防范风险能力，为全市经济建设和社会发展提供了有力支撑。同时金融体制改革加快推进，建立"4321"新型政银担合作关系，新增"新三板"挂牌企业 2 家。

（六）旅游综合改革效果明显

一是加快市级旅游资源整合。整合调整桂林旅游发展总公司和桂林旅游股份有限公司，理顺两公司领导体制，组建景区管理公司和榕湖酒店管理集团，打造桂林旅游航母步伐加快。二是创新旅游管理机制。完成了桂林国际旅游胜地建设发展规划纲要中期评估，国际旅游胜地建设取得阶段性成果。全域旅游全面推进，灵川县入围 2017 特色旅游名县创建县，旅游"双创"工作全区领先。加快构建"互联网+旅游"新机制，推进智慧旅游城市建设，成立"互联网+旅游"阳朔基地。稳妥推进导游管理体制改革，进一步完善联合执法机制，成立广西首支旅游警察队伍，基本形成"1+3"综合监

管模式。三是漓江管理体制改革持续深入。漓江管理体制改革列入自治级改革试点，领导小组会议审议通过了三个漓江管理体制改革方案，各项改革举措正在陆续推出，实施漓江水上游览特许经营权管理；积极推行漓江分段游、分时游、分区域游览新模式；整合漓江游船企业，实施星级游船管理办法，建立完善的漓江星级游船票价体系；建立健全漓江流域网格化综合执法体系。四是"厕所革命"带动旅游品质提升。以旅游厕所革命为引领，把在景点景区和城市开展的旅游厕所建设拓展为城乡一体推进的全面厕所革命，率先开展农村"厕所革命"试点，把农村厕所改造作为"美丽广西"乡村建设活动的重要内容，将"厕所革命"的成果逐渐向乡村推广实现由点到面的转变。全市主要旅游景区、旅游线路沿线、交通集散点、乡村旅游点、游客集中场所建设旅游厕所 85 座，提升原有旅游厕所档次和品位，基本实现今年厕所革命行动目标。兴安作为全区"三改"（改厨改厕改圈）试点县，提前 2 个月超额完成任务。在 2017 年召开的全国厕所革命工作现场会上，厕所革命桂林模式被重点推广，桂林再次获评"厕所革命先进市"，连续两年获此殊荣。

（七）广西投资项目在线并联审批监管平台应用取得初步成效

投资项目在线审批监管平台运行平稳。一是积极推动平台上线使用。根据自治区发展改革委的要求，建成并使用广西投资项目在线审批监管平台。从 2017 年 1 月起，凡报送审批、核准、备案的新增项目 100% 纳入平台受理，做到"平台受理、在线办理、限时办结、依法监管、全程监察"。二是抓紧推进县区在线审批监管平台上线使用。全市发展改革系统通过在线平台办理（审批、核准和备案）的各类项目达 4109 项，项目涉及资金 22901.49 亿元。其中市本级办理项目 415 项，涉及项目资金 606.29 亿元；县区 3694 项，涉及项目资金 22295.2 亿元。其中，审批类项目 2389 项，涉及项目资金 1360.83 亿元。核准类项目 70 项，涉及项目资金 116.58 亿元。备案类项目 1650 项，涉及项目资金 21424.08 亿元。市直相关审批部门在线平台办理的各类审批事项共 916 件。

（八）实施全市价格机制改革

进行市公立医院第二次医疗服务价格测算；实施通管道燃气输配价格、新建住宅小区供配电设施建设维护收费、污水处理收费标准、居民用水用电、用气阶梯价格政策等资源性产品价格改革；制定景区价格管理方式及门票价格管理权限。

（九）城市公立医院综合改革稳步推进

医改工作全区领先，率先探索开展药品集中带量采购，在灌阳成立了全区首家公立医院集团，全市组建3家城市三级医院与辖区县医院医联体、7家医共体，在第四批城市公立医院综合改革国家联系试点城市的综合考评得分位列全区第一，永福、灌阳两县列为自治区综合改革示范县，秀峰社区卫生服务中心被评为"2016年全国百强社区卫生服务中心"（广西唯一）。

（十）建立生态文明建设联动机制

（1）开展生态文明先行示范区待试点建设。加快生态文明先行示范区建设。面向全市印发了《桂林市创建国家生态文明先行示范区实施方案》《桂林市2017年生态文明先行示范区建设工作要点》，明确责任单位及责任人，建立联席会议制度，协调解决生态文明先行示范区创建过程中存在的问题，确保试点建设工作有效推进。印发了《低碳城市发展"十三五"规划》《节能减排降碳和能源消费总量控制"十三五"规划》《循环经济发展"十三五"规划》等全市"十三五"纲领性文件，确保全市"十三五"节能减排有效开展。推进低碳试点建设。组织全州县天湖社区、恭城红岩村、黄岭村等省级农村低碳社区试点负责人参加低碳试点示范培训交流活动，开拓低碳试点视野。

（2）推进水生态文明城市建设。确立最严格的水资源管理制度考核办法和"三条红线"控制指标，将水资源开发利用和节约保护主要指标纳入地方经济发展综合评价体系，该项绩效考核成绩连续三年在区内排名前三。有序推进水生态文明城市建设重点示范项目，川江水库、小溶江已经建成下闸蓄水，斧子口水库正加紧实施，力争年底下闸蓄水；对漓江（城市段）、灵剑溪、小东江、桃花江（乌金河、甲山溪）等7条河流域排水口进行截污整治，水污染得到有效控制。落实最严格水资源管理制度，全市用水总量和废污水排放量逐年减少，提升区域水资源与水环境承载能力，城市生态景观资源得以充分展现。

（3）开展海绵城市试点建设。积极推进海绵城市试点建设项目，琴潭千亩荷塘湿地项目前期工作有序开展，临桂新区北区市政道路项目开工建设，沙塘大道一期进展顺利。

（4）推行绿色交通城市试点。成立绿色交通城市创建工作领导小组，部署绿色交通发展工作。完善管理制度，制定桂林市绿色交通城市专项补助资金申报与发放程序，加强专项资金申报管理。推动绿色交通项目，加大新技术新能源应用力度，全年绿色交通项目投资 6.31 亿元，全年节约标准煤达8400 余吨。

二、存在的主要问题

(一) 部分改革系统性不够

部分改革不配套，造成改革工作落实比较困难。如行政审批制度改革，部分审批事项下放基层，但是相应的机构编制、人员编制没有下放，人、财、物与事不匹配，造成改革工作难以落实到位。四所合一改革后，原有的工作模式没有改变，工作人员没有进行培训，改革的作用无法发挥；农村产权改革进展缓慢，缺乏产权交易平台，金融政策不配套。

(二) 优势产能培育升级步伐较慢

白云电气、啄木鸟医疗器械等项目建设进度偏慢。服务业集聚区缺乏相应的管理机构，没有建立统计制度和运行监测体系，不能全面、真实反映服务业集聚区发展情况。基础设施建设方面，地下综合管廊项目建设实施难度大、成本高。基本公共服务方面，桂林市基本公共服务的制度框架已基本形成，但还存在规模不足、质量不高、发展不平衡等突出问题，基本公共教育、公共卫生服务还有较大的改善空间，公共文化体育服务相对滞后，服务资源在县（区）、城乡、群体之间存在差距。

(三) 县区改革工作总体上力度不够

县区没有设立独立的改革工作机构，工作人员都是兼职，人手不足；部分县区没有改革总体部署，仅承接上级改革任务，没有立足本地实际的自选改革动作。

三、下一步改革思路

(一) 继续深化审批制度改革

进一步深化行政审批"接放管服"工作，落实和完善行政审批事项目录管理等已经出台的制度，推进集中行政审批，深化"互联网+政务"工作创新。完善政府部门权力运行流程、权力清单和责任清单动态调整机制。进一步深化商事制度改革，推进工商注册登记便利化，完善市场监管体系，加强市场信用监管，完善市场主体信用体系建设，探索进一步优化营商环境的举措。

（二）继续实施供给侧结构性改革

探索建立推动高质量发展的体制机制，加快形成指标体系、政策体系、标准体系、统计体系、绩效评价、政绩考核体系。进一步落实已出台的"三降一去一补"措施，探索具有桂林特色的供给侧结构性改革新举措。深入落实重振桂林工业雄风的各项措施。加快园区基础设施建设和管理体制改革，推动园区转型升级。继续深化服务业综合改革，促进服务经济进一步做大做强做优。建立完善"四上"企业培育机制。

（三）继续深化国资国企改革

加快落实全面深化国资国企改革的实施意见，深入推进国有企业发展混合所有制经济改革，推进企业改制和股权重组。整合存量国有资产，充实和抓好产投集团、新城集团及榕湖饭店等独资公司组建后续相关工作，壮大全市投融资企业。完善企业负责人业绩考核和薪酬激励政策。加大国有企业监管，落实外派监事会制度。

（四）继续深入推进财税和投融资体制改革

完善市辖区财政体制，深化预算制度改革，落实投融资体制改革的各项举措，加快组建投融资集团，出台完善相关配套政策。加强融资服务和政银企合作，为实体经济发展提供强大的金融支持。落实自治区关于深化投融资体制改革的实施意见，健全政府和社会资本合作（PPP）工作机制，加快建立新型投融资体制，规范政府投资行为，推动桂林市有较好现金流、有稳定回报预期的新建基础设施项目和基础设施存量资产运用PPP模式实施，加快推进灌阳至平乐高速公路项目等首批示范性PPP项目。

（五）继续加快旅游综合改革

加快旅游资源整合，探索打造桂林旅游航母的新举措，推进旅游企业集团化发展。建立完善的旅游投诉统一处理机制。建立桂林"城市旅游服务中心"旅游公共服务新品牌。落实漓江管理体制改革方案，进一步完善漓江风景名胜区管理机构，推行漓江"四分游"。进一步挖掘国际旅游胜地建设的政策潜力，加快落实国家赋予桂林的各项政策。

（六）继续积极融入"一带一路"建设

争取桂林市的参与建设"一带一路"实施方案尽早获批实施，建立常态化的工作机制，积极推动珠江—西江经济带、泛珠三角区域、高铁经济带、大湄公河次区域等多区域合作，主动融入"渝桂新"大通道，推进"渝桂新"南向通道建设，力争粤桂黔高铁经济带合作试验区（桂林）广西园发展总体规划获批实施。

（七）继续突出抓好医改配套措施的制定和实施

全面推进分级诊疗、现代医院管理、全民医保、药品供应保障、综合监管五项制度建设。

（八）继续统筹推进新型城镇化建设

充分发挥推进新型城镇化联席会议平台作用，重点抓好全州、荔浦两县试点工作，提升城镇综合承载能力。

第四章　梧州市

一、改革进展情况及主要成效

(一) 深入实施供给侧结构性改革

认真贯彻《梧州市加快推进供给侧结构性改革的实施方案》(梧发〔2016〕25 号) 文件,认真落实"三去一降一补"工作。在去产能方面,2017 年 6 月 30 日前全面完成取缔"地条钢"目标任务,通过自治区和国家验收。在"去杠杆"方面,鼓励企业更多地通过股权等方式融资,支持符合条件 3 家企业上市,4 家企业在新三板挂牌,64 家企业在广西北部湾股权交易所等区域性股权交易市场挂牌。在"去库存"方面,加快房地产去库存政策措施落实,库存商品房周期下降至 14 个月;在降成本方面,从降低制度性交易成本、税费、行政事业性收费等方面着手,帮助企业减轻负担,全年帮助企业减负 6 亿元以上。在补"短板"方面,持续加大脱贫攻坚、教育卫生、科技创新等重点领域投入,着力补齐社会民生发展"短板"。

(二) 大力推进"一套系统管信用"改革

积极组织召开诚信企业专场政银企融资座谈会,现场促成了 3 家诚信企业与金融机构达成融资意向,12 家企业提出的融资难点得到现场释疑。通过制定了《梧州市在行政管理中推广应用信用记录和信用报告的若干意见》,积极推动政府部门在行政许可、政府采购、公共资源交易等重点领域使用信用产品及服务,以政务领域的示范作用,推动信用产品和服务在社会的广泛应用。进一步加强诚信宣传工作,将征信知识教育普及全市 1045 所中小学校、11518 个班级、50 多万中小学生,成为广西首个征信知识纳入中小学德育教育体系全覆盖的地市。继续做好梧州申创信用建设示范城市工作,争创全国第三批社会信用体系建设示范城市,申请报告和创建方案均已上报国家发展改革委和人民银行审核。

（三）积极推动财税金融制度改革

出台了《梧州市本级政府性债务管理暂行办法》《关于进一步做好政府债务管理工作的通知》，扎实推进政府债券置换政府存量债务和新增债券安排使用。在加强对县（市）级财政收支管理监督的同时，加大对县域经济的支持，促进县域经济发展。加强各城区与市本级的财政管理体制的建设，研究制定《关于印发粤桂合作特别试验区（梧州）财政管理体制（试行）的通知》（梧政办发〔2017〕136号），促使城区与市本级携手共同发展。积极推动市本级和各县（市、区）建立预决算公开统一平台，进一步加强和完善政务信息公开平台建设。统筹抓好农村金融改革，以打造农村金融改革升级版为目标，加快推进农村金融改革。在全市范围内推广学习藤县创建广西第二个"信用县"的成功经验，全面开展涉农主体信用信息采集和评定工作。推广"农金村办"模式，建立"三农"金融服务室，每个服务室落实一名金融联络员和一名金融辅导员，打通农村金融服务的"最后一公里"。

（四）推动更多PPP项目落地

重点推进19个污水处理、地下综合管廊及道路建设工程PPP项目，总投资144.47亿元。完成了PPP咨询服务机构库建设，有效加快项目前期工作实施，促成4个项目完成社会资本招标，9家中标中介机构签订服务协议。另外，每年从市本级重点建设项目前期工作经费中安排一定数额的PPP项目前期工作经费，用于支持项目开展"两评估一方案"等编制工作，促成梧州市工业园区港口区给水处理厂项目、粤桂试验区社学片区地下综合管廊及相关道路建设工程已完成"两评估一方案"编制；粤桂人民医院、苍海湿地公园等项目完成PPP"物有所值评估"和"财政承受能力论证"报告评审工作，并开展PPP"实施方案"论证。

（五）加大"惠企贷"支持力度

为加大对"惠企贷"的宣传引导，自治区以及市财政对"惠企贷"业务投入的信贷引导资金共7800万元，同时，市工信委联合梧州电视台、邮政储蓄银行梧州分行《梧州新闻》时段播出"惠企贷"专题节目，提升中小微企业对"惠企贷"的认知度。为解决项目融资担保范围小的问题，进一步扩大市国有融资性担保公司业务范围，担保公司已与桂林银行、柳州银行、中国建设银行和中国农业银行达成合作意向，已经接受60多户小微企业的融资担保申请，经评审后发出担保函31笔，实际担保笔数23笔，在保余额为5568万元，累计担保余额5946万元。

（六）创新驱动，深化科技体制改革

为推动科技创新发展战略，研究出台了《关于实施创新驱动发展战略的决定》《梧州市推动科技创新发展实施办法》《梧州市推动新兴产业发展实施办法》和《梧州市大力推进大众创业万众创新实施方案》等创新驱动发展"1+3"系列文件，明确2017年要落实2500万元创新驱动发展专项资金。组织开展2016年市级科技进步奖评审工作，评选出科技进步特等奖1项、一等奖2项、二等奖2项、三等奖25项。推进知识产权优势企业培育工作，组织广西梧州制药（集团）股份有限公司、梧州神冠蛋白肠衣有限公司申报2017年度国家知识产权优势企业，组织10家企业开展知识产权贯标工作。制定完善专利资助奖励办法，加强专利资助奖励资金管理，调动全社会发明创造的积极性，全年完成发明专利申请1020件，每万人口发明专利拥有量达2.24件。着力推进双创基地建设，全市共建立了梧州市科技创业服务中心、梧州医药科技企业孵化器等4家孵化器，孵化器孵化场地总面积达6万平方米，在孵企业76家，其中25家在孵企业已配备创业导师，申请专利41项，累计获得融资890万元，成功培育出高新技术企业4家。此外，梧州建立了梧州学院国家级众创空间、梧州市电子商务众创空间等3个众创空间，累计入驻创业团队（企业）94个。扎实推进梧州高新区改造升级，梧州高新区已获科技部列为全国进行专家咨询调研的14个园区之一。

（七）推进相对集中的行政许可权改革试点工作

相继完成市行政审批局、粤桂合作特别试验区行政服务局的筹建工作，并明确将全市26个部门226项行政许可事项划转市行政审批局；将全市10个部门（单位）62项行政事项划转粤桂合作特别试验区管委会。

（八）及时落实行政审批事项"接放管服"改革

根据国家、自治区的相关要求，对行政审批事项开展"接放管服"改革，通过梳理核查，对50项行政许可事项提出取消，对236项行政许可事项进行调整。研究制定了《梧州市人民政府关于印发行政许可事项目录的通知》，明确各级各部门保留的行政许可事项，其中，市直、县直部门保留行政许可事项339项，中直、区直驻梧单位保留行政许可事项60项。实现权力清单和责任清单"两单融合"，经梳理，市层面保留权力事项共3635项，明确责任数共25674项，追责情形数量共29058项；各县（市、区）保留权力事项共16720项，明确责任数共125393项，追责情形数量共160903项。继续推进乡镇"四所合一"改革，采取选调、公开招录、聘用和培训等方

式，解决环保安监所执法队伍专业人才紧缺的问题。

（九）电子营业执照和全程电子化管理改革进程较快

制定了《梧州市工商局推进电子营业执照和全程电子化登记管理工作方案》，于2016年12月26日正式发出梧州市首张电子营业执照后，通过《梧州日报》《西江都市报》、梧州工商微信公众平台及市工商局网站对改革工作进行有效的宣传引导，加强对"简易注销"改革的宣传和窗口业务骨干的培训，全年共有509户企业通过企业信用信息公示系统发布简易注销公告，173户企业办结简易注销。研究出台了《梧州市政府部门涉企信息统一归集公示工作实施方案》，对全市150多个部门涉企信息进行统一归集，依法向社会公示。全面推进企业信用体系建设，印发了《梧州市政府部门涉企信息归集资源目录》（第一版），为各地区、各部门涉企信息统一归集公示做好服务工作。

（十）国有企业改革进展顺利

出台了《梧州市人民政府关于国有企业发展混合所有制经济的实施意见》《梧州市人民政府办公室关于印发梧州市深化国有企业负责人薪酬制度改革意见的通知》和《国有企业建立职业经理人制度的实施方案》，积极探索国有企业中发展混合所有制经济，并成立了第一家国有控股的混合所有制企业"广西梧州六堡茶股份有限公司"。

（十一）推进企业管理现代化和产权多元化改革

为鼓励企业实现产权多元化发展，出台了《关于加快推进和鼓励企业上市若干优惠扶持政策的意见》《关于印发鼓励企业进入全国中小企业股份转让系统和区域性股权交易市场挂牌交易暂行办法的通知》等多项优惠扶持政策。促成64家企业在区域股权交易中心挂牌，14家企业分别在天津股权交易所、广东金融高新区股权交易所、深圳前海股权交易所和北部湾股权交易所等机构挂牌，还有14家企业被列为自治区上市后备企业，为企业争取引导发展资金共2297万元。

（十二）大力推进农村信用联社管理体制改革

积极推进农村信用联社管理体制改革，各县（市、区）已相继建成5个农村信用信息数据库，截至2017年10月底，全市已累计采集农户信息52.9万户，建立农户信息档案50.8万户，农户信用信息采集率和入库率分别达到91.8%和88%，全市农村信用信息数据库基本建成。通过评定，全市已经成功创建信用户25.32万户、信用村369个、信用镇32个、信用县1个，信用户、信用村、信用乡镇的创建面分别达到 43.95%、42.86% 和 55.17%，提前完成自治区提出的农村信用"四级联创" 3 个 40% 的工作目标。

（十三）积极打造特色城镇群

以梧州市建城 2200 周年为契机，全面实施城市建设提升工程，苍梧新县城建设进展顺利，粤桂合作特别试验区路网、管网、电网等基础设施工程建设步伐加快，苍海新区成湖成景。《梧州市海绵城市规划》开展编制工作。岑溪市南渡镇、水汶镇、筋竹镇和蒙山县新圩镇等自治区百镇示范建设工程各项目建设超计划进度推进。积极申报特色小镇，苍梧县六堡镇成功入选国家第二批特色小镇。

（十四）深化乡镇行政体制改革

按照《市委办、市政府办关于进一步完善乡镇"四所合一"改革工作的通知》要求，在实现"六个有"的基础上，不断完善和深化乡镇"四所合一"改革，支持和指导苍梧县先行先试，在"四所合一"的基础上，将乡镇交通站的职责和人员整合到国土规建环保安监所，实行"五所合一"，苍梧县所辖 9 个乡镇均已组建国土规建环保安监交通所，实现了"多所合一"。

（十五）持续推进公务用车制度改革

推进公务用车管理平台建设，做好保留车辆的标识化管理，制定租车管理办法，妥善处理取消车辆。在全市范围开展事业单位和国有企业公车改革调研工作，对参改单位、人员、车辆全面摸底，为完成第二批公车改革工作做好准备。

（十六）创新养老产业供给侧结构性改革

研究出台了《梧州市人民政府关于加快推进发展养老服务业的实施意见》，并根据实施意见推进养老产业项目建设。通过将养老机构补贴与老年人能力等级、机构星级实行"双挂钩"，推动养老机构不断升级，全市共建成各级、各类养老机构 910 家，床位 11956 张。优化养老服务发展环境，以市社会福利院和民办的蓝天幸福颐养院作为建设试点，采取"标准引领、完善制度、防控结合、强化宣传"的管控模式，实现社会福利机构消防管理"零懈怠"、消防宣传"零距离"、火灾事故"零发生"，相关的经验和做法得到了自治区民政厅和国家民政部的认可，并且在全国推广。大力发展养生产业，市政府与国家开放大学在北京签署了《共建国家开放大学岭南老年学院战略合作框架协议》，双方决定合作共建"国家开放大学岭南老年学院"。2017 年 6 月 28 日，在自治区领导的见证下，梧州市政府与正威国际集团签署了《岭南健康养生城项目战略合作框架协议》，共同在梧州打造岭南健康养生城项目，项目计划投资约 80 亿元。

（十七）信息惠民国家试点城市取得实效

制订了信息惠民国家试点城市建设方案和信息联通工作方案以及加快推进"互联网+政务"服务实施方案，创新管理机制。信息化项目实行了"三统一"，既由市发展改革委对信息化项目实行"统一立项审批、统一资金划拨、统一规划建设"，通过"三统一"打破部门壁垒，整合部门资源、实现全市各部门信息的互联互通和信息共享，有效解决"信息孤岛"问题。与国家信息中心、中国—东盟信息港股份有限公司签订战略合作框架协议，各项协议内容逐项落实，其中由国家信息中心直接参与的梧州政务信息系统整合共享应用示范工程持续积极推进，争取列入全国政务信息整合共享顶层设计工程。信用体系总平台、智慧教育、智慧医疗、智慧社区、公安天网等工程正在加快建设之中，智慧城管、智慧交通、智慧安监、智慧食安等一批信息化项目进展顺利。集云数据中心功能、信息交换中心功能、城市运营指挥功能、智慧城市展示功能和便民服务功能于一体的信息惠民服务总平台完成调试并向市民开放。全市各部门实现信息的互联互通和共享，大部分行政审批事项实现网上审批，做到"一号申请、一窗受理、一网通办"，使行政审批工作公开、透明、规范、高效，提高群众的满意度和信息惠民的获得感。

二、存在的主要问题

（一）深化供给侧结构性改革方面

面临经济下行压力，保稳定的压力巨大，一定程度上影响了供给侧结构性改革。商铺和车库等商品非住房去库存压力较大，市本级库存商品非住房 8150 套，面积 73.08 万平方米（其中，商铺 65.15 万平方米，写字楼 2.84 万平方米，车库 5.09 万平方米），预计消化周期 76.86 个月。

（二）财税体制改革方面

一是财政事权和支出责任划分不匹配。按照财权与事权划分相匹配的原则，"谁出政策谁买单"，现实中越来越多的上级专项转移支付补助都要求地方财政配套，并且将是否配套作为重要考核指标和下年度安排资金的依据，因此，地方配套资金进一步加剧地方财政资金的收支矛盾。二是债务管理方面存在的问题。虽然通过将到期债务列入财政预算、贷款延期和申报政府债务置换等措施，可以缓解财政还款压力，降低利息负担，优化期限结构。但是，各级政府财政负责偿还的压力还是相对较大，具有一定的财政风险。

（三）工业用地市场化配置改革试点方面

一是由于受现行法律法规的约束，目前未能完全发挥改革试点先行先试作用。根据现行政策，目前，只能在试验区范围开展探索，试点面窄且量小，积累经验不足。二是由于全球经济放缓及国内经济下行压力，存在工业用地低效利用的情况，试验区开发并未达到规定的土地投入产出指标要求，普遍存在投资规模小、用地效率低、投入产出不达标等问题，造成部分土地闲置。三是市场对试点政策的需求并不强烈。目前，梧州市工业用地价格相对较低，绝大多数的大中型企业在资金充足的情况下，更加倾向于以传统的出让方式取得完整的工业用地使用权。真正需要工业用地使用权租赁、弹性使用年限的企业，大多数是资金缺乏、融资困难的小微企业，这些企业用地需求小，经营不稳定，产生税收少，对于此类企业更倾向于将其引导为使用标准厂房，而非直接供地。四是以租赁的方式供应工业用地，租金收益回收周期很长。土地储备融资贷款，如果不能尽快实现资金回笼，融资利息将成为很大的负担，影响梧州市土地储备资金周转。五是以租赁方式取得工业用地后，在租赁土地上进行开发建设，仍然面临着诸多政策、审批程序上的障碍，特别是租赁期满后，地上建筑物的产权处理问题尚未理顺。

（四）国家增量配电业务试点方面

一是根据《国家发展改革委国家能源局关于规范开展增量配电业务改革试点的通知》（发改经体〔2016〕2480号）规定，"同一配电区域内只能有一家公司拥有该配电网运营权"，存量配电网应纳入增量配电网统一运营管理，收购存量配电网可以以资产形式入股，需协调理顺的问题较多，难度很大，短期内难以实现。二是增量配电业务前期建设运营压力大。首先是建设资金投入量大，其次是配售电公司要外委电网调度、运行、维护及客户服务管理，中间环节多、运营成本较高，但用电负荷短期内难以大幅提升，导致项目主体面临较大的亏损压力。目前，电力体制改革文件对增量配电网建设运营要求不明确，地方政府对政策难以把握。

三、下一步的主要思路和方向

（一）做好市场准入负面清单的落实执行工作

深入学习研究即将发布的全国统一的市场准入负面清单，做好负面清单制度的实施对资源环境、产业发展以及投资环境影响的调查研究工作，做好新旧制度过渡衔接工作，切实落实执行好负面清单制度。

（二）做好本市经济体制专项改革领导小组办公室的工作

做好各成员单位的沟通交流协调工作，在相互学习中促进工作，在推进工作中加强学习，集中智慧解决问题从而形成合力推进改革。

（三）持续推进供给侧结构性改革

一是推进工业"转型升级"，依托现有资源优势和产业发展平台，在做大工业产业规模的同时，同步提升工业发展质量。同步在金融信贷、品牌培育等方面给予产业化龙头企业更多的政策倾斜，帮助企业做大做强。充分利用现有的资金渠道，加大资金整合力度，统筹淘汰落后产能，盘活存量资产，提升工业发展质量。二是稳步增加"有效投资"。遵循"补'短板'、挖潜能、转主体、增活力、提效率、可持续"的原则，突出重点，加大基础设施短板以及教育、医疗、养老等民生支出，增加相关领域公共服务供给。三是想方设法"降成本"。以"营改增"为切入点的财税配套改革为契机，全面落实各类优惠政策、降低企业成本，促进企业设备更新改造、鼓励企业科技创新，为提升投资质量和效益创造良好的政策环境和支撑条件。四是精准施策"降风险"。加强对金融机构的监管，规范各类融资行为，完善风险监测预警，坚决守住不发生系统性和区域性风险的底线，坚决停止增量、减少存量，严格规范管理，严厉打击非法吸储等行为。

（四）推动出台粤桂合作特别试验区条例

借鉴广州南沙新区、钦州中马产业园等经验，研究制定粤桂合作特备试验区条例，明确试验区治理结构、管理体制、职权范围等运行体制，产业、金融、科技、人才、土地等放开合作等创新机制，以及社会事业、监督管理等有关事项，以立法引领改革创新先行先试，巩固改革创新成果。

第五章　北海市

一、改革进展及成效

（一）深化行政审批制度改革

2017 年 7 月，北海市成立行政审批局，将 24 个部门 197 项行政许可项目划入市行政审批局，深入推进简政放权、放管结合、优化服务改革，实现"一枚公章管审批"。通过实行容缺办理承诺制，提高行政审批效率。全市共 213 项行政许可项目列入容缺办理承诺制，占比 65.5%，容缺办理承诺制推动了行政机关工作重心由事前审批为主向事中事后监管为主的转变。开展权力清单和责任清单"两单融合"，创制"权责一致、权力与责任一一对应和两单一表、权力清单与责任清单深度融合"的清单模式，构建权责匹配、上下贯通的权责清单制度体系。北海市在 2016 年取消和下放行政权力事项 42% 的基础上（2016 年全市 45 个单位共保留权力事项 3436 项），再取消和下放 488 项行政权力。全市 325 项行政许可事项从平均法定办结时限 24.2 天，优化调整为 6.7 天，提速率达 72.3%。调整后，5 个工作日以内完成审批的项目达到 158 项，占比 48.6%。取消或停征 41 项中央设立的行政事业性收费。办理出口企业退税 3.96 亿元，增长 7.15%。乡镇"四所合一"改革不断深入，将市辖区 11 个国土资源管理所的有关职能及人财物等移交下放到乡镇。

（二）深化商事制度改革

加快推进北部湾经济区四市实行同城化登记改革，进一步规范工商登记行为，消除"一个城市一个标准"和"一个窗口一个结果"的差别。全面深化商事登记制度改革，重点推进各项改革措施，建立"宽进严管"管理体系，继续优化市场服务，强化市场监管，营造良好的营商环境。2017 年 6 月 29 日，北海市正式启动了"多证合一"改革工作，在原来的"三证合一"

"六证合一"的基础上，把19个部门的27项审批事项和26项备案事项整合加载到营业执照上，形成了"五十三证合一"，是到2018年为止全国整合事项最多、整合事项质量最高的城市。2017年9月底向各县区全面铺开，实现了全市全覆盖，北海市又成为全国"多证合一"改革工作唯一实现全覆盖的设区市。截至2017年末，共发出新设立企业"五十三证合一、一照一码"营业执照1192户。北海市与全国同步启动了简易注销改革工作，全市企业办理注销共694户，其中一般注销449户，申请简易注销的企业620户，已办结245户。继续落实"先照后证"改革，目录以外的审批事项不再作为市场主体前置审批目录，做到了不设卡、不跨栏，除了国家规定的重点行业领域外，市场主体优先拿到营业执照，优先开展前期的筹备工作，加快企业和项目落实北海。

(三) 深化国资国企改革

制定出台了《北海市市属国有企业负责人薪酬制度改革意见》《北海市市属国有企业负责人薪酬管理暂行办法》《关于加强和改进企业国有资产监督防止国有资产流失的实施意见》《关于规范市属国有企业董事会建设的指导意见（试行）》等系列改革配套文件，从而加快建设北海市国有企业监管体系，推动国有企业规范运转，形成"决策层（董事会）、监督层（监事会）、执行层（经理层）"相互制衡的机制。结合供给侧结构性改革，制定了《北海市本级国有"僵尸企业"处置方案》，基本完成统计建库工作。积极支持国有企业发展混合所有制经济，制定出台了《关于推进北海市国有企业发展混合所有制经济的实施意见》，为国有企业发展混合所有制经济提供政策遵循。制定高德粮库混合改制实施方案，全面开展北海市高德粮库混合改革。银投公司、旅游集团以资本合作为主体，积极引入非公资本，通过出资新设等办法推进项目建设，银投公司与南宁华都房地产有限公司合作"大唐·听涛居"项目，旅游集团与广西运美集团合作出资新设北海北旅交通运输有限公司。通过发展混合所有制经济，有效盘活了国有企业资产。

(四) 加快完善现代市场体系

开展"强优企业培育"计划，推动市领导共同帮扶非公有制强优企业发展，加强与非公有制企业、商会组织的沟通协商，带头构建"亲""清"新型政商关系。实施协调解决非公有制企业困难问题的"转办制度"和"批办制度"，确保企业的困难和问题及时得到重视，推动落实国家、自治区和北海市出台的各项政策扶持产业发展。开展非公有制企业参与扶贫优惠政策执行情况督查，梳理非公有制企业参与脱贫攻坚所能提供的财政、税收、金融、土地、用工等优惠政策。打造金融服务平台，聚集优质项目和投资机构，帮助非公经济中小企业与资本市场对接，更好地畅通中小企业投融资信息渠道，快速获得所需的金融服务。以"开展非公有制企业服务年"为契机，营造非公有制经济发展的良好氛围，充分利用多种形式进行宣传。建立安商留商"三个一"服务机制，通过多种方式收集整理企业反映的困难和问题，重点解决50家强优企业和100家中小企业反映的问题。

（五）深化财税体制改革

制定北海市级财政管理体制改革方案，进一步改革完善城区、园区财政体制，推进城区财政体制改革工作。出台了《北海市政府和社会资本合作项目管理办法》，推动北海市政府和社会资本合作项目的开展。编制行政事业性收费项目清单和政府性基金目录清单。完成了《北海市行政事业性收费项目目录清单》《北海市政府性基金目录清单》《北海市涉企行政事业性项目目录清单》的编制工作，并通过市财政门户网站向社会实时公布，实行常态化管理，自觉接受社会各界监督。建立预决算公开统一平台，加大预决算公开力度。积极盘活财政存量资金，将应收回的财政存量资金全部收回并统筹使用，提高资金使用效率。健全政府债务管理制度，加强政府债务管理。完善政府性债务管理制度建设，出台了《北海市人民政府办公室关于印发北海市市本级地方政府性债务风险应急处置预案的通知》（北政办〔2017〕5号）。积极化解存量债务，优化债务结构。2017年全市政府债务限额为197.11亿元，全市政府债务余额为163.49亿元，未超限额。建设政府采购电子交易平台，提高政府采购工作效率。北海市国税、地税局和自治区地税局钦州稽查局联合制定了《北海市深化国税、地税征管体制改革实施方案》，成立《深化国税、地税征管体制改革方案》督促落实领导小组，切实做好深化国税、地税征管体制改革各项工作。

（六）深化投融资体制改革

制定出台了《北海市政府和社会资本合作项目管理办法》。北海市2018年前入库PPP项目共20个，总投资约173.4亿元。制定《北海市工业和信息化发展资金管理办法》，支持新招商引进符合北海市产业布局、发展规划和政策导向，技术含量高、产业带动性强、产出效益好的项目。出台了《北海市鼓励企业进入全国中小企业股份转让系统及重点区域性股权交易市场奖励扶持暂行办法》，激发广大企业上市挂牌的积极性。北海市共有6家上市企业，境内上市公司数量及市值均位居广西前三。新三板上市企业 3 家，其中进入创新层公司 2 家，占广西新三板创新层公司数量的 28.57%。北海市在北部湾股交所新增挂牌企业 249 家，新增企业数量居广西第一位，挂牌企业总数达到 312 家，升至全区第 2 位。加强上市挂牌后备企业培育，鼓励企业直接融资。持续推动沿边金融改革，促进贸易投资便利化。完善政府性融资担保体系，缓解中小企业融资难。大力推动"三农"金融服务室的创建。北海市完成新建"三农"金融服务室 40 个，共建成 168 个。多渠道推进全口径跨境融资宏观审慎管理工作，指导北海建设银行联合新加坡建设银行为中信国安办理北海市首笔金额为 9780 万美元的中资企业全口径跨境融资业务；完善政府性融资担保体系，缓解中小企业融资难，推动市小微担保公司与市政府、广西再担保公司和工商银行广西区分行等 13 家银行签署了《"4321"政银担合作框架协议》，获得银行贷款授信 24.86 亿元。设立"惠企贷""助保贷"，促使银行降低利率，积极支持小微企业的发展。2017 年，"惠企贷"入池企业 36 家，24 家企业获得贷款支持，贷款金额 21652 万元。"助保贷"为北海市 24 家企业提供担保贷款 1.85 亿元，有效支持了北海中小企业的发展。

（七）完善城镇化健康发展体制机制

制定出台北海市县域经济发展工作实施意见。积极推进城市管理执法体制改革，制定了《北海市城市管理执法体制改革实施方案》。创建城市环境网格责任制度，制定了《北海市城市环境网格化监管办法（暂行）》，对市区道路及重点区域实行网格化管理，提升城市长效综合管理水平和城市服务功能。出台了《北海市市容和环境卫生管理条例》，对市容和环境卫生管理机制的构建、卫生责任制的实施、户外广告管理、沿海沙滩容貌管理、建筑散体和水产品运输管理、执法监督与保障等方面做出具体规定，解决实际工作中职责不清、执法手段缺乏威慑力等问题。开展"城乡环境提升年"活动。有序推进保障性住房工程项目建设和配套基础设施建设，加强已建成保障性住房的分配管理，适度降低保障准入门槛，将北海市新就业大中专毕业生和在北海市稳定就业的外来务工人员（含本市农民工）纳入公共租赁住房保障范围。扎实推进公共领域价格改革：推进水价改革，除合浦县城区外，北海市城区、铁山港工业园区及部分建制镇均实行居民生活用水阶梯价格；推进停车收费改革，制定了《北海市车辆停放服务收费管理办法》。

（八）深化科技体制改革

召开北海市创新驱动发展大会，成立了北海市科技创新发展办公室。落实自治区创新驱动发展大会"1+8"文件，加快完善创新机制，制定出台《北海市实施创新驱动发展的意见》。起草了《北海市科技成果转化后补助暂行办法》，建立科技成果转化引导激励机制，促进科技成果转化。出台了《关于进一步强化企业创新主体地位的实施办法》，进一步强化企业创新主体地位，促进企业成为技术创新决策、研发投入、科研组织、成果转化的主体，形成企业主导产业技术研发的体制机制。修订了《北海市专利申请资助及奖励办法》。为设立创新创业引导基金、科技成果转化资金，以深入落实自治区创新驱动发展大会文件精神、促进科技成果转化，北海市与国家科技部联合成立"国家科技成果转化引导基金北海创业投资子基金"，规模10亿元，其中北海市出资3亿元、国家科技部承诺支持3亿元。

（九）深化土地制度改革

为进一步盘活市辖区低效的工业、仓储用地，加快城市开发建设，解决职工安置问题，维护社会稳定，北海市积极盘活用好低效和闲置土地资源，促进工业仓储用地的开发利用，制定工业、仓储用地处置办法。摸清全市低效工业仓储用地的现行规划情况，研究出台盘活低效工业仓储用地办法。规范就业用地管理，加快盘活集体就业用地，制定了《北海市就业用地开发使用管理办法》。继续完善土地"招拍挂"相关办法。为了抑制土地市场非理性竞争，进一步提高土地利用综合效益，有效提升城市建设品质，结合北海城市建设实际情况，北海市拟订了《北海市国有建设用地使用权带方案挂牌出让规则》，并以北政土字〔2017〕102号文印发实施。

（十）完善社会保险制度改革

持续扩大社会保险覆盖范围，积极推进"全民参保登记计划"工作，动员自主创业、灵活就业人员参加社会保险，为学生参保提供补贴，以精准扶贫为契机带动农村劳动力参保积极性。全面完成数据比对、入户登记调查和动态更新工作，入户调查并登记录入111963人，完成率达100%。截至2017年12月，全市社会保险参保人数超过163万人，其中企业20万人，机关事业单位5万人，其他人员138人；未达退休年龄参保人数约123万人，达退休年龄参保人数约40万人。多措并举推进跨省异地就医直接结算工作，北海市成为广西第一个实现跨省异地就医直接结算的地级市，已与全国多个省份3700多个统筹区实现互联互通，全市所有二级以上定点医疗机构和部分基层医疗机构开通跨省异地就医直接结算，结算范围从原来的职工医疗保险的异地安置、异地居住人员扩大到转诊转院及急诊备案人员，作为参保地及就医地均发生了区内地级市首例结算实例，实现"两个第一"，跨省异地就医直接结算走在全区乃至全国前列。全面实现城乡居民医疗保险整合，开展城乡居民医保支付方式改革。根据不同的定点医疗机构实行基金支付总额控费和按床日付费，做到管理制度统一、覆盖范围统一、筹资政策统一、定点管理统一、基金管理统一、经办管理统一，城镇居民和农村居民看病就医享受"零差别"待遇。将建筑业农民工纳入工伤保险参保范围，不断强化工伤保险政策宣传，保持参保扩面稳步增长。

二、下一步改革思路

(一) 深入推进重点领域改革

理顺银滩国家旅游度假区的管理体制，破解职能交叉、效能低下问题。理顺铁山港（临海）工业区的管理体制，解决责任不明、合力不强问题。优化四大国有投融资平台的管理体制，解决平台公司发展活力不足、作用发挥不好的问题。推进城区项目落地审批机制改革，解决城区招商项目审批慢、落地难的问题。

(二) 深化涠洲岛旅游区综合改革

制定深化涠洲岛旅游区综合改革方案，推进"多规合一""两违"防控治理、海绵城市建设、新能源汽车推广应用等改革试点。

(三) 深化行政审批制度改革

推进政务服务事项线上线下一体化办理。优化审批流程，拓宽重大项目行政审批"绿色通道"。推进信息共享、照证一窗通。完善政府信息公开制度。建立健全全市统一权责清单、市场准入负面清单、行政权力中介服务清单、各类证明事项清单、职业资格许可认定清单、收费目录清单"六张清单"。全面实施行政审批容缺办理承诺制。深化相对集中行政许可权改革，完善市行政审批局与行业主管部门的协调配合机制，加强事中事后监管。加快推进"互联网+政务服务"、"355070"改革（企业注册开业手续3个工作日内、不动产登记5个工作日内、工业生产建设项目施工许可50个工作日内完成，投资项目全阶段审批70个工作日内完成），开展"最多跑一次"改革。深化各园区行政审批制度改革，全面推行投资建设项目"全程代办"制度。深化乡镇"四所合一"改革，加强乡镇"四所合一"机构的职能体系建设，理清职责边界，编制权责清单和服务清单并向社会公布。加快政务服务大数据库建设，建立面向公众的公共服务信息共享平台机制。

（四）深化商事制度改革

深化商事制度改革，实施"证照分离"改革。开展"多证合一"登记制度改革。深入实施"双随机一公开"监管。完善市场主体快速退出机制，全面推进企业简易注销登记改革。推进电子营业执照和全程电子化登记管理改革。推进北部湾同城化登记工作。

（五）创新政府配置资源方式

推进政府配置资源方式创新。加快国有"僵尸企业"处置。深化标准化改革，推行企业产品和服务标准自我声明公开和监管制度。创建电梯应急处置服务平台。建立北海市房地产诚信监管制度，建立完善二手房交易资金监管制度，出台北海市存量房交易资金监管暂行办法，完善北海市住房改革和住房保障管理信息系统。

（六）深化国资国企改革

推进正常运营的全民所有制企业进行公司制改革。加快推进外派监事会建设，健全监管体系。鼓励和支持有条件的国有企业发展混合所有制经济，进一步盘活资产和放大国有资本。制定北海市关于改革和完善国有资产管理体制的实施意见。开展"三供一体"分离移交工作。将符合培育发展上市条件的企业上报自治区列入上市后备企业库。制定北海市本级国有资本经营预算管理暂行办法。

（七）深入推进财税体制改革

深入推进财税体制改革，加快形成覆盖政府所有收支、完整统一、有机衔接的政府预算机制体制。实行全口径预算管理和中期财政规划管理，建立跨年度预算平衡机制。全面实施预算公开，进一步细化公开内容。完善市本级和城区财政关系，建立事权和支出责任相适应的制度。正式实施新一轮市本级财政管理体制。深化国地税征管体制改革。深化政府采购改革，完善政府采购监管制度，推广应用电子交易平台，加强政府采购内控建设。配合自治区出台资源税相关政策规定。落实县区财政体制改革新措施，制定对县区财政资金调度管理的实施细则。加快国库工作改革，全面推进政府财务报告编制，推进政府会计制度改革。

（八）推进社会信用体系建设

深入推进社会信用体系建设。推进市辖县区建设小微企业、农户信用信息系统。制定政府部门率先使用信用产品的相关办法。制定创建北海市诚信商（园）区工作实施方案。推进环境服务价格改革，完成铁山港（临海）工业区污水处理标准调整。推进盐业体制改革。

（九）推进金融体系改革

加快融资性担保机构建设，鼓励融资性担保机构重点向"三农"中小微企业提供低成本融资服务，降低企业融资担保成本。推进沿边金融综合改革实验区建设。推动人民币跨境业务创新发展。修订北海市资本市场奖补政策。探索设立财政性专项资金帮助中小企业解决银行贷款续贷难、成本高问题。修改完善北海市政府投资项目审计监督办法。

（十）推进科技体制创新

设立北海市创业引导基金。落实国家科技成果转化引导基金创业投资子基金（北部湾科技成果转化投资基金），出台基金管理办法。制定北海市完善产权保护制度依法保护产权的实施意见。

（十一）深化土地管理制度改革

推进城市设计试点，开展了《北海市总体城市设计》编制。推进"小块并大块"土地整治项目建设。依据城市规划，积极盘活低效工业、仓储用地资源。制定北海市就业用地开发管理办法，加快盘活集体就业用地。

（十二）推进综合行政执法体制改革

推进综合行政执法体制改革。推进城市管理执法体制改革。出台北海市城市环境网格化监管方案。推进园林绿化管理体制改革。出台北海市停车场管理办法。制定关于进一步规范基层食品药品监管执法工作规范。落实关于推进安全生产领域改革发展实施意见。

（十三）深化管理体制改革

加强乡镇政府服务能力建设。深化统计管理体制改革。贯彻落实自治区关于从事生产经营活动事业单位改革的实施意见。积极稳妥推进经营类事业单位改革。推进事业单位法人治理结构建设试点。推进事业单位和国有企业公务用车制度改革，出台市本级事业单位公务用车制度改革实施方案、国有企业公务用车制度改革实施方案、事业单位公务用车制度改革司勤人员安置实施方案。深化社会保险费征管改革试点。全面实施"全民参保计划"。

第六章　防城港市

一、改革进展及成效

(一) 持续推进简政放权

一是推进权力清单和责任清单"两单融合"。2017 年 7 月 28 日，市人民政府审定并公布"两单融合"后的市级政府部门权责清单，共明确 38 个部门（单位）行政权力事项 3098 项，共性权力事项 11 项，与权力事项对应的责任事项 23484 项，追责情形 27787 项。同步推进市、县（市、区）政府部门权力清单和责任清单"两单融合"工作，所辖四个县（市、区）均于 2017 年 7 月完成"两单融合"工作，共计 123 个部门（单位）向社会公布了"两单融合"后的权责清单。

二是全力推进政务公开，印发了《防城港市贯彻落实国务院 2017 年政务公开工作要点实施方案》，进一步明确全市各级各部门政务公开工作的主要内容，细化责任分工，采取有针对性的保障措施，确使各级各部门政务公开工作有章可循。建立全面推进政务公开"六项行动"抽查巡检制度，在全市全面推进政务公开"六项行动"督查，并将督查情况以书面形式反馈，要求各相关单位针对存在问题逐一整改落实。

三是加快推进事业单位分类改革，初步确定改企改制单位。列入改企改制生产经营类事业单位共 7 家（其中，防城区 1 家、东兴市 5 家、港口区 1 家），正在按照"成熟一个改革一个"原则，做好每一个生产经营类事业单位改革的计划，制定和完善有关配套措施，稳妥解决人员的进退去留问题，力求改革不留后遗问题。

四是行政审批监管体制不断完善。东兴市市场监督管理局整合工商、质监、食药监、物价职能，集中行使市场监管 787 项行政职权。乡镇"四所合一"改革工作顺利通过自治区改革评估组验收。市行政审批局挂牌成立，将

26 个部门实施的 226 项行政许可事项划转到市行政审批局，实行"一枚印章管审批"。

五是探索推进经济强镇行政管理体制改革，成立企沙镇行政管理体制改革工作领导小组，研究制定了《防城港市港口区企沙镇行政管理体制改革试点工作实施方案》《防城港市港口企沙镇行政管理体制改革试点工作要点及责任分工方案》《关于第一批赋予企沙镇部分区级经济社会管理权限的实施方案》《防城港市港口区企沙镇主要职责内设机构和人员编制规定》等文件。

（二）深化供给侧结构性改革

一是"去产能"方面，积极深化国有企业改革，引导"僵尸企业"平稳退出，推动低端低效产能转型提升，发展中高端产能。取缔"地条钢"工作按时完成并通过验收，制定取缔"地条钢"长效监管工作方案，防止"地条钢"生产死灰复燃。

二是"去库存"方面，主动应对，通过提高公积金使用率、部门联合出台购房补贴方案、实施商转公贷款政策等措施，以"以购代建"和保障性安居工程货币化安置相结合模式，推进农民工市民化，促进存量商品房销售。在全市开展房地产市场专项整治行动，进一步规范房地产市场行为。制订房地产旅游赴外推介工作方案，组织开展房地产大招商行动，宣传推介防城港城市形象和房地产、旅游资源优势。举办 2017 年房地产交易博览会，吸引了 3 万多名市内外民众前来观展，房地产意向成交金额达 2.4 亿元，同比增长 33%。

三是"去杠杆"方面，着力强化政府债务规模控制和限额管理，抓好民间融资动态监测和风险预警，积极应对和妥善处置各类金融风险，制订支持市场化法制化债转股工作实施方案。印发了《防城港市本级政府性债务风险应急处置预案》，对政府性债务的处置做出包括分类、认定、追责、处置在内的系统安排。

四是"降成本"方面，深入落实自治区"41 条"降成本政策措施，抓好政府性融资担保公司运营，继续开展"惠企贷"融资服务，推进电力直接交易，打好降低企业交易、人工、社保、财务、物流成本的"组合拳"，继续降低实体经济企业经营成本，进一步改善企业发展环境，增强企业盈利能力和发展活力。积极推进价格机制改革，印发了《中共防城港市委员会、防城港市人民政府关于推进价格机制改革的实施方案》《防城港市车辆停放服务收费管理暂行办法》《防城港市农业水价综合改革实施方案》等文件。

五是"补短板"方面，加快脱贫攻坚，提升教育卫生等公共服务水平，增强科技创新能力，加强基础设施薄弱环节建设，缩小城乡、区域发展差距，补齐全面小康"短板"，公共服务支出增幅保持全区前列，防城港市2016年易地扶贫搬迁项目综合排名全区第一。棚户区改造、农村危房改造和为民办实事项目顺利推进。国家公共文化服务体系示范区的创建工作指标合格率达90%，顺利通过中期评估。

（三）深入推进商事制度改革

一是积极推进"多证合一"改革，2017年4月底，防城港市发放全国首张34证合一的"一照通"营业执照。"一照通"改革整合20个部门34个审批事项，实行"一窗受理、内部流转、同步审核、信息互认、多证合一"的登记模式，大大降低了行政成本，减少了审批环节，便利了群众。在2017年5月26日国务院召开的全国推进"多证合一"改革电视电话会议上，防城港市作了经验交流发言，全国各大媒体纷纷报道：《中国工商报》第一时间以头版头条进行报道，《人民日报》对防城港市在"多证合一"推进工作全国电视电话会议上的经验发言材料进行了刊登。

二是实施"双随机、一公开"改革，积极探索建立市场监管新机制，出台了《防城港市政府部门涉企信息统一归集公示工作实施方案》《防城港市2017年度"双随机一公开"抽查实施方案》《防城港市政府部门涉企信息归集资源目录》（第一版），为"双随机一公开"全覆盖及涉企信息的有效归集工作奠定了基础。推动市直37个部门建立"双随机一公开"工作机制，编制随机抽查事项清单323项，执法人员名录库收录执法人员665名。

三是开展外国籍人员自然人经营登记管理试点，印发《东兴国家重点开发开放试验区外国籍自然人经营户登记管理暂行办法》。2017年12月29日，防城港市颁发了首张外国籍自然人经营户营业执照。

（四）深化国企国资改革

一是探索推进港工公司体制机制改革，对防城港市港工基础设施建设开发投资有限责任公司（以下简称港工公司）实施集团化升级，改组为防城港发展控股集团有限公司（以下简称港发集团），制定了《市港工公司集团化改组工作方案》并经六届市人民政府第10次常务会议、市委全面深化改革领导小组第11次全体会议审议通过。

二是加快推进国有企业混合所有制改革，积极推进两家企业实行混合所有制。2017年3月，由港工公司与民企防城港市港兴工贸公司、防城港市银龙工贸公司共同出资设立防城港市港宏工贸有限公司，公司注册资本100万元，港工公司出资 40 万元，占股 40%。2017 年 6 月，由港工公司全资子公司——市边海产业投资有限公司与自然人曹国华、印度尼西亚 PT. Boma Mineral Lestarl 公司、云南嘉明科技实业有限公司共同出资设立广西赛可昱新材料科技有限公司，公司注册资本 10000 万元。

（五）深入推进跨境劳务试点

2017 年 2 月 10 日，防城港市与越南广宁省签订跨境劳务合作协议；6 月29 日，印发了《广西东兴国家重点开发开放试验区加快跨境劳务合作发展实施方案》，在短时间完成了跨境劳务管理服务体系的建立。同年 8 月 15 日、31 日，防城港市"一站式"管理服务中心、东兴市跨境劳务"一站式"管理服务中心分别正式挂牌，各有关部门入驻开展工作；东兴试验区跨境劳务综合服务网上平台正式运行，市本级及县市级跨境劳务管理服务中心、东兴检验检疫局健康体检中心投入使用。新设置的"一站式"服务中心均可办理东兴市、港口区、防城区等范围内的跨境劳务合作业务。跨境劳务的"东兴模式"获自治区政府充分肯定，被复制到凭祥等边境地区。

（六）深入推进沿边金融综合改革

积极探索打造东盟货币现钞跨境调运通道，着力通过正规渠道有效解决现钞流动问题，首次实现人民币与越南盾点对点现钞跨境双向调运。2017 年 10 月，中国农业银行东兴市支行和越南农业与农村发展银行芒街市分行共同签署现钞跨境调运协议并正式启动，首笔调运 50 亿越南盾到中国，实现了真正意义上的两国银行点对点双币现钞跨境双向调运，打破广西过去调运越南盾现钞绕道广东、香港"舍近求远"的局面，使中越两国人民在"家门口"就能实现人民币与越南盾的货币互换，为人民币国际化提供了回流机制。

（七）深化边民互市贸易转型升级

互市区基础设施建设有序推进，进境水果指定口岸检疫查验场及相关配套设施完成建设，中越便民临时浮桥开通营运，互市区"三合一"综合信息服务平台上线运行。大力发展互市商品落地加工，实现由"通道经济"向"产业经济"的转型升级，互市商品落地加工企业达到 24 家，互市商品落地加工实现工业产值 32 亿元。

（八）园区体制机制改革加快推进

优化整合企沙工业区、大西南临港工业园、东湾物流园三大省级重点园区的优势，于 2017 年 2 月成立防城港经济技术开发区，产业集聚效应成效显著。加快推进高新区改革，防城港高新区投资发展有限公司于 2017 年 6 月 14 日注册成立，注册资本一亿元。起草了《防城港经济技术开发区管理委员会人事制度改革和薪酬分配制度改革方案》《防城港经济技术开发区行使行政审批相关管理权限方案》《防城港市高新区管委人事体制机制改革方案》等文件，加快推进园区体制机制改革。

（九）深化国税、地税征管体制改革

印发了《防城港市深化国税、地税征管体制改革实施方案》（以下简称《实施方案》），提出了六大类 37 项 77 个具体改革工作任务，并按照改革任务、责任主体、完成时限、工作要求列出了时间表和路线图。联合优化改革环境，注重依托防港主流媒体，向社会各界及广大纳税人宣传《实施方案》，争取广泛认同、营造改革氛围；注重在税务系统门户网站和内部刊物上开辟改革专栏、编发简报，推介经验，以点带面推进改革。

（十）积极探索安全生产责任保险改革

研究制定《防城港市关于推进安全生产领域改革发展意见实施方案》，2017 年 10 月 20 日组织相关单位、市综合监督检查重点企业、各有关保险公司召开安全生产责任险实施培训会，组织北部湾财产保险股份有限公司、中国平安财产保险股份有限公司、太平洋财产保险股份有限公司、中国人寿财产保险股份有限公司和中国大地财产保险股份有限公司深入 16 家市直重点监督检查企业，实地推进安全生产责任保险试点建设。

二、下一步改革思路

（一）积极稳妥做好行政审批制度改革

继续做好行政审批事项的"接放管服"工作，督促各级各有关部门及时落实国务院和自治区取消、下放的行政审批事项，进一步规范行政审批行为。持续推进行政权力事项集中办理，密切跟踪和评估组建市行政审批局体制机制改革成效。全面开展政府信息公开、政务信息公开工作，提高政务信息公开工作的质量与水平。

（二）加快推进国企国资改革

坚持"宜控则控、宜参则参、控则有为、参则有序"的原则，加快核心骨干企业股份制改革。积极引进外资、民营、机构投资者等社会资本，通过资本对资本，实现国有资本与非国有资本交叉持股，相互融合，打造一批体

制新、机制活、竞争力强的混合所有制企业。

(三) 加快推进园区体制机制改革

扎实推进防城港经开区、市高新区体制机制改革创新，进一步理顺港口区与经开区利税分配机制改革，加快推进经开区、高新区人事制度改革、薪酬分配制度改革以及行政审批相关管理权限改革工作，打造千亿元园区。

(四) 持续深化商事制度改革

围绕提高准入效率，优化服务，继续深化商事登记制度改革，降低市场准入制度性成本，促进各类市场主体繁荣发展。进一步发挥小微企业名录作用，营造促使小微企业良好发展的环境。强化事中事后监管，全面深化"双随机、一公开"监管，逐步建立相关市场监管部门的联动机制。进一步完善联合抽查、信息共享、联合惩戒机制。

(五) 深化跨境劳务试点

进一步扩大跨境劳务合作试点范围，加快信息系统的落地运行，建立信息数据库。建立完善中越跨境劳务合作协调管理机制，切实保障跨境劳务人员正常务工。加快跨境劳务市场建设，构建跨境劳务培训体系，培育中介服务机构，深化跨境金融改革，优化跨境劳务金融服务。

(六) 深化边民互市贸易转型升级

研究制定外边贸企业能力建设扶持政策。完善口岸、互市区（点）的基础设施，提升东兴口岸通关能力。申报和开放建设新的边贸码头（互市点）。完善互市区边小监管货场的建设，增设货物通关通道，并在互市区实行互市、边小二合一的通关模式，实现东兴一口岸多通道的管理，促进贸易发展。

第七章　钦州市

一、深化经济体制改革，经济发展有新活力

钦州市以推进供给侧结构性改革为主线，狠抓现代特色农业示范区创建，着力发展农村新产业新业态，通过系列供给侧改革措施，有效推动了经济发展。据统计，2017 年钦州市主要经济指标增速位居全区前列，GDP、固定资产投资、规模以上工业总产值、港口吞吐量、集装箱吞吐量等指标增速高于全年预期目标水平，GDP、规模以上工业增加值增速分别居全区第 3 位和第 1 位。深化新型城镇化和土地管理制度改革，第三批国家新型城镇化综合试点——浦北县"产学城一体化"的新型策略独具特色，得到了自治区改革办的肯定。

降低实体经济企业发展成本。在 2016 年降低实体经济成本取得的成效的基础上，钦州市出台了关于进一步降低实体经济企业成本若干措施的意见，提出了《钦州市关于进一步降低实体经济企业成本若干措施的意见》，在降低投资税费、融资成本、用能成本等方面提出了共 28 条具有钦州特色的降成本政策措施。2017 年钦州市的降成本工作取得了良好的效果，据初步统计，在降低企业用能成本方面，2017 年总共为实体经济企业减少用水成本支出约 332 万元，通过市场化改革和积极推进电力直接交易，为实体经济企业减负 6819 万元；全市共为 160 家重点工业园区企业和高新技术开发区企业减少养老保险支出 2940.8 万元。

创新服务非公企业方式。组织开展"服务非公企业　亲商暖企"行动，得到了自治区党委领导的肯定，在全区贯彻落实中央、自治区党委统一战线重大决策部署经验交流暨推进解决基层统战工作薄弱问题现场会上作了会议发言。在广西首个成立非公经济巡回审判庭，为非公企业提供便捷式的"一站式"服务，成功调解 6 起非公企业纠纷案。设立钦州非公有制企业投诉平

台，在广西首次出台《钦州市非公有制企业投诉平台工作制度（试行）》，健全非公有制企业投诉联合处置机制。组织各部门向钦州市非公企业宣传推广"广西非公经济服务平台"，积极引导并帮助非公企业注册平台，截至2017年11月20日，钦州市共有5709位非公人士参与了平台的注册，利用平台积极为企业解决发展难题，让非公企业真正感觉到了归属感和政策的获得感。组织起草了《钦州市关于构建亲清新型政商关系实施意见（试行）》，营造亲商、暖商、扶商、爱商、护商的非公经济发展环境。

财税体制改革进一步完善。完善了政府预算体系，2017年起按规定将新增建设用地土地有偿使用费专列一般公共预算并实现统筹使用；取消了水资源费等以收定支、专款专用的规定。深入推进全市预决算公开。印发《钦州市进一步推进预决算公开实施方案》（钦办发〔2017〕34号），进一步明确预决算公开的目标要求，完善了工作机制，市和各县区均建立了预决算公开统一专栏，并在规定时限内公开了政府预决算及三公经费预决算等信息。进一步推进中期财政规划管理，组织编制2018～2020年中期财政规划，进一步增强中期财政规划对年度预算的指导性和约束力。进一步健全地方政府债务管理及风险预警机制，成立市政府性债务管理领导小组，制定了市本级政府债务风险化解五年规划，印发实施市政府性债务风险应急处置预案。实施财政事权与支出责任划分，稳步推进钦州市财政事权和支出责任划分改革。深化国税、地税征管体制改革。

二、深化行政审批和综合执法体制改革，营商环境有新面貌

完成相对集中行政许可权改革试点，钦州市行政审批局正式设立运营，实现"一枚公章管审批"。继续深化行政审批"接放管"改革，做好行政审批事项的调整和取消工作，先后三批次取消和调整行政审批事项326项。继续清理规范行政审批中介服务事项。提前3个月完成了自治区要求的公布市县镇三级政府部门权力清单和责任清单"两单融合"的任务。完成承担行政职能事业单位改革试点任务，纳入试点范围的事业单位的职能和机构调整基本到位。创新推进"多证合一"商事登记制度改革，2017年全市发放"多证合一"改革后的营业执照1175份。全面实行全程电子化登记和电子营业执照的应用，深入推进公共资源交易平台整合建设。推进"互联网+政务服务"工作，建设网上政务服务平台，推进网上办事。

三、深化开放合作体制改革，开放开发有新格局

加大自贸区政策复制推广，持续推进投资贸易便利化改革，率先复制推广自贸试验区改革试点经验和通关新模式，一批通关便利化举措已落地。积极推进"智慧口岸"建设。与东盟合作的机制加快建立，中国—东盟港口城市合作网络的中方秘书处机构和工作机制进一步健全。大力推进外贸体制机制创新，印发《开放型经济发展"十三五"规划》《关于促进外贸稳定增长的实施意见》等一系列政策措施。加快创建跨境电商综合试验区，打造面向东盟的电商基地。毛燕进口指定口岸已通过广西检验检疫局的预验收，成功申报平行进口汽车试点和进口汽车异地入户试点。推动跨境人民币业务加快发展，成功办理 1 笔跨境贷款签约登记业务。

四、深化园区和生态建设体制改革，规范管理有新机制

钦州港经济技术开发区、高新区、三娘湾旅游管理区改革有序推进。深化科技体制改革，出台了《钦州市加快科技创新平台和载体建设实施办法》《钦州市进一步强化企业创新主体地位实施办法》《钦州市战略性新兴产业创新发展实施方案》《钦州市加大财政科技经费投入与改进财政科技经费管理实施办法》4 个政策文件，为科技创新发展提供有力保障。深化中马钦州产业园区、钦州保税港区、钦州港区、钦州高新区和北部湾华侨投资区安全生产管理体制改革。出台了环境保护工作职责规定，创新环保监管机制。

五、深化农村体制改革，特色农业有新发展

持续稳妥开展农村土地承包经营权确权登记颁证工作，全市基本完成农村土地确权工作。积极培育发展新型农业经营主体，全市新增农民专业合作社 409 家，培育发展国家级农民专业合作社示范社 9 家，自治区级 86 家，市级 117 家，评选市级农业产业化重点龙头企业 9 家。积极创建现代特色农业示范区，在 2017 年创建的示范区中，自治区级 4 个、市级 5 个、县级 7 个、乡级 46 个。积极引导农村土地流转发展适度规模经营，2017 年底，全市农村土地（耕地）流转总面积 44.87 万亩，占农户承包地面积的 23.1%。抓好灵山县全国电子商务进农村综合示范县、浦北县全国电子商务进农村示范试点县建设。持续深化供销社综合改革。创新提升农业保险机制。出台了国有林场改革实施方案，全面推进国有林场管理体制改革。建立健全农村扶贫长效机制，组建市扶贫开发和移民工作局，加快建立精准脱贫攻坚大数据平台。

第八章 贵港市

一、推动行政审批制度改革

加快推进行政审批制度改革，"放管服"改革力度加大。2017年，清理取消行政许可事项54项、调整259项，提前实现政府部门权力清单和责任清单"两单融合"，"放管服"改革经验获《人民日报》推介。稳妥推进经营类事业单位改革。力推"四个一"改革，即完善一个审批架构、建立一套联审机制、探索一批新内容、打造一个服务平台，并配套实施深化行政审批制度改革、行政审批中介服务改革、公共资源交易改革、政务服务一体化等改革。以"审管分离"改革、审批流程再造、实施"互联网+政务服务"建设、打造"12345"便民服务中心为依托，将政务服务和公共资源交易工作推向新的高度，进一步提高群众对政务服务的获得感和满意度。全面加强审批中介服务管理。针对行政审批中介服务缺乏服务标准、服务效率低、有效监管等问题，率先在全区设立行政审批中介超市，实行行政审批中介服务机构分类入库、动态管理，建立全市统一的中介服务网上信息库，实行统一服务承诺时间、统一规范合理收费标准、统一服务质量标准、统一服务评价标准"四统一"。逐步探索实行建设工程"三测合一"竣工联合测量、"多图联审""多评合一"等新机制，推行建设项目"联合踏勘""联合测绘""联合验收"等"一车式"的联合服务制度。

二、深化国资国企改革

组建了建投集团、交投集团、城投集团和金投集团，市场开发服务中心改革重组为市交投市场公司。加快实施企业公司制改造，市公共汽车公司、国有资产经营管理中心、矿产公司和铁路工业站分别改造为：广西贵港市公共交通有限公司、贵港市荷港资产管理有限公司、贵港市交投矿产有限公司、贵港市交投铁路有限公司。稳步开展对停产和半停产企业的处置。积极参与生产经营性事业单位撤事转企工作，完善了 12 家经营类事业单位转企改革方案。加强国资监管体系建设，推行外派监事会制度，市国有企业监事会工作中心完成注册登记。坚持企业负责人离任审计制度。建立健全激励约束机制，印发了《关于深化国有企业负责人薪酬制度改革的意见》《贵港市国有企业负责人履职待遇业务支持管理暂行办法》和《贵港市市属国有企业全面预算工作考核暂行办法》，进一步激发企业内生动力。印发《贵港市国资委监管企业功能界定与分类实施意见》，促进了企业的分类管理与考核。

三、推进商事制度改革

先后印发了《贵港市个体工商户简易注销程序规定（试行）》《贵港市个体工商户简易注销登记操作指引》及配套表格文书，同时修改完善了《个体工商户注销登记申请书》，用两个月的时间完成了前期摸底调查和网络建设，快速推进个体工商户简易注销试点工作，贵港市成为全区唯一一个提前两个月完成 2016 年度个体工商户年报公示任务的地市。商事制度改革社会满意度、创业"便利度"排名全区第一，成为全国第三个、广西首个实施"口头申报、即可办照"简易登记模式的城市，贵港市办理工商营业执照的速度全区最快。

四、健全科技创新体制机制

先后印发了《贵港市创新驱动发展实施意见》《贵港市创新驱动发展专项资金管理办法》《贵港市科技成果转化应用管理暂行办法》《贵港市科技奖励暂行办法》等一系列文件，加强科技创新平台建设，强化科技成果转化应用，科技创新工作取得较好成效。科技创新能力不断增强，新增国家高新技术企业 10 家、自治区知识产权优势企业 3 家，新建 15 个产学研合作关系；全市有效发明专利拥有量 247 件，每万人口发明专利拥有量 0.57 件；广西泰亿诺环保科技有限公司"纳米电热管"项目获第六届中国创新创业大赛"优秀企业"奖；科技特派员服务实现贫困村全覆盖。

五、深化财税体制改革

加大预决算公开工作力度，市直和各县市区均建立起"预决算信息公开统一平台"，并对已公开的预决算信息编制了目录，便民利民程度进一步提高。将切块资金全部纳入全过程预算绩效管理范围，选择两家中介机构开展切块资金项目绩效目标评审和资金使用绩效评价工作。稳妥推进财政事权和支出责任划分改革，出台了《市以下财政事权和支出责任划分改革工作方案》。开展新一轮市对城区均衡性转移支付测算，支持城区发展。转变财政投资评审工作思路，由注重事前评审转为注重过程跟踪，狠抓工程变更后增加工程的评审质量。开展市直政府大额投资项目资金支出考核，首次对市政局、教育局等 17 个项目资金支出情况进行核验。扎实推进市本级行业协会、商会与行政机关脱钩的专项改革中涉及的资产管理工作，确保国有资产安全。创新培训工作，会计科有针对性地开展了行政事业单位财务人员能力提升培训，培训效果得到认可。

六、深化投融资体制改革

建立投资项目网上预审平台，项目审批时限被压缩了 76%；实行重大项目集中预审，在项目启动阶段剔除"一票否决"因素，确保项目尽快落地。新增建设项目用地指标 3 万亩，盘活存量用地 1.2 万亩；推动农垦农场土地改革，获得西江农场 8 万亩土地的自主使用权；土地集约节约利用成效好，获国家和自治区用地指标奖励 6100 亩。以行政审批改革为抓手，出台重大项目管理暂行办法，以"勤"补拙、以"诚"修己、以"快"动人，催生工业发展"贵港速度"，形成企业投资"洼地"，推动贵港市 2017 年企业投资环境满意度跃升广西第一，其经验材料被自治区党委改革办"广西改革信息"采用并呈送中央改革办。2017 年以来，贵港市的投资和项目建设均保持高位增长，增幅排全区前列，成功召开全区投资和项目建设工作会议，并做经验介绍。入选国家重大市政工程领域 PPP 创新工作重点城市；市大额投资项目管理委员会审议通过重点实施的 PPP 项目共 15 个，总投资约 246 亿元；郁江两岸综合治理工程、"十三五"镇级污水处理厂、智慧城市三个 PPP 项目开工建设。

七、大力扶持新能源电动车产业发展

为加快贵港市新能源电动车产业发展，努力将贵港打造成为广西乃至东盟领先的新能源电动车生产基地，贵港市出台了《关于加快新能源电动车产业发展的若干意见（试行）》，进一步加快了新能源电动车产业集聚，引导产业发展壮大。筹措落实资金 1.9 亿元支持赛尔康、贝丰电子信息产业发

展。落实 1.6 亿元华奥新能源公交车购车资金，推进新能源汽车产业加快发展。2017 年，新能源电动车、电子信息、生物制药等战略性新兴产业产值增长 145%，占全市规模以上工业总产值的 8%。中国—东盟新能源电动车生产基地入驻企业 75 家，投产 39 家；赛尔康电子 2017 年 9 月正式投产，全市电子信息产业实现产值翻番。12 家企业获得全区战略性新兴产业企业认定。华奥新能源汽车二期、腾骏汽车、嘉龙海杰、贝丰电子二期、粤桂热电循环糖厂搬迁技改等项目加快推进。

八、大力推进安全生产

出台了《关于推进安全生产领域改革发展的实施办法》。强化科技支撑，大力推广和使用广西安全生产综合信息平台和贵港市安全生产综合信息平台，推进企业利用信息化手段落实事故隐患排查治理封闭管理，促进企业落实安全生产主体责任。认真落实自治区安全生产督查检查反馈意见的整改工作，对存在的问题和事故隐患，逐一对照落实整改。加强事故隐患和安全风险防控，认真贯彻落实《贵港市事故隐患和安全风险分级标准及管控办法》，实行差异化、动态化管控，切实落实管控措施，严密防范事故风险。加强安全生产领域失信行为联合惩戒体系建设，出台了《安全生产领域失信行为联合惩戒信息管理制度》。充分利用保险的风险控制和社会管理功能，出台了《贵港市安全生产责任保险试点工作实施方案》，进一步夯实安全生产基础。

九、进一步促进非公有经济跨越发展

出台了《进一步优化环境促进非公有制经济跨越发展的若干意见》，充分激发非公有制经济活力和创造力，推动非公有制经济不断发展壮大。商事制度改革实施以来，贵港市深化简政放权，坚持放管结合，持续优化政务服务，进一步激发贵港市群众的创新创业热情。充分放权，先行先试个体工商户和个人独资企业"口头申报，即可办照"、企业登记容缺制度等多项改革举措，不断降低市场准入门槛；认真处理好监管与服务的关系，积极推行注册登记"双告知"和"双随机"制度，加强企业信用体系建设；积极探索"互联网+工商服务"，推行"1+N"企业精准服务，为招商引资企业提供"一站式"包办服务，进一步找准改革的"牛鼻子"。试点下放个人独资企业登记权限到工商所，实现个人独资企业办照不出乡镇。完善市场主体快速退出机制，全面推进企业简易注销登记改革，让业主"进门容易""出门方便"。据《广西商事制度改革公众满意度评估报告》显示，贵港市以 91.86 的高分位居榜首，也是全区 14 个地市中得分唯一超过 90 分的地市。据广西创业环境大数据显示，贵港市的创业"便利度"位居全区第一，平均仅需 1.17 天即可拿到营业执照，高出全区平均水平 35%，全区最快。

第九章 玉林市

一、改革进展及成效

（一）深化行政体制改革

1. 继续推进"放管服"改革

一是清理规范行政审批事项。2017 年以来，共取消、调整行政审批事项 316 项，清理规范行政审批中介服务事项 106 项。二是厘清部门权责界限。市政府公布行政许可事项目录，其中市本级行政许可事项共 311 项。市政府公布政府部门权责清单，44 个政府部门共保留权力事项 3364 项，共性权力事项 10 项，与权力事项对应的责任事项 24067 项，追责情形 31376 种。三是提高审批效率和服务水平。2017 年底，市政务服务中心进驻部门 53 个，审批事项 589 项，与企业和群众密切相关的公共服务事项 117 项。2017 年，市本级政务中心共办结事项 70 多万件，承诺提速 34.39%，办理提速 97.17%，群众满意率 99.96%，办结总数、每万人办结数、办理提速居全区第一。在玉柴工业园、龙潭产业园、中医药健康产业园、中滔节能环保产业园成立项目联合审批代办服务站，22 名代办员无偿代办，审批事项代办率达 90%。四是加强事中事后监管。按照"谁审批，谁监管"要求，对国务院、自治区决定取消的事项制定 54 项事中事后监管方案。

2. 深化商事制度改革

截至 2017 年底，全市市场主体 22.18 万户，市场主体新增出现逐年不断递增趋势，从 2014 年每月平均增加 2400 个到 2017 年平均每月 3800 个市场主体在玉林"出生"。一是深入推进工商登记便利化改革、完善企业市场退出机制、持续推进主体信息推送和公示及年检改年报改革，激发大众创业。二是全面实施"双随机一公开"监管。出台了《玉林市政府部门随机抽查事项清单》，宽进严管，加强抽查结果公开，接受社会监督。2017年以来，从《检查对象名录库》中随机抽取7306户市场主体，抽查内容涉及市场主体年报、企业公示信息、登记事项、直销违法行为等19项任务。三是推进政府部门涉企信息归集公示共享。出台了《玉林市政府部门涉企信息统一归集公示工作实施方案》，全市已公示市场主体登记备案信息67.74多万条（含吊销、注销数）、股权出质信息760条、动产抵押信息339条、行政许可信息12.32万余条、行政处罚信息2696条、经营异常名录或异常状态信息2.15多万户、抽查检查信息1.45万余条。

（二）深化供给侧结构性改革

持续推进"三去一降一补"。一是支持市场化法治化债转股。出台了《玉林市积极稳妥降低企业杠杆率的实施方案》，有序开展市场化银行债权转股权。二是取缔"地条钢"产能。对存在的两家"地条钢"生产企业的相关生产设备进行了拆除。三是房地产非住宅去库存。非住宅库存面积从2016年的178.92万平方米减至2017年底的52.05万平方米，消化周期从93.39个月下降到25.96个月。四是降低企业成本。积极降低企业电力成本，改进企业减产停产期间的基本电费计费方式。大力降低企业物流成本。贯彻落实国家、自治区出台的减免运输车辆通行费各项优惠政策。降低企业制度性交易成本。五是协调发展补短板。全力打好脱贫攻坚战，深入实施大产业战略。2017年，玉林市重点发展的十大产业实现规模以上工业总产值1704.19亿元，同比增长16.12%，其中有八大产业的增速超过全市规模以上工业总产值增速水平。

（三）深化国企和国资改革

一是及时出台了《关于全面深化玉林市国资国企改革的意见》《玉林市党政机关、事业单位和群团组织与所属企业脱钩实施方案》等13个改革指导性文件。二是积极稳妥地推进国有企业负责人薪酬制度改革工作，出台了《玉林市国资委履行出资人职责企业负责人薪酬核定规则》等10多个薪酬改革配套政策文件。三是积极推动国有企业整合重组。牵头筹建玉林金融投资集团，顺利完成小微担保公司、高科技担保中心、农村产权交易中心的国有股权划转。完成了玉柴集团10家子公司的整合重组。四是开展党政机关、事业单位和群团组织与所属企业脱钩工作。五是有序推进国有企业职工家属区"三供一业"（供水、供电、物业管理）分离移交。六是推进民政服务总公司产权制度改革。

（四）深化财政制度改革

一是出台了《玉林市与城区财政事权和支出责任划分改革工作方案》，研究完善市对城区管理体制。二是出台了《玉林市政府性债务风险应急处置预案》，规范政府融资举债。三是完善政府购买服务配套制度。四是推动全市各县（市、区）全面建立预决算公开统一平台。五是做好非税收入收缴电子化管理试点。六是大力推进财政预算绩效管理，逐步增强中期跟踪监控力度，2017 年全市开展项目中期跟踪监控金额约 57.8 亿元，比上年增长 7.71%。

（五）深化税收制度改革

一是稳妥推进环保税改革。积极做好环保税开征准备工作，做好牵头组织启动工作，制订具体工作方案，建立联席会议制度，联合环保、财政部门开展排污费征收情况调研，积极主动与环保部门做好信息数据的交接工作，截至 2017 年底，已交接完成 1223 户。二是继续深入推进资源税从价计征改革。认真做好涉税辅导和政策宣传，进一步明确应税的资源品目和计税依据，2017 年共征收资源税 6586 万元，同比增长 13.14%。三是继续深入推进"营改增"试点改革。做好营改增政策大辅导、税负分析等工作，确保改革红利充分释放。四是深入推进国税地税征管体制改革。推行国税、地税共建办税服务厅，共建成国地税全职能办税服务厅 3 个，一体化进驻市、县两级政务大厅 6 个，实现国地税事项"一窗办结"的服务窗口 46 个；国税、地税相互委托代征税款共 3100 万元；大力推进办税便利化改革，拓展网上办税、移动办税，推行办税无纸化、免填单、"二维码"自助办税等快捷办税方式，加快推进办税事项全区通办。

（六）深化金融和投融资体制改革

一是大力发展直接融资，引导企业拓宽融资渠道。截至 2017 年末，玉林市上市后备企业资源库的企业总数达 48 家，有新三板挂牌企业 7 家，其中 2017 年新增 1 家。引导企业积极开展股权和债券融资，推动玉柴机器集团有限公司发行 5 亿元的公司债。二是完善融资担保服务体系，推进新型政银担融资担保体系建设。组建了玉林市小微企业融资性担保有限公司和玉林市农业信贷担保公司，截至 2017 年末，玉林市小微企业融资担保有限公司担保余额为 4.26 亿元，玉林市农业信贷担保公司共发放了 4 笔担保贷款，担保金额合计 270 万元。三是深化农村金融改革，助力普惠金融服务"三农"。加快推进农村信用联社改制农商行工作，陆川县农信社改制农商行工作已基本完成筹建，广西银监局已批复陆川联社筹建农商行的申请。推进农村信用体系建设，大力开展"信用户、村、乡镇"创建活动。大力推广"农金村办"模式。全市建立村级"三农金融服务室"842个，比去年新增372个，新增79%。四是健全完善农村产权流转交易市场四级体系建设。各县（市、区）农村产权交易分中心已全部挂牌成立，镇（街道）服务站、村（社区）服务室也陆续建立。五是持续推进农村土地承包经营权抵押贷款试点。截至2017年末，玉林市三个试点县（市、区）农村土地承包经营权抵押贷款余额29586万元，同比增长155.4%，贷款余额占全区贷款余额45%以上，成功做成了广西首单"两权"抵押贷款保证保险业务。六是出台了《玉林市政府投资项目管理暂行办法》等政策文件。推广运用政府和社会资本合作模式，玉林至湛江高速公路、玉林市地下综合管廊、玉林市路网升级改造等一批PPP示范性工程开工建设。

（七）健全创新驱动发展体制机制

一是建立健全创新驱动发展政策。成功召开全市创新驱动发展大会，印发了《中共玉林市委员会、玉林市人民政府关于实施创新驱动发展战略的意见》和《玉林市人民政府关于加快玉林市科技创新的若干意见》《玉林市大力推进大众创业万众创新实施方案》《玉林市关于加强高层次创新型人才队伍建设实施办法》《玉林市推动传统产业转型升级 强化企业创新主体地位实施办法》《玉林市战略性新兴产业创新发展实施方案》"1+5"一系列创新驱动发展政策措施文件以及《玉林企业购买科技成果转化后补助暂行管理办法》《玉林市高新技术企业认定奖励办法》《玉林市工程技术研究中心、企业技术中心认定和管理暂行办法》《玉林市科技企业孵化器和众创空间认定管理暂行办法》等奖励和补助细则。二是推动自治区级玉林高新区设立和创新平台培育。正式成立自治区级玉林高新区。建成玉林市中小企业科技创新孵化服务中心等4家科技企业孵化器，其中玉林市中小企业科技创新孵化服务中心获得自治区级认定，累计孵化企业119家。2017年，玉林市认定市级众创空间11家，获得自治区级认定的有3家；新认定工程技术研究中心6家，企业技术中心3家，市级工程技术研究中心、企业技术中心累计达到99个；高新技术企业保有量达到37家，建立了一批以企业为主体的创新平台。玉林市获国家火炬玉林内燃机特色产业基地认定。

（八）深化新型城镇化建设体制改革

坚持以玉北同城化为契机，以农村集体经营性建设用地入市为突破口，稳妥推进北流市新型城镇化综合试点各项工作。2017年，农村土地确权登记基础工作已经全面完成，完成土地承包经营权登记面积 51.16 万亩，全市可发证率达 98.36%。农地入市试点取得阶段性成果，已完成农地入市 70 宗，入市面积 4100 亩，成交价款 9 亿多元，总体进度位居试点县（市、区）前列。

（1）农地入市的创新做法。一是公益用地入市。积极探索"能不征、就不征""可入市、尽入市"，创新公益项目用地保障新方式。协议出让公建项目用地 3 宗，用于建设镇卫生院、汽车客运站，面积 5.4 亩；在经营性项目中捆绑出让基建公建配建项目用地 37 宗，用于建设道路、公园等，面积 240.6 亩。二是商住用地入市。将国有商住项目的服务和监管制度运用到入市项目中，同等管理，同等监督，收到较好的效果。截至 2017 年底，已拍卖出让商住项目用地 30 宗，面积 1390.5 亩，是同期出让国有商住用地的 118.32%。三是成片整治入市。与农民达成协议，集中连片整治后入市，共享入市收益，有效优化产业布局和城乡统筹发展。引入土地开发中心和 3 家国有企业，实施成片综合整治开发后入市，与集体签订协议 6500 亩，创新了集体建设用地的一级开发模式。四是新增集体建设用地入市。尝试新增集体经营性建设用地入市，获得批准新增用地 90.21 亩，及时解决了项目用地问题，也创新了缩小征地范围后建设用地保障的途径。

（2）改革试点工作的主要成效和经验。一是激发农村土地资源活力，有效促进了县域经济发展。盘活了集体存量建设用地。已入市面积 1887.5 亩，占同期供地总量的 48%；已立项整治后易地入市面积 1.81 万亩，有效满足了未来几年的建设需求。保障了用地项目的顺利落地。立项建设项目 108 个，总投资 583.5 亿元，满足用地需求 2.3 万亩。二是凸显了农村土地资产价值，有效增加了农民获得感。入市收益高于改革前征地补偿。入市农民除了获得增值收益现金收入外，还参照征地补偿标准，安排留用地、城镇社保等多种收益方式。实践证明，农民获得的入市现金收益比改革前征地补偿现金收益提高 41.9%；获得的入市总收益比改革前征地补偿总收益提高 13.2%。产业发展带动农民增收，如梧村花卉世界等项目带动了农用地流转，农民每月既能获得 1000~1500 元/亩的农用地租金收入，还可以通过劳动获得 1500~2000 元/亩的工资收入。三是打破了二元土地管理机制，有效地推动了城乡一体化。集体经营性建设用地入市，推动了人口、资源、资本、服务等要素的城乡双向流动。提升镇级公共服务水平，如已有入市项目的 8 个镇，捆绑 240.64 亩土地建设道路、公园、学校、市场，提升了城乡公共服务水平。推动城乡"统规统建"，如在留地安置中推动宅基地"统规统建"，已安排 890 户、面积 123 亩，鼓励农民购买各镇开发的商品住宅，让农民由被动城镇化到主动就地城镇化。优化城镇产业布局，如民安镇通过铜石岭国际旅游度假区项目，带动旅游休闲、观光农业等多种业态发展。四是实现了两种所有权土地"同权同责同价"，有效推进城乡统一的建设用地市场建立。把"同权同责"作为"同价"的前提，赋予集体经营性建设用地与国有建设用地同等的产权权益。入市后，按照国有建设用地市场管理规定，顺利建立了与国有建设用地相同的市场交易和服务监管机制，就已经入市的49宗土地看，还没有发现管理上存在障碍。五是实现了收益分享的大体平衡，有效推进了兼顾国家、集体、个人的土地增值收益分配机制的建立。为保证试点过程中土地市场稳定，玉林市坚持政府主导项目、市场决定价格，实现了利益"三平衡"：①农民获得的征地补偿收益与入市增值收益基本平衡。农民获得入市增值总收益17.15万元/亩，比改革前的征地补偿增长13.2%，与改革后的征地补偿总收益基本一致。②政府土地财政收支基本平衡。扣除农民收益，政府获得的收益占净地价款的31%，转嫁企业承担基建公建配建28%，总收益比改革前略降低5%。③企业竞买土地价格基本平衡。土地成交价与承担基建公建配建价格之和与同地段国有土地价格基本一致。

二、存在的突出困难和问题

一是事业单位转企改制涉及人员身份转换、资产划转、社会保障等方面，情况复杂、政策性强，而改革相应配套政策不够完善，部分单位对转企改制存在很大顾虑。

二是自治区、各地市和县级的权责清单目录不统一，部分事项名称和类型不一致，无法真正做到"三同一"。"互联网+政务服务"发展偏慢。由于技术、人才、资金等客观原因，没有建立完善的网上政务服务平台，网上大厅功能不健全，不能充分发挥"互联网+"的便捷、高效作用。跨部门、跨地域审批数据资源的共享交换和业务协同难，影响了项目的审批。

三是农村产权抵（质）押贷款风险处置与补偿机制有待完善。贷款风险补偿比例偏低，最高代偿损失比例仅为20%，远低于全国其他试点地区（成都为80%、其他试点地区均在50%以上），银行承担的风险过大。

三、下一步改革思路

（一）深化供给侧结构性改革

进一步完善"三去一降一补"相关文件，贯彻执行工业企业分类管理实施细则和工业园区分级管理办法。推进互联网、大数据、云计算与实体经济深度融合，探索建立"云长制"。加快区域电网建设，完善区域电网与大电网协调互补机制，切实降低企业用电成本。

（二）深化"放管服"改革

出台了进一步优化营商环境的实施方案。加大对行政许可事项的清理规范力度，做好行政许可事项目录清单管理和动态调整工作。公布保留的行政审批中介服务事项目录清单，继续取消一批行政审批中介服务事项，进一步降低制度性交易成本。进一步加强事中事后监管，将工作重心由"重审批、轻监管"转变为"宽进严管"。

（三）深化商事制度改革

推进"证照分离"改革，继续推进市场主体信息归集公示工作，建立企业信用监管机制及失信企业协同监管和联合惩戒机制，推进个体工商户、农民专业合作社登记全程电子化。

（四）深化国资国企改革

出台了进一步完善国有企业法人治理结构的实施方案。全面推进党政机关、事业单位和群团组织与所属企业的脱钩工作；全力推进玉柴集团混合所有制改革；加快推进市政府五大平台公司资源整合转型升级和市建工集团、水务集团、公交集团组建工作；加快推进国有资本运营公司试点；稳妥有序进行"僵尸企业"处置工作。

（五）深化财税体制改革

统筹推进市与城区财政事权和支出责任划分改革工作，提出市与城区基本公共服务领域共同财政事权和支出责任划分的改革方案。推进政府部门财务报告和政府综合财务报告的编制试点，全面梳理政府的资产、负债事项。

（六）深化金融体制改革

一是建立健全金融监管体制，出台构建绿色金融体系的实施方案。二是持续推进农村金融改革。继续加快推动农信社改制农商行工作；加强农村产权流转交易市场四级服务体系建设，健全服务平台网络，继续增加交易品种、扩大服务范围；全面推广"农金村办"模式。三是深化农村信用体系建设，持续推进"农村金融四级联创"工作和农村信用信息系统建设工作。

（七）深化新型城镇化建设体制改革

统筹推进北流农村土地制度改革三项试点工作。持续深入推进农村集体经营性建设用地入市，保持入市宗数、面积在全国试点地区前列；建立健全土地征收制度改革试点相关制度；制订宅基地制度改革试点实施方案，探索宅基地所有权、资格权、使用权"三权分置"。全面完成玉林市新一轮土地利用总体规划编制试点工作，实现"四个一"工作目标。

第十章 百色市

一、改革进展及成效

2017 年，百色市全面落实中央、自治区深化供给侧结构性改革相关决策部署，突出抓好"三去一降一补"重点任务，以调结构、降成本、扩大有效供给、提高供给结构适应性和灵活性、提高全要素生产率、推动全社会生产力水平整体改善为目标。淘汰落后铁合金产能 1.11 万吨，关闭右江矿务局的坡洪煤矿，化解煤炭过剩产能 9 万吨。存量商品房去化周期缩短至 12.28 个月的合理范围。百色区域电网降低电力成本累计超过 8 亿元，34 家企业参与自治区用电直接交易，降低用电成本超过 8 千万元。全面推行"营改增"，为企业降低税负超过 4 亿元。放管服改革、金融体制改革、国企国资改革、电力体制改革、科技体制改革等重点领域改革的成效显著。

（一）"放管服"改革不断增添活力

（1）投融资体制改革加快推进。一是实行企业投资项目"一站式"网上审批，实现从项目立项至竣工验收全过程审批部门和市、县全覆盖。二是制定出台了《百色市本级政府融资管理暂行规定》《百色市本级政府管控增量资金存放银行考核评价激励暂行办法》《百色市政府政策性基金管理办法（试行）》，建立政府融资管理、银地合作发展新机制。三是交通银行、柳州银行落户百色，金融机构引进发展机制不断完善。四是全年 147 个 PPP 项目列入自治区重大基础设施 PPP 项目库，总投资 1057 亿元。一批县级 PPP 项目前期工作有序开展，初步形成市县联动、模式多元的 PPP 项目格局。五是企业债券直接融资、基金与社会资本合作融资、互联网 P2P 融资等融资手段越用越活，投资环境不断优化、融资渠道不断拓宽，政府投融资能力进一步提升。

（2）行政审批制度改革不断深化。一是深入推进简政放权。百色市累计取消、调整和下放行政审批事项十一批次 1257 项，清理规范市本级保留为行政审批必要条件的中介服务事项 93 项，为全市经济社会持续健康发展营造了高效优质的政务环境和营商环境。二是行政许可事项目录清单管理不断完善。适时印发百色市取消、调整和保留行政许可事项目录清单，市本级保留行政许可事项 324 项，实现行政许可事项目录化、动态化管理。三是全面完成政府部门权力清单和责任清单"两单融合"。43 个政府部门公布权责清单，涉及行政权力事项 3219 项、共性权力事项 10 项、与行政权力相对应的责任事项 33432 项，市政府部门行政权力责任及追责情形进一步明确，主动接受社会监督，防止权力滥用。四是"四所合一"改革成效显著。全市 12 个县（市、区）135 个乡镇（街道）基本完成"四所合一"改革。实现全部乡镇政府（街道）权责清单公布，县级下放各乡镇实施的权限、委托的事项共计 250 多项。135 个乡镇（街道）全部整合国土资源管理、规划建设和环保环卫、安全生产监督和交通管理等站所的职能，进入乡镇国土规建环保安监站（综合行政执法队），减少办事环节 338 个。

（3）商事制度改革加快实施。先后印发实施《百色市注册资本登记制度改革工作方案》《百色市工商营业执照、组织机构代码证和税务登记证"三证合一"登记制度改革试点工作方案》《百色市实施"先照后证"改革后加强事中事后监管实施方案的通知》《百色市实施"先照后证"改革后加强事中事后监管工作联席会议制度的通知》和《百色市"多证合一、一照一码"登记制度改革工作实施方案》等改革文件，全市 17 万市场主体，推行电子营业执照 10.56 万户，办理简易注销登记 618 家，进一步降低市场主体准入门槛，激发了市场活力。

（二）金融体制改革持续深化

百色市以党中央、国务院和自治区关于金融体制改革的工作部署为指导，坚持以服务实体经济为导向，突出抓好农村金融改革、政策性金融扶贫实验示范区建设沿边金融综合改革试验区等改革，组建百色投资集团、福地金融投资集团、百东投资公司等投融资平台，形成左右江老区振兴发展基金、百色扶贫开发基金、百色城镇化发展基金、百色金砖城市发展基金四大基金，获得金融机构授信 537 亿元，促进全市 31 家国家新型城镇化综合试点企业纳入自治区上市后备企业资源库、6 家企业与证券公司签署服务协议、62 家公司成功在北部湾股权交易所挂牌，推动百色市金融体制改革不断深入。

（1）深化农村金融改革。以信用体系建设为重点，以支付体系建设为基础，以信贷产品创新为动力，多层次、广覆盖、可持续的农村金融发展的

"田东模式"成为全国样板。一是持续推进村级金融服务组织的"农金村办"标准化建设，实现"三农金融服务室"行政村全覆盖。二是农村金融产品与服务方式创新步伐加快。金融机构累计创新推出44种农村金融服务产品、9项服务方式。三是推动完善农村支付体系，全市银行便民服务点布设实现行政村全覆盖，网上银行、手机银行、电话银行等在农村广泛推广，农村用户达44.26万户。四是农村信用体系建设顺利推进。市人民政府下发了《百色市创建"农村金融信用市"工作方案》；截至2017年底，全市评定信用农户、信用村、信用乡镇占各自总数的比例分别为53.8%、42.8%和44.36%，农村信用体系"四级联创"各项指标排全区首位；2017年发放小额信用贷款达30亿元，农户信用评级系统在贫困农户精准识别中得到运用。五是政策性农业保险提质扩面。政策性农业保险县（市、区）全覆盖，开办险种达13个，2017年全市政策性农业保险保费收入共9347.36万元，理赔支出共3777.23万元。六是农村"两权"抵押贷款试点加快推进。田东、田阳"两权"抵押贷款余额为1.52亿元，同比增长16.15%。

总之，百色市自2015年12月获批全国首个政策性金融扶贫实验示范区以来，全面参与脱贫攻坚战，坚持以服务脱贫攻坚统揽全局，围绕百色12个贫困县区，重点支持贫困地区易地扶贫搬迁、水利、农村路网、新型城镇化建设和特色产业发展。

（2）加快建设沿边金融综合改革试验区。到2017年底，百色共有87家主体、8家银行可办理跨境人民币业务，业务覆盖9个国家和地区。2017年，跨境人民币业务结算量累计达53.97亿元，成为百色市第一大跨境结算货币。搭建了中国（广西靖西）东盟货币平台，实现人民币兑换越南盾柜台挂牌交易，有效降低了涉外企业的汇兑成本。边民互市结算纳入银行体系。在平孟口岸、龙邦口岸探索建立互市贸易结算中心开展边民互市贸易收支结算，大幅提升贸易便利化程度。

（3）提升贸易投资便利化水平。为14家A类企业办理贸易外汇收入直接进入经常项目外汇账户或结汇，为45家边贸企业设置特殊标识，实行差异化"宽松式"管理，外汇业务全面实现了事中事后管理。

（三）国企国资改革加快推进

百色市坚持国有企业在国家经济发展中的重要地位不动摇，不断做强做优做大国有企业。百色百矿集团有限公司5万吨精铝项目投产运行，百色生态铝产业进入精深加工"高铝时代"。"百色一号"专列上升为广西物流冷链龙头企业，不断推动农业供给侧结构性改革。百矿集团有限公司列入国企改革"双百行动"名单，成为广西唯一一家列入国企改革"双百行动"的地市直属企业。新山、田林、隆林煤电铝一体化、平果100万吨铝精深加工等项目加快推进。广西福地金融投资集团有限公司互联网金融平台服务量跃居广西地市级互联网金融平台首位。广西百色右江水务股份有限公司在"新三版"挂牌，成为百色第一家上市公司，填补百色国有企业上市空白，实现零的突破。截至2017年底，市国资委直属企业资产总额1003亿元，比上年增加277亿元，增长38%；所有者权益总额完成328亿元，比上年增加53亿元，增长19%。市国资委直属企业2017年实现工业总产值127亿元，比上年增长112%；营业收入完成244亿元，比上年增长85%；固定资产投资额102亿元，比上年增长2%。

（1）坚持制度先行，国企国资改革政策体系不断健全。百色市国资国企改革始终坚持制度先行，从顶层设计层面全面谋划全市国有企业改革工作。制定出台了薪酬管理、章程管理、政企脱钩、企业功能界定与分类、监事会建设等方面11个配套文件，形成全市国企国资改革"1+25"政策文件体系，推动中央和自治区国企国资改革"1+N"政策文件在百色市落地生根。

（2）坚持"管资本为主"，国有资产管理体制不断完善。一是完成市直党政机关与所属企业脱钩。成立百色市荣泰资产经营有限公司，将33家市直党政机关、事业单位所属企业划转至该公司。二是建立健全优胜劣汰市场化退出机制。通过出资人调整、无偿划转股权、资产重组整合等方式，优化国有资本配置，推动国有企业做大做强。三是推动国有资产监管机构不断健全。将经营性国有资产集中统一管理，国有资本配置进一步优化。

（3）坚持做强做优，国企改革改革取得新突破。一是深入推进企业集团化发展。先后组建百投集团、百矿集团、广西福地金融集团、百东投公司、文旅投公司，其中，百矿集团成为2017广西100强企业（排第40位），集团优势充分显现。广西建华集团、百色百东投资集团、广西沿边投资集团、百色能源集团的组建工作也在加快推动。二是加快推进企业整合重组。加快推进百色饭店有限公司、新鑫建材厂、华明建材厂、百色市鼎诚公交有限公司、百通投资有限公司、田阳红岭坡水泥厂等企业整合重组，推动资源优势进一步整合。

（4）坚持放大国有资本功能，混合所有制经济进一步繁荣制定《百色市国有企业发展混合所有制经济实施方案》，鼓励和支持国资直属企业二、三层级法人企业积极发展混合所有制，充分利用不同投资主体的资金、技术、人才、设备、管理等优势，推进企业改革发展，19家直属企业下属法人企业中，混合所有制企业法人占 53%，混合所有制企业注册资本占资本总额 60.75%，以 68 亿元国有资本撬动各类社会资本 115 亿元，将国有资本杠杆系数放大了 1.69 倍。

（四）电力体制改革红利不断释放

铝产业是百色重点支柱产业，为破除铝水生产电价"瓶颈"，推动铝产业转型升级，百色市深入实施电力体制改革，举全市之力推动区域电网项目建设。专门成立电网运营管理机构——百色新铝电力有限公司，全面负责百色生态型铝产业区域电网工程建设和运营管理。2015 年，区域电网一期建成运营，2017 年底区域电网二期开工建设，实现区域电网网内供电综合均价约为 0.36 元/千瓦时，与大网电价 0.48~0.58 元/度相比，百色区域电网网内煤电铝一体化项目的铝水生产每吨可节约成本 2000 元以上，可有效降低重点铝企业的铝水生产成本，进一步激活企业发展的活力和动力。2017 年百色区域电网运行以来，累计供电量近 110 亿千瓦时，为并网企业节约用电成本约 18 亿元，坚定了百色市发展铝产业的信心，为铝产业"二次创业"奠定了坚实的基础。同时，通过区域电网建设的具体实践，电网主体企业改变了原来的服务方式和定价机制，逐步按照开放竞争的市场规律为相关铝企业提供有电价竞争力的电量，使广西电网对百色银海铝、广西信发、田东锦江等铝企业的供电价格大幅下降。

（五）科技体制改革步伐加快

2016 年以来，百色市根据中共中央、国务院发布的《国家创新驱动发展战略纲要》和自治区党委、政府《关于实施创新驱动发展战略的决定》精神，不断激发创新活力和人才活力，推动产业转型升级、科技体制改革不断深入。到 2017 年底，全市高新技术企业保有量达 29 家；自治区级以上"星创天地"15 家，排名广西第一；每万人口发明专利拥有量排全区第三；全市 9 个县（市、区）获国家、自治区级知识产权试点示范县，覆盖率达 75%。一是"千姿百色星创天地""百色学院大学生创业孵化基地"分获国家级"星创天地"和众创空间。二是百色工业园区获"国家新型工业化产业示范基地"，新山工业园区设立国家铝产品质检服务中心。三是建成"中南大学材料科学与工程学院——平果铝材研究基地""百色百矿集团—上海交通大学先进铝合金材料联合研究中心"等企业研发平台和"国家级专家服务基地""中国高校（百色）科技成果转化中心""百色市科技成果交易平台"。四是与教育部科技发展中心签订产学研合作战略框架协议，组织实施

"蓝火计划"，百色成为西部地区第一个实施"蓝火计划"的城市。

二、下一步改革思路

(一) 供给侧结构性改革方面

加快推进全市供给侧结构性改革，完善相关政策、制度，落实好"去产能""去库存""去杠杆""降成本""补短板"五大任务，促进经济稳定增长和转型升级。

(二) 金融改革方面

一是继续深化两大金融改革，助推金融改革取得新突破。全面推进沿边金融改革，加快沿边跨境金融创新和农村金融创新。二是持续推进社会信用体系建设，优化金融生态环境。三是积极配合自治区沿边金融综合改革试验区金融生态评估指标体系建设，优化金融生态环境评估指标和评价机制。

(三) 国资国企改革方面

出台百色市本级国有企业兼并重组暨"僵尸企业"处置实施方案。推进和实施市国资委直属企业战略性兼并重组，积极培育国有上市企业，组建广西百色市政投资集团、广西百色百东投资集团等，加快推进剥离国有企业办社会职能和国有企业职工家属区"三供一业"分离移交工作。

(四) 科技体制改革方面

制定百色市加快实施创新驱动发展战略，全面深化科技体制改革的实施方案。研究出台百色市进一步强化企业创新主体地位实施办法、加大财政科技经费投入与改进财政科技经费管理实施办法等配套政策。

(五) 公车改革方面

完成地方企事业单位公务用车制度改革，搭建完善公务用车服务平台"全区一张网"，完善配套政策，持续巩固公车改革成果。

第十一章　河池市

一、全面落实供给侧结构性改革

全面落实"三去一降一补"政策，化解煤炭过剩产能 165 万吨，淘汰落后铅冶炼产能 21.28 万吨；贯彻落实降低工商业销售电价、免收新增电力用户临时接电费用、全面停征价格调节基金等价费优惠政策，为企业减负 1.096 亿元，争取电力直接交易，为企业节约成本 1.376 亿元；放开基础产业和基础设施、公用事业、公共服务等领域，河池市中心城区管道燃气工程、河池市城乡垃圾焚烧发电 BOT 项目等 7 个项目入选自治区项目库，总投资 35.28 亿元；完成了市级农业综合用水价格试点河池供水处灌区用水价格改革工作，使城区管道燃气价格每立方米降低了 1 元；出台实施了《河池市停车收费服务管理办法》和《河池市金城江城区出租汽车运价结构调整方案》。

二、持续深化"放管服"改革

提前完成市、县政府部门权责清单"两单融合"工作。取消行政审批事项 55 项和调整行政审批事项 268 项，保留行政许可 314 项。受理各类审批事项 54.72 万件，办结 54.76 万件，增幅 3.6%，满意率 99.9%，无超时办件情况；建立公共资源目录清单，推动公共资源纳入统一平台交易，在市公共资源交易中心完成的交易项目 1599 个，政府采购类和工程类项目总成交额 146.7466 亿元，节约资金 3.5823 亿元，节约率 2.48%。完成河池市文化市场等 31 家第二批行业协会商会与行政机关脱钩试点单位的脱钩试点工作。全面推广应用投资项目在线并联监管平台，在线并联审批、备案、核准项目 2497 个，总投资 2160.58 亿元。

三、扎实推进财政体制改革

印发了《河池市本级与城区财政事权和支出责任划分改革工作方案》（河政办发〔2017〕87号），加快推进市与城区的财政事权和支出责任划分。同时，印发了《河池市本级推进预决算公开实施方案》（河政办发〔2017〕79号）、《关于印发河池市政府性债务风险应急处置预案的通知》（河政办发〔2017〕117号）等系列配套文件，完善了政府预算收支体系和政府债务预警机制。

四、改革完善税收制度

制定出台了《河池市深化国税、地税征管体制改革实施方案》等文件，探索征管改革试点推行"征管一线业务全流程同征共管"新征管模式，实现国地税各业务各环节深度融合。继续推进和完善"营改增"工作，全市"营改增"纳税人共19088户，占全广西总数的4.2%，全市"营改增"纳税人累计入库增值税104697万元。全面推广"互联网+办税服务"，全市办税厅83个窗口实现了"一窗一人一机"联合办税，自助办税平台用户达6.4万户（次），通过微信"二维码"办税5360笔。

五、持续深化商事制度改革

推进市场主体准入和退出进一步便利化，全市发放"两证合一"个体工商户营业执照20551张，发放"多证合一、一照一码"营业执照1672户（含企业和农民专业合作社），新增注册资金85.93亿元；通过全程电子化系统，完成设立登记230户；256户企业选择在企业信用信息公示网上进行简易注销公告，184户企业完成了简易注销。深入推进信用监管体系建设，全市各行政部门共归集行政许可信息42520条，行政处罚信息1507条，抽查检查信息8177条。建立信用惩戒机制，全市被列入经营异常名录或标记经营异常市场主体33725户，其中，企业3888户、个体工商户29425户、农民专业合作社412户。

六、继续深化国资国企改革

推进国有企业改制、改造工作，完成河池市糖业烟酒公司改制和广西宜州内燃机配件厂公司制改造工作。制定印发了《河池市关于加快剥离国有企业办社会职能和解决历史遗留问题工作方案》等系列配套政策，全面推动国企"三供一业"分离移交工作。开展国有企业棚户区改造工程，推动河池市汽车电机厂等5家企业298套棚改项目建设。印发《河池市推进国有企业发展混合所有制经济实施方案》，探索混合所有制改革，市国投公司与物质集团、鱼峰集团共同出资成立广西东江新型建材有限公司等，完成了广西河池化学工业集团公司转让广西河池化工股份有限公司29.59%的股权、金河公司破产重整的工作。加强资本合作，先后与太平洋建设集团公司、广西路桥集团公司、广西美华投资公司等多家大型企业展开园区项目合作，合作项目总投资近30亿元。

七、持续推进金融体制改革

有序推动政府融资担保公司组建，实现金融机构授信13.5亿元，办理完成融资担保业务21笔，服务企业16家，新增担保总额1.21亿元。农村信用体系建设有序推进，落实农村信用体系建设专项资金1050.97万元，在11个县（区）搭建了农村信用信息系统，创建信用乡镇62个，覆盖率为44.93%，完成年度任务的128.36%；信用村684个，覆盖率为45.69%，完成年度任务的130.55%；信用户511716万户，覆盖率为54.66%，完成年度任务的136.64%。保险业服务能力进一步提升，实现保费收入累计20.15亿元，同比增长25.5%，累计保费赔付7.3亿元，同比增长24.24%。小额贷款公司等金融机构稳步发展，小额贷款公司贷款余额4.91元，成为满足小微和"三农"等重点领域融资发展的积极补充。

八、深入推进城乡发展一体化改革

推进无户人员的落户登记工作，2017年全市共摸排无户口人员28463人，已解决户口登记27937人。完善和规范流动人口居住证制度及户口登记制度，2017年共签发流动人口居住证26435张、居住证明29622张、异所办理身份证51404张、异市办理身份证4005张、异省办理身份证1341张。制定城镇建设用地增加规模同吸纳农业转移人口落户数量挂钩机制的实施方案。落实加强耕地质量建设和占补平衡工作的改革措施，2017年共通过验收确认的旱改水提质改造项目14个，确认旱改水提质改造完成面积338.9699公顷。推进建设项目用地审查报批"三级联审"改革，全市通过三级联审系统共完成建设项目用地报批124宗，用地面积634.5527公顷，涉及新增建设用地579.8825公顷，其中农用地476.1318公顷（耕地246.1080公顷），未利用地 103.7507 公顷。

九、深化社会保障制度改革

河池市率先在全区探索开展职工医疗保险制度改革，执行职工医疗双保险制度。2017 年 10 月 13 日，全区职工医疗双保险经验交流现场会在河池市召开。2017 年，为 25.19 万名参保职工向商业保险机构投保，保费合计 2267 万元，据统计，全市住院职工达到双保险起付线标准的共计 6280 人次，二次报销医疗费 2380 万元，职工住院平均报销比例比原来提高了 10.02%。

十、深入推进科技体制改革

印发了《河池市加快科技服务业发展实施方案》等 9 个政策文件，改革完善了科技体制机制，提升了科技发展的科学化水平。全市发明专利申请量 1516 件，全市每万人发明专利拥有量 0.98 件。组织实施第一批广西科技计划项目 85 项，项目总投资 4.59 亿元，全市自治区级农业科技园区由 3 家增至 5 家；依托广西现代职业学院建设的"河池市科技创客城"被认定为 2017 年第一批自治区级众创空间；科技企业孵化器建有自治区级 1 家、在建市级 1 家，落实在孵企业 45 家；河池市金兴生物科技有限公司等 5 家企业被纳入自治区 2017 年高新技术企业培育库；广西广维化工有限公司等 4 家企业申报 2017 年第三批高新技术企业，其中广西广维化工有限公司、罗城顶联科技有限公司已被认定为国家高新技术企业。

十一、深入推进公务用车制度改革

全面完成市、县两级党政机关和参公事业单位公务用车制度改革，节支目标超过预期。代表广西地级市参加全国地方公务用车制度改革考核预评估，获 96 分，在预评估地级市中排名第一。完成河池市企事业单位公务用车制度改革实施方案的编制和意见征求，报市车改领导小组审定后实施。

第十二章　贺州市

一、改革进展及成效

(一) 继续推进"放管服"改革

(1) 推进行政审批事项动态化管理。根据国务院、自治区有关文件精神,对市本级实施的行政审批事项进行清理规范、取消调整、修正和更新,并统一编制市本级行政审批事项目录清单。2016 年以来,贺州市依程序在每年的 6 月、12 月向社会公开新清理后的市本级行政审批事项目录清单。同时,采取与其他地市横向对比、部门纵向对照的方法对市本级行政审批事项目录进行差异化梳理,不断规范 2017 年市本级保留、取消和调整的行政许可项目。推进"一个平台管项目审批"改革,项目联合审批信息管理平台共受理办结审批事项 1836 件,办结提速 53.3%,对涉及 40 个重大投资项目的 117 项审批事项实行"容缺受理"。权责清单"两单融合"工作顺利完成,行政权力运行流程进一步优化。

(2) 规范行政审批"接、放、管"事项。印发《贺州市 2017 年本级行政许可事项目录和取消行政许可事项目录》,市本级取消的审批事项 47 项。以自治区各部门行政审批事项操作规范为标准,实现全市行政审批事项标准化、规范化和动态管理。市本级各部门承担行政审批和公共管理事项的 43 个单位已将 210 个目录、389 个大项和 631 个子项共 1020 个事项的操作规范、流程图录入全区标准化数据库,项目要素完整率达 100%。

(二) 深化国企国资改革

印发《关于推进国有企业发展混合所有制经济的实施方案》《贺州市国资委监管企业负责人薪酬管理暂行办法》等文件,推进国有企业开展混合所有制改革,完善国有企业负责人薪酬制度,推行《市本级经营性国有资产监管委托书》制度,实现市本级经营性国有资产委托监管工作的全覆盖。重组成立了城建集团、交投集团，国资布局结构得到优化调整；混合所有制改革取得新进展，贺州市农投集团增资入股正丰农业公司，贺州市城建集团与中国通号集团共同出资建设装配式建筑生产基地。

（三）深化供给侧结构性改革

（1）积极推进"三去一降一补"工作。出台《贺州市关于加快推进供给侧结构性改革的实施意见》。去产能方面，依法处置"地条钢"企业8家，累计拆除中频炉52套104台，涉及产能340.9万吨。去库存方面，强化房地产市场调控，2017年度商品房销售面积123.23万平方米，商品房库存量累计97.9万平方米，消化周期为12个月。去杠杆方面，截至2017年底，贺州市累计有速丰木业、恒达木业、长城机械等39家企业分别在全国股份转让系统（"新三板"）和省级以上区域性股权交易中心（"新四板"）挂牌；已组建债委会12家，涉及融资总额100.28亿元，支持优质企业8家，帮扶困难企业4家，其中金泰、汇龙港系2家涉及不良余额2.03亿元。降成本方面，打好降低制度性交易成本、税费负担、人工成本、融资成本、电力成本、物流成本和规范涉企行政事业性收费等的"组合拳"，为实体经济企业降低成本7.2亿元。

（2）推进"十三五"服务业综合改革试点工作。自治区层面出台了《关于加快推进贺州市国家服务业综合改革试点工作的意见》（桂政办发〔2017〕127号），给予了贺州在财税、土地、投融资、价格、人才及其他方面的支持政策共26条。市级层面出台了《关于加快商贸和其他营利性服务业企业培育发展扶持的若干意见》（贺政发〔2017〕23号），每年落实服务业专项资金3000万元以上，对全市服务业企业发展、项目建设及统计人员进行激励；成立市服务业发展局（正科级事业单位），作为服务业发展的统筹推进常设机构；按照服务业重点行业指标体系、统计系统报表以及全区现代服务业集聚区建设考核指标体系等规范建设全市服务业K系统，对全市服务业行业运行进行人工智能预警监测；全年入库服务业企业39家，黄姚古镇旅游文化产业区和中国—东盟石材·碳酸钙交易中心被列入首批自治区现代服务业集聚区名单；贺州市2017年服务业增加值增长9.9%，对全市经济增长贡献率达70.6%，服务业占GDP比重达到40.5%，首次超过第二产业比重。

（四）进一步健全市场体系改革

商事制度改革深入推进，实施电子营业执照和全程电子化管理，推动

"多证合一、一照一码"登记制度改革，放宽市场准入，全年新增市场主体1.73万家。推进社会信用体系建设工作，启动贺州市信用信息平台和"信用贺州"网站建设，依法向社会发布统一社会信用代码信息、行政许可和行政处罚"双公示"信息、行业红黑名单信息等。2017年，"信用贺州"网站归集市级单位的信用数据10万余条；归集设各县（区）信用数据7万条，累计向自治区信用信息平台推动数据约8万条，初步实现全市信用数据归集全覆盖。2017年12月，贺州市城市信用在全国261个地级市中排第122名，扭转了贺州市城市信用综合排名靠后的局面，全市信用体系建设的基础得到夯实。

（五）加快财税体制改革

印发《贺州市市以下财政事权和支出责任划分改革工作方案》《广西贺州旺高工业区（碳酸钙千亿元产业示范基地）财政收入分配办法》等文件，完善城区、工业区税收分成体制，科学制定收入分配办法，明确划分收入范围，进一步划分支出责任。

（六）深化金融体制改革

印发《贺州市加强政银保合作全面开展小额贷款保证保险工作实施方案》，全面开展政银保业务，搭建"政银保"合作平台，截至2017年12月末，全市涉农贷款余额231.09亿元，比年初增加35.25亿元，同比增长9.88%，实现"涉农信贷投入持续增长"的目标。在全区首创推行"农金村办"助农惠农补贴一卡通系统。

（七）"多规合一"改革试点取得新进展

自2014年8月被列入国家"多规合一"改革试点以来，贺州市以五大发展理念为指引，以自治区赋予贺州的新定位、新发展为目标，通过探索"多规合一"，构建了全新的空间规划体系，推动"一张蓝图干到底"。2017年6月，《贺州市空间规划（2016—2030年）》获自治区人民政府批复实施，成为全国第一个获批的空间规划；2017年8月，贺州市"多规合一"经验在国家"多规合一"展中展出，标志着贺州"多规合一"实践获国家认可。

（八）深化收入分配制度和社会保障体制改革

印发《贺州市解决企业拖欠工资问题联席会制度》，统筹协调和推动农民工工资支付保障工作；上线金保工程五险合一数据大集中系统，城镇居民基本医疗保险被全部导入到全区统一的大集中信息系统中；开通跨省异地结算的定点医疗机构 10 家，实现参保人员持社保卡在省外完成住院费用即时结算。

二、下一步改革思路

（一）全面深化行政审批制度改革

做好审批事项承接、取消、调整各项工作，推进放管服改革，优化营商环境。完成市民服务中心建设，完善行政审批事项集中办理机制，推进"一站式"服务及并联审批工作。推动公共资源交易执行、服务、管理、监督由传统方式向信息化方式转变，实现自治区市两级平台的公共资源信息的互联互通和信息资源共享。

（二）深化国企国资改革

稳妥推进国有企业混合所有制改革，规范企业法人治理结构，从而建立起适应市场经济要求的产权明晰、权责明确、政企分开、管理科学的现代企业制度。规范监管企业及其重要子企业的投资行为，指导企业投资管理工作，防范企业出现盲目投资行为和投资风险，促进企业可持续发展和国有资产保值增值。

（三）继续深化供给侧结构性改革

进一步抓好《贺州市关于加快推进供给侧结构性改革的实施意见》的落实，做好"三去一降一补"工作，重点抓好国家服务业综合改革试点、增量配电等改革，促进经济结构调整，切实降低企业综合成本，补齐经济发展短板，增强经济发展活力。

（四）继续深化商事制度改革

完善信用政策体系，《贺州市建立完善守信联合激励和失信联合惩戒制度加快推进社会诚信建设实施方案》，推进信用信息双公示工作。推进商事登记制度改革政策的落实，加快推行电子营业执照和全程电子化管理，完善协同监管和联合惩戒工作机制，加强部门之间企业监管信息的交换共享协调与联系。

（五）继续深化财税体制改革

深化事权责权划分改革，建立市与县区事权和支出责任相适应的制度，全面清理现行配套资金政策。不断完善税收收入综合管理，提升税收收入研判水平，强化分析监控，加强重点税源征管和区县间税源户迁移管理。完善各项财政转移支付资金管理办法，加强对财政转移支付资金分配使用的全过程监控，建立健全信息反馈机制，确保资金安全、规范和高效使用，实行中期财政规划管理。坚持压缩一般性支出，消化历史赤字，确保地方性政府债务在可控范围内。

（六）继续推进金融体制改革

完善农村金融体系，重点推进做好"四级联创"信用户、信用村、信用乡（镇）创建工作。推广"银税互动"机制，力争实现小微企业贷款"三个不低于"目标，努力实现辖区涉农信贷投入持续增长。积极推动各县（区）农合机构实施"小额扶贫精准贷""金邮脱贫产业贷""扶贫快捷贷"，助推农户自主脱贫。

（七）继续深化投融资体制改革

出台进一步深化投融资体制改革的实施意见，拓宽融资渠道，推动融资模式多样化，筹集更多的资金支持经济社会发展。

第十三章　来宾市

一、改革进展及成效

2017 年，来宾市经济体制改革专项小组围绕 82 项改革任务多措并举，稳步推进。一是根据市委全面深化改革的工作部署，及时制定年度改革任务，并印发了《2017 年来宾市经济体制改革任务清单》。二是高度重视改革工作，专项小组及各成员单位"一把手"亲力亲为抓改革。三是多次召开了专题会议，确保改革任务顺利推进。四是加强督促检查，对各项改革任务开展专项督查，推动各项改革任务全面落实到位。

（一）深入推进供给侧结构性改革

来宾市于 2016 年 12 月 30 日印发了《关于加快推进供给侧结构性改革的实施意见》，2017 年紧紧围绕"三去一降一补"扎实推进。

（1）积极稳妥去产能，促进产业结构优化升级。一是严格准入，积极化解过剩产能。2017 年自治区要求来宾市煤炭行业去产能关闭煤矿井 5 对，合计退出产能 72 万吨，分别通过了县、市、自治区三级验收，提前完成了自治区下达的目标任务。二是分类处置，积极淘汰"僵尸企业"。经排查，全市列入国有"僵尸企业"的 7 家，列入非国有"僵尸企业"的 7 家，下一步将进一步确认"僵尸企业"并开展处置工作，2019 年底将实现"僵尸企业"基本出清。

（2）综合施策去库存，促进房地产市场健康发展。通过加快新型城镇化进程释放刚需、加强住房建设用地管理、加大住房公积金支持住房消费力度等措施，全年全市商品房去存量 144.53 万平方米，超额完成 14.53 万平方米，全面完成去库存 130 万平方米的目标任务。

（3）优化融资去杠杆，增强财政金融支撑能力。一是调整优化信贷结构，提升金融服务效率，进一步优化和改善辖区实体经济融资环境。2017 年

12 月末，全市金融机构人民币各项贷款余额 467.14 亿元，比年初增加 61.68 亿元，同比增长 15.21%；人民币各项存款余额 702.47 亿元，比年初增加 95.8 亿元，同比增长 15.79%；辖区小微企业贷款余额 142.49 亿元，比年初增加 32.16 亿元，同比增长 29.15%，高出各项贷款增速 13.94 个百分点。二是加强政府债务管理，优化政府债务结构。成立了来宾市政府性债务管理领导小组，研究制定了来宾市政府性债务风险应急处置预案，划分了债务风险等级，明确了应急预警措施及风险评估处置分析方法。研究制订了三年偿债方案，预计用三年时间（2017~2019 年）将债务率下降到可控范围内，努力实现安全可控的目标，从根本上化解市本级债务风险，营造安全、规范、可持续发展的筹融资环境。

（4）多措并举降成本，减轻实体经济企业负担。一是推进大工业区域电网项目建设，降低用电生产成本。累计完成投资 4.84 亿元，占项目总投资的 87.22%，具备通电条件。二是贯彻"营改增"改革减轻企业税费负担。2017 年 1~12 月累计入库增值税 8.30 亿元，同比去年入库减征 1.37 亿元，直接减免 1.28 亿元，共为企业降成本 2.65 亿元。纳税人的税负不断降低，确保了税制改革红利变成纳税人实实在在的"红包"。

（5）协调发展补短板，增加公共产品和服务供给。一是精准发力，全力打好脱贫攻坚战。2017 年，自治区要求来宾市脱贫摘帽 3.3 万人、42 个贫困村，奋斗目标是脱贫摘帽 4.67 万人、53 个贫困村。2017 年，来宾市有 11449 户、4.58 万贫困人口脱贫，12 月 12 日全部完成贫困人口脱贫"双认定"。二是加强现代基础设施体系建设。2017 年，完成交通固定资产投资 49 亿元，同比增长 18.9%，完成自治区交通运输厅下达任务的 113.4%，完成市人民政府下达责任投资的 101.6%。三是消除城区义务教育学校"大班额"显成效。新建的八所学校实现招生办学，市城区小学、初中平均班额从 2016 年的 68 人、65 人分别降为 57 人、58 人。

（二）深化行政审批改革

（1）注重放管结合，确保简政放权改革政策落实到位。一是狠抓行政审批事项削减，确保"放"到位。2017 年 3 月，印发实施《来宾市本级行政许可事项目录》，保留市本级行政审批事项 337 项（其中，将 36 项市级审批权限委托下放县级实施），让改革释放的红利实实在在地惠及了广大人民群众。二是狠抓审批事中事后监管，制定了 400 余项监管办法，确保"管"到位。

（2）创新便民服务机制，改进优化政府服务。一是进一步优化审批流程，不断创新便民服务机制。强化行政审批"三集中"，让市本级保留的行政审批事项全部进驻市政务服务中心，进驻率为100%，确保高效便民。二是开展"解放思想，改进服务，提高效率"活动，对39个市直部门544项行政许可事项和公共服务事项进行流程再造，优化流程图412项，取消（减少、合并和调整）申请材料206项，整体提速85%以上，使来宾市成为全区行政审批效率提升最明显的地级市之一。

（3）健全重大项目推进机制，改进项目前置审批办法。一是推行招商引资项目和重大项目联合审批常态化工作机制，每月定期开展招商引资项目和重大项目联合审批活动。实施重大项目"4+X"联合预审制度，多部门在10个工作日内进行联合预审，对项目可研报告、是否符合产业政策、规划选址、用地预审、环评、能评等审批环节，各审批职能部门根据项目的真实性现场承诺，促进项目的快速审批和落地投产。二是探索推动园区开展前期工作代办制。以园区管委为主体，推动各园区统一开展园区土规范围内的地灾压矿、环境评价、林地使用、土地权属调查、被征地对象社保调查等可预先开展的前期工作，减少项目入园重复审批，提高项目报批工作效率。

（三）深化国资国企改革

（1）制定相关政策文件并抓好落实，改革完善国有资产管理体系。2017年，印发实施《关于深化市属国有企业改革的实施办法》《关于进一步加强来宾市企业国有资产监管工作的实施办法》《关于推进国有企业发展混合所有制经济的实施意见》等政策文件，为各种所有制经济共同发展提供了有力支持。

（2）推进融资平台市场化转型改革。对市属平台公司进行了重组，明确了各公司定位，推动各公司聚焦实体经济，进入全市招商引资和重大项目建设的主战场，在产业招商、园中园招商、重点招商和项目落地等方面发挥积极作用，促成市属平台公司主动参与全市重大产业发展，增强企业"造血"功能，从功能型向商业型、市场型转变。

（3）推进广铁公司改革脱困。2017年通过平台公司筹融资3.7亿元解决广铁公司生产经营急需资金的问题，并指导广铁公司积极拓展融资渠道，多方筹措资金，使其尽快满产达产，2017年广铁公司的产能达到85%。

（四）推进新型城镇化改革

紧紧围绕"构建农业转移人口市民化成本分担机制"试点任务，深化改革，积极探索，总结出"学城结合、城乡一体、新型农民、畅通融资"具有地方特色的"来宾经验"城镇化模式，试点工作取得了阶段性成果。一是初步构建起农业转移人口市民化成本分担机制，编制了《来宾市农业转移人口市民化成本分担机制研究报告》，为城镇化建设长效机制提供保障。二是城镇人口规模大幅提高。来宾市 5 年转移农业人口试点目标任务为 26 万人，自治区安排任务为 30 万人。截至 2017 年底，全市累计 301666 人新增落户城镇，共办理居住证和居住证明 31847 张。三是城镇化率逐年提升。2017 年全市总人口 268.11 万人，常住人口 221.86 万人，常住人口城镇化率 42.19%，户籍人口城镇化率 23.11%，分别比 2014 年提高 2.7 个和 8.8 个百分点。四是推动配套文件出台，释放政策红利。编制《来宾市新型城镇化规划（2015—2020 年）》等系列规划并制定了试点工作方案，出台涵盖户籍、教育、住房、社保等 8 大类 48 项配套文件，为城镇化工作的开展提供支撑，形成政策合力。

（五）深化财税体制改革

（1）推动市县全部建立预决算公开统一平台，推进预决算公开。2017 年，市本级及各县（市、区）均建立预决算公开统一平台并公开 2017 年政府预算；市直及各县（市、区）预算单位，除涉密部门外，均已公开本部门 2017 年部门预算及"三公"经费预算。

（2）贯彻全区政府性债务风险应急处置预案，健全规范合理的政府债务管理及风险预警机制。一是印发了《来宾市政府性债务风险应急处置预案》，建立健全来宾市政府性债务风险应急处置工作机制。二是积极筹措资金化解债务风险，向自治区争取到债券资金 38.91 亿元，存量债务置换工作提前完成自治区下达的年度目标任务。三是研究制订了三年偿债方案，预计用三年时间（2017~2019 年）将债务率下降到可控范围内，并努力实现安全可控的目标，从根本上化解市本级债务风险，营造安全、规范、可持续发展的筹融资环境。

（3）全面推开"营改增"改革。一是"营改增"政策辅导面达 100%，实现了辅导全覆盖、无盲区的目标。二是增值税发票管理新系统推行户数 10498 户，进度达 100%，超过自治区国税局标杆值。三是推行实名办税制取得明显成效，增值税一般纳税人采集率达 100%。四是全区率先推行"一体融合、一厅合办、一窗通办、一机联办、一人办结"的"五个一"联合办税服务新格局，获得自治区的肯定和推介。

（六）推进完善园区管理体制改革

（1）推进完善园区管理体制改革。着力推进来宾高新区、市河南工业园区、象州工业集中区、武宣工业园区 4 个产城互动试点建设，2017 年试点园区完成基础设施投资 4.05 亿元，园区道路建设取得进展，加强了城园的联系，带动了周边商贸物流的繁荣，促进了产城一体化发展。

（2）全面深化"三区"体制改革。加强职能下放工作的跟踪和后续监管，各相关部门制定配套管理体制改革措施，组织做好托管乡镇（街道、工业园）的移交工作，确保了改革顺利的推进。一是 2017 年 3 月组成调研组先后深入"三区"、市直有关部门以召开座谈会、实地走访的方式，全面掌握改革推进情况，为完善深化改革奠定了基础。二是 2017 年 4 月 14 日召开了全市深化"三区"管理体制改革工作推进会，就推进"三区"管理体制改革、不断完善乡镇托管体制机制提出工作要求，明确完成时限。

2017 年底，改革涉及机构调整人员编制的划转工作全面完成，涉及职能下放的工作全部下放、承接到位，托管乡镇按新机制有序运转。"三区"改革有效推动城市管理重心下移，兴宾区城区作用不断凸显，来宾高新区、市河南工业园区领导体系、管理体系、运行体系、服务体系和保障体系得到完善。

（七）纵深推进投融资体制改革，促进经济平稳健康发展

（1）建立规范有序的投资引导基金管理体系，增强投融资能力。一是建立规范有序的投资引导基金管理体系，印发了《来宾市政府产业基金管理暂行办法》，不断培育壮大来宾基金业。2017 年设立了柳银工投基金、柳银城投基金 2 只基金产品，募集 14 亿元投向城市基础设施建设项目、新兴产业企业和重点支持的"二次创业"行业及企业。二是 2017 年以来来宾市在改善企业融资环境、降低融资成本、减轻企业负担、拓宽融资渠道、化解企业金融风险方面取得了积极成效，自治区党委改革办在《广西全面深化改革简报》第 63 期刊登了《来宾市"四个引导"聚集金融资源降低实体经济企业成本》，专题报道了来宾市的经验做法、取得的成效。

（2）调整优化信贷结构，提升金融服务效率。一是进一步优化和改善辖区实体经济融资环境。2017 年 12 月末，全市金融机构人民币各项贷款余额 467.14 亿元，比年初增加 61.68 亿元，同比增长 15.21%；人民币各项存款余额 702.47 亿元，比年初增加 95.8 亿元，同比增长 15.79%；辖区小微企业贷款余额 142.49 亿元，比年初增加 32.16 亿元，同比增长 29.15%，高出各项贷款增速 13.94 个百分点。二是持续完善中小微企业金融服务。按要求开展上、下半年中小微企业融资服务调研，2017 年 7 月末联合市金融办、重大项目办公室组织开展重大项目银企对接会，实现重大项目实施主体和金融机构、小贷公司、担保公司的面对面交流，对接会上促成合作意向 20.57 亿元。强化政银保合作力度，发挥好政府担保基金的作用，加大小额保证保险贷款、惠企贷、助保贷等信贷产品的推广力度，指导金融机构改进提升小微企业专营机构服务水平，优化信贷流程，切实落实好政府降成本有关要求，解决融资难、融资贵难题。2017 年全市设立小微企业信贷引导资金 5200 万元，为小微企业提供近 1.4 亿元资金支持。协助征信部门推动小微企业应收账款质押专项行动，推动地方国有企业、大型民营企业等供应链核心企业帮助小微企业供应商进行应收账款融资，2017 年以来全市累计有 111 家企业在该服务平台注册，通过该平台累计完成 22 家企业融资 36.78 亿元。截至 12 月末，全市小微企业贷款余额 142.49 亿元，比年初增加 32.15 亿元，同比增长 29.14%。2017 年 1~12 月来宾企业贷款加权平均利率为 5.4689%，同比降低 7.03 个基点，为企业节约利息成本 1147.74 万元。

（八）深化科技体制改革，激发科技创新活力

（1）以企业为主体，增强创新驱动能力。一是全面实施创新驱动发展战略，不断深化科技体制改革。先后印发了《来宾市人民政府办公室关于来宾市科技创新平台体系建设的实施意见》等一系列创新发展文件，为创新驱动发展提供了必要的支撑和措施。二是大力培育高新技术企业。2017 年，有 9 家企业提供国家认定（含复审通过），使来宾市国家级高新技术企业达 22 家。

（2）赴自治区科技厅开展对接工作，争取自治区对来宾市创新工作的全方位支持。2017 年 2 月 21 日，市委主要领导赴自治区科技厅汇报科技创新工作，并提出 5 项请求科技厅帮助解决的事项，获得了自治区科技厅的全力支持。科技厅表示将逐项在今年的工作中给予落实，特别是关于组建广西纳米技术研究中心工作，科技厅承诺中心建成后将每年给予不少于 1000 万元的项目经费支持。

（3）继续推动实施知识产权战略工作。为进一步加强知识产权保护运用和管理，成立了广西知识产权维权援助中心来宾分中心，并积极开展维权援助行动。2017 年，全市申请专利 908 件，获得授权专利 304 件，每万人口拥有发明专利 1.3 件。

二、存在的主要问题

（一）自治区相关改革文件出台慢或未出台

根据《关于印发 2017 年来宾市经济体制改革任务清单的通知》精神，2017 年来宾市需出台 17 个经济体制改革方面的政策文件。其中，《深化国有

企业和国有资本审计监督的实施意见》《深化和完善住房制度改革实施意见》《构建绿色金融体系实施意见》《事业单位公务用车制度改革实施意见》已完成初稿，但自治区的相关文件尚未出台。下一步要等自治区的相关实施意见出台后，来宾市结合自身实际再制定贯彻落实文件。

(二) 政府性债务风险管控难

一是受财力所限，偿债资金严重不足，政府性债务风险加重，资金链非常脆弱。二是融资政策趋紧，融资难度加大。中央、自治区 2017 年出台了一系列相关文件明确规定禁止和限制地方政府和融资平台公司的融资行为。三是平台公司经营能力不强，自行偿还债务能力弱。下一步要加大对县（市）的督促检查力度，发挥县（市）人民政府关于加强政府债务管理防范债务风险的主体责任，财政部门继续做好业务指导，提高工作成效，确保来宾市不发生区域性系统性风险。

(三) 地方税收流失严重

很多在来宾市开展业务的招投标代理公司、咨询公司等的总部在外地，没有在来宾市注册分公司。这类公司营业额大，但各项税费均在公司总部所在地缴纳。下一步要制定相关政策鼓励这些公司在经营地办理子公司的营业执照，并在所在地进行税务登记。

三、下一步改革思路

一是全面贯彻落实党的十九大精神，坚持全面深化改革，以供给侧结构性改革为主线，围绕"三去一降一补"，优化存量资源配置，扩大优质增量供给，实现供需动态平衡。

二是深入学习贯彻习近平新时代中国特色社会主义思想，主动适应新常态，将服务贯穿于改革和管理全过程，持续深化行政体制改革，重点打造行政审批流程最优、收费最省城市，争取使来宾市营商环境有大的改善。

三是继续推进国资国企改革。加快推进投融资平台公司转型升级，进一步提高企业自主发展能力和服务全市经济社会发展的水平，积极缓解平台公司存量债务压力，提升盈利能力。继续推动广铁公司与北港集团的合资合作，促使广铁公司早日脱困。

四是继续深化投融资体制改革。加强融资平台建设，增强投融资能力。完善市本级平台筹融资工作管理实施细则，提供市本级平台筹融资能力。加快推进来宾市 PPP 工作，集中优质的行政资源，设立来宾市 PPP 中心。

五是进一步加快电力体制改革，继续推进大工业局域电网项目建设，建成后有效降低来宾市大工业企业的用电成本，拉动来宾大工业用电需求，促进新增工业用电快速增长，有效提高来宾市大工业企业的经济效益和市场竞争力。

六是推进科技体制改革。进一步完善科技创新服务体系，夯实科技创新基础，深入实施知识产权战略，助推发明创造再上新台阶。

七是强化总结评估。2017 年，来宾市经济体制改革取得了一定成效，下一步要认真梳理、及时总结改革经验。对较为成熟的改革经验，可进行宣传推广；对已经取得突破但仍需进一步探索的改革，要持续推进；对存在问题较多的改革，要加强调查研究，深化试点探索。

八是加强与上级、部门之间的协调沟通。列入 2017 年改革工作要点因各种原因至今仍未完成的改革任务，如制定《深化国有企业和国有资本审计监督的实施意见》《深化和完善住房制度改革实施意见》《构建绿色金融体系实施意见》《事业单位公务用车制度改革实施意见》，要列入 2018 年改革工作要点继续推进并要求限时完成。

第十四章　崇左市

一、改革进展及成效

（一）行政审批制度改革深入实施

（1）深入推进简政放权，进一步精简行政审批事项。以市政府名义印发了《崇左市人民政府关于取消和调整一批行政审批事项的决定》，全市共取消和调整行政许可事项318项（取消56项、调整262项）。其中，市本级共取消和调整行政许可事项301项（含县级共性事项），取消49项、调整252项，保留305项，与2013年审批数量（585项）相比精减了47.8%。在政府门户网站及时公布经梳理调整后的行政许可事项目录，进一步规范了名称、内容，并明确不在目录范围内的审批事项一律不准实施，以便公众行使知情权和监督权。同时，为避免所取消的行政审批事项存在反弹现象，崇左市采取了政务办通过电子监察系统对各部门办事窗口进行监督检查、编办派工作人员进驻政务中心随时抽查的措施，确保被清理规范的行政审批事项不再实施。

（2）率先清理完成市、县公共服务事项目录，进一步提升公共服务效能。一是按照自治区文件部署要求，结合崇左市行政审批制度改革前期工作基础，认真研究公共服务事项在崇左市所涉及的服务领域、责任主体和范围标准后以市政府办的名义印发《崇左市人民政府办公室关于全面梳理市县乡村四级公共服务事项的通知》，全面部署各级各部门开展梳理市县乡村四级公共服务事项工作。截至2017年底，共梳理出涵盖23个服务类型的公共服务事项923项。二是以市政府办名义印发《崇左市人民政府办公室关于印发崇左市本级公共服务事项目录的通知》，有效解决群众和企业办事找谁办、哪里办、怎么办的问题。三是结合公共服务事项的梳理，对各级行政机关、公共企事业单位在群众办事过程中要求群众提供的村（社区）证明事项及各级部门之间、上下级部门之间相互提交的各类证明进行全面摸底，为下一步清理规范各类无谓证明提供了充分准备。

（3）全面清理行政审批中介服务事项，进一步规范行政审批行为。坚决贯彻落实国务院审改办（审改办发〔2017〕1号）精神，积极推进行政审批中介服务去行政化工作，切断中介机构与行政部门利益关联，取消了25项中央指定地方实施的和4项自治区要求清理规范的行政审批中介服务事项，逐步解决行政审批中介服务收费乱、垄断性强等突出问题。编制完成《崇左市拟保留为行政审批必要条件的中介服务事项目录》并以市政府名义印发，涉及16个行政部门共计55项，进一步规范与行政审批相关的中介服务行为，有效减轻了企业和群众的负担。

（4）扎实做好政府部门权责清单动态调整工作。崇左市在做好政府部门权责清单"两单融合"的基础上，及时部署各级各部门开展权责清单动态调整。积极与市直各有关部门对接，及时动态调整市本级权责清单，面向社会公布。截至2017年底，市本级34个部门（单位）已完成权责清单动态调整，涉及调整事项415项，涉及调整法律法规规章205条。各县（市、区）已完成本级权责清单半数以上调整任务，政府权责清单动态调整工作走在全区前列。

（二）供给侧结构性改革持续推动

（1）着力降低企业用电成本。为了降低企业用电成本，崇左市积极组织企业申报全区电力直接交易降低电价。2017年1月，通过积极争取，崇左市16家用户纳入区工信委发布的第一批电力直接交易准入名单，有15家用户分别与电厂及售电公司达成年度长期交易协议，签订长期交易电量共计23.45亿千瓦时，交易量在全区排名第三位，仅次于柳州市（36.34亿千瓦时）和来宾市（26.62亿千瓦时）。2017年5月，全市有5家企业获得电力直接交易增量指标1.77亿千瓦时，每度电降价0.114元，降低企业总电费2000多万元。通过参与电力直接交易，全市企业特别是锰业企业着力恢复和扩大生产，2017年底全市锰业产能利用率46.0%，企业开工率45.45%，比2016年同期高出约10个百分点。

（2）切实落实政策措施。围绕"三去一降一补"五大任务，不折不扣贯彻落实自治区下发的关于落实支持房地产去库存工作的有关通知，采取三大类18条政策举措，着力引导住房合理消费，支持农民工等新市民购房，支持操作房地产去库存工作，并认真贯彻落实自治区地方税务局关于落实推进供给侧结构性改革若干税收政策服务措施的通知，涉及六大类48条政策服务措施，主动服务"三去一降一补"五大任务。

（三）商事登记制度改革成效明显

（1）深入实施"多证合一、一照一码"登记制度改革。崇左市坚持"能整合的尽量整合，能简化的尽量简化、能减掉的尽量减掉"的原则，将全市涉及市场主体登记、备案等各类证、照共涉及 19 个部门 49 项证明、备案、登记的事项整合到营业执照上，实现了"多证合一、一照一码"改革。该改革实现了"四个通"（一窗通、一表通、一照通、一网通）和"四最"（政策最宽、手续最简、时间最快、服务最优）的工作目标，企业办理证照需提交的材料减少 97% 以上，办结时间最大限度地由 50 个工作日缩短为 3 个工作日，有效节约了企业的制度性成本。该改革曾刷新当时全国整合证照最多的纪录，人民网等主要媒体多篇幅报道崇左市推进改革情况。9 月，国家工商总局"根在基层"青年调研团到崇左市调研总结崇左市"多证合一"经验。截至 2017 年底，全市共发放"多证合一"营业执照 3069 份，其中新设立企业 716 户，同比增长 38.75%，办照速度优于全区平均水平，群众对"多证合一、一照一码"改革满意度高达 99.23%。

（2）深入推进个体工商户简易注销登记改革。一是简化个体工商户登记注册程序，全面实施"两证整合"。截至 2017 年底，全市共发放"两证整合"个体工商户营业执照 17142 本，其中新登记的 11835 本，更换执照的 5307 本。二是利用广西凭祥重点开发开放试验区平台，开展广西凭祥重点开发开放试验区个体工商户简易注销改革试点工作。利用广西凭祥重点开发开放试验区平台，开展个体工商户简易注销改革试点工作，通过采取简化注销登记材料及对"僵尸"个体工商户实行强制退出市场的措施，督促和引导个体工商户守法诚信经营，净化市场环境，促进个体工商户健康发展。崇左市制定下发了《崇左市个体工商户简易注销暂行办法》，为试点个体工商户简易注销工作奠定了制度基础。

（3）加强事中事后监管，构建市场监管新机制。一是推进"双随机一公开"工作。2017 年，组织各级各部门建立"一单两库一细则"，共编制抽查事项清单 1635 项；建立随机检查对象名录库 118163 家；建立执法人员名录库 2690 人；制定了"双随机一公开"抽查细则。同时，依托国家企业信用信息公示系统，建立了"双随机一公开"联合抽查监管平台。二是加强市场主体年报工作。截至 2017 年 6 月 30 日，全市应年报企业 14490 户，完成年报 12346 户，年报率 85.20%，得到自治区工商局督查红榜通报表扬。全市应年报个体工商户 65056 户，完成年报 55392 户，年报率 85.15%；专业合作社应年报 2772 户，完成年报 2629 户，年报率 94.84%。三是加快推进涉企信息统一归集公示工作。①出台《崇左市政府部门涉企信息统一归集工作实施方案》，明确了归集部门和归集内容、归集路径和方式。②向全市 52 个政府部门征集《崇左市政府部门涉企信息归集资源目录（第一版）》。2017 年底，编制的目录共涉及 33 个政府部门行政许可目录 262 项，正在编制的涉及 34 个政府部门行政处罚目录 2000 多项。四是各政府部门按照履行"双公示"职能，将产生的行政许可、行政处罚信息等涉企信息公示于企业名下，截至 2017 年底已公示涉企信息 3710 条。

（四）财税体制改革继续深化

（1）推进财政事权和支出责任划分改革工作。印发了《崇左市人民政府办公室〈关于印发崇左市财政事权和支出责任划分改革工作方案〉的通知》（崇政办发〔2017〕78 号），逐步推进崇左市财政事权和支出责任划分改革工作。

（2）着力深化税收改革，支持完善地方税收体系建设。一是深化国地税征管体制改革。认真贯彻落实《广西深化国税、地税征管体制改革方案》《崇左市深化国税、地税征管体制改革方案》，国税、地税部门联合成立督促落实领导小组，列出改革时间表、责任清单，联合制定《联席会议制度》《协调会商制度》等 7 项制度，互派干部 16 人挂职交流，促进各项改革任务稳步推进。二是积极做好"营改增"后续管理，推进资源税从价计征改革，密切关注环境保护税的开征，确保环境保护税法在崇左顺利稳妥实施。三是认真落实商事制度改革。继续推进"多证合一"工作，解决纳税人多头跑问题。

（3）资源税全面改革取得阶段性成效。2016 年 7 月资源税全面改革在崇左落实落地，改革效果显著，部分行业、重点企业减税力度大；税制更趋合理，税收调节作用增强；资源税优惠政策发力，资源综合利用效率进一步提高。截至 2017 年底，累计组织资源税入库 10037 万元，比去年同期减少 265 万元，同比下降 2.6%。

（4）认真贯彻落实个人所得税有关政策。2017 年，崇左市以"建立综合与分类相结合的个人所得税制"为目标，不断夯实个人所得税管理基础。一是加强个人所得税全员全额扣缴申报管理。二是加强高收入行业和人群个人所得税征管，推进年所得 12 万元以上个人所得税纳税人自行纳税申报常态化管理。三是积极与工商行政管理部门合作，加强对个人转让非上市公司股权所得征管。四是加强纳税评估。下发个人所得税纳税评估管理办法，就纳税评估的各方面内容进行统一规范。2017年，全市地税系统累计征收个人所得税13775万元，同比增收3969万元，同比增长40.5%。

（五）投融资体制改革稳步推进

根据2017年6月自治区印发的《关于深化投融资体制改革的实施意见》（桂发〔2017〕12号）精神，出台了《崇左市关于深化投融资体制改革的实施意见》。制定市本级预算内基本建设投资项目管理暂行办法，配合自治区修订自治区核准和备案投资项目管理办法。推动更多PPP项目落地，继续推进凭祥市弄怀中卡验货场至中国边贸第一城道路工程（BT）、平而口岸管理和货物监管中心（BOT）、中国—东盟信息港服务中心和凭祥市明江引水工程等项目建设。推进融资平台公司市场化转型和融资，加快建设政府性融资担保体系。

（六）国资国企改革迈出实质性步伐

（1）研究制定政策。一是牢牢把握改革的主动权，不观望、不犹豫，认真学习贯彻落实中央、自治区关于改革文件精神，积极做好深化改革规划工作，完成了一系列推动崇左市国企国资改革发展的政策性、规范性文件，扎实推进各项改革。二是认真研究制定国企国资改革相关配套文件，在已有国企国资改革政策文件基础上，制定出台《崇左市国资委履行出资人职责企业负责人薪酬管理暂行办法》《进一步建立完善市属国有企业法人治理结构的意见》等配套文件7个，形成崇左市国企国资改革"1+N"文件体系。逐步完善了以制度管企业、管人、管事机制，实现国企国资改革新突破，取得新发展。

（2）推进重大举措落地。一是下发《崇左市国资委监管企业分类方案》，完成崇左市国有企业功能界定分类，10家监管企业，除崇左市小微企业融资担保有限公司1家为商业三类企业，其他9家全为商业二类企业。二是公司制改革成效显著，全市国有企业改制面达80%。三是资源整合和改制重组迈入实质性阶段，2017年底，完成市旅投公司资产审计和职工安置以及实物资产清点移交工作；完成南地外贸公司职工身份认定和改制方案制订工作；完成易达公司股份改制处理意见并上报市政府审定；完成市汇源水电公司资产划转市工投公司工作。四是拟定《崇左市五大国有集团公司组建工作方案》和5个配套文件报市委、市政府审定，进一步加快了崇左市政企分开、政资分开、事企分开步伐，推动崇左市国企国资改革全面发展。

（3）建立健全法人治理结构。一是及时充实监事会办公室工作人员，加速和强化了崇左市国资监管队伍建设,逐步建立和健全法人治理结构。通过市监事会办公室向企业派驻监事对企业董事和经理层进行有效制衡,对企业重大决策、重大项目和重大资金使用进行有力监督,较好地防控企业经营风险,确保国有资产保值增值。二是制定出台《进一步建立完善市属国有企业法人治理结构的意见》等相关政策文件,规范市属国有企业法人治理结构,法人治理结构逐步建立健全,国企国资改革得到健康良好发展。

(七) 沿边金融综合改革取得新进展

坚持把沿边金融改革试验区建设作为全面深化改革的重点工作来抓,立足优势,开拓创新,全力抓好各项改革工作,取得了阶段性成效,打响了崇左市沿边金融综合改革的"金"字招牌。主要有以下四个方面亮点成绩:一是巩固了人民币在崇左市边境贸易第一大结算币种地位。崇左市是中国边贸第一市,2014 年至 2017 年崇左市跨境人民币结算累计 2931.07 亿元。人民币成为崇左市第一大跨境结算币种,占跨境结算量九成以上。二是实现了跨境结算监管电子化。推动人民银行、外汇局、银行与海关、商务等部门通过"边贸服务平台"信息系统实现互市贸易数据共享,实现对互市贸易进行全流程穿透式监管。三是金融扶贫效果显著。大力实施金融扶贫,在扶贫小额贷款、政策性农业保险等方面进一步创新方式方法,不断增强脱贫攻坚资金保障。打造了糖料蔗价格指数保险崇左"升级版",大病保险业务创造了多个广西第一。四是创新开展了跨境保险业务。率先开展机动车出境综合商业保险业务、跨境劳务人员人身意外保险,积极推动出口信用保险,帮助外贸企业破解了"有单不敢接""有单无力接"的难题,填补行业出境机动车保险产品的空白,解决了越南务工人员在华发生意外时的权益保障问题。

(八) 户籍制度改革有效实施

(1) 及时出台并落实户籍制度改革政策。崇左市于 2015 年 12 月出台了《崇左市人民政府关于进一步推进户籍制度改革实施意见》,后又陆续出台了《关于支持农民工等新市民进城落户促进城乡统筹等发展的试行意见》《关于创新和加强进城务工人员随迁子女义务教育工作的指导意见》等户籍制度改革配套政策、措施。这些政策的出台,对于提升本地居民"获得感"、促进农业转移人口就地城镇化、提升户籍人口城镇化率和吸引外来人口落户起到了积极的作用。

(2) 深入落实居住证制度。2016 年 1 月 1 日《居住证暂行条例》正式施行,进一步明确了居住证的办理条件以及居住证持证人在居住地依法享受的公共服务和便利。根据上级公安机关部署，崇左市于 2012 年起全面推行居住证制度，截至 2017 年底，共为流动人口办理居住证 43910 张，使持证人能够依法享受居住地的各项基本公共服务和便利。

（3）全面实施居民身份证异地受理、挂失申报和丢失招领制度。扎实推进居民身份证区内换（补）领受理以及跨省异地换（补）领受理、挂失申报、丢失招领"三项制度"建设。2017 年，全市共办理区内异地身份证 4456 张，跨省异地身份证共 1290 张，挂失居民身份证共 20645 张，收到群众捡拾丢失证件共 8 张，发还丢失证件共 3 张，销毁丢失证件共 5 张。

（4）区内户口迁移"一站式"办结服务。符合崇左市户口迁移政策的区内居民，只需向迁入地派出所提交户口迁移申请和所需的材料，便可"一站式"办结户口迁移手续，而不需在迁出地和迁入地间来回奔波。2017 年，全市共为 100132 名群众办理网上户口迁移。

（九）其他改革工作取得新进展

出台《加快中国—泰国产业园（崇左市城市工业区）体制机制改革创新的工作方案》《凭祥边境经济合作区管理体制改革创新总体工作方案（试行）》等一系列有关园区管理体制改革的政策文件。印发了《崇左市完善产权保护制度依法保护产权实施方案》，逐步开展相关产权保护工作。积极做好全市行业协会商会与行政机关脱钩工作，进一步培育和发展行业协会商会。加快推进企事业单位公车改革工作，截至 2017 年底，已做好全市企事业单位数据摸底调查及上报等工作。

二、下一步改革思路

（一）着力推动供给侧结构性改革

贯彻落实《广西壮族自治区人民政府关于降低实体经济企业成本若干措施的意见》（桂政办发〔2016〕20 号）、《广西壮族自治区人民政府关于进一步降低实体经济企业成本的意见》（桂政办发〔2017〕23 号）文件中相关降低实体经济企业成本的政策。加快研究和建立房地产市场发展长效机制，对非住宅商品房存量较大的县（市、区），要严格控制非住宅用地规模。完善金融、财税、监管、市场秩序等基础性制度建设，推动房地产市场长期健康平稳发展。加大对基础设施、公共服务、民生、农村扶贫攻坚等领域短板的投资建设。

（二）继续推进商事制度改革

一是进一步推进"多证合一"改革。在 49 证合一基础上，根据"能整合的尽量整合、能简化的尽量简化、该减掉的坚决减掉"原则，深入推进"多证合一"改革。二是开展"证照分离"改革。做好削减前置、后置审批事项工作，严格履行"双告知"职责。三是推进个体工商户简易注销登记改革，通过一系列登记注册改革、便利化改革，以最大的"放"实现最好的"服"。四是进一步发挥小微企业名录作用，把小微企业名录打造成为扶持小微企业的主要数据平台和服务平台。

（三）进一步落实好税收优惠政策

不折不扣落实好"三去一降一补"、北部湾税收优惠政策、房地产去库存、小微企业发展、创业就业等一系列税收优惠政策，尤其要加强对国务院 6 项减免税政策的宣传和落实，充分释放政策红利，降低企业税费负担，保障民生。依托税收优惠政策，着力支持崇左市糖、锰两大传统支柱产业"二次创业"，促进传统产业优化升级；积极研究出台支持政府培育新能源、新材料、新型装备制造业等新型产业的改革措施，培育新的税收增长点；研究出台支持口岸经济发展，促进边境地区发展特色优势产业的改革措施，助力崇左市做好"两篇大文章"、打好"四大攻坚战"。

（四）深化投融资体制改革

取消、下放、承接投资项目审批权限，加大简政放权。实行政府权责清单动态化管理，规范行政权力运行。用好、用足投资项目在线审批监管平台，推行网上审批。实施项目并联审批，注重优化项目审批流程。落实政府核准投资项目工作，强化企业投资主体地位。明确政府投资范围和方式，强化政府投资管理。推进政府和社会资本合作，激发民间投资活力。加快政府投融资平台市场化转型，推进国有企业多元化发展。

（五）深化国资国企改革

改革和完善国有资产管理体制，积极发展混合所有制经济，完善现代企业制度，加快国有企业重组整合，强化监督防止国有资产流失，做好国企改革信访和维稳工作。

（六）继续推进沿边金融改革

充分利用沿边金融改革有关先行先试政策，加快建立与经济社会发展相适应的多元化现代金融体系，不断提升金融服务水平，推动金融业不断发展壮大。积极推进跨境人民币业务创新，不断扩大跨境人民币结算业务发展，促进贸易投资更加便利化。积极推动保险机构开展跨境保险业务，务实推进沿边跨境保险市场建设，为跨境人、财、物保险需求提供保障。持续深化农村金融改革，围绕金融支撑农业现代化、新型城镇化和乡村振兴战略主线，通过健全金融组织体系，创新金融产品，合理配置金融资源，不断增强农村金融发展活力。

第四部分　**试验试点篇**

SHIYANSHIDIAN PIAN

第一章　北部湾经济区

一、改革进展及成效

（一）同城化改革推进取得新进展

北部湾经济区同城化主要领域改革任务基本完成，同城化纵深发展持续推进。2017 年开展了北部湾经济区同城化评估工作。根据评估结果，截至 2017 年底，北部湾经济区同城化改革任务已完成 80% 以上，户籍同城化、通信同城化、城镇群规划、旅游同城化、社保同城化、口岸通关一体化任务已基本完成，交通、金融、教育同城化持续推进且部分改革任务取得了重大突破。广西北部湾经济区规划管理办公室研究制定了《北部湾经济区同城化纵深发展重点工作》，并配合广西人民政府召开了北部湾经济区同城化推进工作会议，会同广西党委督查室召开了督办会，积极协调各有关单位制订工作方案，梳理一批标志性项目，积极推进同城化纵深发展。

（二）港口建设管理运营机制改革扎实推进

一是推进"一港三域"协同发展。按照建设现代化大型组合港要求，为科学界定北部湾各港域功能，推进错位、协同发展，实现整合效应，完成《广西北部湾港总体规划修编》并上报广西人民政府。

二是推动港口公益性与经营性项目分开。广西人民政府办公厅印发了《广西北部湾港口公共基础设施建设与维护实施方案》，明确了港口公共基础设施的建设维护管理机制。

三是支持国有港口企业发展混合所有制经济。2017 年 2 月，广西北部湾国际港务集团与文莱达鲁萨兰资产管理公司合资成立文莱摩拉港有限公司（其中北部湾国际港务集团为控股股东），正式接管文莱摩拉港集装箱码头运营。

四是大力发展多式联运。根据广西实施中新互联互通南向通道战略部署要求，在统筹协调下，沿海三市及相关企业加快推进港口集疏运体系建设。南向通道海铁联运方面，2017 年 4 月 28 日、5 月 10 日成功对开重庆团结村站至北部湾港的集装箱班列，9 月 28 日实现双向常态化运行。

（三）重点产业园区发展机制改革取得新突破

一是推进凭祥综合保税区等自治区直属园区管理体制改革。广西党委办公厅、广西人民政府办公厅印发了《凭祥重点开发开放试验区管理体制总体方案》《东兴重点开发开放试验区管理体制改革总体方案》。2017 年 7 月 28 日，广西十二届人大三十次会议通过《中国—马来西亚钦州产业园区条例》，于 2017 年 10 月 1 日起施行。条例实施后，园区成为广西第一个实施法定机构治理，实行相对集中的行政许可权制度，实现了"园区事园区办"。

二是优化园区特色产业布局。实行重大产业布局，促进园区错位发展，形成"一园一特色"，推动园区由同质竞争向差异化集约化发展转变。印发了《广西北部湾经济区冶金企业生产力布局规划》《广西北部湾石化产业基地生产力布局规划》，优化园区特色主导产业布局，引导北部湾经济区主导产业差异化发展。

三是打造港产城融合新平台。广西人民政府印发了《关于同意设立广西北部湾经济区龙港新区的批复》，积极推动设立龙港新区。北海、玉林两市合作共建玉港合作园获广西人民政府批复，博世科环保装备生产制造、光伏玻璃生产基地等一批重大产业项目陆续入园，公共租赁房、"四个一工程"等配套设施建设加快推进。

四是推进产融结合释放发展新动能。2017 年 6 月，广西北部湾办经济区规划管理办公室成立了金融创新推进工作专项小组，积极推进产融结合，首次向自治区层级的金融机构和投资机构推介重点园区重大产业项目，并与央企签订 4800 亿元的合作协议。2017 年 7 月 25 日，召开了北部湾经济区第一期产融对接会，先后与建设银行签署了规模达 4000 亿元的《支持北部湾经济区开发开放金融合作协议》；与中交集团华南区域总部签署了规模达 800 亿元的《战略合作框架协议》。

五是推进园区开发运营市场化。推进园区开发主体多元化、管理服务市场化。南宁高新区委托企业运营管理南宁—中关村创新示范基地。引入企业建设广西第一家民营专业型国家级科技企业孵化器中盟科技园。南宁经开区引进公司投资打造联讯 U 谷科技产业园。园区开发基金设立工作取得新进展。2017 年 5 月，南宁经开区与华润集团签订协议，引入华润 150 亿元规模的股权投资基金项目。广西—东盟经开区推动广西南宁科天水性科技投资基金（总规模 20 亿元）运营工作，已募集资金 18 亿元。

（四）口岸通关一体化改革有序推进

一是持续推进"单一窗口"建设。经过三年的开发建设，已实现海港口岸运输工具全部使用"单一窗口"申报。2017 年 10 月，广西与国家标准版"单一窗口"对接成功，并正式推广应用标准版货物申报系统。积极推进建设陆路口岸"单一窗口"。交通运管、海关、边检等查验部门就跨境运输车辆联合监管数据共享与业务协同达成共识，相关应用系统已开发完成，并在重点口岸开展试运行。

二是全力落实海关一体化改革。2017 年 7 月，南宁关区正式实施通关一体化改革，改革后通关效率大幅提高。通过全国海关通关一体化模式下"自报自缴"申报进口，部分重点税源产品通关时间由改革前的平均 10 天缩短为 5.2 小时，节省了时间，降低了物流成本。

三是推动检验检疫通关一体化政策落地。积极推进西南六省（区、市）区域检验检疫通关一体化、泛珠三角检验检疫通关一体化，以"通报、通检、通放"为重点，不断扩大"出口直放、进口直通"实施范围，进一步推进了西南六省（区、市）检验检疫通关一体化。2017 年广西积极贯彻落实质检总局全国检验检疫通关一体化部署，依托中国电子检验检疫主干系统，完成了从区域一体化到全国一体化的转换。

四是探索提升"南向通道"对内对外通关一体化水平。广西与重庆、贵州、甘肃四省（区、市）关检八方已正式签订《渝桂黔陇海关、检验检疫支持服务中新互联互通项目南向通道建设合作备忘录》。2017 年 11 月 27 日，"南向通道"四地海关合作推进会在南宁召开，确定建立四地海关常态化联系沟通协调会议机制、通关联通机制、风险联控机制、业务专项工作协同机制和联合调研机制五项机制。

（五）金融改革创新进一步深化

一是社会信用体系进一步完善。将沿边金融综合改革试验区信用信息共享平台纳入广西信用信息共享平台统筹建设和运行，实现行业和部门以及试验区各地之间信用信息的互通共享。同时，推动银行机构参照同城收费模式收取资金汇划手续费，南宁、北海、钦州、防城港四市金融同城化初步实现。

二是积极探索人民币对东盟国家货币银行间市场区域交易平台。推动人民币对柬埔寨瑞尔在广西银行间挂牌交易，活跃人民币对越南盾的银行间区域交易。自 2017 年 9 月 13 日启动人民币对柬埔寨瑞尔银行间市场区域交易。截至 2017 年 11 月底，人民币对柬埔寨瑞尔银行间市场区域交易共成交 18 笔，成交金额 258 万元人民币，折合 16 亿柬埔寨瑞尔。

三是积极拓展境外项目人民币贷款业务。2017 年 5 月，推动国家开发银行广西区分行与中国港湾科伦坡港口城有限责任公司签署了等值 8.05 亿美元的贷款合同，并纳入"一带一路"国际合作高峰论坛签约成果，为该公司在斯里兰卡科伦坡港口城基础设施项目（一期）建设提供贷款。截至 2017 年 9 月底，国家开发银行广西区分行已向该项目累计发放贷款 3.3 亿元人民币。

四是南宁区域性国际金融中心建设步伐加快。交通银行、太平保险等 12 家金融机构入驻五象新区总部基地金融街，42 家企业已入驻东盟商务区互联网金融产业基地。推进南宁五象新区申报国家级新区，国家发展改革委已向国务院呈报《关于设立南宁五象新区有关问题的请示》。

（六）深化人才管理使用制度改革

一是强化政府对人才引进的指导。出台《广西壮族自治区高层次人才认定办法（试行）》（桂办发〔2017〕36 号），对全职在广西所属企事业单位工作或每年在广西所属企事业单位工作三个月以上的高层次人才进行认定，并依据所认定层次给予相应待遇和扶持。印发《广西壮族自治区引进海外人才工作实施办法》（桂办发〔2017〕36 号），围绕广西产业发展需求，着力引进海外高层次创新创业人才及其团队。

二是开展第六批自治区特聘专家选聘工作。继续实施"选人+设岗"并举的遴选方式改革，拟聘人选的评审与岗位设置的评审同步完成。经资格审查、单位遴选、专家评审、广西党委人才工作领导小组研究审议、面向社会公示等程序，已下发《关于印发广西第六批自治区特聘专家聘任人员名单的通知》（厅发〔2017〕40 号），在 20 名聘任人员中，有 10 名专家受聘单位为北部湾经济区所属企事业单位。

三是实施重点人才培养工程。安排专项经费 3000 万元启动实施生物医药产业高端人才团队引进项目、新能源产业高端技术人才引进项目、北部湾海洋生物资源开发与利用技术人才队伍工程等 13 项 2017 年北部湾经济区重大人才项目，涵盖经济区产业升级、创新创业、服务平台三大重点领域，进一步推进经济区人才队伍建设。其中，实施北部湾经济区优秀中青年专业技术人才培养工程，经单位推荐、资格审查、组织评选等程序，现已选派 30 名人选到武汉大学等国内知名高校开展为期一年的访学研修。

(七) 行政体制改革深入推进

一是相对集中行政许可权改革加快实施。北部湾经济区四市都已成立市级行政审批局。通过审批事项、审批职能、审批人员"三集中",审批主体由分散变为集中,实现了"一枚公章管审批"。

二是行政审批事项改革工作持续推进。南宁市印发了《关于做好有关行政许可事项取消和调整工作的通知》,进一步取消和调整市、县级实施的行政审批事项共310项,其中取消57项,调整253项。北海市积极扩大园区行政审批权限,授予和委托部分园区行使城区级事权,由市直各部门与管委会对接确定具体的授权委托事项,经市政府确认后,以委托书的形式,将本部门的审批权限下放或委托给管委会管理。防城港市取消行政许可事项52项,调整行政许可事项239项。

三是积极推动"互联网+政务服务"应用。所有行政审批事项全部纳入广西政务服务中心窗口统一受理,并录入广西政务服务及监察通用软件系统接受监督。推行投资项目网上并联审批,建成覆盖区市县三级的广西投资项目在线并联审批监管平台并上线运行。

(八) 生态环境保护进一步强化

一是推进用海管理机制体制改革。成立北部湾用海管理体制机制专项改革领导小组,印发实施《关于深化用海管理体制机制改革的意见》。编制《广西近岸海域污染防治方案》,完善了北部湾重点海域—茅尾海专项分析报告,有效指导实施精准治污。

二是加大近岸海域污染防治投入力度。积极筹措资金,加大近岸海域污染防治投入力度。全年共筹措4415万元用于沿海三市22个入海排污口和大榄江面源污染整治。同时,沿海三市计划通过地方债和污水处理费等多渠道筹措资金解决入海排污口整治资金缺口大的难题。

三是推动环境服务贸易交流合作。做好第十届"2017年澳门国际环保合作发展论坛及展览"的参展及各项筹备工作。以"创新绿色发展可持续的未来"为主题,推进环保产业招商、交流合作、商品技术推广。组团赴泰国、马来西亚两国开展中国—东盟环保合作示范、环保技术转移与创新等活动。

四是加强环境安全联防联控机制。为加强北部湾城市环境安全,各市环保部门积极开展交流与合作,共建区域环境安全联防联控机制。2017年12月,在北海市开展石化行业突发环境事件应急演练,邀请钦州市、防城港市环保部门观摩，通过应急演练，锻炼了基层环境应急队伍在环境应急响应与处置、资源共享、信息报告等方面的协同合作。

二、存在的主要问题

一是北部湾经济区改革任务涉及部门多，涵盖领域广，协调难度大。

二是重点领域改革仍存在较多桎梏，需务实推动难点痛点破题解题，持续推进重点领域改革纵深发展。

三是部分改革事项需多部门协同推进，工作协调机制有待进一步完善。

三、下一步改革思路

一是组织开展《关于深化北部湾经济区改革若干问题的决定》实施情况评估，系统梳理北部湾经济区各项改革任务进展。

二是统筹推进重点产业园区管理体制改革创新。

三是推进北部湾用海管理体制机制改革。

四是推进"一带一路"建设金融创新。

五是提升"单一窗口"建设，强化通关便利化的平台支撑。

六是加快推进就业服务一体化。

七是深入推进行政审批制度改革。

第二章 广西沿边金融综合改革试验区

一、改革进展及成效

（一）巩固和提升跨境人民币业务创新

一是保持跨境人民币业务稳健发展态势。从 2010 年试点开始至 2017 年末，广西跨境人民币结算总量达 8414.23 亿元。2017 年跨境人民币结算量为 1248.85 亿元，占全部本外币跨境收支中的比重超过 41.51%，继续位列西部 12 省（区）、八个边境省（区）第一，在全国排名第十，较 2016 年上升了两位。广西 22 家银行的 302 个分支机构开办了跨境人民币业务，2703 家企业办理人民币跨境结算，103 个国家和地区与广西发生跨境人民币收付。

二是继续完善人民币对东盟国家货币银行间市场区域交易平台。2017 年 9 月 13 日，人民币对柬埔寨瑞尔银行间市场区域交易启动仪式在第九届中国—东盟金融合作与发展领袖论坛上举行。截至 2017 年 12 月末，人民币对越南盾共达成交易 30 笔，成交金额 3039 万元人民币，折合 1036 亿越南盾；人民币对柬埔寨瑞尔共达成交易 18 笔，成交金额 258 万元人民币，折合 16 亿柬埔寨瑞尔。

三是创新开展银行间区域交易提取现钞新模式。2017 年 8 月 31 日，中国银行广西区分行与广西北部湾银行在银行间区域交易市场达成一笔金额为一亿越南盾的交易（约三万元人民币），并将越南盾头寸计入广西北部湾银行在中国银行开立的越南盾账户，同时以提取越南盾现钞的方式完成交割操作。

四是支持广西符合条件的跨国企业集团开展跨境双向人民币资金池业务。截至 2017 年 12 月末，共为广西柳工集团、广西玉柴机器集团、广西北部湾国际港务集团等七家跨国企业集团办理跨境双向人民币资金池业务备案，核定跨境人民币资金净流入上限 483 亿元，企业资金池累计跨境收付

21.87 亿元。

五是开展境外项目人民币贷款业务。2017 年 5 月，国家开发银行广西区分行与中国港湾科伦坡港口城有限责任公司签署了等值 8.05 亿美元的贷款合同，并纳入"一带一路"国际合作高峰论坛签约成果，为该公司在斯里兰卡科伦坡港口城基础设施项目（一期）建设提供贷款。截至 2017 年末，国家开发银行广西区分行已向该项目累计发放贷款 9.38 亿元人民币。

六是继续推进外汇管理创新试点业务，推动东兴试验区人民币与越南盾个人本外币特许兑换业务试点范围扩大至试验区内的重点口岸，成为边贸企业、边民办理货币兑换的重要渠道。截至 2017 年 12 月末，东兴试验区内的 4 家兑换机构共办理人民币与越南盾兑换业务 17.34 亿元人民币。

七是建立健全面对东盟国家的外币现钞跨境调运业务。2017 年 8 月 30 日，推动中国银行崇左分行和越南投资与发展银行谅山分行合作开办广西首笔越南盾现钞跨境调运业务，35 亿越南盾（折合 102 万元人民币）现钞顺利通关入境。2017 年 9 月 8 日，中国银行广西区分行成功从泰国曼谷调入 7194 万泰铢（折合 1434 万元人民币）的现钞。2017 年 10 月 12 日，防城港市推动农业银行东兴支行从越南农业与农村发展银行调入 50 亿越南盾（折合 145 万元人民币）的现钞。截至 2017 年末，已累计调入 116.96 亿越南盾和 15509 万泰铢等东盟国家货币现钞，金额折合 3400 万元人民币。截至 2017 年末，中国银行、农业银行、桂林银行 3 家金融机构均已获批开展外币现钞跨境调运业务，越南盾和泰铢现钞的跨境调运工作顺利启动，中国银行总行已正式在广西成立东盟货币现钞调运中心。

八是用好全口径跨境融资宏观审慎管理新政，大力发展跨境融资。截至 2017 年 12 月末，广西成功办理 59 笔全口径跨境融资业务，签约金额累计 18.74 亿美元，提款金额累计 17.23 亿美元。其中，人民币全口径跨境融资业务签约八笔，签约 8.535 亿元，提款 6.005 亿元。

（二）完善金融组织体系

一是沿边六市金融主体多元化发展步伐加快。截至 2017 年 12 月末，试验区已有法人金融机构 64 家、一级分支机构 34 家、金融机构网点数 2600 个，从业人员超过四万人。其中，银行业金融机构 26 家、保险业机构 38 家、小额贷款公司 195 家、融资性担保公司 56 家。财产保险、金融租赁、财务公司、地方资产管理公司等地方法人机构相继成立，填补了地方金融组织空白。

二是"引金入桂"取得新进展。截至 2017 年末，沿边金融综合改革试验区新设升格银行业金融机构超过 250 家，占全区新设升格数的近六成。在 2015 年、2016 年先后引进东亚银行、广发银行的基础上，2017 年国家进出口银行、平安银行引进工作进展顺利。其中，中国进出口银行广西分行已获批复，完成筹建，顺利开业。

三是村镇银行批量筹建取得突破。截至 2017 年末，试验区内南宁兴宁区、隆安县、马山县、崇左大新县、百色靖西市五家获批开业，实现村镇银行全区地市"全覆盖"的目标，县域覆盖率达到 56%。

四是农合机构改制步伐加快。试验区内已有 15 家农合机构改制组建农商行，占试验区农合机构总数的 42%，崇左市率先成为广西首个实现农商行全覆盖的地级市。截至 2017 年末，试验区内马山、田林、上林三家农商行已开业，平果等三家机构改制也在稳步推进中，试验区内农商行改制覆盖面接近 60%。

五是国富人寿获得批准筹建。2017 年 1 月，国富人寿保险股份有限公司获得中国保监会批准筹建。

六是推进五象新区总部基地金融街、东盟商务区互联网金融产业基地等金融集聚区建设。交通银行、邮储银行等 19 家金融机构入驻五象新区总部基地金融街，109 家企业（包括从事基金、资产管理、P2P 网络借贷等金融业务的企业）入驻东盟商务区互联网金融产业基地。

(三) 培育发展多层次资本市场

一是直接融资总量持续快速增长。2017 年末，全区实现资本市场直接融资 1847.34 亿元（不含地方政府债），占社会融资总量的 32%，超过年初自治区政府下达目标（20%）12 个百分点。

二是企业上市（挂牌）工作持续稳步推进。2017 年末，全区新增新三板挂牌企业 19 家，其中百色市实现上市（挂牌）企业零的突破；在中国证监会排队待审拟 IPO 企业两家、IPO 辅导备案阶段的企业六家。截至 2017 年末，全区共有 37 家境内上市企业。

三是区域性股权市场作用进一步显现。2017 年末，北部湾股交所挂牌企业 1306 家；备案私募债 14 个，备案金额 8.89 亿元，实现融资金额 4.68 亿元；受理股权转让项目 10 个，成功转让项目 8 个，成功转让金额 4.454 亿元；设立资产管理计划 16 个，受托金额 162.22 亿元。南宁市股权交易中心挂牌企业 1415 家。

(四) 积极推进跨境保险市场发展

一是跨境保险市场稳步增长。2017 年，广西保险业累计实现保费收入

565.5 亿元，同比增长 20.5%。其中，沿边六市保费收入 276.2 亿元，同比增长 23.2%。

二是跨境保险服务水平不断提升。积极推动保险机构在沿边口岸建设保险服务中心，开展跨境机动车辆保险、跨境务工人员意外伤害保险等业务，不断提升跨境保险服务水平。全国机动车辆出境综合商业保险首单在凭祥口岸落地，为跨境车辆提供更为全面的保险服务。2017 年，累计承保出入境车辆 8051 台，保费收入 43 万元，保额 41400 万元。跨境劳务人员人身意外伤害保险试点在崇左市正式启动，保险服务边贸活动基础不断巩固，营造了"一带一路"良好跨境用工环境，切实保障境外务工人员在华权益。2017 年，累计承保跨境劳务人员 45103 人次，保费收入 118.37 万元，保额 793220 万元。

（五）加快农村金融产品和服务方式创新

一是稳妥推进农村"两权"抵押贷款试点。截至 2017 年末，沿边试点地区农村承包土地的经营权抵押贷款余额 2.68 亿元，同比增长 61.26%，共有 15 家金融机构实际发放了试点贷款，贷款业务覆盖沿边所有试点县。同时，在关键环节也取得了突破，如田阳县已可以在不动产权局办理抵押登记，国有商业银行发放了首笔农房抵押贷款。各试点（县、区）均建立交易流转平台，确权颁证登记工作进展顺利，可颁证率达 60%。其中，田东和东兴可颁证率达 100%。

二是农村地区支付服务环境更加完善。通过强化政策支持力度，联合广西财政厅、人民银行南宁中心支行印发《广西农村金融服务进村专项活动两年实施方案（2017—2018 年）》，积极推进农村金融服务进村示范点建设，有效发挥政府财政补贴的引领示范和杠杆撬动作用，充分调动辖区各涉农银行、支付机构积极性，全面、持续地投入农村支付服务环境建设。大力推广互联网支付、移动支付等线上支付工具，加大银行卡非接受理环境改造，有效推进农村金融综合服务站与农村电商服务站合作共建，打造"一站多能、一网多用"的综合性服务平台。截至 2017 年末，广西农村地区共建成惠农支付服务点两万余个，金融综合服务站 2200 余个，申请创建农村金融服务进村示范点 163 个，支付服务覆盖所有行政村；布放 ATM 机 1.34 万台，布放 POS 终端 15.09 万台；农村居民网上银行和手机银行用户数分别达 1342 万人和 1229 万人，确保了金融服务"最后一公里"畅通无阻。

三是持续深化农村信用体系建设。启动广西农村信用大数据平台以及"信用+信贷"联动模式创建工作。截至 2017 年末，试验区地方政府及金融机构累计投入建设资金 3237.26 万元，有 3 个市、34 个县（市、区）建立或在建农户信用信息系统，建立农户信用档案 227.08 万户，评定信用户 183.15 万户、信用村 2399 个、信用乡（镇）190 个，创建"三农金融服务室"4321 个。试验区金融机构向信用农户累放贷款 1068 亿元，贷款结存余额 489 亿元，信用农户有效贷款满足率超过 90%。

（六）促进贸易投资便利化

一是通过简化外汇收支事项审批手续，提升涉外主体资金运用效率。截至 2017 年末，共取消行政审批手续 35 项，简化合并 14 项，实现了直接投资外汇管理方式由核准为主向登记为主的转变。

二是在获批成为全国首个开展经常项目跨境外汇资金轧差净额结算试点地区后，截至 2017 年末，广西辖区共有六家企业开办经常项目跨境外汇资金轧差净额结算试点业务，其中五家企业为货物贸易项下，一家企业为服务贸易项下。通过轧差结算，企业免去了 102 笔，共计金额 2.19 亿美元的收支汇兑业务，减少了 93% 以上的资金汇总量。

三是开展跨国公司外汇资金集中运营试点，享受外债比例自律管理、简化外汇账户开立要求、简化外汇收支手续等政策支持，降低企业运营成本。截至 2017 年末，广西共八家企业获得跨国公司外汇资金集中运营试点资格，试点企业累计借入外债折 20037.43 万美元，累计发生对外放款 1049.2 万美元。

四是探索实行自由贸易账户管理新模式，在账户设置、账户业务范围、资金划转和流动监测机制方面进行创新，促进跨境贸易投融资结算便利化。

（七）加强金融基础设施建设的跨境合作

一是支持广西金融电子结算服务中心取得上海黄金交易所金融类会员资格，实现广西法人零的突破，并成功上线黄金交易二级系统，在广西设立国际板黄金交割库的方案取得各方初步认可，广西黄金市场步入发展"快车道"。

二是共同推进沿边地市金融同城化，将沿边金融综合改革试验区信用信息共享平台纳入广西信用信息共享平台统筹建设和运行，打破"条块分割"的信息壁垒，实现行业和部门以及试验区各地之间信用信息的互通共享。运用应收账款融资服务平台服务实体经济融资，协同有关政府部门、金融机构引导试验区核心企业注册加入平台，聚焦应收账款融资。2017 年末，试验区利用应收账款融资服务平台注册机构 666 家，上传应收账款 206 笔，促成融资交易达成 477 笔、金额 770 亿元。

三是人民币跨境支付系统畅通高效。截至 2017 年末，人民币跨境支付系统（CIPS）直接参与者共有 31 家，其中 16 家在广西有分支机构；间接参与者共有 642 家，其中三家为广西地方性法人银行。系统覆盖全球六大洲 85个国家和地区（含自贸区），支持跨境货物贸易和服务贸易结算、跨境直接投资、跨境融资和跨境个人汇款等业务。

四是规范互市贸易结算，建设边民互市贸易跨境资金监测服务平台。2017 年 6 月 1 日，在崇左市上线运行"边贸服务平台信息系统"，实现边民互市贸易从海关申报到跨境资金结算全流程电子化监管。2017 年，广西边民互市贸易跨境人民币结算量 486 亿元，占同期广西跨境人民币结算总量的 39%。

（八）推动完善地方金融管理体制

结合广西实际，研究起草了《关于加强地方金融监管体制的实施意见》，从四个部分推动完善地方金融管理体制。一是明确地方金融监管职责，从划分原则、地方监管范围、地方承担职责三个方面，强调地方各级政府承担地方金融监管、打击非法金融活动、金融风险防范处置的职责。二是健全地方金融监管体制。从理顺管理体制、健全机构设置、合理确定编制三个方面，确保地方金融监管队伍满足履职的需要。三是健全地方金融监管机制。从设立议事协调机构、建立健全协作机制、问责机制三个方面，增强地方金融监管合力。四是强化保障措施。从加强组织领导、积极协调配合、验收各项纪律、加强督促落实四个方面，完成机构设置挂牌、职责划转、编制调整等工作。

（九）建立金融改革风险防范机制

有序推进小微型信贷机构接入金融信用信息基础数据库，2017 年末，已有 76 家小微金融机构接入金融信用信息基础数据库，在一定程度上缓解了小微型信贷机构信息不对称的难题。继续加强金融生态环境建设和跨境资金流动统计监测等，及时进行风险提示。

（十）健全跨境金融合作交流机制

一是主动加强与周边国家的金融交流与合作。人民银行南宁中心支行参加广西政府与越南边境四省联合工作委员会第八次会晤，推动边境银行签订我国第一个跨境反假币合作协议，成立中国—东盟征信研究中心。

二是在中国—东盟博览会期间，成功举办第九届中国—东盟金融合作与发展领袖论坛和第三届中国—东盟保险合作与发展论坛，论坛已成为中国—东盟金融界增进互信、共谋合作发展的重要平台。

三是积极贯彻落实习近平总书记视察广西重要讲话精神和在"一带一路"国际合作高峰论坛上的重要讲话精神，2017 年 5 月 22 日，联合"一行三局"举办了广西金融业支持"一带一路"建设座谈会，积极为金融支持广西融入"一带一路"建设出谋划策，并于 8 月 2 日联合印发了《金融业支持广西参与"一带一路"建设的指导意见》（南宁银发〔2017〕215 号）。

四是深化桂港澳金融合作，推动和建立金融管理部门间常态化联系机制。历年来，自治区金融办均组团参加在香港举办的亚洲金融论坛，同时也邀请香港和澳门金融管理部门参加中国—东盟金融合作与发展领袖论坛。自 2016 年广西与香港签署《广西壮族自治区与香港特别行政区金融合作协议书》以来，两地金融合作迈入了新的阶段。2017 年 9 月 19 日，在"一带一路"桂港合作论坛金融对接交流会上，广西金融办与香港金融界代表进行了友好交流，在重大项目融资、广西企业赴香港上市和发债、加强金融市场对接、优化信息互通机制等方面表达了进一步加强合作的良好愿望。

二、主要问题

一是与周边国家的金融交流合作还处于较低层次。

二是与周边国家人员往来渠道不畅。

三是金融生态环境需要持续加以优化。

四是改革攻坚阶段亟须国家更多支持。

三、下一步改革思路

一是深入推进沿边金融综合改革试验区建设。

二是推进"一带一路"建设金融创新。

三是推进绿色金融创新。

四是加强跨区域金融合作。

第三章 东兴重点开发开放试验区

一、改革进展

(一) 试验区管理体制改革扎实有序推进

2017 年 10 月 13 日，广西党委办公厅、广西人民政府办公厅印发《东兴重点开发开放试验区管理体制改革总体方案》（厅发〔2017〕42 号）。为确保各项改革措施落实到位，试验区工业管理委员会研究制订了工作方案，成立了以书记、市长为组长，管委会常务副主任为常务副组长的工作领导小组，下设十个工作小组，通过明确责任领导、责任人和完成时限，倒排时间，强化措施，进一步加快推进改革步伐。

(二) 跨境合作区投融资体制机制加快完善

一是组建广西跨境经济开发投资有限公司，作为跨境合作区的投融资平台公司和基础设施建设运营主体。二是组织开展跨境合作区前期投入情况清算、项目移交等相关工作，进一步理顺区市（县）产权关系。三是积极探索成立跨境合作区基础设施投资基金和产业投资基金，发挥杠杆效应，放大中央、自治区扶持资金的支持效用。

(三) 对越多层级协商长效机制持续巩固

中越双方已经形成国家层面、省级层面、东兴试验区管理委员会和广宁省口岸经济区管理委员会、东兴市和芒街市四个层面的沟通工作机制，有力促进了东兴—芒街跨境合作区开发建设。其中，东兴试验区管理委员会和广宁省口岸经济区管理委员会共同约定定期沟通会晤机制：就园区开发建设及需要双边协调解决的问题进行及时沟通，每半年举行一次会晤，由双方轮流主办；每三个月或不定期进行磋商；工作层面每半个月会晤一次。

(四) 开放合作体制改革取得新成果

以东兴试验区和跨境合作区开发开放为龙头，"以点带面"，积极推进开放合作领域体制改革创新。构建开放型经济新体制试点试验工作获国务院领导多次点名表扬和商务部组织的第三方评估高度肯定。"两国一检"方案初步拟定，边贸转型升级取得新进展，沿边金融综合改革不断深化。农业银行东兴市支行获准开办人民币/越南盾现钞点对点跨境双向调运业务，成为广西首家开展人民币/越南盾双币种现钞双向调运的商业银行。先行先试外籍自然人经营登记试点，印发《东兴市外国籍自然人经营户管理试行办法》。中国东兴—越南芒街互市便民临时浮桥顺利实现试通车，具备营运条件。跨境自驾游常态化和边境游网上预约办证系统正式开通，跨境边境游屡创出境游人数新高，东兴口岸通关人次达到997万人次。第二届中越跨境经济合作论坛暨跨境合作区专场推介会成功举办，共签约16个合作协议，签约总金额86.22亿元人民币。

（五）中越跨境劳务试点深入推进

印发《广西中越跨境劳务合作试点实施方案》，推进落实越南务工人员在试验区居停留180天的政策。印发《广西东兴国家重点开发开放试验区加快跨境劳务合作发展实施方案》，将试点扩大到试验区全域。截至2017年底，已审批跨境劳务合作试点企业31家，吸引越南边民入境务工达8000多人次，很大程度上解决了边境地区招工难、用工贵的问题，备受企业欢迎和赞誉。

（六）政策创新扶持产业新发展

围绕打造中越跨境经济合作旗舰园区，东兴试验区制定出台《跨境合作区鼓励建设和使用标准厂房暂行办法》《重点产业直接股权投资管理暂行办法》等，启动研究《产业发展扶持资金管理办法》《支持和鼓励总部经济发展暂行规定》等，为跨境合作区营商环境及产业发展奠定坚实基础。2017年11月，国内纺织行业排名前三的天虹集团已经在跨境合作区注册运营；同年12月底，投资1.5亿元的跨境合作区首个高新技术产业项目——广利通"高新科技园"已经进场装修，预计2018年第二季度实现投产。总投资超过30亿元的利嘉闽商国门商务中心、东兴国际金融城、中国—东盟特色商业街三个项目启动。投资50多亿元的中国沃特玛创新联盟新能源汽车产业园项目开始进行入园磋商并开展厂房规划设计。

二、主要成效

（一）经济发展指标长期保持防城港市、广西前列

2017年东兴试验区实现地区生产总值583.33亿元，增长7.1%；实现工

业总产值 1570.55 亿元，增长 19.5%，增速排全区前列；固定资产投资完成 552.06 亿元，增长 11.3%；外贸进出口总额 103.35 亿美元，增长 44.8%，增速排全区前列；新签项目 100 个，外资到位资金 4.81 亿美元，内资到位资金 477.14 亿元。东兴试验区和跨境合作区开发建设呈现稳中有进、快速发展的良好态势，站到了新的发展起点上。

（二）跨境合作区开发建设取得新突破

（1）口岸开放取得新突破。2017 年 6 月 16 日，国务院正式批复同意东兴口岸扩大开放至北仑河二桥，口岸性质为国际性常年开放公路客货运输口岸。二桥口岸"一桥一楼一路一场""四个一工程"全力推进，其中，北仑河二桥正式建成，具备通车条件；国门楼正在进行内外装修，计划 2018 年 3 月具备入驻条件；楠木山大道已开工建设，计划 2018 年 3 月全面贯通；验货场已于 2018 年 1 月 10 日正式开工。

（2）基础设施建设取得新突破。2017 年，跨境合作区重点推进 30 个项目建设，总投资约 56 亿元，全年累计完成投资 8 亿多元，年度完成投资 2 亿多元。跨境合作区"两纵一横一环"路网初步成型，中越北仑河二桥、友好大道、沿河大道一期已经建成，高速公路连接跨越大道和第一片区的道路基本贯通，罗浮西路、罗浮大道、兴悦路加快建设。二桥口岸综合服务区国门楼主楼和两座裙楼已经封顶，正在进行内外装修，累计完成投资两亿多元，年度完成投资 1.9 亿元。标准厂房一期工程已有四栋厂房封顶正在进行装修，其余五栋预计 2018 年 4 月实现封顶。友谊路（经三路）、经五路等一批项目前期工作加快推进。标准厂房二期工程等项目即将开工。

（3）规划体系完善取得新突破。一是与越方对接跨境合作区规划、围网、通关、产业布局、分期建设、特殊政策等各方面设计，形成跨境合作区首张中越合规图。2017 年 11 月 12 日，在习近平总书记和越共中央总书记阮富仲的见证下，商务部部长钟山与越南工贸部部长陈俊英在越南河内正式签署了《中国商务部与越南工贸部关于加快推进中越跨境经济合作区建设框架协议谈判进程的谅解备忘录》，向着签署双边政府间协议迈出重要一步。二是跨境合作区建设方案加快成型。争取国土资源部原则同意按照 9.63 平方千米范围申报，为出台跨境合作区建设方案奠定基础。三是中越北仑河二桥口岸国门楼、验货场通关设计已全部完善。

（4）招商引资取得新突破。全年吸引 180 多家企业、超过 2000 人次客商前来参观考察，涉及纺织服装、机械制造、电子科技、新能源汽车及食品加工等产业。全年新签约项目 12 个，签约金额 75 亿元，已注册企业 6 家，新增储备项目 21 个。

（5）征地搬迁取得新突破。围网区规划面积 9.63 平方千米应征 1.53 万亩，已完成征地 5423 亩，其中第一片区（起步区）2.06 平方千米及安置区 0.54 平方千米应征 3900 亩，已征 2886 亩，完成 74%。

三、存在的问题

一是中越两国尚未批复跨境合作区建设共同总体方案，致使跨境合作区管理体制机制改革难以到位，责、权、利不统一，缺乏推动工作的抓手。

二是跨境合作区开发开放建设已进入关键时期，其中 9.9 平方千米围网区基础设施和征地搬迁等投资需求超过 60 亿元，目前资金缺口近 50 亿元。

三是原有的搬迁安置方式不科学导致征地搬迁进展缓慢，一批重点基础设施和产业项目建设举步维艰。

四是由于管理体制改革不到位，无法实施特殊的薪酬制度，导致园区难以吸引亟须的规划、金融、建设等高端人才。

四、下一步改革思路

一是围绕构建中越合作旗舰园区，重点抓好规划体系完善。大力争取跨境合作区两国共同总体方案获批。加快跨境合作区核心区各项规划编制，启动产业规划编制、跨境合作区控规修编和城市设计、能源、水资源、绿色交通、物理环境等专项规划编制。

二是围绕北仑河二桥口岸正式开放，重点抓好基础设施建设。加快国门楼、验货场、楠木山大道等项目建设，确保项目如期竣工投入使用。推进跨越大道、沿河大道竣工通车，确保连接中越北仑河二桥、防东高速公路通道全线打通。沿河大道一期、罗浮西路、罗浮大道、兴悦路全线贯通，第一片区环形路网形成。开工建设友谊路（经三路）、经五路等一批基础设施项目和配套项目。

三是围绕实现跨境合作区早期收获，重点抓好"一区三园"招商引资工作。按照"五个一批"即谋划一批、开工一批、续建一批、竣工一批、储备一批的工作思路，结合招商引资情况，全力推进标准厂房一期、标准厂房二期、国际商品展示交易中心、商贸旅游服务中心等一批产业配套设施建设；加快推进香港广利通高新科技园暨电子商城、利嘉闽商国门商务中心、东兴国际金融城、中国—东盟特色商业街等项目开工建设；跟踪落实中国沃特玛创新联盟新能源汽车产业园、四川野马汽车生产基地、中国—东盟智慧生鲜供应链基地、深圳名家汇户外灯具生产基地和夜游经济研究院以及广州冠昊生物、南京世辉照明、东莞普莱雅制衣、香港南益集团等在谈项目，力促项目早日签约落地。

四是围绕园区重点项目，重点抓好征地搬迁攻坚。强化使命担当，创新征迁方式，加大工作力度，掀起征迁高潮，加快东郊安置区、楠木山安置区征地搬迁工作，重点推进验货场、罗浮西路、楠木山大道、标准厂房、友谊路（经三路）、经五路等七个项目征地搬迁，确保完成跨境合作区第一片区2.06平方千米及安置区0.54平方千米共3900亩的征地搬迁任务，同时推进第二、第三片区征地搬迁攻坚，为跨境合作区开发建设全面铺开提供土地保障。

五是围绕园区开发建设，重点抓好投融资机制创新。用好用活各类支持资金，实施财政资金资本化战略，放大中央、自治区扶持资金的杠杆效应。设立跨境合作区产业投资基金，吸引金融机构、社会资本参与跨境合作区开发建设。进一步加强与中冶集团、中交建集团、中建集团、中煤建工集团等多家央企洽谈，创新和推进PPP等多种模式项目融资。

六是围绕打造沿边改革创新"排头兵"，重点抓好跨境合作区政策创新工作。研究借鉴国家实施西部大开发、沿边重点地区开发开放、北部湾经济区、沿边金融综合改革试验区、边境经济合作区、自由贸易试验区等政策及自治区赋予东兴试验区的优惠政策，根据试验区管理体制改革和跨境合作区获批后运营需要，对各类政策需求进行分类梳理，提出对策建议，积极争取获得中央和自治区更多政策支持，尽早在跨境合作区内实施行政审批、特殊一级财政、特殊人事薪酬制度、法定机构管理、跨境劳务合作、税收减免优惠、原产地认证、投融资等一批先行先试特殊政策。

七是围绕中越合作共赢，重点抓好对越工作机制完善。进一步完善对越工作机制，加快推进中越北仑河二桥口岸开放，引领中越合作朝纵深处延伸，扩大跨境劳务合作、跨境旅游合作、跨境金融合作、跨境电子商务等交流合作面并开展深度合作。进一步推进规划统一，优势互补，推动中越交流向多元化发展。进一步加强互动互访，与越南广宁省、广宁经济区管理委员会保持经常性会面和接触，强化现有定期会晤机制。

第四章　凭祥国家重点开发开放试验区

2013 年，崇左市开始申报设立广西凭祥重点开发开放试验区。2016 年 8
月，国务院正式批复设立广西凭祥重点开发开放试验区（以下简称试验区）。

一、改革进展

（一）强化顶层设计，绘制发展蓝图

2017 年 7 月 28 日，广西人民政府正式批复同意广西凭祥重点开发开放
试验区建设总体规划，同年 8 月，广西发展和改革委员会印发了《广西凭祥
重点开发开放试验区建设总体规划（2016—2025）》（以下简称《规划》）。
《规划》结合崇左市国民经济和社会发展"十三五规划纲要"以及市委、市人
民政府关于"两篇大文章、四大攻坚战"的决策部署进行编制，《规划》明确
了试验区建设的五大战略定位和八大任务，为试验区建设绘制了发展蓝图。

（二）推动出台支持试验区建设的优惠政策

2017 年 10 月，广西人民政府办公厅印发《加快推进广西凭祥重点开发
开放试验区建设的若干政策》（以下简称《若干政策》），《若干政策》在财
政税收、投融资、土地资源、口岸通关便利化、跨境劳务、旅游管理、公共
服务管理、行政审批、产业与贸易政策等多个方面给予试验区重点支持。

（三）强化体制机制创新

一是推进市场监管模式改革。推进社会信用体系建设，全市社会信用体
系建设一期方案已经完成，企业年报工作获广西通报表扬。全市被列入经营
异常名录的企业 2565 户，累计移出经营异常名录的企业 727 户。开通网上
纳税受理服务，24 小时自助办税终端已在崇左市七个县（市、区）实现全
覆盖。二是创新对外开放合作机制。友谊关口岸"单一窗口"公共服务平台

上线运行，实现了海关、检验检疫、口岸管理部门的"信息互换、监管互认、执法互助"。全国第一个国检试验区——中国—东盟边境贸易凭祥（卡凤）国检试验区正式运行。

(四) 大胆先行先试，一批改革措施取得新成效

（1）跨境劳务试点工作取得实质进展。经过多次与越南谅山、高平等省的跨境劳务合作对接洽谈工作，2017 年 2 月，崇左市分别与越南谅山、高平省签署了劳务合作协议。市本级、凭祥市和江州区挂牌设立境外边民务工管理服务中心。凭祥市境外边民务工管理服务中心实行"一站式"服务，公安、人社部门工作人员及保险、翻译人员入驻办公。2017 年，共为凭祥、扶绥、龙州、宁明等 17 家用工单位和 19 家劳务派遣公司办理《崇左市跨境务工人员用工资格证》。办理了务工、停留手续四万多人次，有 8500 多名越南籍入境务工人员在崇左市各用工单位务工。

（2）中国—东盟边境贸易凭祥（卡凤）国检试验区建设创新成效显著。凭祥（卡凤）国检试验区充分利用沿边、面向东盟的地缘优势，按照先行先试、风险可控的总体思路，在模式创新上实行"三创两优"（即创新工作机制、创新业务模式、创新通关便利化举措和优化进口、优化出口）。"三创两优"体现为"两个打造、两个打破、三个优先、三个简化、两个取消"的具体措施。

（3）沿边金融改革成果逐渐显现。坚持以沿边金融、跨境金融、地方金融为主线，以服务"一带一路"建设为中心，充分发挥面向东盟的沿边优势，稳步推进各项金融改革创新工作，在全国范围内取得"一个率先""两个首单"的显著成效。率先开展越南盾现钞跨境调运。通过与越方积极协调，2017 年 8 月 30 日，中国银行广西分行和越南投资与发展银行谅山分行在凭祥友谊关口岸办理越南盾现钞交接，35 亿越南盾现钞顺利通关，开启了广西通过陆路口岸直接从越南调运越南盾现钞的先河。跨境保险业务实现"两首单"突破。一是签发全国首单机动车出境综合商业保险；二是签订首单跨境劳务人员人身意外保险。2017 年，崇左市跨境人民币结算量累计382.84 亿元，占崇左市本外币跨境收支比重达 91.39%。自开展沿边金融综合改革创新以来，崇左市人民币结算规模连续七年稳居全区前列。

二、主要成效

(一) 经济社会保持持续健康发展良好势头

2017 年，地区生产总值 907.62 亿元，同比增长 9.3%，增速全区第二；

财政收入55.25亿元；规模以上工业总产值938.86亿元，增长25.7%，增速全区第一；规模以上工业增加值329.93亿元，增长10.8%；固定资产投资970.5亿元，增长16.7%，增速稳居全区前列；外贸进出口总额1339.4亿元，增长10%，进出口总额、出口总额继续位居全区第一，边境小额贸易进出口总额占全区比重近八成、全国比重近三成，对外贸易持续领先全区；社会消费品零售总额146.09亿元，增长11.2%；居民消费价格指数上涨1.6%，控制在目标范围内；城镇登记失业率2.14%，比自治区目标控制线低2.06个百分点；城乡居民人均可支配收入增长10.8%。

（二）对外经济贸易稳中有升

外贸业是试验区的主导产业，试验区内全国第一个国检试验区——凭祥（卡凤）国检试验区揭牌，正式投入使用，凭祥综合保税区二期启动建设，友谊关口岸获国务院批准开展签证业务，获得水果、种苗、粮食、进口冰鲜水产品指定口岸，成为广西口岸功能最完备的国际口岸，外贸业取得较快发展。2017年，全市外贸进出口1339.4亿元，同比增长10%，其中出口893.1亿元，同比增长24.2%；进口完成446.3亿元；进出口总额、出口总额继续排在全区第一位。加快发展加工贸易，落实加工贸易扶持政策，新增规模以上边境口岸贸易加工企业22家，累计达到40家，口岸贸易加工业总产值达53.68亿元，增长66.3%。边境口岸贸易加工业成为拉动崇左市外贸经济稳增长的重要力量。

（三）工业实现较快增长

2017年规模以上工业总产值完成938.86亿元，增长25.7%，比年度目标增长15%高10.7个百分点；规模以上工业增加值完成329.93亿元，增长10.8%，比年度目标增长8%高2.8个百分点。"中国糖都"地位进一步巩固提升，2016/2017年榨季全市入厂原料蔗1483.57万吨，混合产糖182.57万吨，年产蔗、产糖量连续14个榨季居全国设区市首位；蔗糖工业产值达369亿元，增长11.2%，占全市规模以上工业总产值的40%左右。

（四）基础设施建设取得积极进展

一是互联互通建设取得新进展。南宁至崇左铁路于2017年6月28日开工建设，崇左—水口高速公路加快推进，南宁隆安至硕龙口岸高速公路已经开工建设，云桂沿边防城港经崇左至文山铁路已完成预可研报告编制并通过专家评审。二是口岸基础设施进一步完善。中越水口—驮隆二桥开工建设，中越友谊关—友谊口岸国际货物运输专用通道、凭祥边境贸易货物物流中心

（中越跨境）货物专用通道、宁明爱店口岸货物通道（隧道）等跨境运输通道建成通车或加快建设。2017 年 9 月 28 日，中新互联互通南向通道海铁联运班列实现常态化运行，中国—东盟跨境公路运输有效开展。三是试验区园区基础设施建设取得新进展。凭祥边境经济合作区友谊关工业园—宁明工业园产业大道、南宁新江—扶绥—中泰产业园一级路、广西中国—东盟青年产业园路网建设、崇左港中心港区、凭祥综合保税区等一批重大项目建设进展顺利。四是崇左中心城区城市功能日趋完善。城区水系改造提升系列项目进展顺利，已开展中心城区和中泰产业园区河湖水系连通工程及其景观配套工程的可行性研究和项目初步设计工作，城区路网与桥梁系列项目进展顺利，随着基础设施的不断完善，中心城区城市功能日趋完善。

三、存在的主要问题

（一）基础设施比较落后

当地财政比较困难，资金缺乏，自身发展能力有限，再加上地理、历史等客观原因，广西现有部分边境口岸和边民互市贸易点的基础和查验设施较为简陋，与边境贸易发展、联检部门监管防控要求仍存在较大差距。

（二）通关便利化水平有待进一步提升

目前广西开展的中越跨境自驾车旅游从友谊关口岸出境的车辆，按临时出入境货物报关办理出境手续，出境通关查验时实行人员和车辆分开查验出境，整个流程复杂、烦琐，所有手续办理完成累计耗时约一个月时间，影响跨境自驾游。自中国广西—越南谅山中越公务车辆及货运直达车辆开通以来，中越货运直通车运行的车次还比较少。主要原因是：获准的中越货运直通车备案车辆少，凭祥综合保税区查验系统未投入使用，"一卡通"通关尚未实现；越南往凭祥方向进口货物过驳场地过小，经常造成大量货车排队、拥堵，影响了货物通关速度。

（三）部分沿边开发开放政策尚未实质落地

近几年来，国家相继出台了以《国务院关于支持沿边重点地区开发开放若干政策措施的意见》（国发〔2015〕72 号）为代表的，加快沿边开发开放、实施西部大开发、左右江革命老区振兴、扶贫开发、兴边富民、支持民族地区发展等多项支持政策，但尚有部分政策未实质落地，未能发挥应有作用。

（四）先行先试和改革创新方面还有待加强

试验区建设缺乏有关政策、法规支撑，争取国家有关部门的支持和指导力度不够，在一定程度上制约了先行先试和改革创新工作的推进。

四、下一步改革思路

一是创新体制机制。

二是谋划一批重大项目，推进一批标志性工程。

三是进一步提升通关便利化水平。

四是加快沿边开发开放政策特别是《加快推进广西凭祥重点开发开放试验区建设的若干政策》尽快落地。

第五章　防城港市国家构建开放型经济新体制综合试点试验城市

防城港市自 2016 年 5 月获批构建开放型经济新体制综合试点试验城市以来，先行先试，勇于创新，试点试验工作取得了显著成效，形成了一批可复制可推广的经验和模式。

一、试点试验工作开展情况

（一）敢试敢创，亮点突出

防城港市重点在深化行政体制改革、跨境经济合作、沿边金融改革、边贸转型升级、推进"一带一路"建设、深化与东盟合作构建全方位开放发展新格局等方面改革创新，取得了一系列试点试验成果。2017 年 7 月 3 日，在全国综合试点中期汇报交流会上，时任中共中央政治局委员、国务院副总理汪洋多次点名表扬防城港市试点试验的创新经验和做法。2017 年 11 月 29～30 日，商务部、国家发展改革委在防城港市召开全国构建开放型经济新体制综合试点工作推进会，深入学习宣传贯彻党的十九大精神，总结交流各地区综合试点工作的进展，防城港市工作的成效亮点得到了国家部委领导、与会代表的充分肯定和赞许。

（二）加强领导，明确措施

广西主要领导高度重视试点试验工作，多次到防城港市考察调研并作出批示指示。广西商务厅、发展改革委员会牵头成立自治区层面综合试点联合工作组。各级各部门认真按照方案要求积极开展工作，全市上下形成推动工作的强大合力。经过近两年的改革探索，综合试点任务由初期的四大项核心突破改革事项和六大项重点探索事项，调整完善为"六大改革"和"六项探索"。

（三）总结经验，复制推广

先后推动在广西崇左、百色等沿边地区复制推广防城港市人民币对越南盾汇率"抱团定价"新机制的成功经验，形成广西市场的统一汇率报价；复制推广东兴创新边民互市贸易交易结算模式典型经验做法，实现互市贸易交易结算的规范化便利化；复制推广"34证合一"的企业登记全程电子化"一照通"改革新模式；复制推广"大协同多锁链"反走私综合治理防控体系典型工作经验，有效遏制中越边境走私势头；复制推广互市贸易转型升级"六个+"模式的经验做法，实现进出口贸易持续快速增长；复制推广"四证两险一中心"跨境劳务管理新模式，着力解决企业用工难、用工贵问题。防城港市探索"企业登记全程电子化"等试点经验列为向全国复制推广的经验做法。

（四）加强交流，扩大宣传

加强与兄弟综合试点地区交流好的经验和做法，密切关注兄弟综合试点地区工作情况，先后到武汉城市圈、山东济南市等地学习考察，山东济南，福建漳州，广东东莞，惠州，大连金普新区等兄弟综合试点地区也相继到防城港市交流学习。同时，邀请中央电视台、新华社、人民网、《中国经济日报》《广西日报》、广西电视台等近20家中央和自治区主要媒体开展专题宣传报道，《广西日报》、广西电视台开设了"构建开放型经济新体制"系列报道专栏。

二、试点试验工作成效显著

（一）深化"六大改革"，推动开放发展

（1）深化行政体制改革，提高政府行政效能。一是加快政府职能转变，落实"放管服"。在全国率先实施"企业登记全程电子化""34证合一"的"一照通"等创新模式，审批提速近70%，企业申请材料减少85%。2017年5月，在全国全面推进"多证合一"改革电视电话会议上国务委员王勇对此予以充分肯定。二是在广西率先推进公安系统大部制改革和执法体制改革。公安机关内设机构由31个减少为15个，压减率达51.6%，实现了警力聚合和职能归拢，警力向一线执法倾斜，刑事治安案件警情显著下降，相关经验得到中央政治局委员、中央政法委书记郭声琨的肯定性批复。三是成立防城港市行政审批局，实行集中审批，健全监督机制，加快服务型政府建设，经

济发展环境得到明显改善。四是加快市场监管体制改革。成立东兴市市场监督管理局，探索完善市场监管新模式，集中行使原工商、质监、食药监、物价四个单位共787项行政职权，切实提高行政效能。

（2）深化互市贸易转型升级，推动进出口持续快速增长。出台《边民互市贸易转型升级改革实施方案》，推进边境贸易转型升级，创新形成互市贸易结算"东兴经验"，2016年12月获得国务院办公厅第三次大督查通报表扬。创新形成互市贸易转型升级"六个+"新模式，推动互市贸易再上新台阶。实施边贸扶贫计划，引导成立边民互助组355个，参与互市贸易边民近12000人，年人均收入超过1.2万元，2017年帮扶贫困边民脱贫达3500人，边贸扶贫成效显现。

（3）深化跨境劳务合作，规范拓展跨境劳务市场。与越南广宁省签订了跨境劳务合作协议，建立推广"四证两险一中心"跨境劳务管理模式（四证：用工证、务工证、临时居留证、健康证。两险：为越籍劳工购买意外伤害保险和工伤商业保险。一中心：成立一个境外边民务工管理服务中心），有效解决边境企业用工难、用工贵等问题。2017年，防城港市拥有跨境劳务试点企业28家，核准用工人数达6060人，有效降低了企业用工成本，增加利润效益。跨境劳务合作成为防城港市与越南跨境经济合作的新优势，为沿边加工产业集聚提供了有力支撑。

（4）深化沿边金融综合改革，服务沿边经济增长。一是不断完善中国（广西东兴试验区）东盟货币交易服务平台，扩大辐射范围和影响力。二是创新形成人民币对越南盾"抱团定价"的"东兴模式"，统一广西市场汇率报价。三是创新外汇管理，拓展人民币跨境结算，健全中越两国本币直接结算，开办外币离岸业务，2017年实现越南盾交易达11455笔，交易金额255.49亿元人民币，同比增长8.4%。

（5）深化跨境旅游体制改革，加快"两区"创建。一是编制跨境旅游合作区、边境旅游试验区建设实施方案，上报国家发展改革委、国家旅游局。二是推动边境旅游、跨境旅游协同管理机制创新，开通边境游网上预约办证，推动中越跨境自驾游常态化。2017年8月29日，广西第一艘国际邮轮"中华泰山号"在防城港成功首航，实现国际海域航线跨境旅游，实现国际海域航线跨境旅游。2017年全市口岸出入境人数达1050万人次，增长46.2%。

（6）深化跨境合作体制改革，打造跨境经济合作区。一是创新加快中越跨境经济合作区建设，中越北仑河二桥建成，中国东兴、越南芒街互市边民临时浮桥开通，东兴口岸二桥综合服务区国门楼封顶。二是推动建立多层面的沟通联络机制。中越双方已经形成国家层面、省级层面、广西东兴试验区管委会和广宁省口岸经济区管委会、东兴市和芒街市四个层面的沟通工作机制；中越双方代表团就跨境合作区建设总体方案进展情况、规划、投资建设、口岸通关、管理体制机制、跨境优惠政策等方面进行了多次沟通交流，达成多项重要共识。

（二）推进"六项探索"，创新全面开放新机制

（1）着力探索开放型经济运行管理新模式，进一步提升开放型经济发展水平。一是规范进出口贸易秩序。构建"大协同、多锁链"反走私综合治理防控体系，有效遏制中越边境走私势头，形成防城港北仑河反走私典型工作经验。时任中共中央政治局委员、国务院副总理汪洋对防城港市打击走私工作给予充分肯定，明确要求将防城港市的经验做法向全国推广。二是探索通关便利化新模式。加强与越南口岸通关合作。探索在东兴口岸与越南芒街口岸实施"两国一检"通关新模式。率先开发应用国际贸易"单一窗口"、边民互市贸易"一指通"等通关系统，申报及通关时间缩减 2/3 以上。三是多措并举集聚开放型人才。常态化举办"百名博士防城港行"重大招才引智活动，深入实施"聚才扬帆""白鹭英才"计划，构建"刚性、柔性、弹性""三性合一"聚才模式，建立教授、博士服务工作站，实现"人才共聚、智慧共享、价值共创、发展共赢"的目标。

（2）着力探索各类开发区（园区）协同开放新机制，进一步提升园区开放开发水平。探索建立两国共同有效管理中越跨境经济合作区的管理体制和工作机制，设立防城边合区和实施东兴边合区调整扩区，申报设立东兴国检试验区，推动形成中越协同开放新局面。成立防城港经济技术开发区，优化整合企沙工业区、大西南临港工业园、东湾物流园三大省级重点园区的优势，加快打造绿色、低碳产业开发区，产业集聚效应成效显著。2017 年防城港经开区规上工业产值达 1270 亿元，同比增长 22.22%，规上工业产值在北部湾经济区 12 个重点园区中排名第一，在广西 113 个园区中产值总量排第二位。

（3）着力探索推进国际投资合作新方式，进一步加快融入"一带一路"建设。积极利用国际金融组织贷款推动中越跨境合作区、外籍劳工培训基地等项目建设，引进跨境人民币贷款，先后五次从中国香港、东盟和南亚国家的银行业金融机构引入人民币资金 30.6 亿元；开展全口径跨境融资，为广西盛隆冶金有限公司引入境外贷款资金 2840 万美元，并实现当月提款；办

理全口径跨境融资宏观审慎管理模式下外债签约登记业务五笔，签约金额累计7064.54万美元。深化同以东盟为重点的"一带一路"沿线国家开展国际投资和产能合作，积极"引进来""走出去"。2017年实际利用外资5.72亿美元，同比增长12.1%。成功引进泰国万浦集团在防城港合作投资建设配煤基地，促成广西北部湾国际港务集团有限公司与广西盛隆冶金有限公司投资30亿元在马来西亚建设350万吨现代化钢铁厂等，防城港市在东盟各国设立工厂、销售中心的企业达26家，居广西第一。

（4）着力探索质量效益导向型外贸促进新体系，进一步提升外贸进出口总量。深入实施"第二轮加工贸易倍增计划""引资强贸"工程，探索发展"互联网+互市贸易+金融"跨境电商新模式，外贸进出口快速增长。2017年，防城港市实现外贸进出口总额113亿美元，增长29.4%，高于全国增速平均水平。

（5）着力探索金融服务开放型经济新举措，进一步推进人民币国际化进程。创新外汇管理，拓展人民币跨境结算。健全人民币与越南盾银行挂牌交易机制，开办外币离岸业务，2017年10月12日，实现人民币与越南盾点对点现钞跨境双向调运业务，实现中越货币现钞直接跨境互换，实现了真正意义上两国银行点对点双币现钞跨境双向调运，为人民币国际化提供回流机制，助力人民币区域国际化战略。整合保险行业资源，探索建立跨境保险综合服务中心，扩大边境贸易保险范畴，开展边境贸易出口保险和跨境车辆自驾游保险业务。

（6）着力探索构建全方位开放新格局，进一步提升对外开放合作水平。拓展提升中国—东盟博览会、中国—东盟商务领袖高峰论坛、中越跨境经济合作论坛、中越国际商贸·旅游博览会等国际合作交流平台功能，大力引智引商引资。2017年，全市新落户开工外资项目16个，总投资11.47亿美元。常态化举办中越足球友谊赛、网球赛、国际海上龙舟节、中国—东盟国际马拉松赛等重大国际赛事、活动，深化与东盟国家经济文化体育的合作交流。

三、推动开放型经济新体制向高层次纵深迈进

按照党的十九大报告中提出的"推动形成全面开放新格局""发展更高层次的开放型经济"的具体要求，下一步，防城港市将继续着力推动开放型经济新体制向高层次纵深迈进。

一是创新理念。高起点、高标准谋划开放发展工作，强化"一带一路"建设思维，加快推进协同开放合作，积极参与"南向通道"建设，大力开拓

东盟各国及国内潜在的市场，努力实现中越双边、中国与东盟各国多边互利共赢，促进发展更高层次的开放型经济。

二是深化改革。在部署改革事项上，坚持问题导向，突出聚焦现有体制机制顽疾，重点突破诸如推进通关便利化、贸易便利化实践中存在的问题。强化改革创新驱动作用，服务开放型经济产业发展，为开放型实体经济发展营造更加优良的发展环境，有效推动临港工业、口岸经济、向海经济等提档升级。

三是扩大开放。继续深化简政放权、放管结合、优化管理服务，降低市场准入，激发市场主体活力。进一步创新引进和利用外资体制机制，引导支持外资参与创新驱动、制造业转型升级、高端制造、绿色制造等产业投资，推动开放型经济产业快速可持续发展。

四是总结推广典型经验。将进一步总结提升综合试点经验，精练形成一批能帮助其他沿边地区利用自身优势，加快对外开放发展，可复制推广的"防城港经验"，为全国、全区构建开放型经济新体制贡献"防城港智慧"。

第六章　粤桂合作特别试验区

粤桂合作特别试验区（以下简称试验区）是国家区域发展战略——珠江—西江经济带的重要组成部分，位于中国广东肇庆和广西梧州沿西江两岸交界处。自 2014 年 10 月启动建设以来，试验区积极推进体制机制改革创新并取得明显成效。

一、改革进展及成效

（一）体制机制创新得到有效夯实

在粤桂两省区以及肇梧两市的共同努力下，由广东广西推进珠西经济带规划实施联席会议、肇梧两市市长联席会议、粤桂合作特别试验区管理委员会和粤桂合作特别试验区投资开发有限公司组成的四层架构管理有效运转。试验区实行"两省区领导、市为主体、独立运营""统一规划、合作共建、利益共享、责任共担"的特别机制，逐步探索建立起新型的政府与市场关系和现有行政区划与跨区域、跨流域共同管理的关系。按照"人员对等派驻、统一管理"的原则，肇梧两市联合批复试验区组建联合管理委员会，主任实行届任制，由两地轮流派任。按照"对等投入、收益对等分配"的原则，梧肇两市政府共同出资成立粤桂合作特别试验区投资开发股份有限公司，对试验区开发建设资金等比例共同投入，等比例共同分享开发建设收益。按照"东西部及两广政策叠加、择优选用、先行先试"的原则，建立试验区独特的开放政策体系。按照"市场化运作、合力发展"的原则，探索跨区域市场化开发新模式。按照"一体化、同城化、特区化"的理念，突出优化空间布局、对接基础设施、强化产业联动、注重生态保护、共享民生福祉。

（二）财政管理体制改革深入推进

出台《粤桂合作特别试验区（梧州）财政管理体制（试行）》，不断推进特殊管理一级财政的建立和完善。一是在企业归属界定方面。明确以试验区范围为界，坐落在试验区范围内的企业属于试验区企业，但是对跨区域企业的归属另行确定。二是在收入划分方面。明确除按国家和自治区财政体制规定划分为中央和自治区收入外，其余税收收入按属地划分为试验区收入。三是在财力划分方面。对从万秀区、龙圩区或市直划出给试验区的企业，以划出企业2014~2016年三年税收形成的地方财力平均数为基数，由试验区从2017年起将财力基数100%上解市财政，再由市财政按照市对城区财政体制规定在市直与有关城区之间进行分配。以划出企业2014~2016年三年税收形成的地方财力平均数为基数，由试验区从2017~2021年五年内将试验区划入企业税收形成的地方财力超基数的20%部分专项上解市财政，再由市财政按照市对城区财政体制规定在市直与有关城区之间进行分配。从2022年起上解比例提高至50%。对试验区新注册的企业，由试验区从2017~2021年五年内将新成立企业税收形成的地方财力20%部分专项上解市财政，再由市财政按照市对城区财政体制规定在市直与有关城区之间进行分配。从2022年起上解比例提高至50%。四是在财政预、决算审批程序方面。试验区财政预、决算由试验区财政金融局负责编制，经试验区管理委员会审议通过后，将收支预、决算上报市人大审批。五是在机构设置方面。计划设立试验区税务机构，负责试验区范围内的税收征收管理工作。六是在国库设立方面。推动试验区建立一级国库。试验区的收入和支出全部纳入试验区财政预算管理。

（三）改革和完善国有资产管理体制

出台《改革和完善粤桂合作特别试验区（梧州）国有资产管理体制的实施方案》，加快建立权责明确、运转高效、规范透明的国有资本投资运营和监督管理体制。一是推进国有企业股权划转。将梧州市人民政府国有资产监督管理委员会持有的广西梧州粤桂合作特别试验区投资开发有限公司股权划转到粤桂合作特别试验区（梧州）管理委员会，并由管理委员会对投资公司履行出资人职责。二是授权管理委员会履行投资公司国有资产的出资人职责。对粤桂试验区（梧州）出资的国有资产进行监督管理；制定所监管企业国有资产管理的制度、措施并组织实施；按照有关规定，向所监管企业派出董事、监事。三是建立健全国有资产管理体制。在试验区（梧州）管理委员会财政金融局增挂试验区（梧州）管理委员会国有资产管理办公室牌子，履行国有资产监督管理职责，以管资本为主，重点管好国有资本布局、规范资本运作、提高资本回报、维护资本安全，依法落实国有资本经营责任，实现国有资产保值增值。

（四）金融创新体制改革取得成效

在试验区设立两广金融改革创新综合试验区，探索社会资本多样化融资模式，为试验区建设发展提供资金保障。一是拓展多元化融资渠道，保障基础设施建设资金需求。2017 年全年融资到位资金 20 亿元，其中获得国家、自治区层面政府债券及置换债券 2 亿元，基础设施建设基金 18 亿元；落实融资贷款授信额度 14.5 亿元，储备融资规模近 10 亿元，有效地保障了有关工程项目的资金需求。二是发起设立新能源基金，助力试验区产业发展。发挥金融对产业的引导和杠杆作用，设立 3.5 亿元新能源专项投资基金，主要用于支持试验区新能源产业发展，2017 年向航天北斗项目投放第一笔 300 万元投资款，并以"基金+产业"的方式引入了河南省东雷锂电和深圳市斯盛能源股份有限公司入驻企业。三是加快市场化运营，提升自身"造血"功能。组建粤桂金融控股集团，按照市场化、实体化原则，集中优势资源，打造粤桂金融板块。注册粤桂金控投资有限公司、粤桂基金管理有限公司、粤桂小额贷款公司等。

（五）工业用地市场化配置改革不断巩固

试验区抢抓机遇，开拓创新，在工业用地市场化配置化改革方面进行了积极探索，争取自治区人民政府落实多项政策措施，2017 年，试验区全面推进国家工业用地试点工作，出台《粤桂合作特别试验区深化工业用地市场化配置先行先试改革创新方案》，对入区企业实行弹性年限工地、分期供地、试行特殊用地租赁等供地方式。2017 年试验区采取"先租后让、租让结合"的方式向华润燃气、大华科技、久丰电竞等企业供地 385.2 亩。此外，不断强化土地要素保障，切实抓好土地开发管理工作，超额完成用地报批任务；落实低丘缓坡试点政策，争取用地指标保障。

（六）国家增量配电业务改革步伐加快

2016 年 11 月，试验区被列入国家发展改革委第一批 105 个增量配电业务改革试点项目之一。2017 年，试验区持续推进国家增量配电业务改革试点工作，7~8 月，试验区公开向全社会招募市场主体，与广州珠江电力有限公司、广西电网有限责任公司、广西能源联合售电有限公司、上海博辕信息技术服务有限公司联合设立粤桂西江配售电有限公司。2017 年顺利召开了第一次股东大会。

（七）行政审批管理制度改革稳步实施

出台《梧州市推行相对集中行政许可权改革试点实施方案》《粤桂合作

特别试验区（梧州）管委会推行相对集中行政许可权工作实施方案》及 18 项行政审批配套制度，优化审批流程，提高行政效率。2017 年 11 月 27 日，试验区政务服务中心正式揭牌运营，首期承接梧州市发展改革委员会、工业和信息化委员会等 10 个市级部门实施的 62 项行政许可权。搭建"互联网+政务服务"平台，推进广西投资项目在线并联审批监管平台应用工作，2017 年办理各类审批事项 60 多项。

（八）人事管理体制改革创新突破

出台试验区《粤桂合作特别试验区身份封存实施意见》《粤桂合作特别试验区（梧州）岗位设置方案》《粤桂合作特别试验区薪酬方案》《粤桂合作特别试验区竞聘上岗和公开招聘方案》等，全面实行身份封存、全员聘用、按岗定薪新机制，面向社会招聘优秀人才，2017 年共到岗 77 人，其中管理委员会 38 人，投资公司 39 人。

2017 年，试验区各项主要经济指标实现稳增长。全年完成工业总产值 205 亿元，同比增长 13.9%；完成固定资产投资 100 亿元（其中完成产业项目投资 39.88 亿元，完成基础设施投资 60.12 亿元），同比增长 33%；完成招商引资到位资金 93 亿元，同比增长 30%；入园重点企业达到 330 家（其中广西片区 271 家），新注册企业 206 家（其中广西片区 200 家）。试验区开发建设得到国家和粤桂两省区的高度认可和大力支持，2017 年 9 月 4 日，粤桂两省区主要领导到试验区视察，给予了试验区充分肯定和高度评价；国家在《关于进一步加强区域合作工作的指导意见》《关于深化珠三角区域合作的指导意见》等政策文件中多次提到试验区，不断巩固了试验区作为国家区域发展战略的地位，为试验区加快发展提供了更加广阔的舞台。

二、存在的主要问题

试验区"1+3 配套文件"中部分改革事项有待进一步落实。一是在试验区国库设立方面推进缓慢，使试验区一些财税政策难以落实到位；在直接融资方面步伐较小，特别是在支持试验区符合条件的企业通过改制上市，发行企业债券、中期票据，引进和发展产业基金等方面，效果不够明显；在融资平台建设方面突破难度较大，融资担保机构与试验区联合建立融资担保平台、试验区设立粤桂投资开发银行、争取在 CEPA 框架下适当降低香港金融企业的准入条件等工作未真正迈开步子。二是在事权下放方面，住房和城乡建设局、国土资源局等关键部门的审批权限未能下放到试验区，一定程度上阻碍了试验区项目的建设。

三、下一步改革思路

(一) 建立健全特殊管理一级财政

做好国库设立和运营工作。尽快明确企业归属名单，准确划分入库级次；计算好财力基数和上解比例；做好企业税收核算和统计工作；选择专业银行做好国库经收业务，做好预算收入的收纳、划分和留解，做好预算支出的拨付等工作。做好财政预决算工作。全面掌握试验区的发展规划和资金需求，做好2018年财政收支预算工作，滚动做好三年中期财政规划工作。加大财政资金统筹力度，有效盘活存量资金，调整优化支出结构，突出保障重点；建立管理规范、结构合理、公开透明、约束有力、讲求效益的预算管理机制。

(二) 深入推进金融改革创新工作

继续搭建粤桂金融平台，按照市场化、实体化原则，集中优势资源，继续做好粤桂小额贷款有限公司、融资性担保公司的报批工作，筹建粤桂基金管理公司，继续推进融资租赁公司及保理公司的设立工作。加快金融岛的建设工作，打造创新金融集聚力，积极争取广东、广西两省（区）金融主管部门的支持，将金融岛作为两广金融改革创新综合试验区的承载基地。争取在CEPA框架下，引进1~2家港资银行在试验区设立分支机构，深化与港澳金融合作，进一步推动探索人民币回流机制、创新外汇管理模式、探索开展金融业务等有关工作的实施。

(三) 探索拓宽多元化融资渠道

进一步优化债务结构，用好资本市场资源，探索以粤桂投资公司为主体在资本市场发行债券，搭建多层次资本市场融资渠道，减少对传统融资模式的依赖，达到直接融资和间接融资的综合配置效果，更好地保障试验区基础设施重点项目建设。通过设立引导基金、产业发展基金、创业基金等方式，引入优质基金管理公司及社会"LP"，通过基金结构的合理化设置，撬动更多的社会资本，提高引导基金的使用效率，充分发挥基金的杠杆作用。采取"基金+企业落户"的模式，由专业基金管理人作为项目引入的渠道，通过纯市场化运作，批量导入优质项目落户试验区，进一步夯实试验区的产业基础。

（四）继续优化配套改革工作

进一步推进试验区工业用地市场化配置改革、增量配电业务改革、人事管理体制改革、国有资产体制改革、行政审批制度等改革事项，尤其是在项目报批报建、土地租赁、委托代建等方面，力争取得新突破。

（五）积极扶持企业做大做强做优

根据试验区企业成长资金和企业发展资金的安排，大力扶持前景好、税收贡献大的企业，积极培育小微企业成长，推动重点产业、重点企业做大做强，注重支持电子信息、新能源、新材料、高端装备制造等战略性新兴产业项目建设。加快工业结构调整，提高企业持续生产能力，尽快形成试验区的支柱税源。

第七章 百色重点开发开放试验区

2017 年 9 月，国家做出研究设立"广西百色重点开发开放试验区"（以下简称试验区）的部署。广西党委、广西政府和百色市委、市政府高度重视，将试验区的申报工作分别列为广西和百色市 2017 年重点工作任务之一，积极推进试验区建设及申报工作，取得了阶段性进展。

一、主要工作

（一）落实部署创特色

根据国家提出研究设立"广西百色重点开发开放试验区"的工作部署，百色市委、市政府及时印发《百色重点开发开放试验区申报工作方案》，成立以市委书记、市长为组长的申报工作领导小组，及时召开动员部署会，百色市委、市政府分管领导经常听取申报工作情况汇报，及时协调解决有关困难和问题，指导做好申报工作，为百色争创全国第一个以地级市命名的重点开发开放试验区奠定了坚实基础。

（二）申报工作有成效

一是争取上级重视。2017 年 12 月，广西发展改革委员会领导带队到试验区调研。此后，国家发展改革委等六部委领导到试验区调研，对百色市"抓快、抓早、抓实"试验区的申报与建设工作给予了充分的肯定，同时对今后工作提出了具体的指导意见。二是加强请示汇报。百色市委、市政府领导多次率队到国家和广西发展改革委汇报工作，同时建立了有序的汇报请示机制。三是开展课题研究。先行开展了广西百色重点开发开放试验区政策研究、中越国际产能（产业）合作方向与路径研究、广西百色沿边金融平台设立研究等 10 个课题研究工作，为做好建设实施方案提供了坚实的理论基础。

（三）基础设施有突破

按照"一区多园"的模式，加快推进试验区基础设施建设。龙邦园区已投入建设资金18亿元，边民互市区已建成投入运营，国检试验区及水果进境指定口岸建设已接近尾声。岳圩园区边民互市点项目已建成投入运营，已有一个变性淀粉生产项目建成投产，负责对口帮扶百色的深圳市有意引进深圳市企业投资建设电子组装园区，目前苹果手机生产、口岸商贸物流等项目正在招商洽谈，整个园区3.66平方千米控制性详细规划已完成初稿。湖润园区一期工程已完成投资一亿多元，国门、边民互市贸易点以及仓储等基础设施已经建设完工。平孟园区已完成规划，正在确定项目选址，落实建设资金。

（四）推动合作有亮点

一是加强对越交流合作。根据定期会晤机制，中国百色市与越南高平省已举行会晤七次，互邀对方到国内考察交流各两次；2017年与越南河江省进行了首次会晤，为今后继续交流合作奠定了基础。二是加强国际产能合作。与越南高平省达成合作开发越南高平省铝土矿共识。目前，越南高平省正在加强与中央各有关部委沟通，努力争取得到越南中央的批准正式签署合作协议。三是开展跨境劳务合作。与越南的高平省、河江省签订了跨境劳务合作协议，目前靖西市、那坡县正在进行试点工作。

（五）先行先试有创新

引入社会资本参与口岸基础设施建设，探索"政府主导、企业主体、市场化运作"的口岸建设新模式，形成政府与企业共同发力、协同互动的良好格局。引进广西靖西万生隆投资有限公司投资建设国际商贸物流中心项目，该公司运用"互联网+""物联网+"在龙邦口岸建设信息化、智慧化的现代口岸新模式。促进越方投资建设了越南茶岭无水港、越南农林海产品出口中国转运中心等项目。推动建设中国—东盟边境贸易检验检疫试验区，创新边境贸易检验检疫工作机制、业务模式和通关便利化举措，目前，龙邦检验检疫试验区已经基本建成，正在申请验收；平孟检验检疫试验区正在加紧建设，预计2018年底可建成投入使用。

二、存在的主要问题

（一）缺乏国家、自治区级开发开放平台

由于百色市沿边开发开放工作起步较晚，基础薄弱，加上投入不足，目

前还没有得到国家或者自治区批准设立任何开发开放平台，得到国家、自治区在政策、项目及资金等方面的支持有限，同时，影响力也不足，难以吸引更多的资金投入沿边开发建设。

（二）交通基础设施还比较落后

百色市三个陆路口岸和七个边民互市点（区）均没有修通高速公路或铁路，口岸连接西南地区最便捷的高速公路全长170千米的百色至乐业段预计至2020年底方能通车，再加上越方口岸至河内、海防的公路等级更低，导致货物通过陆路口岸运输的周期较长，物流成本居高不下。

（三）口岸基础设施还不够完善

百色市属欠发达后发展地区，财力有限，对口岸基础设施建设投入不足，口岸的"水、电、路、网"基础设施还不够完善，通关查验设施及信息化水平也比较落后，通关便利化程度较低，通关时间较长。

（四）产业基础还比较薄弱

沿边地区地处边远，工业基础十分薄弱，绝大部分边境贸易出口产品为外地货源，进口产品也销往外地，落地加工、加工贸易都发展缓慢，贸易结构层次低，口岸的辐射和带动作用还比较有限，口岸经济发展优势尚未充分发挥。

三、下一步改革思路

（一）扎实做好开发开放平台的建设与申报工作

不等不靠，继续加快推进重点开发开放试验区、边境经济合作区以及跨境经济合作区等平台及其项目的建设。同时，抓住国家部署研究设立百色重点开发开放试验区的重大机遇，切实做好试验区的课题研究和申报工作，力争得到国家的早日审批。同时，积极争取国家尽快批准设立百色（靖西）边境经济合作区以及将中国龙邦—越南茶岭跨境经济合作列入《中越跨境经济合作区建设共同总体方案》。

（二）扎实推动沿边产业园区建设

加快推进龙邦产业区万生隆国际商贸物流中心项目建设，构建商贸、物流、加工、金融、信息等产业联动发展平台，推动中国龙邦—越南茶岭跨境经济合作区建设；与负责对口帮扶百色的深圳市合作开发建设岳圩产业园区，打造成以电子组装、日用品加工、农副产品加工以及商贸物流为主导的特色工贸园区，推动将"通道型"口岸向"加工型"口岸转变；推动平孟产业园区农副产品加工及国际边贸城项目建设，打造成为集农产品加工和边境贸易为一体的特色产业园区。依托沿边产业园区开发建设，将沿边地区打造成为富有特色、充满活力的沿边经济带。

第八章　南宁五象新区

一、改革进展及成效

（一）推进行政审批改革创新

（1）强化制度设计。以五象新区政府投资项目可行性研究报告和初步设计审批改革为切入点，经过深入调研听取意见，科学制定《五象新区政府投资项目审批制度改革工作方案》，提出通过审批形式的创新性改革，带动工作方式的根本性转变。

（2）深入推进政府投资项目审批制度改革。以政府投资项目审批从"行政许可类事项"改为"政府内部审批事项"为契机，强化项目业主第一责任人地位，对编制单位开展备案管理，以强化第三方工程咨询评估机构职责为手段，全面推进政府投资项目审批制度改革。可行性研究报告和初步设计编制单位由89家精减至20家，第三方工程咨询评估机构由9家精减至3家，清理出大批挂靠资质的中介机构，无法按要求提供相应资质、技术人员、业绩证明或者无实力满足工作时限要求的中介机构已主动退出新区中介市场。与此同时，审批时限压缩为三个工作日，评估周期时限由24.2天压缩至12.9天，时效提速近50%。

（二）积极开展精准招商

（1）创新招商工作机制建设。落实招商引资责任制，实行招商引资工作"一把手"负责制，大大提升项目洽谈和推进效率。建立引进项目落地跟进服务机制和招商引资项目协调机制，统筹协调解决项目落地、项目建设中存在的困难和问题，并安排专人负责跟踪服务和推进。建立重点招商项目月度进展报告制度，及时报告项目进展。完善联合招商工作机制，管理委员会与良庆、邕宁区建立招商联合工作机制，每月定期召开联合招商工作座谈会或招商项目推进会，联合外出开展招商推介。

（2）全力推进精准招商。围绕云计算、大数据、呼叫中心、跨境电商、互联网金融等新一代信息技术产业及信息服务企业开展精准招商。新入驻广西—东盟地理信息与卫星应用产业园、中国电信东盟国际信息园、广西东盟国际电商科技园、中国—东盟信息港南宁五象远洋大数据产业园等项目；总部休闲公园电商小镇开园运营；中国移动（广西）数据中心、中国—东盟智能制造产业园（3D 打印产业园）、中国—东盟智慧城市示范产业园等项目正在积极洽谈中。积极引进全球最具价值品牌百强企业，南宁宜家家居商场项目实现落地。

（三）探索筹融资新模式

（1）率先设立城市发展基金。全面完成总规模为 50 亿元的南宁桂象城市发展基金的设立，2017 年提款 3.3 亿元；推动工投新象城市发展基金按项目进度提款 11 亿元。城市发展基金成为五象新区积极拓宽城市基础设施项目融资渠道的重要手段，为新区发展提供新动能。

（2）全力推进 PPP 模式融资。扎实推进通过 PPP 模式建设广西文化艺术中心、五象新区总部基地地下空间、南宁市第二社会福利院、五象新区地下综合管廊等重点项目，涉及项目总投资约 45 亿元，其中，五象新区总部基地地下空间项目 2017 年引进社会资金 12.12 亿元。PPP 模式进一步优化了政府投资使用方向和方式，有效缓解财政压力，有利于引导社会资本投资方向。

（3）多元化筹措资金。积极拓宽融资渠道，创新融资手段，通过融资租赁业务充实平台公司运营资金。通过盘活平台公司现有道路及公园等公益性资产，与远东租赁公司、平安租赁公司开展售后回租业务，成功取得融资 5.2 亿元。融资租赁是继城市发展基金后平台公司又一种新的融资方式，为平台公司自营项目有序开展提供有力资金支持。

（四）积极探索产业发展新措施

（1）强化重点项目用地政策支持。贯彻落实中国—东盟信息港南宁核心基地开展先行先试的政策改革试点工作要求，印发《关于加快中国—东盟信息港南宁核心基地创新型产业发展的通知》，明确提出信息港创新型产业项目在确定项目土地出让底价时，在符合有关国家土地政策的前提下，可比照工业用地最低价标准实际需求可兼容不超过 20% 的商务、商业用地。该政策为推进信息港产业项目招商引资提供了强大的动力。

（2）积极推进总部基地金融街去库存。全面落实《关于进一步促进五象新区总部基地金融街持续健康发展若干措施（试行）》，扎实服务总部基地金融街项目二次招商，有效地推进了商务办公去库存。截至 2017 年底，总部基地金融街项目二次招商已完成备案的销售面积超过 79.1 万平方米，约占已办理预售面积的 67.5%。

二、存在的主要问题

一是改革深度有待进一步加强。有关改革的方案、文件涉及的领域较广，导致改革的力量较分散，难以对某一方面改革形成较强的力度。

二是改革合力还未完全形成。经济体制改革是一项系统工程，涉及自治区、南宁市相关单位，需通力合作并形成协作机制，由于部分单位对推进改革创新有所保留，导致改革合力还未完全形成。

三是改革创新容错机制有待完善。新区经济体制改革创新需要破解既有制约经济发展的瓶颈，新模式、新路径的推行需要不断探索和摸索，难免出现工作差错或失误。目前，还没有建立改革创新容错机制。

三、下一步改革思路

一是进一步优化营商环境。重点开展好工程建设项目审批制度改革各项工作，通过完成一批改革试点项目，形成可操作、可复制、可推广的工程建设项目审批改革方案，营造新区高效、透明、优质的营商环境。

二是推动形成改革创新合力。加强与广西、南宁相关单位的对接沟通，通过不断强化对改革创新的认识，全力打破利益固化的藩篱，形成推进新区经济体制改革创新的合力。

三是探索建立容错纠错机制。先行先试，探索建立新区改革创新容错纠错机制，提出容错的标准和条件，把因缺乏经验先行先试出现的失误与明知故犯行为区分开来，把国家尚无明确规定时的探索性试验与国家明令禁止后的有规不依行为区分开来，把为推动改革的无意过失与为谋取私利的故意行为区分开来，宽容干部在新区改革创新中的失误，为敢于担当的干部提供制度保障，形成允许改革有失误、但不允许不改革的导向和氛围。

第九章　南宁高新区"大众创业、万众创新"示范基地

为在更大范围、更高层次、更深程度上推进大众创业万众创新，南宁高新区管委会于 2017 年初正式启动争创区域性双创示范基地相关工作，制定了《广西南宁高新技术产业开发区建设国家双创示范基地工作方案》（以下简称《工作方案》），并在《工作方案》列出了南宁高新区双创示范基地重点项目库。2017 年 6 月 15 日，国务院办公厅发布《关于建设第二批大众创业万众创新示范基地的实施意见》（国办发〔2017〕54 号），正式将南宁高新区列为全国第二批双创示范基地，成为广西首个国家"双创"示范基地，开创了"双创"发展新局面。

一、工作开展情况与成效

（一）重保障，加强工作组织与政策支持

一是成立三级工作推进小组。广西壮族自治区南宁市、南宁高新区明确工作组织，共同推动双创示范基地建设。南宁高新区管理委员会成立了由管委会主要领导担任组长的双创示范基地建设工作小组，制定具体建设项目任务分解表，将任务纳入管理委员会各部门重要工作日程，确保按时间节点推进基地各项建设任务。二是强化创新创业政策支持。落实《国务院关于大力推进大众创业万众创新若干政策措施的意见》等政策导向，结合自治区《关于实施创新驱动发展战略的决定》等"1+8"系列政策，依据"双创"深入发展的要求，2017 年 12 月新出台《关于促进企业创新发展的若干政策》，强化对企业建设创新平台、发展自主知识产权等方面支持。

（二）搭平台，构建"1+N"大孵化体系

一是推动新建、改建、提升环明月湖孵化载体，"众创空间—孵化器—

加速器—产业园"孵化链条日趋完善。2017年，高新区共有各类孵化载体23个，总面积近80万平方米，为高校院所科研人员、归国留学生、青年大学生等各类群体提供创业空间。2017年，南宁市新增两家国家级孵化器，一家自治区级孵化器；新增三家国家级众创空间，11家自治区级众创空间；其中南宁高新区新增两家国家级众创空间，五家自治区级众创空间。目前，高新区共有国家级和自治区级孵化器五家，国家级和自治区级众创空间八家。二是联动区创新创业载体建设取得新进展。江南区依托富士康集团建设东盟硅谷科技园三创加速中心，引入猪八戒网建设线上线下相结合的"互联网+"创新产业综合示范区。东盟经开区民族医药众创空间整合广西医科大学、广西医科大学制药厂等上下游资源，聚焦民族医药领域专业孵化，目前入驻民族医药领域创业企业数量超过30家。三是加快建设"双创"服务平台。谋划建设集成化双创服务云平台，完善南宁生物工程技术中心、知识产权公共服务平台等专业服务平台，强化创新服务支撑。

（三）强合作，推动协同创新升级

一是依托南宁·中关村创新示范基地，引进适宜种子，重点吸引北京、上海、深圳等地行业重点企业和优秀科技项目落地。目前已引入创新型企业47家、孵化团队80个。2017年有49家中关村企业成功落地广西，中关村企业累计在广西设立分支机构867家，投资额总计94亿元，上海明匠、广西东华云数据公司等企业有效带动本土传统产业改造升级。二是利用中关村品牌吸引人才、资本等创新要素，构建创新生态系统。举办"智汇南宁·千人计划专家合作交流对接会"，柔性引进14位具有行业影响力的高层次人才，推动三个国家"千人计划"专家分别成立南宁工作室，培育一个国家"万人计划"专家。推动中关村协同创新投资基金在南宁设立规模为四亿元的子基金，启动第二期规模2.3亿元的南宁明匠智能制造产业基金，推动成立广西首家科技支行——桂林银行南宁科技支行。三是帮助企业开拓国际市场。组织开展"2017中德工业4.0技术创新合作交流会"等10场国际交流活动，参加"泰国创业大会"，成功推动落地中以成果转化交流中心、意大利推广中心等交流平台，帮助广西明匠、捷佳润等企业开拓东盟市场。

（四）促改革，持续推进服务型政府建设

依托高新区行政审批局，整合16个部门200多项审批职责，高新区内90%以上的审批事项实现集中办理。2017年实行投资项目"容缺后补"制度，扩大投资项目前期审批宽容度。税务部门积极宣讲税收优惠政策，推动通办服务、延时服务、自助办税等举措，简化减税程序，2017年落实小微企业税收减免等优惠 8.15 亿元。

（五）探开放，开展与东盟合作交流。

一是与东盟国家双创合作取得新进展。中国—东盟技术转移网络实现新拓展，2017 年，中国—东盟双边技术转移中心与文莱、印度尼西亚和越南三国建立双边技术转移中心合作机制，与中国落实双边技术转移合作机制的东盟国家数量达八个，中国—东盟技术转移协作网络成员达 2203 家。东盟市场开拓成效显著，上海明匠南宁工厂获得东盟市场亿元订单，捷佳润公司新开拓柬埔寨、越南等市场，推动滴滴出行投资东南亚最大的出行平台拓展东盟市场，成立微软（中国）南宁微软技术实践中心，利用南宁小语种人才优势开发针对东南亚的软件产品。二是组织企业参加泰国一年一度双创的最大盛会"泰国创业大会"。通过组织南宁·中关村创新示范基地及基地内企业赴泰国参展，并派出企业参加泰国国际创业大赛，参赛项目受到广泛好评，其中捷佳润还获得了优秀项目奖。三是参加举办中国—东盟科技园培训班及政企对接会，组织了园区五家企业推介、培训班学员实地考察园区企业、园区企业听取各国情况介绍等互动交流活动。经过与多个国家的沟通交流，与泰国清迈大学科技园、柬埔寨工业部国家科技委、孟加拉国立达福迪大学创新中心、巴西尤文维尔大学、埃及电子研究院五个国家相关单位达成一致，愿意建立合作关系并签署合作框架协议，将在未来开展科技园合作交流、创新创业合作交流等。

（六）造氛围，组织各类创新创业活动

一是支持企业参与创新创业大赛活动。支持高新区 80 余家企业参加第六届中国创新创业大赛广西赛区暨 2017 年广西创新创业大赛，九家企业晋级第六届中国创新创业大赛总决赛行业赛。二是组织系列双创活动。通过"创新中国行走进南宁""寻找未来独角兽"创新创业真人秀电视节目、"黑马出海行业赛"等为企业提供展示交流平台，2017 年高新区共举办各类创业活动达到 97 场。三是加大"双创"宣传力度。跟踪报道"双创"示范基地建设动态、宣传推介"双创"政策、宣扬典型双创人物和事迹，提升双创影响力。2017 年，本地报刊、电台电视台累计发布"双创"宣传超过1000 篇。

经过一年多的时间，南宁高新区双创示范基地建设取得显著成效。园区综合实力持续增强，南宁高新区在 2017 年 147 家国家高新区评价结果中综合排名第 43，居广西四个国家高新区首位。科技创新能力不断提升，2017年获得专利授权 1683 件，占全南宁市的 37.43%；新增一家国家认可实验室（CNAS），总数量达到 12 家。双创主体活力有效激发，2017 年新注册企业3521 户，数量同比增长近 21%；新增高新技术企业 37 家，高新技术企业总数量达到 179 家，约占南宁市的 40%；八家企业被认定为广西"瞪羚企业"；新增新三板挂牌企业一家。

二、存在的主要问题

一是创新创业人才资源仍然缺乏，高层次领军人才、技术人员、管理人员数量仍然较少，人才招引留用方面相对缺乏吸引力。

二是双创服务能力仍有待提升，孵化载体投融资、创业辅导、资源链接等服务有限，高质量双创服务平台不足。

三是主体创新能力相对薄弱，高新区企业、初创团队创新实力不强，创新投入力度和意识不足，涌现出的科技型、高成长性企业不多。

四是面向东盟合作系统性谋划不足，企业面向东盟国家开展创新合作、市场拓展、商务洽谈等方面缺乏专业信息资源。

三、下一步工作思路

一是强化高水平创新源头引进，实施高成长"瞪羚企业"培育计划，争取与知名高校院所合建协同创新平台，提升创新水平。

二是强化高层次双创人才引育，争取建设海外人才离岸创业创新基地，探索柔性引才新机制，通过百名东盟杰出青年科学家来桂工作计划引进东盟人才，引导高校院所与企业合建实习实训基地，提升青年学生技能水平、实践能力培养，加强高素质人才储备。

三是持续推动重点载体平台建设，推进双创服务云平台建设，推动南宁·中关村创新示范基地（相思湖区）等载体服务能力提升，引导现有孵化载体提升服务水平。

四是推动对东盟"双创"合作，组织企业参加东盟国家的展会及对接会等系列活动，打造中国—东盟众创空间，促进与东盟国家的人才交流、跨区创业、技术转移等方面合作。

第十章　国有控股混合所有制企业员工持股试点

2017 年，广西壮族自治区人民政府国有资产监督管理委员会（以下简称广西国资委）根据国务院国有资产监督管理委员会（以下简称国务院国资委）《关于国有控股混合所有制企业开展员工持股试点的意见》（国资发改革〔2016〕133 号）、《广西国有控股混合所有制企业开展员工持股试点实施细则》（桂国资发〔2016〕94 号）有关要求，在 2016 年开展部分前期工作的基础上，继续积极推进广西国有控股混合所有制企业员工持股试点工作，并取得阶段性成果。

一、改革进展情况

在 2016 年各监管企业、各市国有资产监督管理委员会申报的试点企业名单的基础上，2017 年 3 月，广西国资委及时到广西国宏智鸿环境科技发展有限公司、广西梧州中恒集团股份有限公司等试点申报企业开展调研，深入了解各企业的具体经营管理情况。经过各企业报送试点名单，广西国资委审核筛选，初步确定国海证券股份有限公司（以下简称国海证券）、广西国宏智鸿环境科技发展有限公司（以下简称智鸿科技）、广西金投互联网金融服务有限公司（以下简称金股互联网）、广西五洲天美电子商务有限公司（以下简称五洲天美）、广西交通科学研究院有限公司（以下简称广西交科院）、广西壮族自治区工艺美术研究所（以下简称工艺美术所）六户企业作为广西首批试点单位。后广西交科院、工艺美术所两户企业因前期准备工作不充分、对存在的困难估计不足等原因而申请退出，最终确定国海证券、智鸿科技、金投互联网、五洲天美四户企业作为广西首批员工持股试点单位。

试点企业名单确定后，各试点企业按照国务院国资委和广西国资委的相关工作要求，积极稳妥推进试点工作。通过制订工作方案，聘请中介机构开展资产评估、确定入股价格，召开职工大会、董事会、股东会等法定程序后，2017 年 11 月 22 日，智鸿科技向广西国资委报送员工持股方案备案申请，2017 年 12 月 26 日，广西国资委向其下发核准备案通知，智鸿科技员工持股工作进入实质性操作程序。金股互联网、国海证券和五洲天美三户企业也已经委托中介机构做好员工持股方案，进入公司或者集团内部沟通和审批环节。

二、主要工作亮点和成效

通过开展员工持股试点工作，使员工与企业实现利益绑定，岗位和业绩紧密挂钩，有利于进一步激发员工活力，虽然持股工作尚全部完成，但已取得初步成效。

（一）有利于企业留住人才

创新性地在上市公司国海证券开展员工持股试点，并考虑到该公司处于受到证监会处罚的关键时期，实施员工持股试点有效避免了在业务量减少的情况下人才大量流失。智鸿科技通过实施员工持股工作，2017 年员工流失率从原来的 12% 下降到 5%，同时不断吸引到技术人才及管理人才加盟，企业人才队伍进一步发展壮大。

（二）聘请有资质的中介机构制定持股方案

智鸿科技从广西国资委中介机构库中聘请有实力的专业机构，就企业情况及员工持股工作思路等事宜进行深入沟通，制订了切合公司实际情况的《员工持股计划管理办法》《员工持股计划（草案）》《有限合伙企业有限合伙协议》等方案，确保相关工作合法合规且符合智鸿科技公司实际，有序推进员工持股工作。金投互联网在制定持股方案时采取了分三年认缴出资的方式，解决了年青员工筹集资金困难的问题，提高了认购率。

（三）在关键岗位实施员工持股，促进企业转型升级，健康发展

国有企业通过增资控股智鸿科技实施混合所有制度改革，并开展员工持股试点工作，进一步调动了科研人员、经营管理人员和业务骨干的主动性、积极性和创造性，经营业绩得到了快速发展。2017 年，智鸿科技资产总额 19613 万元，较上年同期增长 11673 万元，增长 147%，实现营业收入 8150 万元，同比增长了 342%，实现利润总额 1482 万元，同比增长了 648%，各项指标均得到大幅度增长。

（四）公司治理结构进一步完善

通过员工持股，实现企业股权多元化，结合员工持股相关工作要求，高标准、严要求打造现代企业管理体系，企业内管内控水平大幅提升。使企业成为依法自主经营、自负盈亏、自担风险、自我约束、自我发展的市场主体。

（五）党建工作扎实推进

充分发挥党员先锋模范作用，积极带领支部党员、积极分子和全体员工，为企业发展不断努力。智鸿科技党支部以共建促项目发展的思路，先后与贵港市委党校、石卡镇派出所、白沙村开展"校企共建""警企共建""村企共建"活动，不仅进一步丰富党建工作内涵，而且为企业凝聚力量，促进企业发展。

（六）依法依规操作，防止国有资产流失

各试点企业严格按照《公司法》《企业国有资产法》等相关法律法规及《关于国有控股混合所有制企业开展员工持股试点的意见》（国资发改革〔2016〕133）、《广西国有控股混合所有制企业开展员工持股试点实施细则》（桂国资发〔2016〕94号）相关文件要求，员工持股方案需通过职工大会或职代会等形式充分听取职工意见，再由董事会提交股东会和集团母公司董事会审议通过后才能报自治区国资委备案。广西国资委则对试点企业申报条件、股权结构、持股人员范围、资金来源和持股方式、股权转让方案、财务审计报告、资产评估报告、法律意见书、职工大会或职代会意见、稳定风险评估预案、出资协议及公司章程修正草案等材料进行审核后出具备案意见。

三、存在的主要问题

由于没有现成的案例可以参考借鉴，各试点企业在前期准备工作中调研不够充分、对存在的困难估计不足，以及政策衔接不够顺畅等原因，导致在推进试点工作过程中存在不少问题和困难。

一是国海证券属于上市非银行金融企业，实施员工持股试点不仅涉及《公司法》《企业国有资产法》《证券法》等相关法律法规，还涉及国务院国资委、证监会、广西国资委以及证券交易所的有关规定和要求，在政策衔接方面存在不少障碍，推进难度大，工作进展慢。

二是有的试点企业正处在起步发展阶段，盈利能力较弱，且由于市场环境的变化，导致员工对公司发展信心不足，入股积极性不高。

三是员工持股试点按照目前政策规定，员工出资主要以现金货币出资，

虽然可以以科技成果出资入股，但需要依法评估作价，可能涉及评估结果的认同问题，且单一员工持股比例原则上不高于公司总股本的1%，对于科技型企业的高层次人才引进作用有限。

四、下一步改革思路

下一步，广西国资委将在前一阶段工作的基础上，继续督促指导首批试点企业加快推进工作，不定期进行跟踪检查，及时掌握情况，发现问题，纠正不规范行为。根据试点工作情况和国务院国资委的工作要求，进一步扩大试点范围。

第十一章　省级空间规划试点

广西是党中央、国务院确定的全国九个省级空间规划试点省份之一。广西党委、政府高度重视这项工作，及时成立了广西主要领导担任组长的省级空间规划试点工作领导小组，制定印发《自治区空间规划试点工作方案》，明确试点工作的基本思路、主要目标、重点任务和进度安排。一年来，在广西党委、政府的领导下，广西发展改革委员会作为牵头部门，统筹协调各相关部门，扎实推进空间规划试点各项工作，形成了省级空间规划框架，以及柳州、贺州市"一本规划、一张蓝图、一套规程、一个平台"等丰富的空间规划试点成果，圆满完成了中央交给广西的省级空间规划试点各项任务，从地方层面为全国推进空间规划编制探索了有效路径、积累了一些经验。

一、主要工作

（一）做前期

开展空间规划是一项崭新的工作，宜从基本思路和重大问题研究入手，扎实做好前期工作，形成空间规划试点工作系列方案。2015 年广西就着手开展前期工作，先后赴浙江、福建、宁夏、海南、贵州等省份调研，学习借鉴先进地区做法和经验。在调研基础上，梳理了县级三类空间比例、统一的用地分类标准、统一的信息系统技术、资源环境承载力评价、"三区三线"边界划定、空间规划动态调整准则、差异化空间管控措施以及权威统一的规划管理机制八个重大问题，研究形成了丰富的前期研究成果，为开展省级空间规划试点理清了思路，明确了路径。2016 年 12 月，中央明确广西作为全国九个省级空间规划试点省份后，按照中央的部署要求，研究起草了《广西壮族自治区空间规划试点工作方案》（以下简称《工作方案》），提出试点工作的指导思想、目标任务和工作要求，2017 年 5 月 5 日，广西党委办公厅、广西人民政府办公厅联合印发《工作方案》，并成立由广西主要领导担任组长的高规格的领导小组，统筹组织和协调广西空间规划试点各项工作。

（二）建机制

根据《工作方案》要求，广西在领导小组下设办公室，并建立了包括联席会议制度、重大事项决策制度、联络员制度、督查检查制度等各项工作机制。试点工作明确由广西发展改革委员会总牵头，广西国土资源厅、环境保护厅、住房城乡建设厅、交通运输厅、测绘地信局等 11 个部门为成员单位。柳州、贺州市作为承担具体试点工作的试点市，相应成立了以市委书记、市长为组长的领导小组，建立相关工作机制。在试点工作中，充分发挥各项工作机制作用，省级层面先后召开五次专题会议，在柳州、贺州市先后召开 15 次会议，及时协调解决试点工作中的难点问题。

（三）订规程

形成技术规程是试点工作的一项重要任务。在试点工作中，广西边研究、边实践、边探索、边总结，及时把试点工作中的做法和经验梳理出来，形成一系列技术规范，包括现状用地属性差异处理、资源环境承载力和国土空间开发适宜性"双评价"、人口规模测算、"三区三线"规模测算及划定、空间规划总图编制、开发强度测算、各类空间差异化管控措施、空间规划制图标准、统一坐标系统等 12 个技术规程，既是试点工作成果的结晶，也为下一步全面铺开提供了技术指导。

（四）推试点

为确保空间规划精准落地，经国家和自治区同意，选择柳州、贺州市开展试点工作。编制柳州市试点工作技术路线和进度任务分解图，创新提出"双评价、布棋盘、落棋子、编规划、建平台"五步曲，以县级行政区为基本单元，对柳州市五区五县开展了网格化的"双评价"，测算了到 2035 年五区五县的人口规模和用地需求，经过自治区和市县层面"五上五下"反复对接，在充分反映市县诉求的基础上，绘制出柳州市五区五县的"三区三线"空间规划底图，并叠加形成柳州市全域"三区三线"空间规划底图。依托"三区三线"框架，推进柳州市及五区五县的城市、土地、林业、环保、交通、水利等各类空间性规划落地，基本消除各类规划之间的图斑差异，实现了真正意义上的"多规合一"，进而编制出《柳州市全域空间规划（2016—2035 年）》。规划文本已通过来自中国城市规划设计研究院、中国宏观经济研究院、自然资源部咨询中心等单位的五名专家的评审。

贺州市是 2014 年国家发展改革委员会等四部委确定的 28 个市县"多规合一"试点之一，在国家部委指导下，贺州市开展了大量探索和试点工作，完成了贺州市"三区三线"划定、空间规划编制、信息管理平台建设等试点工作。2017 年 6 月 15 日，广西人民政府批复了《贺州市空间规划（2016—2030 年）》，7 月 28 日，召开了贺州市空间规划新闻发布会，扩大了贺州市空间规划的影响力。

二、试点成果

经过一年多的努力，广西空间规划试点工作取得多方面成果，归纳起来为"六个一"。

（一）完成了自治区空间规划一个框架

编制完成《广西壮族自治区空间规划框架（2016—2035 年）》，明确到 2035 年广西陆域和海域空间开发与保护的指导思想和原则、战略目标和任务，提出全区和 14 个设区市、111 个县级行政区的人口规模和用地需求，在此基础上测算出"三区三线"的规模和框架，为划分"三区三线"奠定了基础。

（二）绘制了柳州、贺州市一张蓝图

按照国家关于推动主体功能区战略格局在市县层面精准落地的要求，在做好资源环境承载能力和空间开发适宜性"双评价"的基础上，对柳州市五区五县共 1.86 万平方千米、贺州市二区三县共 1.18 万平方千米，科学划定了"三区三线"。以柳州、贺州市"三区三线"为载体，叠加城市、土地、环保、产业、交通、水利等各类空间性规划，形成了边界清晰、布局合理的"多规合一"一张蓝图，彻底解决了目前市、县城市规划上下不能拼接的问题，以及其他空间规划图斑矛盾的问题，使市县区主体功能定位真正落地。

（三）编制了柳州、贺州市一本规划

在"多规合一"一张蓝图基础上，将各类空间性规划的主要内容统筹叠加，系统解决了柳州、贺州市空间性规划长期存在的不协调、不一致问题，最终编制形成了"一本规划、一张蓝图"，作为空间规划体系的顶层设计以及各部门的共同遵循。

（四）搭建了柳州、贺州市一个平台

柳州、贺州市研究建立了基于"三区三线"一张蓝图的、统一共享的空

间规划信息管理平台，统筹实现规划编制辅助决策支持、规划成果展示、规划实施建设、投资项目空间管控部门并联审批核准的核心功能，确保空间规划真正落地管控。

（五）提出了可供推广复制的一套规程

通过柳州、贺州市试点，形成了框架设计、指标测算、技术评价、空间划分、制图标准、差异化管控等一系列技术规程，这些技术规程既是对试点工作技术的规范，也是对重点难点问题的突破，成为编制空间规划的指导性文件。

（六）培养了业务过硬的一支队伍

这次试点的方案设计、规程制定、规模测算、"双评价"、"三区三线"划定、"多规"叠加、规划框架起草、信息平台搭建等核心环节，主要由广西本土力量完成，发展改革系统、测绘地信系统亲力亲为、攻坚克难，做了大量卓有成效的工作，培养出了一支作风过硬、业务精湛、能打硬仗的空间规划队伍，为建立全区空间规划体系奠定了人才基础。

三、试点经验

（一）贯彻落实党的十九大精神

这是做好试点工作的根本遵循。党的十九大提出要完成生态保护红线、永久基本农田、城镇开发边界三条控制线划定工作。中共中央、国务院印发的《生态文明体制改革总体方案》指出，建立空间规划体系，是生态文明体系建设的八项任务之一。中共中央办公厅、国务院办公厅印发的《省级空间规划试点方案》明确了空间规划编制的路径任务。广西空间规划试点始终遵循中央精神，充分发挥主体功能区作为国土空间开发与保护基础制度的作用，统筹各类空间性规划，推进"多规合一"，真正贯彻落实党的十九大精神的要求。

（二）加强组织领导

这是做好试点工作的根本保障。广西党委、政府主要领导亲自担任试点工作领导小组组长，多次对空间规划试点工作做出批示。柳州、贺州市委市政府高度重视，狠抓落实，把空间规划试点工作摆上重要议事日程，从人、财、物等方面给予试点工作充分保障。

（三）强化统筹协调

这是做好试点工作的重要抓手。广西建立了牵头统筹、部门参与、两市落实的工作机制，自治区发展改革委发挥了牵头抓总作用，自治区测绘地信局提供了强有力的技术和人才支撑，自治区国土资源厅、环境保护厅、住房城乡建设厅等领导小组成员单位发挥部门优势，按照分工要求积极做好各项配合工作，柳州、贺州两市发挥主观能动作用，积极主动做好具体工作，从而形成了推进试点工作的强大合力。

（四）明确空间规划定位

这是做好试点工作的关键所在。目前我国各类空间性规划存在的不一致不协调，甚至矛盾冲突等问题，根本原因在于空间规划的顶层设计缺失，一个地区的开发与保护规模、边界缺乏通盘考虑，也缺乏上下衔接。空间规划就是要瞄准统筹空间开发与保护这一核心定位，作为各类空间性规划的顶层设计来考虑，只有这样，才能从源头上杜绝各类空间性规划的矛盾冲突，才能从根本上解决不一致不协调的问题，实现真正意义上的"多规合一"。

（五）突出重点抓关键

这是做好试点工作的科学方法。在试点中广西总结出"1235"工作方法。"1"，就是解决一个顶层设计，明确空间规划作为各类空间性规划的龙头和顶层设计，侧重做好"三区三线"大的框架布局。"2"，就是解决"两个统筹"，一是在自治区和两个市层面共同推进试点，自治区负责定规模、定开发强度，市县负责落边界、抓管控，实现上下统筹；二是在市县范围通盘考虑开发与保护，实现开发与保护统筹。"3"，就是把握空间规划的三个标准，做到上级认可、地方诉求基本满足、各类空间性规划矛盾冲突基本解决。"5"，就是空间规划"双评价、布棋盘、落棋子、编规划、建平台"五步曲路线图。

四、下一步工作计划

进一步修改完善柳州市空间规划文本，并以空间规划成果为基础加强与城市规划、土地规划等空间性规划对接，推动形成"多规合一"，搭建统一的空间规划信息管理平台。进一步优化贺州市空间规划成果，并推动成果在"放管服"方向的运用，提高行政审批效能和审批制度的优化和改革。

第十二章 国家生态文明建设先行示范区建设

一、建设进展及成效

(一) 建设进展

(1) 阶段性目标完成情况。玉林市《实施方案》中明确的 18 个重点指标，有 14 个指标达到或优于中期 (2017 年) 目标值，达标率 78%；富川瑶族自治县《实施方案》中明确的 12 个重点指标均达到中期 (2017 年) 目标值。桂林市、马山县各主要任务目标均达预期。

(2) 支撑项目推进情况。玉林市规划了生态农业、循环利用及新能源、生态旅游服务业、生态建设与环保四大类共 62 个重点支撑项目，总投资 269.9 亿元，目前已有 56 个项目开工建设，竣工 17 个项目，累计完成投资 155.1 亿元，占总投资的 57.5%。富川瑶族自治县规划了生态农业、生态修复、生态旅游服务业、循环及其他工业、城乡基础设施、美丽乡村六大类 84 个项目，总投资 167.47 亿元。目前已有 71 个项目开工建设，竣工 42 个项目，累计完成投资 96.35 亿元，占总投资的 57.5%。

(二) 主要成效

(1) 经济结构优化。玉林市 2017 年与 2015 年比，全市生产总值由 1446.13 亿元增加到 1699.54 亿元，人均地区生产总值由 25444 元增加到 29387 元，城乡居民收入比例由 2.8∶1 下降到 2.37∶1，三次产业结构由 17.9∶44∶38.1 调整为 16.3∶43.2∶40.5，非化石能源占能源总量的比例由 7.77% 增加到 10.65%。富川瑶族自治县，2017 年三次产业结构为 33.6∶33∶33.4，循环产业产值比重提高到 42%。桂林市 2017 年与 2014 年比，人均地区生产总值由 37272 元增加到 40632 元，城乡居民收入比例由 2.84∶1 下降到 2.4∶1，三次产业结构由 17.5∶47.4∶35.1 调整为 18.7∶38.7∶42.6。马山县人均地区生产总值由 11698 元增加到 13487 元，城乡居民收入比例由 3. 42：1 下降到 2. 64：1，三次产业结构由 32. 8：26. 6：40. 6 调整为 36. 72：18. 76：44. 52。

（2）生态环境改善。2017 年，玉林市森林覆盖率达 61%，人均公园绿地面积增加到 10. 43 平方米，空气质量指数（AQI）达到优良天数占比 87. 7%，九洲江及鹤地水库流域水质持续改善，九洲江水质每月达到Ⅲ类标准的月份由 2014 年的 7 个月增加至 2017 年的 12 个月；富川瑶族自治县，森林覆盖率维持在 57. 1%，主要河流水质、饮用水源水质、城区空气质量优良。桂林市森林覆盖率达 70. 91%，人均公园绿地面积增加到 11. 91 平方米，空气质量指数（AQI）达到优良天数占比 84. 5%，水功能区水质达标率达到 100%；马山县森林覆盖率达到 67. 3%，石漠化治理累计面积 219. 51 平方千米，主要河流水质、饮用水源水质、城区空气质量优良。

（3）资源能源利用效率提高。2017 年，玉林市万元工业增加值用水量为 52. 95 吨，提前完成 2020 年目标，单位建设用地生产总值提高到 1. 35 亿元/平方千米；富川瑶族自治县，单位 GDP 能耗下降 4. 55%，耕地保有量维持在 4. 3 万公顷，单位建设用地生产总值提高到 6. 3 亿元/平方千米，水资源开发利用率达 29%，规模化养殖场畜禽粪便综合利用率达到 95%。桂林市万元工业增加值用水量为 58. 5 吨，水资源开发利用率达 9. 9%，主要再生资源回收利用率达 60%；马山县万元工业增加值用水量为 30 吨，单位建设用地生产总值为 0. 553 亿元/平方千米，资源产出率为 0. 061 万元/吨。

二、主要做法

（一）坚持高位推动，凝聚生态文明建设合力

各先行示范区均建立健全领导机构、工作机构，将推进示范区发展的主要任务分解落实到各地各部门，明确责任分工和时间节点。加强协调联动，将生态文明示范区建设与应对气候变化及节能减排、"美丽乡村"等工作统一部署，按照职责分工，各司其职，各负其责，全面推进生态文明建设。组织开展广西国家生态文明先行示范区中期评估工作；组织编制四个国家生态文明先行示范区三年行动计划，进一步明确工作目标、主要任务、工作措施等。

（二）发展生态产业，促进转型升级

广西人民政府印发《广西发展生态经济规划（2015—2020）》，以生态经济为抓手，以产业发展生态化、生态建设产业化为主线，突出发展生态产

业，加强生态基础设施建设，推进生态环境治理，建设生态城乡，努力把生态优势转化为新的发展优势，实现经济效益、社会效益、生态效益同步提升。各示范区结合各地实际，突出实施一批生态经济重点工程和重大项目，如桂林市以两化融合与智能制造为抓手，大力推进工业云与大数据应用项目建设初见成效；玉林市加快推进工业园区生态化建设，引导服装水洗行业向园区集聚，集中供水、供热以及污水集中处理，提升流域水环境质量；富川县积极推进农村产业整合发展，大力推进神仙湖农村产业发展示范园、龟石湿地公园、扶贫生态移民工程等项目建设，推进农村供给侧改革；马山县利用生态资源，大力发展生态旅游和生态农业，初步建成三个农业和乡村旅游示范带，入选全国休闲农业与乡村旅游示范县，形成18个"一乡一业""一村一品""现代农业+休闲观光+农业增收"的现代特色农业示范区。

（三）强化生态建设，提升环境质量

围绕筑牢生态安全屏障，各示范区积极实施一批生态工程。如玉林市推进水生态文明城市试点建设，累计完成投资近220亿元，占计划总投资的730%，大力推进造林绿化，森林覆盖率达61%；桂林市大力实施漓江流域生态保护工程，加强水土流失及小流域综合治理，开展城市双修，列入考核名录的42个主要江河湖泊水功能区2017年监测评价结果达标率为100%。

三、推进制度创新

（一）玉林市

（1）探索建立九洲江流域生态补偿机制。2015年，粤桂两省区联合印发了《九洲江流域水环境补偿实施方案》，共同设立九洲江流域水环境治理补偿资金，两省区各出资三亿元，用于流域水污染综合整治、环境基础设施和能力建设、异地发展园区、畜禽养殖污染治理和清拆补偿等工程建设。

（2）探索建立自然资源资产产权和用途管制制度。一是深化土地制度改革。实施城乡一体化土地综合整治，推进农村土地承包经营权流转，探索农村集体建设用地使用权交易，推进农村集体土地所有权、集体建设用地使用权等确权登记发证工作，发证率分别达98%和95.6%。完善市、县、镇（街道）、村（社区）土地流转四级交易服务平台，组建农村产权经纪人队伍，加快玉林市农村产权交易中心建设，累计组织土地承包经营权、林地使用权、水域养殖权交易服务流转面积30.47万亩，交易总额26.84亿元。稳妥推进北流市农村集体经营性建设用地入市改革试点工作，建立城乡统一的建

设用地市场，集体经营性建设用地入市 49 宗，面积 2861 亩。二是强化水资源管理。严格落实水资源管理"三条红线"，在自治区开展的最严格水资源管理制度考核中位列首位。出台《玉林市水资源管理办法》《玉林市入河排污口监督管理办法》等制度，强化水功能区监管。三是加强矿产资源保护。严格矿产开发准入，关停茂林镇辖区范围内的矿山，加快建设"五彩田园"，推进生态农业、休闲旅游观光农业可持续发展。加强矿山开采管理，编制玉林市第三轮矿产资源总体规划，开展打击和取缔非法勘查开采矿产资源专项行动，整治矿山环境。四是开展自然资源资产离任审计。出台《玉林市耕地保护领导干部问责制度》《玉林市耕地和基本农田保护领导干部离任审计制度》等文件，有序推进领导干部自然资源资产离任审计试点。

（3）探索划定生态保护红线。一是开展资源环境承载力前期工作，启动资源环境承载能力监测预警工作、空间规划前期战略研究。二是制订生态保护红线划定方案，开展生态保护红线划定工作。完成《玉林市土地利用总体规划（2006—2020 年）调整完善方案》（2015 年调整），划分国土生态保护区、基本农田集中区、城镇与工业发展区、农业综合开发区四类土地功能区，强化土地空间管制，全面完成全市永久性基本农田划定工作，共划分基本农田保护片块 144868 块，签订责任状 1490 份。

（二）富川瑶族自治县

（1）建立自然资源资产产权和用途管制制度方面。一是积极稳妥推进集体林权制度配套改革，完成外业勘界面积 120.86 万亩，勘界率 94%；累计发证面积 118.23 万亩，占集体林地面积 92%；完成集体林权制度主体改革查漏补缺确权宗地 210 宗，确权面积达 8000 多亩。二是促进农村土地有序流转，推动农村土地承包经营权确权登记，全县农村土地经营权流转面积达 46 万亩，占全县耕地面积的 75%。三是加强水资源管制和用途管理，推进农田水利设施产权制度改革和创新运行管护机制，对塘坝工程、灌区沟渠项目等确权发证；深化小型水利工程管理体制改革，全县 516 处工程基本完成权属调查，颁发工程权属证书 293 处。

（2）探索建立县域各类资源生态用地保护红线制度方面。一是实施产业发展准入负面清单，涉及国民经济五门类、16 大类、28 中类、44 小类。二是强化区域生态环境恢复和保护，编制《富川瑶族自治县环境保护总体规划》《富川瑶族自治县畜禽养殖污染防治规划》等规划，开展环境风险安全隐患大整治行动，推进养殖场减排、农村环境综合整治等项目建设。

（三）桂林市

（1）探索建立生态文明指标体系与考核制度。将生态文明先行示范区建设有关指标列入各县（区）、部门年度绩效考核体系，依据11县六城区主体功能区定位划分，对各县（区）有关指标实行差异化考评。同时，按照示范区建设要求，每年修订年度绩效管理与考评工作方案，逐年提高生态文明建设指标在县（区）绩效考评体系中的权重，2018年各县（区）生态文明建设指标分值权重平均值已达22%，较2014年的18%提高了4个百分点。

（2）探索建立生态保护融资机制。一是加大对重点领域节能减排、生态修复的财政支持力度。2018年共争取自治区重点生态功能区转移支付资金5.93亿元，用于生态环境保护，其中漓江流域补助达2.49亿元。积极组织条件成熟的生态文明建设项目申报中央预算内资金，2016~2017年，共获生态文明建设专项及重点流域治理专项中央预算内资金1.63亿元。二是完善财费征收制度和政策。调整污水处理收费标准，降低实体经济运行成本；加大地方财政投入，市级财政对污水处理企业给予每立方米0.20元的污水处理补贴，确保城镇污水处理企业正常运营。三是创新生态文明建设投融资模式。建立PPP项目库，在库项目21项，总投资达314亿元，涉及污水处理设施建设、水源地治理及湿地保护等项目。引进桂林市山口生活垃圾焚烧发电工程项目，总投资89450万元人民币，以BOT方式投资建设，特许经营期30年，实现本地区垃圾减重减容及资源循环利用。

（3）探索建立生态保护补偿机制。一是完善生态补偿机制。加大市本级漓江生态补偿转移支付力度，2018年市本级财政下达城区漓江生态补偿转移支付补助资金1320万元。实施生态损坏者履行生态修复补偿责任，在全广西首次采用生态补偿机制处理公益诉讼案件。二是探索完善市场化生态补偿模式。健全排污许可体系，相继出台《桂林市核发新版排污许可证工作实施计划》《桂林市核发新版排污许可证工作实施方案》等文件，有序开展火电、造纸行业企业排污许可证申请与核发工作，完成有色、电镀等12个行业21家企业新版排污许可证的发放工作，为排污权交易体系的建立奠定基础。积极开展碳排放权交易体系建设工作，引导国电永福发电有限公司、桂林奇峰纸业有限公司等拟纳入全国碳排放权交易体系企业切实履行碳排放报告责任。

（四）马山县

（1）建立荒漠化综合治理管理制度。一是健全水治理制度。印发了《进一步加强水土保持管理工作的通知》，对全县工程项目开展水土保持审批制度，实施水土保持综合治理工程；实行最严水资源管理制度，对全县所有污水处理设施入河排污口设置开展论证工作；出台《马山县全面推行河长制工作方案》《马山县河长制工作督察制度》，实施范围覆盖全县 10 个乡（镇）。二是健全环境治理制度。制定《马山县环境保护"一岗双责"责任制实施办法》《马山县应对秋冬季重污染天气实现 PM10、PM2.5 双达标专项行动工作方案》和《马山县集中式饮用水水源地环境保护整改工作方案》。2017年马山县生态环境质量考核结果为轻微变好，排在县域经济考核前列。三是严把产业准入审批制度。严格执行《马山县国家重点生态功能区产业准入负面清单》，根据产业政策，严把项目准入关，对"十二五"时期建成已投产的限制类项目，实行限时技改措施，对列入淘汰类的项目，坚决执行淘汰制度；对鼓励类、允许类产业项目，严格执行《固定资产投资项目节能审查办法》，杜绝"高耗能高污染"项目落户。四是制定农林牧业生态管护措施。制定《马山县畜禽养殖禁养区和限养区划定工作方案》，目前马山县已全面完成养殖禁养区的划定工作，预计到 2020 年底全县基本实现禁养目标。制定《马山县重点生态功能区监管制度工作方案（试行）》，以重点生态功能区为主体，配合自治区建立健全产业准入负面清单、环境质量检测、生态环境质量综合评估、财政转移支付和绩效考核五项制度，逐步扩大制度统筹协调供给范围。制定《马山县退桉还耕及林地调整优化桉树结构工作实施方案》。五是严格矿产资源相关制度。印发《马山县矿产资源总体规划（2016—2020 年）》和《马山县砂石资源专项规划（2016—2020 年）》。六是有序建设石漠化综合治理项目，推动荒漠化制度落实。以小流域治理为主，在全县石漠化相对严重的地方，实施以林草植被恢复工程、发展草食畜牧业和实施小型水利水保项目相结合的方式，逐步推进全县石漠化生态治理工作。截至 2017 年底，共治理岩溶面积 394.32 平方千米、石漠化面积 219.51 平方千米，封山育林 17122.08 公顷，人工造林 82.69 公顷，人工种草 39 公顷，全县森林覆盖率达到 62.96%。

（2）建立促进生态产业化发展的激励制度。一是将生态建设和精准扶贫相结合，实施生态扶贫。2016 年 11 月，在全区第一个制定出台《建档立卡贫困人口生态护林员选聘实施方案》，选聘 500 名建档立卡贫困人员担任生态护林员开展相关工作，截至 2017 年底，通过实施林业生态扶贫政策基本脱贫 252 户。二是落实森林生态效益补偿政策，编制《马山县 2017 年兑现森林生态效益补偿基金实施方案》。三是大力推进农村重点生态工程项目建设，2017 年全县完成植树造林任务 3.93 万亩，落实义务植树 91 万株，完成水源林保护区桉树改造 1000 亩。

四、存在的主要问题

一是可借鉴经验少。生态文明先行示范区建设在广西属于先行先试，特别是第一批生态文明先行示范区，在推进建设过程中，主要靠自身摸索，不可避免会走弯路，浪费时间、资金和人力成本。

二是项目建设资金筹措困难。示范区重点项目建设投资不足，资金缺口大，许多项目为业主自筹和申请上级资金解决，融资难、融资贵、资金不到位问题长期存在。

五、下一步工作思路

一是召开示范区建设座谈会，总结交流经验做法，分析存在问题，研究推进措施。

二是强化责任落实，进一步明确地方政府主体责任和部门协调配合责任，分解压实责任，落实责任单位、责任人。

三是协调示范区制订年度建设计划，将目标任务和重点项目分解落实到年度建设中。

四是加强督促检查，推动示范区按计划有序组织实施，完成各阶段目标任务。

五是协助筹措建设资金，组织符合投向的项目争取中央预算内投资、国际金融组织和外国政府贷款、国内银行贷款等。通过政府采购、以政府和社会资本合作模式（PPP）、特许经营等方式引入社会资本。

六是协调推进制度创新，围绕示范区重点改革任务大胆探索，及时凝练成功经验，推动形成可复制、可推广的生态文明建设模式。

七是加强调研，以问题为导向，听取基层意见，横向对比各省区工作开展情况，同时结合中央对生态文明建设的目标要求，帮助各示范区解决工作推进中的困难问题。

第十三章　电力体制改革综合试点

2015 年 3 月，中共中央、国务院发布了《关于进一步深化电力体制改革的若干意见》（中发〔2015〕9 号），全面启动新一轮电力体制改革工作。广西主动申请，于 2016 年 5 月获国家发展改革委员会、国家能源局复函同意成为全国深化电力体制改革试点省区。两年多来，广西加快推进电力体制改革各项工作，取得了明显成效，出台了《广西电力体制改革综合试点实施方案》及相关配套管理办法，组建相对独立的电力交易机构、电力市场监管委员会，出台广西电力中长期交易基本规则，完成省级电网输配电价改革，增量配电业务改革试点稳步推进，售电侧改革工作取得进展，市场化交易规模不断扩大。

一、改革进展及成效

（一）印发相关配套管理办法

根据电力体制改革工作要求，为推进电源项目投资体制改革，2017 年 2 月 10 日，广西发展改革委员会印发了《广西电源项目投资体制改革方案》；为加强电网规划建设管理及严格企业自备电源管理，2017 年 4 月 5 日广西发展改革委员会印发了《广西电网规划建设管理暂行办法》和《广西企业自备电厂管理暂行办法》。

（二）电网企业改革稳步推进

在广西电网公司已经实现厂网分开、主辅分离的基础上，继续加快推进地方电网企业厂网分开、主辅分离，目前广西水利电业集团已基本实现厂网分开、主辅分离。同时，按照国家能源局对广西地方电网改革的指导意见要求，启动地方电网企业转型为输配电公司的改革工作。

(三) 增量配电业务改革试点工作顺利开展

自治区积极推动增量配电业务改革试点工作。2016年11月27日，国家发展改革委员会和国家能源局批复同意广西第一批增量配电业务试点，此后第一批三个增量配电业务试点也全部确定了项目业主。2017年11月20日，国家发展改革委、国家能源局下发发改经体〔2017〕2010号文件，广西中泰崇左产业园、河池大化工业园和南宁六景工业园列入国家第二批增量配电业务试点，下一步广西将继续推进第二批增量配电业务试点业主招标工作。根据国家发展改革委办公厅、国家能源局综合司《关于加快推进增量配电业务改革试点的通知》（发改办经体〔2017〕1973号文）要求，广西第三批增量配电业务试点申报工作正在开展，计划于年底前上报国家发展改革委员会。

(四) 输配电价改革持续进行

2017年1月6日，根据国家发展改革委员会的批复，广西物价局发文核定广西电网2017~2019年输配电价，明确自2017年1月1日起执行，广西完成省级电网输配电价改革，预计全区可降低企业输配电价环节用电成本约6.33亿元/年，实现参与市场化交易的用电户用电价格主要由用电户与发电企业通过自愿协商、市场竞价等方式自主确定，基本形成"管住中间、放开两头"的电力市场化交易市场。从目前实施情况看，输配电价政策运行平稳，反映良好。2017年7月7日，广西物价局、工业和信息化委员会、财政厅联合印发了《广西输配电价准许收入调节池资金管理暂行办法》（桂价格〔2017〕40号），进一步做好输配电价配套管理工作。下一步，广西物价局将继续开展广西地方电网输配电价的核定工作。

(五) 逐步完善电力直接交易制度并扩大交易规模

一是出台电力市场化交易实施方案和细则。2017年2月4日，广西工业和信息化委员会下发《关于印发2017年广西电力市场化交易实施方案和实施细则的通知》（桂工信运行〔2017〕57号），规范市场主体准入标准，由交易双方自主定价，建立起电价市场形成机制。明确全年280亿千瓦时的交易规模，达到当年全社会用电量的20%左右。截至2017年11月底，共签约市场化交易电量393.42亿千瓦时，占年初计划的140.5%，预计全年可降低企业用电成本23.7亿元左右。

二是逐步放宽电力市场化交易主体准入条件。2017年3月13日，广西工业和信息化委员会印发《关于进一步放宽电力用户参与2017年电力市场化交易准入条件的通知》（桂工信运行〔2017〕192号），明确35千伏及以上电压等级的所有用户，都符合参与市场交易条件。

三是有序放开发用电计划，强化电力"三公调度"。2017年1月23日，广西工业和信息化委员会印发《关于下达2017年广西发电量预期调控目标的通知》（桂工信能源〔2017〕42号），初步计划火电全电量、核电部分电量参与市场化交易。同时，要求电力调度部门结合电网实际情况优化发电调度管理，做好电网安全运行校核和电力"三公调度"。

四是出台广西电力中长期交易基本规则。根据国家发展改革委、国家能源局印发的《电力中长期交易规则（暂行）》等有关规定，结合广西电力体制改革相关配套方案，2017年12月1日，南方能源监管局联合广西工业和信息化委员会、发展改革委员会印发了《广西电力中长期交易基本规则（暂行）》，进一步深化广西电力体制改革，完善电力直接交易机制。

（六）售电侧改革工作取得进展

2016年11月22日，广西工业和信息化委员会转发《国家发展改革委、国家能源局关于印发〈售电公司准入与退出管理办法〉和〈有序放开配电网业务管理办法〉的通知》（桂工信运行〔2016〕834号），明确售电侧市场主体的市场准入、退出规则，鼓励社会资本或以混合所有制方式投资配电业务、成立售电主体，允许符合条件的发电企业投资和组建售电主体进入售电市场，从事售电业务。到2017年底，已有113家售电公司通过公示，完成交易系统注册手续，符合准入条件。

二、存在的主要问题

（一）电力体制改革任务重，情况复杂，需加大协调力度

广西近期推进电力体制改革重点任务涉及六大类，达15项之多，任务繁重而复杂。电力体制改革是一项系统性工程，各项改革既互相促进，也相互影响，共同推进需要强有力的组织协调。需要进一步采取措施，加大协调力度，统筹推进。

（二）交易规模难以进一步扩大

广西电源结构特殊，水电占比较大。在核算2017~2019年输配电价过程中，已将所有水电纳入电价交叉补贴范畴。水电不参与电力市场化交易，所有交易电量主要来自火电和核电。在广西经济下行压力未能根本扭转，用电增速不明显的情况下，电力市场交易规模难以扩大。加之云南水电的大量送入，严重挤压了广西火电的发电空间，更加剧了电力交易规模难以扩大的矛盾。

三、下一步改革思路

一是加快推进输配电价改革。在完成广西主电网输配电价核定基础上，开展地方电网输配电价改革研究，加快推进地方电网输配电价改革。

二是继续扩大电力直接交易规模及范围。电力直接交易是降低电价的最直接手段，下一步要继续采取措施扩大广西电力直接交易规模，有序放开发用电计划，适时研究水电、新能源发电加入电力直接交易，进一步释放改革红利。

三是推动地方电网企业转型。加强组织协调工作，强化对各地的指导和督促检查，保证政策措施落实到位，进一步推动厂网分开、主辅分离。

四是推动售电侧改革，放开售电市场。落实好增量配电改革试点工作，继续推进国家批准的第一批增量配电业务三个试点项目建设。同时开展第二批增量配电业务试点工作，并组织上报广西第三批增量配电业务试点，争取每一个地级市都有一个试点。

第十四章　柳州、贺州国家产城融合示范区建设

根据国家发展改革委员会《关于支持各地开展产城融合示范区建设的通知》（发改办地区〔2016〕2076号），广西发展改革委员会组织制定《柳州市国家产城融合示范区总体方案》和《贺州市国家产城融合示范区总体方案》，并于2017年3月28日正式印发实施。2017年，柳州、贺州国家产城融合示范区在促进产业集聚发展、推进重大基础设施项目建设、深化区域经济合作、完善城镇生活配套等领域攻坚破局，取得了阶段性成果。

一、示范区总体情况

（一）柳州国家产城融合示范区基本情况

柳东新区成立于2007年，规划建设面积203平方千米，与柳州国家高新区"两块牌子、一套人马"，整建制托管雒容、洛埠两镇，是柳州城市东扩和广西柳州汽车城建设的主战场、柳州国家高新区"二次创业"的核心区，承担着拉大城市框架、打造汽车产业高地、建设国家创新型特色园区的重要使命。特别是2016年9月获批创建国家产城融合示范区以来，柳东新区"围绕探索新型工业化和新型城镇化同步推进、协调发展新路径，深化产城融合投融资体制机制改革"的主要任务，着力推进示范区建设发展，逐渐崛起成为广西首个规模以上工业产值突破千亿元的产业新城，以及国家知识产权试点园区、创新型特色园区、全国"十佳最具投资竞争力园区"，成为粤桂黔高铁经济带合作实验园广西园建设主战场，园区发展走在广西乃至西部地区前列。到2017年底，新区建成区面积约45平方千米，吸纳人口（含就业人口）约18.6万人。辖区内华侨城文化旅游科技体验园、园博园、网球中心、体育公园、儿童医院、中小学名校等一批科教文卫设施陆续投入使用，商住楼盘、公租房、邻里中心、综合市场设施配套日益完善，公共交

通、医疗卫生、社会管理、社区服务等功能持续提升，良好的创业宜居环境正吸引各方人士扎根发展。柳东新区造城模式特别是"以人为本、产城融合"的发展特色得到广泛认可。

（二）贺州国家产城融合示范区基本情况

贺州市产城融合示范区，位于贺州市西北部，是贺州贵广高铁站、洛湛铁路货运站及环城高速（永贺—广贺）的重要连接区。以广西贺州旺高工业区为依托，以国家重点镇望高镇为核心，以西湾组团为延伸，毗邻贺州高铁新城，融入贺州市中心城区半小时经济生活圈。规划建设范围29.5平方千米（含望高镇区），以碳酸钙新材料、稀土新材料、高科技服务业为主导产业，食品医药业、商贸物流业等为培育产业，特色鲜明，优势突出，被列为广西碳酸钙千亿元产业核心示范基地，属于《广西壮族自治区主体功能区规划》重点开发区域，是贺州市城市总体规划的有机组成部分。2016年9月获批创建国家产城融合示范区以来，贺州市围绕"探索产业生态化、生态产业化新路径，提升城市综合服务和人口集聚能力"的主要任务，坚持"产业园区化、园区城镇化、产城一体化"思路，以解放思想、改革开放和科技创新为动力，充分发挥贺州区位、资源及后发优势，以"多规合一"试点为统领，统筹考虑总体发展定位，明晰示范区发展的主导产业，深化产城融合投融资等体制机制改革，建立健全适应产城融合发展的公共服务和交通配套物流运输体系，按照"以产兴城、以城促产、产城一体、融合发展"模式，着力打造体现以人为本理念、"生产、生活、生态"有机融合、宜居宜业宜游的国家级产城融合示范区。

二、产城融合进展及成效

（一）柳州国家产城融合示范区创建情况

在产城融合示范区建设实践中，柳东新区坚持多管齐下，整合资源，务实创新，精准发力，精心打造宜居宜业新城。

（1）以"产业驱动"作为立城之本。柳东新区立足广西柳州汽车城建设，大力发展汽车产业和战略性新兴产业，构建了整车基地带动、零部件园区联动、城市功能配套统筹推动的产城互动生态体系，形成柳东新区、柳州国家高新区、广西柳州汽车城"三位一体"相互支撑、协同发展的良性格局。上汽通用五菱宝骏基地、东风柳汽乘用车柳东基地、花岭片零部件产业园、官塘工业园"四轮驱动"，引领新区产业高速发展。宝骏510、310、

730、60，五菱宏光 S 等多款柳东新区产的车型迈入中国车市第一阵营，新能源车 E100 成功上市，联合电子、宝钢集团、福耀玻璃、凌云股份、耐世特、玲珑轮胎等行业龙头在柳东新区扎根发展，形成 10 千米配套半径，国家汽车质量监督检验中心（柳州）、国家进口汽车检测重点实验室（柳州）带动生产性服务业乘势而上，汽车产业链不断拓展延伸。同时，先进装备制造业、生物和医药产业、电子信息产业、有色金属新材料产业、新能源和节能环保产业在新区得到重点培育、聚集发展。产业发展驱动新区经济腾飞，规模以上工业总产值从 2007 年建区时的 39 亿元，增长到 2017 年的 850 亿元，财政收入从 2007 年的 1.5 亿元，增长到 2017 年的 37.7 亿元。

（2）以"绿色发展"打造生态产业新城。以保护生态、绿色发展为立足点，致力于打造高品质的宜居宜业环境。新区范围内凡引进项目必须严格坚持项目建设与环境保护"三同时"原则，否则不准予建设和投入生产。对各类项目严格执行《环境影响评法》，项目进驻要有资质机构编制项目环境影响的详细文件并通过技术审查。严格限制高能耗（年耗能大于 3000 吨标煤、装机容量大于 1500KVA 以上）项目进入。新区以建设山水生态型综合新城为目标，在发展工业的同时致力于保护新区现有山水格局，保护自然生态环境的构造，实行合理开发利用。大力实施《柳东新区生态湿地水系规划》，通过生态湿地等工程建设，强化对河湖水系的保护和利用，扩大现状山体绿地，构建具有自然、活力的汽车城生态系统。坚持生态建设理念，加快推进新区龙湖生态水系、园博园、滨江湿地公园、花岭森林公园等项目建设。在节能减排领域，2017 年新区加速淘汰该园区高污染、高能耗的落后产能，先后拆迁 18 家企业，关停 14 家企业，就地转产改造五家企业。坚持绿色发展，引入绿色能源，推动华电柳东新区 10MW 分布式光伏发电项目合作。该项目位于柳州市柳东新区官塘工业园 A、B、C 区标准厂房，利用厂房屋顶建设光伏并网发电系统，面积约 10 万平方米，是广西电网内首个高压并网的分布式光伏项目，每年可节约标准煤 2813.38 吨，有效减少有害物质排放，减轻环境污染。此外，加快滨江湿地公园、水上公园以及龙湖、华侨城湿地水系建设，做足水文章。大力实施"绿满柳东"三年绿化行动，推动城市与自然生态和谐共生。

（3）以"争创一流"完善城市综合功能。立足现代化城市标准，高起点推动城市建设，满足新区职工群众生产、生活迫切需要和城市未来发展需要。制定实施《柳东新区城市建设"135"实施计划（2017—2021 年）》，统筹推动示范区"一年小变化，三年中变化，五年大变化"，有效促进产业发展、城市建设、人居环境有机融合，打造产城融合新典范，建设生态宜居新城区。近年来柳东新区城市配套不断完善，快速公交、客运枢纽、柳铁一中（含初中部）、市二中、景行小学、会展中心、儿童医院、市民服务中心、图书馆、规划馆、青少年宫、科技馆、体育公园等大批城市配套项目相继落户新区，龙象城、正和城、蔚莱别苑等一批新区房地产项目建销两旺，公租房一、二期项目先后建成交付，4934 套住房有力保障企业员工等各类群体安居需求。高科技主题乐园柳州卡乐星球·OCT 华侨城项目于 2017 年 7 月建成并开园试运营，累计吸引约 10 万名游客入园体验。

（4）以"创新驱动"促进示范区特色发展。探索创新产城融合示范区建设模式，建立良性运行机制体制，在特色发展道路上阔步疾行。柳州市委、市政府专门下发"1+2"系列文件，赋予新区市一级经济行政管理权限，实行特区式管理，日常行政审批在新区可实现封闭运行。同时，给予示范区科技创新、融资筹资、土地储备等方面的有力扶持，赋予土地一级开发、土地整理等职能，实行土地出让收益优惠政策。推行 PPP 等新型投融资模式，融资到位资金 264.58 亿元。统筹改善民生，城乡医疗、公共教育、"三农"工作、乡镇风貌改造等同步发展，推动示范区村民向居民，村屯向社区的有序转变。2017 年启动居住安置项目 17 个，竣工交付安置小区两个，交房套数 1650 套、面积达 23.7 万平方米。积极推行多元化安置模式，保障被征地村民加快融入城市化进程。举办 2017 年农民三产安置用地上市交易地块推介会，精选推出的 14 个优质地块吸引了 30 多家二、三产知名企业前来洽谈考察。坚持以城带乡推进示范区"三农"工作，以工业化思维谋划"产业富民""服务惠民""基础便民"项目建设，编制了农业产业总体规划和三个农业产业园区专项规划。以秀水甜源现代农业示范区、千亩花海旅游度假、坭桥乡村旅游示范区为重点，打造休闲农业、乡村旅游、乡村养老新业态，带动周边产业发展。累计发展新型农业经营主体 46 家；建设农村电子商务服务点三个，覆盖三个行政村；建设现代农业生产基地四个，覆盖四个行政村。

（二）贺州国家产城融合示范区创建情况

（1）创新创业平台初步成型。作为国家级产城融合示范区核心区域的广西贺州旺高工业区（碳酸钙千亿元产业示范基地）是省级重点工业园区、"全国石材行业'十二五'转型升级示范单位"。通过实施精准招商、定向招商、会展招商、以商招商、平台招商等多种形式招商，贺州旺高工业区成功签约了华砉综合服务、福建奥翔体育塑胶等 13 个项目，投资总额达 25.24

亿元。2017年园区新增文勤粉体公司、金龙粉体公司、华砉树脂公司、盛泰科技公司、信昌石材公司、龙光石业、南辉岗石等规模以上企业11家，规模以上企业总数达66家。2017年园区企业工业总产值达170亿元，同比增长24.1%；规模以上企业工业总产值166亿元，同比增长26.9%。

（2）产城融合项目加快建设。产业发展方面，积极引进和培育碳酸钙新材料、稀土新材料、新型建筑材料等生态工业，加快实施贺州市万升岗石有限公司年产600万平方米岗石项目、年处理90万吨碳酸钙废弃物利用项目等市级层面推进重大建设项目28个。2017年工业项目投资累计完成26亿元。基础设施方面，广西碳酸钙千亿元产业示范基地供水工程项目、贺州旺高工业区公共租赁住房建设项目等园区基础设施加快建设，2017年旺高园区内基础设施项目投资累计完成7.7亿元。生态保护方面，推进矿山绿色开采和修整复垦、天然花岗岩切割、花岗岩边角料资源化利用、人造花岗岩大理石、切割中水回用、石粉循环利用。到2017年底，园区共有企业405家，形成年产重质碳酸钙粉体800万吨以上，成为全国最大的重质碳酸钙粉体生产基地，产品全国市场占有率达到35%以上。2017年4月，贺州市被中国石材协会授予了"中国贺州·岗石之都"的称号。

（3）城区面貌明显改观。平桂区到旺高园区一级路改造项目实现通车。平桂区国有工矿棚户区改造（五期、六期）工程——富旺小区、富泰小区竣工验收，大岭煤矿、富江华庭小区封顶，新兴小区进入收尾工作。文化体育中心游泳馆、图书馆、羽毛球馆、网球馆等场馆正在进行室内装修，城市新区新貌初步展现。

（4）教育保障进一步强化。平桂高中新校区于2016年秋季实现整体搬迁入驻，为平桂高中创建示范性高中创造了良好的硬件条件。此外，文华实验学校、第二实验小学、贺州市体育运动学校迁建工程等项目正在加紧推进，坚持不懈地创新工作模式建设广西首批学前教育改革发展实验区。2017年，平桂区招收初中、高中新生分别为5239人和1000人，批准新成立两所民办幼儿园，全区幼儿园达126所，在园在班就学幼儿达19391人。

（5）扶贫移民工程扎实推进。加快推进平桂扶贫移民创业园建设，坚持移民搬迁安置与平桂新城建设、产业转型发展"三结合"的建设思路，实现移民群众"搬得出、留得住、能发展、可致富"。强化扶贫移民培训，进一步落实就业困难人员就业。2017年，举办扶贫移民职业技能培训班五期，完成贫困劳动者培训709人次，其中推荐251人参训学员到广西A类产业园区——旺高工业区（广西碳酸钙千亿元产业示范基地）的企事业单位就业，自主创业和劳务输出 382 人。成功举办了两场贺州市平桂区精准扶贫就业专场招聘会，提供 4700 多个就业岗位，达成求职意向 500 多人，实现了"培训一人、输出一人、脱贫一户"的扶贫目标。

总之，通过推进国家产城融合示范区建设，平桂区实现经济社会稳步发展。2017 年，实现地区生产总值 140 亿元，同比增长 9.2%；固定资产投资 200 亿元，增长 5.8%；全部工业总产值 204 亿元，增长 21.3%；规模以上工业总产值 186 亿元，同比增长 23%；财政收入八亿元，增长 10.2%；城镇居民人均可支配收入 27600 元，增长 7.5%；农村居民人均可支配收入 10548 元，增长 10%。

三、存在的问题

（一）产城融合政策支持力度不足

中央和广西未安排专项资金支持产城融合试点工作，地方财力有限，示范区建设资金不足。特别是平桂区作为欠发达后发展地区，当前面临脱贫攻坚等补短板重大任务，资金投入相对不足，制约了园区经济发展。

（二）存在规划割裂现象

工业区建设和城镇发展存在城市总体规划、专项规划与园区规划编制相对独立、缺乏衔接等问题，尚未实现"多规合一"，没有形成有机联系的规划体系。

（三）空间布局有待优化

园区和城市建设的定位、发展布局仍有加剧"产城分离"的趋势，地产造城、园区上山等因土地、环保、城建规划政策因素影响，园区分散、城市建设与配套产业脱节，客观上制约了产城融合发展。

四、下一步工作思路

（一）柳州国家产城融合示范区建设工作思路

一是以市政重大项目为抓手，提升示范区发展承载力。重点加快推进柳州市图书馆、市城市规划馆、市民服务中心、柳东新区文化广场（含市群众艺术馆、青少年宫）等一大批重大市政项目，有效疏解老城区发展压力，全面塑造示范区现代城市新形象。

二是以改善民生为目标，进一步强化城市综合服务功能。积极引进现代经营业态和新型商业模式，加快布局核心商圈、商业广场（街区）、友邻汇（社区综合区服务中心）建设，提升社区综合服务品质。实施"公交都市"三年行动计划，完善公交线路、公共自行车租赁点和站场布局，为示范区居民职工出行提供最大便利。充分发挥体育公园、网球中心等平台作用，促进示范区全民健身事业蓬勃发展。不断完善新区教育、卫生服务保障。

三是抓好重大项目建设，增强示范区工业经济实力。

四是抓好龙头项目带动，推进现代服务业发展壮大。推动现代服务业集聚区建设；积极构筑物流集疏运体系；积极构建全域旅游格局，打造精品旅游示范区。加强与全国知名品牌的房地产开发商互动，加大供地力度，保障房地产市场健康发展。

五是抓好城市综合治理，完善基础设施保障。

六是抓好改革攻坚，加快实现产城融合。进一步完善农民三产安置用地管理办法，加快农民"三产"安置步伐。抓好乡镇转街道、村改居、村民转市民改革研究和实践。积极推动柳州市农业转移人口市民化改革示范区落地，通过资源整合和政策创新，有效建立产城融合示范区农业转移人口市民化成本分担机制，推动形成多元化可持续的城镇化投融资机制，加快完善城市功能配套和公共服务能力，提升新区人口承载力和发展实力。

（二）贺州国家产城融合示范区建设工作思路

一是制定实施建设计划。按照《贺州市产城融合示范区总体方案》的要求，结合全市及平桂区社会经济发展计划，制订贺州市创建国家产城融合示范区2018年度建设计划，并按"谋划一批、储备一批、开工一批"完善产城融合项目库建设，加快推进产城融合发展。

二是健全推进体制机制。按照产城融合示范区建设管理指导意见，建立健全推进组织机构，理顺园区及镇村在政府职能、园区管理、审批制度等方面体制机制，推进深化改革工作。

三是推进以产兴城、以城促产。按照"产业生态化、生态产业化"发展思路，加大招商引资力度，完善投资优惠政策，不断完善循环产业链各关键节点的产业布局，拉长产业链。加快完善推进重大生产性、生活性服务业发展，不断完善城市功能，深入推进易地扶贫搬迁工程，增强对农业转移人口的吸引力和承载力。

第十五章　广西安全生产责任保险试点

一、总体情况

2017 年 8 月起，广西开始在全区范围内推行安全生产责任保险（以下简称安责险），通过政策扶持、组建保险服务工作小组、完善投保理赔系统、广泛深入宣传、深入企业宣讲、加强督促检查等措施全面推进，取得了较好成效。

截至 2017 年 12 月 31 日，全区共有 195 家企业投保，保费合计 447.45万元。纳入试点范围的各行业投保情况如下：金属非金属矿山行业共有 63家企业投保，保费 286.78 万元；危险化学品行业共有 93 家企业投保，保费80.24 万元；金属冶炼及工矿商贸行业共有 10 家企业投保，保费 56.78 万元；烟花爆竹行业共有 29 家企业投保，保费 23.65 万元。

二、主要做法、经验

（一）高度重视、充分调研

广西安全监管局高度重视安责险推行工作，将推行安责险作为一项影响重大而深远的政策措施加以研究制定，推行过程历时三年，每个阶段都经充分的调查、讨论和研究，确保每个环节依据充分，而且科学合理。广西安全监管局推动成立安责险推进工作领导小组，领导小组由广西安全监管局分管领导任组长，广西保监局分管领导任副组长。

广西安全监管局于 2014 年开始着手研究制定推行安全生产责任保险制度文件，曾到区外江苏、重庆等省市调研，到区内多个地市及重点企业调研，并多次征求广西相关部门和各地市安监部门意见。

（二）政策引路，明确目标

广西安全监管局在充分调研的基础上形成了报送广西人民政府的安责险

制度文件送审稿，经广西人民政府审查同意，2015 年 10 月，广西安全监管局和广西保监局联合印发了《关于在全区推行安全生产责任保险制度的意见》（以下简称《意见》），《意见》明确了安责险的定义、实施范围、推行模式、费率机制、事故预防机制等关键性内容。

2016 年 8 月，自治区安全监管局联合广西保监局根据《意见》精神通过比选方式从参选的五家保险经纪公司中择优确定江泰保险经纪公司为保险经纪人；2017 年 5 月，通过由保险经纪公司主持竞争性谈判方式从参选的 12 家保险公司中择优确定五家保险公司组成共保体共同承保广西安责险项目；同年 8 月，广西安全监管局、广西保监局联合印发了《广西壮族自治区安全生产责任保险试点方案》（以下简称《试点方案》）；同年 9 月，研究确定保险条款、费率及投保理赔流程并正式付诸实施。

《试点方案》要求各市县安全监管局、各市保险行业协会、各相关保险机构制定有力措施，2017 年推动本地区行业规模以上企业参保比例达到 30% 以上，规模以下企业参保比例达到 25% 以上；2018 年推动本地区行业规模以上企业参保比例达到 50% 以上，规模以下企业参保比例达到 40% 以上。

（三）广泛宣传，奠定基础

充分利用"安全生产月"宣传平台进行宣传。2017 年 6 月，在广西"安全生产月"和"安全生产八桂行"活动期间，广西安全监管局组织江泰保险经纪公司联合五家共保公司参加"6·16"南宁市咨询日活动，在活动现场进行了安责险的宣传，通过安责险专题宣传栏以及发放宣传资料等形式现场为上百家企业代表们提供安全生产责任保险的咨询、解答，且为参加活动的企业代表发放宣传纪念品，受到参会企业和民众的欢迎。在"安全生产月"活动期间，保险机构全面参与了 14 个地市的宣传活动，在全区大规模宣传安责险项目，保险机构还通过在各市县召开安责险座谈会和讲座的形式大力宣传安责险，为项目的顺利开展打下了良好基础。

在广西安全监管局的推动下，保险机构印制了上万册安责险宣传折页、服务手册、海报等宣传资料，利用保险机构营业网点摆放宣传材料，开展咨询服务，并寄送资料到各地市安监局及企业，利用多种方式宣传安责险。在自治区安全监管局的协调下，2017 年 10 月、12 月在《安全生产与监督》杂志连续做了两期关于广西安责险的宣传报道，对安责险项目的实施意义、保障范围以及项目优势等以知识问答形式做了详细解说。

（四）坚持低费率，力求高保障

《试点方案》中，考虑到从业人员的流动性，采取非实名制方式投保，以企业所属行业及从业人员数为基本参照进行投保和理赔。对通过安全生产标准化的企业、被命名为自治区级以上安全文化建设示范企业的企业和过去三年未发生生产安全事故的企业，在投保时有相应的费率优惠。

在费率研究确定过程中，广西安全监管局始终把握主导权，以尽可能减轻企业投保负担，提高保障水平为出发点，经过与保险机构反复沟通对接，认真比照全国各地安责险的费率标准并充分结合广西相关企业小散弱的特点，形成了具有广西特色的安责险费率体系：保险费率低、保障程度高。

以某非金属露天矿山（采石场）为例，如企业人数规模15人，投保前三年未发生事故，且获得三级安全生产标准化证书，则该企业投保广西安责险的总保费为两万元。一年投入两万元的保费，该采石场获得的保障是：累计责任限额300万元，每人（含员工和第三者）死亡赔偿限额50万元，每人医疗费责任限额15万元，以及事故救援费用、事故鉴定费用、除污费用、法律费用等多项赔付。

（五）注重事故预防，强化监督管理

事故预防机制的科学设置是发挥安责险社会管理职能的关键，把事故预防作为推进安全生产责任保险工作的重点，加大安全生产预防性投入，减少事故和降低赔付，实现安责险经济效益与社会效益相统一。广西安全监管局指导保险机构制定和印发《广西壮族自治区安全生产责任保险事故预防费用管理办法》（以下简称《办法》），《办法》规定安责险事故预防费用从收取的安责险保费总额的10%提取，按照统筹安排、专款专用、合理实施的原则用于开展事故预防工作，事故预防费用主要用于事故预防宣传教育培训、安全生产应急管理、风险管控和隐患排查及其他与安全生产事故预防直接相关的支出。

同时，加强对事故预防费用使用的监督。《办法》还规定由保险经纪公司会同共保体公司提出事故预防费使用方案，由保险经纪公司审定并组织实施，并抄报安责险主管部门。事故预防费用使用应严格按照法律法规和相关财务规定执行，出具正式发票及相关证明材料，保证资金安全和使用效益。保险经纪公司每季度向共保体公司通报事故预防费用使用情况，并抄报安责险主管部门，接受主管部门监督检查。

（六）多措并举，稳妥推进

在省级行政区内全面推进安责险是一种较新的尝试，全国没有多少成功经验可以借鉴，广西在全面推进的过程中也出现了一些问题：如部分地区重

视不够，部分企业认识不足，参保情况不理想，保险机构参与力度不够，案件处理不够及时，投保理赔平台建设进展缓慢，事故预防工作推进滞后等。

针对安责险推进工作中存在的诸多问题，广西安全监管局采取多项措施加以解决，一是推动将各地安责险推进情况纳入安全生产巡查和考核内容，并开展实地检查和督查；二是定期通报各地安责险推进情况，供各地相互学习参照；三是推动定期召开共保联席会议，通过定期召开共保体联席会议，及时研究解决安责险推动工作中遇到的新问题与新困难；四是督促保险机构根据安责险业务发展需要，加强业务培训，搞好团队建设；五是推动各地召开安责险宣讲会，促进宣传更广泛和深入，争取获得地市、县（区）安全监管部门更大支持。

三、存在的主要问题

（一）地区行业发展不平衡

截至 2017 年 12 月 31 日，安责险推进情况最好的是贵港市，投保企业数及保费分别占投保企业总数和总保费的 53% 和 41%，百色、贺州、来宾等几个市投保企业都在 15 家以上，崇左、桂林没有企业投保。从投保行业来看，危险化学品投保企业数量最多，有 93 家，其次是金属非金属矿山，投保企业数量有 63 家；烟花爆竹行业投保企业数量 29 家；金属冶炼和工贸行业投保企业 10 家，煤矿行业没有企业投保。

（二）部分地区和单位对推行安责险认识不足，重视不够

广西推行安责险的试点方案已出台近一年时间，有的市县没有及时转发试点方案，没有落实宣传和推进工作要求，甚至对安责险有些抵触心理，没有开展相关工作，导致管辖区域内投保企业数量极少甚至没有企业投保。部分企业对投保安责险的意义和作用认识不足，投保主动性不够。

（三）宣传力度有待加强

全区列入安责险试点范围的企业达数万家，且大多数位置偏远，交通不便，虽然各级安监部门做了大量的宣传工作，但远未实现安责险政策宣传全覆盖，仍有很多企业不了解安责险相关政策。

（四）推进安责险的法律和制度不够完善

虽然《中共中央国务院关于推进安全生产领域改革发展的意见》明确要求在高危行业强制推行安责险，但国家和自治区层面尚未出台强制推行安责

险的法律法规，推行安责险的强制性法律依据不足。激励企业主动自愿投保安责险的激励机制尚未建立健全，一些企业投保安责险积极性不高。

（五）保险机构内部工作机制有待完善

保险机构自身及保险机构之间仍存在一些问题：如保费佣金不能及时结算，影响项目推动；保险机构的基层服务力量不足，相应的服务人员配备不到位，部分对接环节比较薄弱；因激励约束机制不健全，导致未能充分发挥共保体各公司的积极性和主动性，安责险推行最前线的力量不足；因沟通对接不顺畅，导致投保理赔系统未能及时投入使用，影响投保理赔效率。

四、下一步改革思路

（一）将各地推动安责险情况纳入安全生产巡查和考核内容

广西将推行安责险情况纳入省级政府安全生产履职考核和安全生产工作巡查内容，督促各市将推行安责险情况纳入市级政府安全生产履职考核和安全生产工作巡查内容。

（二）加强学习，提高认识

督促各地各部门和企业提高对安责险的重视程度，加强对国家及广西相关政策的学习，深入理解国家和广西有关安责险政策的内涵和要求。

（三）加强宣传引导

推动各地各有关部门充分利用媒体、互联网、内部渠道、报刊等多渠道多形式等方式大力宣传安责险，通过解读相关政策，提高公众对安责险重要意义、基本内容、投保方式等方面的认识，营造良好的舆论氛围，增强企业投保积极性。

（四）理顺保险机构内部关系

引导保险经纪公司及五家保险共保体公司针对自身及内部之间存在的诸多问题建立经常性沟通协调机制，理顺内部关系，对于难以协调解决的问题及时向广西安责险推进工作领导小组反馈，要为安责险的顺利开展提供强大队伍和人员保障。

第十六章 桂林漓江风景名胜区管理体制改革试点

漓江是桂林山水的精髓，是广西风光的精华，是中国旅游一张亮丽的"名片"，更是中国锦绣河山的一颗明珠，被誉为全球最美的 15 条河流之一。漓江发源于兴安县和资源县交界区域海拔 2141.5 米的越城岭主峰猫儿山，全长 214 千米，流经桂林市 12 个县（区），流域总面积 12159 平方千米。漓江风景名胜区是 1982 年确定的首批国家重点风景名胜区，也是首批国家 5A 级旅游景区；2014 年，列入世界自然遗产，成为广西首个世界自然遗产；2016 年，列入首批国家绿色旅游示范基地，是广西唯一入选的风景名胜区。漓江风景名胜区规划总面积 1159.4 平方千米，涉及兴安、灵川、阳朔、平乐四县和六城区，27 个乡（镇，街道），140 个村（居）委，居住人口 29.13 万人。

一直以来，漓江生态环境保护工作备受党和国家领导重视和关怀。习近平总书记一直对漓江保护工作十分关心，强调指出："漓江不仅是广西人民的漓江，也是全国人民、全世界人民的漓江，还是全人类共同拥有的自然遗产，我们一定要很好地呵护漓江，科学保护好漓江""一定要保护好桂林山水，保护好广西良好的生态环境"。广西党委、政府高度重视科学保护漓江，2017 年漓江管理体制改革列入省级改革试点。为了保护好漓江生态环境，实现宏伟蓝图，必须大胆改革。2017 年，桂林市委印发了《桂林漓江风景名胜区管理体制改革方案（2017—2020）》，计划用三年时间实现九大改革任务。桂林市委、市政府紧紧围绕"统一管理、统一经营、统筹各方利益"的总体改革工作目标，始终坚持把改革创新作为漓江风景名胜区保护和发展的强大动力，抓住重点领域和关键环节，深化改革、推进创新。

一、以生态保护为核心，强化漓江风景名胜区执法监管，保护漓江生态环境

漓江风景名胜区水域及沿岸长期以来积累形成了很多历史遗留的"四乱

一脏"问题,乱建、乱挖、乱养、乱经营、环境卫生脏等破坏漓江生态环境和旅游秩序的问题形势严峻。通过强化执法保护,构建了建"四化"打"四乱"的综合执法保护体系,重拳出击,用前所未有的力度开展漓江流域环境综合整治,漓江生态环境持续向好。

（一）重拳整治"四乱一脏",强化执法监管

一是漓江风景名胜区 18 家采石场全部关停并按照"一场一策"生态复绿,复绿山体 136 万平方米;毁林开垦种果行为有效遏制,上游非法采砂窝点全部捣毁。二是拆除沿岸各类违法搭建 4 万余平方米,城市段洲岛鱼餐馆及违法搭建全部拆除;实施漓江城市段住家船迁移安置,迁移清理住家船 161 艘,妥善上岸安置 112 户。三是青狮潭水库、漓江干流城市段、桃花江等水域的网箱养鱼彻底清理;划定禁养限养红线区,关停禁养区内养殖场 1120 家,有效遏制养殖业污水直排。四是严厉打击"黑导游"等违法违规行为,严查票价回扣;漓江干流游览排筏从 5000 余张压缩至 1300 张,实现"限时段、限区域、限数量"和"公司化、限量化、标准化、规范化"管理,排筏动力系统电动化实现试用。五是全面落实河长制,聘请专业化的保洁队伍,开展常态化保洁工作,下一步将推进实施村庄污水处理和垃圾收集转运。

（二）建立"四化"管理,形成长效机制

落实《桂林市人民政府关于进一步加强漓江风景名胜区综合执法工作的意见》（市政〔2016〕69 号）,建立健全保护管理责任网格化、综合执法联动协同化、执法监管信息化、执法保护制度化的"四化"执法保护长效管理机制。漓江风景名胜区范围内 10 个县（区）、27 个乡（镇）专司其职的漓江管理机构和执法队伍基本组建到位,四级网格监管执法体系基本形成,各县（区）漓江生态保护执法监管的属地主体责任的有效落实明显加强。加快推进地方立法工作,为科学保护漓江提供更有效的法律法规支撑,《桂林漓江风景名胜区条例》列入市人大地方性立法计划,作为重点内容加快推进。漓江风景名胜区综合监管平台（一期）建成投入运行,通过运用信息化手段,有效提升执法监管工作效率。加强社会监督,鼓励公众积极参与生态环境保护监督管理,共接到各类举报投诉 102 起,均及时处置。

二、以重大项目为抓手,加快推进漓江沿岸基础设施和旅游服务配套设施建设

坚持项目带动战略,启动了大批漓江基础设施及旅游配套设施建设,全

面构建漓江生态保护新格局，实现了在建设中保护。

一是污水治理工程。分三期实施漓江截污，2017年底，城市污水集中处理率超99%，计划2020年前全面完成漓江全流域治理工作；完成260个无物业小区和100个"城中村"的改造，改善居住环境，杜绝污水直排漓江；加强排水设施建设，市区五个污水处理厂排放标准全部提高到一级A标。

二是防洪补水工程。投资55亿元完成桂林市防洪及漓江补水枢纽工程，建成斧子口、小溶江、川江三座水库，实现了漓江流域水量的统一调节调度；在漓江城市段开展壅水科学试验，参与上游水库群联合调度，充分发挥"水库调节""自然补充"联合配置水资源作用，在枯水期也能看到碧波荡漾的漓江。

三是岸线修复及生态景观工程。实施漓江东岸百里生态示范带、西岸桂阳公路旅游休闲带、漓江市区沿岸环形慢行步道系统建设及城市段沿岸绿化、彩化、亮化"三化"项目，投资近1.3亿元完成漓江城市段沿岸景观亮化工程；实施桂林至阳朔段近30千米堤岸线的泥结卵石护岸生态修复。

四是洲岛修复工程。按照"依法取缔洲岛鱼餐馆及拆除违法搭建，实施洲岛居民整体搬迁安置，开展洲生态修复"的工作步骤，实施漓江城市段洲岛生态修复。

五是码头建设与提升改造工程。坚决取缔非法码头，合理规划设置旅游码头（全流域约28个），形成"高速公路"封闭式规范管理新模式，进一步完善漓江旅游服务基础设施。

六是世界自然遗产保护工程。开展漓江沿岸危岩治理、公路边坡生态修复、原生苗木种植、村庄环境综合整治、污水处理设施建设，切实保护世界自然遗产地原真性和完整性。

七是"两江四湖"二期桃花江环境整治工程。2017年11月14日，投资九亿元的"两江四湖"二期工程连通水系水道全线贯通，进一步改善了城市生态环境，提升了桂林旅游品牌形象和城市品位。

三、以桂林国际旅游胜地建设为引领，加强漓江旅游品牌建设

2017年，漓江游船接待游客总量177.4万人次，门票销售总收入4.17亿元，比上年增长19.42%，其中漓江精华段接待游客138.2万人次，实现营运收入3.78亿元，比上年增长15.18%。

一是推进漓江星级游船提档升级。完成漓江游览30年来规模最大的游船提档改造，投入运营的漓江精华段星级游船有114艘，老旧游船已淘汰退

出漓江精华段水上游览，新增星级游船均为全新建造。新建星级游船注重节能环保的动力系统改造，取消船上烹调，漓江游船生态和旅游品质明显提升。

二是推进漓江游船经营企业整合。漓江城市段由原有七家企业整合成两家，涉及大小股东近千人的民营私营企业完成整合，结束了"小、散、乱、弱"的局面。漓江精华段游船经营企业由原有的 28 家整合重组成为六家。漓江旅游向规模化、集团化发展，旅游服务品质明显提升。

三是创新漓江"四分"游览新模式。打破漓江传统游览模式，推行分时游、分段游、分级游、分形游游览新模式，丰富漓江旅游产品，推进漓江旅游高端化、精品化、多元化发展。平乐至阳朔航线、竹江至兴坪航线（往返）、阳朔至杨堤航线（返航游）、两江四湖新环城水系航线、直升飞机空中游览漓江项目开通运营，满足游客不同游览体验需求，形成漓江"水、陆、空"全方位立体旅游新格局。

四是创新"四化"管理手段。推行旅游票电子化、行程单电子化、旅游售票网络化、游客身份实名化的"四化"管理新模式。启用新版漓江调度售票综合业务平台，漓江精华段游览线路全面实行实名制管理，使漓江旅游更规范化、标准化。

五是建立健全漓江风景名胜区经营准入与退出机制。对漓江风景名胜区水上游览依法实行经营权管理，依法收取资源有偿使用费，强化对风景名胜资源的管控，建立规范有序的准入、退出长效机制，解决长期以来漓江水上游览经营权的"万世经营"问题，制定出台了《桂林漓江风景名胜区水上游览项目经营权管理办法》（市政规〔2018〕11 号）。

四、强化《总规》引领，促进漓江生态资源可持续利用

一是严格执行《桂林漓江风景名胜区总体规划（2013—2025 年）》和《广西壮族自治区漓江流域生态环境保护条例》，进一步规范漓江风景名胜区建设和规划活动审批，强化与相关县（区）在规划项目审核上的沟通对接。

二是完成喀斯特世界自然遗产地和缓冲区标界立桩工程。全面开展喀斯特世界自然遗产地植被保护监管，遏制毁林种果等破坏漓江生态环境行为。

三是开展"文化和自然遗产日"系列活动，发放宣传资料 2.1 万余份，设立第一批固定宣传栏六处，提高群众保护漓江的意识。成功承办 2017 年中国南方喀斯特世界自然遗产保护管理培训会，搭建遗产地交流与合作的桥梁，丰富中国南方喀斯特遗产地管理举措。

四是有效整合和深度发掘旅游资源，提升存量旅游资源的利用效率和附

加值，推进现有景点景区、古村落修缮、提升和利用。策划包装漓江两岸可利用生态资源，形成"以漓江为藤、景区是瓜、景点是籽"长藤结瓜的大景区、景点规划布局，实现漓江旅游资源存量与增量的同步发展。

五、加强组织领导，健全漓江保护管理利用体制机制

一是挂牌成立中共桂林漓江风景名胜区工作委员会、桂林漓江风景名胜区管理委员会，专司漓江管理事务，统筹推进漓江风景名胜区的保护、利用、管理各项工作，一改过去漓江"九龙治水"的历史局面。为理顺职责、依法行政、高效运行，正推进进一步充实和完善漓江风景名胜区管理机构。

二是推进漓江风景名胜区财政体制改革，实现漓江保护利用管理资金制度化的供给保障机制，《桂林漓江风景名胜区财政核算体制》印发实施。

三是漓江风景名胜区港航管理体制改革进展顺利，由过去"内河航线管理模式"提升为"景区管理模式"，实现了漓江风景名胜区管理机构对漓江风景名胜区规划范围内水路运输和港口（码头）等港航管理事项的集中统一管理。明确界定了漓江风景名胜区港航管理处的港口行政管理、水路运输行政管理职责。广西交通运输厅与桂林海事局、船舶检验局、航道管理局等部门建立了工作衔接机制和信息共享机制。

四是加快推进漓江风景名胜区投融资平台建设，争取各大银行流动资金贷款，积极开展基础设施、旅游服务设施项目和景区景点的建设与运营。

五是构建更为科学合理的统筹利益分配机制，积极向广西申请设立漓江流域生态环境保护专项资金，建立漓江流域生态环境保护补偿机制。

第十七章　水利改革案例

一、广西鹿寨县农业水价综合改革典型案例

鹿寨县作为 2016 年广西农业水价综合改革试点县，认真推进改革试点，基本完成改革试点机制建设和工程建设任务，取得阶段性成效。

（一）基本情况

2016 年 6 月，广西水利厅印发了《2016 年广西农业水价综合改革试点实施方案》，将鹿寨县列入 2016 年广西农业水价综合改革试点县，鹿寨县选择二排河西干渠灌区和洞底水库灌区作为试点。二排河西干渠灌区设计灌溉面积 10888 亩，主要以种植水稻、柑橘为主，水源为二排河，自流引水；洞底水库灌区设计灌溉面积 3200 亩，主要以种植水稻为主，水源为小（一）型水库——洞底水库，总库容 171 万立方米。两个灌区灌溉方式均为渠道灌溉，历年都有良好的水费征收传统，分别代表了中型灌区及小型灌区两种灌区典型的管理模式。

（二）主要做法

（1）加强组织领导，统筹推进改革试点。鹿寨县被确定为试点县后，随即成立由县政府分管副县长为组长，发改、物价、财政、水利、农业、民政、审计、法制办、调处办以及当地乡镇政府等相关部门负责人为成员的工作领导小组，建立领导机制，先后召开了三次专题会议，统筹推进鹿寨县农业水价综合改革工作。2016 年 7 月，广西财政厅下达鹿寨县 2016 年广西农业水价综合改革试点项目补助资金 1440 万元，柳州市级财政补助资金 60 万元用于试点灌区完善灌排设施和供水计量设施及相关改革工作。同年 8 月鹿寨县完成《2016 年广西农业水价综合改革鹿寨县试点实施方案》编制，9 月由广西水利厅组织完成对鹿寨县实施方案的审查，10 月柳州市水利局以（柳水利农水〔2016〕23 号）文对鹿寨县农业水价综合改革实施方案进行了

批复，11 月完成项目建设初步设计，12 月完成初设批复并启动招投标程序。2017 年 1 月完成招投标工作并签订施工合同，2 月开工建设。灌排设施和供水计量设施完善方面主要建设内容包括：渠道节水配套改造 44.26 千米，安装计量测控设施 110 套。目前该项工程已全部完成，并通过了县级验收。鹿寨县农业水价综合改革在推进水权分配方案、水价形成机制、精准补贴方案、节水奖励机制、用水合作组织建设、工程产权制度改革等方面取得了一定的成效。

（2）完善供水计量设施及信息化基础建设。鹿寨县委托西安沃泰科技有限公司完成了二排河干渠灌区信息化建设技术方案。在取水总闸口及三个重要支渠口设置了远程控制闸及智能量测、监控设施，可将监测数据自动传送到管理中控室，并可通过中控室远程控制调节水量。在其他的斗支渠口共设置 110 套三角量水堰。

（3）以需定供分配农业水权。经水量平衡计算，鹿寨县试点项目区的可供水量大于作物需水量，因此项目区各用水户的水权实行以需定供的方式确定，即各用户对应的耕地面积作物需水量（作物需水量＝作物面积×灌溉定额）作为其所拥有的可用水量（即水权）。鹿寨县通过开展试点项目区水权分配建档立卡工作，逐户逐田块作物核实建档，按作物面积及灌溉定额确定用水户水权配额，经用水户签字并盖手印确定，作为水权证发放的依据。鹿寨县的水权分配建档立卡及水权证颁发工作已基本完成，在试点项目区共核定灌溉面积 5083.08 亩，涉及用水户 1881 户，共颁发水权证 1881 本。

（4）因地制宜建立工程管护机制。二排河西干渠灌区试点推行"国营水管站所+用水者协会+用水户"的管理模式，其中，国营水管站所主要负责骨干渠系管理并向用水者协会配水及计量。用水者协会主要负责末级渠系管理并向用水户配水及计量，向用水户收取水费，该水费分成两部分：一部分上交给二排河西干渠管理所，用于骨干渠系的维护管理，另一部分留作用水者协会对末级渠系的管理经费。洞底水库灌区试点推行"乡镇水利站+用水者协会+用水户"的管理模式，其中，乡镇水利站主要负责对用水者协会的监督、指导；用水者协会负责对灌区内的渠系、泵站、计量设备等设施进行日常维护管理，向用水户供水并收取水费，用于灌区的维护管理经费。

（5）合理制定农业水价。根据国家发展改革委员会和水利部 2004 年联合颁布的《水利工程供水价格管理办法》，结合本项目区的实际情况，本试点项目区探索试行两部制水价。

1）农业基本水价。鹿寨县试点灌区实行末端供水协议价，经与群众代表座谈协商初定基本水价为 35 元/亩，供水协议签订工作已完成。

2）超定额累进加价。为了鼓励节水，遏制浪费，实行超定额累进加价制度，对超出定额用水的累进加价收取水费。在供水合同中明确：基本水价按 35 元/亩收取，超定额用水实行累进加价收取。20% 以内的，超过部分水量按 0.15 元/立方米收取；超 20% 的，超过 20% 的部分水量按 0.30 元/立方米收取。各斗、支渠口（量水堰）以下的所有用水户水权配额总和即为该斗、支渠的全年放水定额，超定额用水按上述累进加价的办法收取超定额部分水费，由该斗、支渠口（量水堰）以下的所有用水户按面积比例分摊。

3）分类水价。鹿寨县的两个试点灌区水源均为地表水，没有地下水的抽取，也没有除农业外的其他行业用水，分类水价只对灌区内的不同作物水价进行了划分。因为两个试点灌区目前只能实行按亩收费，不同作物的分类水价按基本水价 35 元/亩除以该作物的灌溉定额确定，各作物的分类水价分别为：水稻 0.06 元/立方米；甘蔗 0.14 元/立方米；柑橘 0.18 元/立方米；玉米 0.33 元/立方米；其他作物 0.16 元/立方米。现阶段基本水费按亩征收，即 35 元/亩。超定额累进加价及分类水价条件成熟时方可推行。

（6）建立精准补贴和节水奖励机制。通过农业水价综合改革，引入用水者协会这一民间管理组织，明确了灌区工程管护主体，有助于完善灌区工程管理，一举扭转了以往水利工程重建轻管的局面，使灌区工程达到一种良性循环的状态，持久发挥其应有的效益，但同时也增加了管护经费，从目前收取的水费看，难以满足管护经费需求，水利工程难以达到良性循环状态，不足部分必须进行财政补贴。为此，鹿寨县已落实每年补贴水价资金 23 万元。同时，在保障水利工程正常运行的基础上，多渠道筹资，建立节水奖励资金，对采取节水措施、调整生产模式促进农业节水的农民用水者协会，通过项目资金倾斜的方式进行奖励。

（三）初步成效

鹿寨县的农业水价综合改革试点进行了灌区节水配套改造工程建设、出台了相应的改革措施。目前灌区节水配套改造工程建设已全部完工，并已通过县级验收。改革措施及制度建设方面，已建立用水者协会并落实管护主体及人员、完善计量设施配备、与用水户签订供水协议、形成新的水价机制、完成水权分配建档立卡、落实精准补贴方案。通过灌区节水配套改造工程建设及农业水价综合改革，试点灌区灌溉水利用系数由原来的 0.64 提高到 0.77，灌水周期由原来的 10 天缩短至 7 天，灌溉效率提高 30% 以上，每年节约用水量 172.61 万立方米。通过农业水价综合改革调动了群众参与灌区管理的积极性，试点灌区水费征收率显著提高，由原来的 70% 左右提高到 100%。鹿寨县将其总结形成一套可以统一推广的模式，供鹿寨县乃至广西全区其他中小型灌区水价改革参考，更好地为鹿寨县及全区农业水价综合改革工作提供有价值的经验。

（四）启示

一是加大宣传动员力度，让群众普遍认识到实施农业水价综合改革这项工作的意义，调动群众的参与热情。

二是项目区选择上应从水费征收基础好、群众基础好的灌区入手，先易后难，形成示范效果。

三是南方地区水源相对充足，农业水价综合改革相对北方缺水地区更难推进，需因地制宜制定相关改革措施。

四是分类水价、超定额累进加价必须以群众信服的精确计量为前提，适合于配备了用户端水表（一户一表）的高效节水项目推广，普通渠灌区难以精确计量到户，推广较困难。

二、广西田阳县农业水价综合改革典型案例

广西农业水价综合改革试点工作开展以来，田阳县在农业水权制度改革、建立水价形成机制、建立节水奖励机制等方面进行积极的探索，并着力于创新水利建管机制体制改革，充分发挥市场在资源配置中的决定性作用，放开公共服务市场准入，引进社会资本参与水利工程建设和管理，转变政府职能，取得了一定成效。

（一）基本情况

田阳县 2016 年选定桥马片区灌溉工程、露美高效节水灌溉一期工程、露美高效节水灌溉二期工程、玉凤镇统合片高效节水灌溉工程、玉凤镇朔柳片高效节水灌溉工程、那坡镇尚兴弄蕉芒果高效节水灌溉示范工程共 2.31 万亩作为试点，2017 年把国营传统灌区的磺桑江灌区、那音灌区、宝美灌区和百育镇四那村那生片区高效节水灌溉工程、田阳县生态扶贫产业核心示范区一期工程（未建）五个水利工程共 7.4 万亩列入改革试点工作。列入改革试点的高效节水工程主要以种植芒果、火龙果、柑橘等经济作物为主；国营传统灌区主要以种植西红柿、水稻为主。除那音灌区属于自流灌（水源为那音水库）以外，其他灌区均为提水灌溉（水源为灌区内泉点或河流）。

（二）主要改革措施

（1）建立健全工作机制。田阳县列为全区农业水价综合改革试点县以来，田阳县委、县人民政府高度重视，把农业水价综合改革列入该县重要议事日程和县绩效考评工作内容。成立以县长为组长的农业水价综合改革工作领导小组，分级建立沟通顺畅、协调有力、运转高效的工作机制，组织建立以县水利局、县发改委、县农业局、县财政局、县物价局为主要成员单位的改革联席工作制度，相互协作，共同推进田阳县农业水价综合改革各项工作。先后组织国营水管单位、各乡镇府进行相关业务培训两次，参加培训人员 60 人次；召开联席专题研讨会 6 次；以简报形式分别向百色市水利局和广西水利厅报送改革工作情况四次，并通过田阳电视台等媒体多次宣传农业水价综合改革。

（2）开展好试点项目的调查摸底工作。2016 年、2017 年，田阳县水利局先后组织工作小组深入各工程项目、村、屯进行摸底调查，选定群众对改革积极性高、工程状况良好的 11 个水利工程作为试点，并对试点项目区工程状况进行全面调查，做好工程配套建设计划，以及对项目区的实灌面积、产业结构进行核查，造册登记到户，做好改革前期工作。

（3）完善计量设施，夯实改革基础。田阳县通过水价改革试点，实行用水总量控制，完善计量设施，实行计量收费。计量设施的布局是：

1）渠灌工程。在工程首部主干渠设置总计量点，对单个水利工程进行用水总量控制；在片区（各村主支渠）分设计量点，用水计量准确到片区或村。该类工程计划安装 30 处。

2）管灌工程：即在工程首部总干管道设置总计量点，对单个水利工程进行用水总量控制；在片区支管道分设计量点，用水计量准确到片区。该类工程已经安装了 1000 处。平地灌区，即在工程首部总干管道设置总计量点，对单个水利工程进行用水总量控制；在片区支管道分设计量点，对片区进行用水总量控制；在管网末端设置用户终端计量水表（六亩一表），用水计量准确到户。该类工程已经安装了 6000 个。

（4）创新融资机制，引进社会资本，加快水利工程建设步伐。2016 年，田阳县针对试点项目区原来产权不清、管护主体缺失、管护责任不明、水价形成机制不健全、"两费"得不到有效保障等，导致工程管理处于"政府管不到，集体管不好，农民管不了"的问题尤为突出，工程运行难以为继，不能充分发挥其职能作用。田阳县加强农业水价综合改革和深化小型水利工程管理体制改革工作的衔接，创新水利工程运管机制，采用"县级排灌中心+

社会排灌服务公司+农民用水者协会"的管理方式，创新水利工程运管机制。采取政府购买服务方式（O&M 模式），通过公开竞标，目前已委托田阳县华鸿农业开发服务有限公司负责经营管理，在管理体制上形成了以县水利局灌排中心为监督管理部门，社会企业为管护主体，农民用水合作组织协助管理为辅的三级管理格局。

建设田阳县 20 万亩标准化农林立体观光生态扶贫产业核心示范区是田阳县人民政府精准脱贫攻坚的重要举措。根据《国务院关于创新重点领域投融资机制鼓励社会投资的指导意见》（国发〔2014〕60 号）和《关于鼓励和引导社会资本参与重大水利工程建设运营的实施意见》（发改农经〔2015〕488 号）精神，田阳县人民政府积极创新融资方式、拓宽融资渠道，通过政府与社会资本合作（PPP 模式），引入社会资本。2017 年 9 月 12 日，在第十四届中国—东盟博览会、广西百色重点产业投资推介会与北京通捷智慧水务股份有限公司签约了投资合作意向书，签约总投资 11.2 亿元（其中政府出资 40%，社会资本出资 60%）。项目由投资企业负责建设，并成立水利工程管理公司，负责工程的运营和管理，采取"自建、自管、自营"模式，通过收取水费回收投资。目前 PPP 项目已经基本完成前期工作，预计 2017 年12 月可以实施。

（5）建立农业水权制度，积极探索水权转让。一是做好用水总量测算，根据项目区当年实灌面积、产业结构各种农作物毛用水量定额测算灌区需水量。二是做好水权分配工作，供水量小于需水量的灌区，采取以供定需办法核定用水总量控制指标；供水量大于需水量的灌区，按需水量核定用水总量控制指标。再根据工程计量设施的实际情况不同进行水权分配，渠道灌区、山地灌区用户端无计量设施的，水权分配到用水合作组织或村组、片区；管道平地灌区用户端有计量设施的，水权分配到户。同时，年水权分配根据每年实灌面积及产业结构适时进行调整，由县人民政府发放水权证书。三是探索水权转让，积极推进实行节水量转让和政府回购水权制度，起草《田阳县水权转让暂行办法》并开展征求意见工作。同时加强水权交易中心筹建工作，尽快实行全县水权的统一调配，并且构建全县水权交易网络平台，实现水权在全县内自由流通，保障用水户获得节水效益。

（6）建立合理的农业水价形成机制。一是根据《水利工程供水价格管理办法》，以满足工程运维成本为原则进行基本水价测算，计量设施配套到用户端的，供水价格按立方米计收，平均水价 0.64~1.05 元/立方米；计量设施只配套到主干（管）渠道的，供水价格按亩计收平均水价 79~240 元/亩。

二是进行农民水费承受能力评价，以水费占亩均产值的比例或占亩均纯收益的比例为依据（水费占农业产值 5%～8%，占纯收益 10%～13%）进行农民水价承受能力评价，在农民增收困难的情况下，取值比例的下限。三是探索超定额累进加价，用水量超定额，直接影响了泵站、管网的运行时间和设备维修率，增加了运行维护成本，因此应以终端水价人员的工资及附加为基数，对超出定额用水的累进加收运行维护费用，达到进一步鼓励节水，遏制浪费的目的。

（7）建立农业水价精准补贴和节水奖励机制。一是建立农业水价精准补贴机制，田阳县国营水利工程供水价格远低于供水成本，运维支出全部纳入县财政统筹预算，经济管理实行收支两条线，实现供水全成本补贴，工程得到良性发展。田阳县试点初期拟实行政府指导价或协商定价，适当降低供水价格，供水成本支出缺口由财政给予补贴，拟用 3～5 年时间再逐步调到位。2016 年县财政对国有水管单位补贴总额为 317.86 万元。二是建立农业节水奖励机制，积极利用超定额累进加价水费收入、高附加值作物水费收入或非农业供水利润、财政安排的维修养护补助资金、社会捐赠等渠道建立节水奖励基金，对积极采用喷灌、滴灌、管灌等高效节水灌溉技术和水肥、水药一体化技术等设施进行节水的农民用水合作组织或用水户；由高耗水作物调整为耐旱高效作物的农民用水合作组织或用水户给予节水奖励。

（三）改革初步成效

一是通过引进社会力量参与水利工程管理，水利基层服务体系能力建设得到完善和提高，明确工程管护主体和责任，落实"两费"，解决工程管理"难"的问题，扭转工程"有人建、有人用，无人管"的局面，理顺用水秩序，保障灌溉用水，提高群众交纳水费的积极性，水费征收率从 50% 提高到 90%。

二是通过创新融资机制，引进社会资本，采取 PPP 水利工程建管模式，解决示范区水利工程项目生命周期的政府集中性资本投入压力，加快田阳县水利现代化、规模化进程。

三是通过供水成本核算，改革后水价比改革前水价总体提高 40%，基本满足工程运维成本要求，促进水利工程良性发展。

四是通过水权制度改革和建立节水奖励机制，用水户自觉采用节水技术和先进农业生产工艺，亩生产成本降低 30%、亩产量增产 30% 左右。同时推进农村土地流转的进程和农业综合生产能力，有利于引进各种养殖企业和大户，带动灌区种植业、养殖业健康发展，提高农业抵御自然灾害的能力，增加农民的经济收入推动县域农业经济发展。

五是改革后经济、社会效益显著，改革前各项目区主要种植玉米、甘蔗及其他低产值作物，通过农业水价综合改革后，促进各项目区产业结构向高附加值经济作物调整（主要以蔬菜、芒果、火龙果、葡萄、柑橘为主），亩产值约增值5000元以上。

（四）启示

（1）做好摸底调。一是做好项目区水文调查，测算项目区可供水量；二是做好项目区面积调查和产业结构调查，测算项目区需水量；三是做好项目区工程调查、产权归属确认和配套工程建设计划。为编制可行性实施方案奠定基础。

（2）政府支持。以县人民政府为改革工作的主体，县主要领导为改革领导小组组长，全面推进改革的各项工作。

（3）部门协作。建立以发改、农业、财政、物价、水利联席工作制度，通力协作、密切配合，共同研讨解决改革工作中遇到的各种问题。

（4）管理社会化。充分发挥市场在资源配置中的决定性作用，放开水利管理服务的市场准入，引进社会服务企业参与水利工程运维管理。

（5）优化供水价格。供水价格形成以满足运维成本为基本目标，充分分析农民水价承受能力，推行"两部制"水价，进一步实行超定额累计加价和分类水价。

第五部分 **政 策 篇**
ZHENGCE PIAN

《中共广西壮族自治区委员会　广西壮族自治区人民政府关于完善产权保护制度依法保护产权的实施意见》（桂发〔2017〕13号）

为贯彻落实《中共中央、国务院关于完善产权保护制度依法保护产权的意见》精神，加快完善我区产权保护制度，依法有效保护各种所有制经济组织和公民财产权，增强各类经济主体创业创新动力，维护社会公平正义，保持经济社会持续健康发展和社会和谐稳定，结合我区实际，提出如下实施意见：

一、总体要求

（一）指导思想

全面贯彻党的十八大和十八届三中、四中、五中、六中全会精神，深入学习贯彻习近平总书记系列重要讲话精神和治国理政新理念、新思想、新战略，按照党中央、国务院决策部署，紧紧围绕统筹推进"五位一体"总体布局和协调推进"四个全面"战略布局，以及中央赋予广西发展的新定位新使命，牢固树立和贯彻落实新发展理念，着力推进供给侧结构性改革，进一步完善现代产权制度，推进产权保护法治化，在事关产权保护的立法、执法、司法、守法等各方面各环节体现社会主义法治理念，为营造"三大生态"、实现"两个建成"、谱写建党百年广西发展新篇章提供强有力支撑。

（二）基本原则

坚持平等保护。健全以公平为核心原则的产权保护制度，毫不动摇巩固和发展公有制经济，毫不动摇鼓励、支持、引导非公有制经济发展，公有制经济财产权不可侵犯，非公有制经济财产权同样不可侵犯。

坚持全面保护。保护产权不仅包括保护物权、债权、股权，也包括保护知识产权及其他各种无形财产权。

坚持依法保护。不断完善社会主义市场经济法规制度，强化法律法规实施，确保有法可依、有法必依。

坚持公开透明。涉及产权的行政行为除依法应当保密的以外，应当公开。

坚持共同参与。做到政府诚信和公众参与相结合，建设法治政府、责任政府、诚信政府，增强公民产权保护观念和契约意识，强化社会监督。

坚持标本兼治。着眼长远，着力当下，抓紧解决产权保护方面存在的突出问题，提高产权保护精准度，加快建立产权保护长效机制，激发各类经济主体的活力和创造力。

二、主要任务

(一) 加强各种所有制经济产权保护

1. 深化国有企业和国有资产监督管理体制改革。进一步明晰国有产权所有者和代理人关系，推动实现国有企业股权多元化和公司治理现代化；健全涉及财务、采购、营销、投资等方面的内部监督制度和监控机制，强化董事会规范运作和对经理层的监督；完善国有资产交易方式，严格规范国有资产登记、转让、清算、退出等程序和交易行为，按照应进必进、能进必进原则，将国有产权转让的交易环节纳入统一的公共资源交易平台集中交易、集中监管；完善产权管理的配套制度建设，以制度化保障促进国有产权保护，防止内部人任意支配国有资产，切实防止国有资产流失。

(牵头单位：自治区国资委、财政厅；参加单位：自治区纪委机关，自治区发展改革委、工业和信息化委、审计厅、法制办、政管办)

2. 建立健全归属清晰、权责明确、监管有效的自然资源资产产权制度，完善自然资源有偿使用制度，逐步实现各类市场主体按照市场规则和市场价格依法平等使用土地、矿藏、水流、森林、山岭、草原、荒地、海域、无居民海岛、滩涂等自然资源。规范不动产登记发证程序，建设不动产登记信息平台，实行不动产登记机构、登记簿册、登记依据和信息平台"四统一"，便民利民，切实保护合法权利人的产权利益。

(牵头单位：自治区国土资源厅、财政厅、林业厅；参加单位：自治区发展改革委、水利厅、农业厅、物价局、海洋和渔业厅等)

3. 完善农村集体产权确权和保护制度，分类建立健全集体资产清产核资、登记、保管、使用、处置制度和财务管理监督制度，规范农村产权流转交易，切实防止集体经济组织内部少数人侵占、非法处置集体资产，防止外部资本侵吞、非法控制集体资产。农村产权流转交易要签订书面合同，切实保护农民宅基地和经营性集体建设用地的产权。

（牵头单位：自治区国土资源厅、农业厅，自治区党委农办；参加单位：自治区财政厅、水利厅、林业厅等）

4. 坚持权利平等、机会平等、规则平等，通过开展政府规章、规范性文件备案审查工作，纠正对非公有制经济各种形式的不合理规定，消除各种隐性壁垒，保证各种所有制经济依法平等使用生产要素、公开公平公正参与市场竞争、同等受到法律保护、共同履行社会责任。

（牵头单位：自治区法制办、发展改革委、工业和信息化委；参加单位：自治区财政厅、国资委、工商局等）

（二）完善平等保护产权的法规制度

5. 加强地方立法，待国家对物权、合同、知识产权等相关法律制度修订完善后，适时修订自治区专利、合同、知识产权等地方性法规、政府规章。清理有违公平的地方性法规、政府规章条款，将平等保护作为规范财产关系的基本原则。

（牵头单位：自治区人大常委会法制工委，自治区法制办；参加单位：自治区党委办公厅，自治区政府办公厅，自治区科技厅、国土资源厅、住房城乡建设厅、工商局、新闻出版广电局等）

6. 健全以企业组织形式和出资人承担责任方式为主的市场主体法规制度，统筹研究清理、废止按照所有制不同类型设定市场主体资格、权利和义务的地方性法规，开展政府规章和规范性文件专项清理，平等保护各类市场主体。

（牵头单位：自治区人大常委会法制工委，自治区政府办公厅，自治区法制办；参加单位：自治区政府各有关部门）

7. 加大对非公有财产的刑法保护力度。依法惩治通过虚假诉讼、金融诈骗、商业贿赂、破坏生产经营、合同诈骗等不法手段，侵犯非公有制经济投资者、管理者、从业人员财产权益的犯罪，以及利用职务便利侵占、挪用非公有制经济主体财产的犯罪。

（牵头单位：自治区党委政法委；参加单位：自治区高级人民法院、检察院，自治区公安厅）

（三）妥善处理历史形成的产权案件

8. 坚持有错必纠，抓紧甄别纠正一批社会反映强烈的产权纠纷申诉案件，剖析一批侵害产权的案例。对涉及重大财产处置的产权纠纷申诉案件、民营企业和投资人违法申诉案件依法甄别，确属事实不清、证据不足、适用法律错误的错案冤案，要依法予以纠正并赔偿当事人的损失。加大对虚假诉讼、恶意诉讼案件的监督力度，依法监督纠正损害产权主体合法权益的虚假诉讼行为。

（牵头单位：自治区高级法院，自治区党委政法委；参加单位：自治区检察院、自治区公安厅）

9. 完善办案质量终身负责制和错案责任倒查问责制，从源头上有效预防错案冤案的发生。严格落实司法责任制，对案件审理过程中的违法违规审判的情形依法依规严肃处理。建立健全司法执法人员侵犯企业家产权的责任追查制度，完善审判管理，坚持纠防结合，加强源头预防。

（牵头单位：自治区高级法院，自治区党委政法委；参加单位：自治区检察院、自治区公安厅）

10. 严格遵循法不溯及既往、罪刑法定、在新旧法之间从旧兼从轻等原则，以发展眼光客观看待和依法妥善处理改革开放以来各类企业特别是民营企业经营过程中存在的不规范问题。

（牵头单位：自治区高级法院、检察院，自治区公安厅；参加单位：自治区党委政法委、自治区发展改革委）

（四）严格规范涉案财产处置的法律程序

11. 进一步细化涉嫌违法的企业和人员财产处置规则，对涉案企业和人员，应当综合考虑行为性质、危害程度以及配合诉讼态度等情况，依法慎重决定是否采取相关强制措施。严格依照法定条件和程序处置涉案财物，慎重发布涉企案件新闻信息。确需采取查封、扣押、冻结等措施的，要严格按照法定程序进行，除依法需责令关闭企业的情形外，在条件允许情况下可以为企业预留必要的流动资金和往来账户，最大限度降低对企业正常生产经营活动的不利影响。

（牵头单位：自治区党委政法委；参加单位：自治区高级法院、检察院，自治区公安厅，自治区政府其他具有行政执法职能的部门）

12. 采取查封、扣押、冻结措施和处置涉案财物时，要依法严格区分个人财产和企业法人财产。对股东、企业经营管理者等自然人违法，在处置其个人财产时不任意牵连企业法人财产；对企业违法，在处置企业法人财产时不任意牵连股东、企业经营管理者个人合法财产。严格区分违法所得和合法财产，区分涉案人员个人财产和家庭成员财产，在处置违法所得时不牵连合法财产。对查封、扣押、冻结与案件无关财产的，依照法律和有关规定予以监督纠正。

（牵头单位：自治区党委政法委；参加单位：自治区高级法院、检察院，自治区公安厅、自治区政府其他具有行政执法职能的部门）

13. 完善涉案财物保管、鉴定、估价、拍卖、变卖制度，做到公开公正和规范高效，充分尊重和依法保护当事人及其近亲属、股东、债权人等相关方的合法权益。

（牵头单位：自治区党委政法委；参加单位：自治区高级法院、检察院，自治区公安厅，自治区政府其他具有行政执法职能的部门）

（五）审慎把握处理产权和经济纠纷的司法政策

14. 司法机关要充分考虑非公有制经济特点，严格区分经济纠纷与经济犯罪的界限、企业正当融资与非法集资的界限、民营企业参与国有企业兼并重组中涉及的经济纠纷与恶意侵占国有资产的界限。准确把握经济违法行为入刑标准，准确认定经济纠纷和经济犯罪的性质，防范刑事执法介入经济纠纷，防止选择性司法。

（牵头单位：自治区公安厅，自治区高级法院、检察院，自治区党委政法委；参加单位：自治区国资委、工商局，人民银行南宁中心支行）

15. 对于法律界限不明、罪与非罪不清的，司法机关应严格遵循罪刑法定、疑罪从无、严禁有罪推定的原则，防止把经济纠纷当作犯罪处理。注重研究创新发展中出现的新兴产业、新兴业态、新型商业模式、新型投资模式和新型经营管理模式等新变化，慎重对待创新融资、成果资本化、转化收益等不断出现的新问题。

（牵头单位：自治区公安厅，自治区高级法院、检察院，自治区党委政法委；参加单位：自治区国资委、工商局，人民银行南宁中心支行）

16. 严禁党政干部干预司法活动、介入司法纠纷、插手具体案件处理。严格执行《领导干部干预司法活动、插手具体案件处理的记录、通报和责任追究规定》和《司法机关内部人员过问案件的记录和责任追究规定》。严格落实案件过问书面留痕、生效法律文书统一上网和公开查询制度，推动建立政法、组织、纪检等联合督导落实问责机制，加大对领导干部干预、插手产权和经济纠纷案件的查处力度。及时通报典型案件，开展警示教育，营造公正廉洁的司法环境。

（牵头单位：自治区党委政法委；参加单位：自治区纪委机关，自治区党委组织部，自治区高级法院、检察院，自治区公安厅）

17. 对民营企业在生产、经营、融资活动中的经济行为，除法律、行政法规明确禁止外，不以违法犯罪对待。对受到限制人身自由刑事处罚的民营企业投资人，在当事人服刑期间依法保障其行使财产权利等民事权利。

（牵头单位：自治区司法厅，自治区高级法院、检察院）

（六）完善政府守信践诺机制

18. 大力推进法治政府和政务诚信建设。全区各级政府及有关部门按照国务院《关于加强政务诚信建设的指导意见》要求，加强政府采购、政府和社会资本合作、招标投标、招商引资、地方政府债务、街道和乡镇等重点领域政务诚信建设。严格兑现向社会及行政相对人依法作出的政策承诺，认真履行在招商引资、政府与社会资本合作等活动中与投资主体依法签订的各类合同，不得以政府换届、领导人员更替等理由违约毁约，因违约毁约侵犯合法权益的，要承担法律和经济责任。因国家利益、公共利益或者其他法定事由需要改变政府承诺和合同约定的，要严格依照法定权限和程序进行，并对企业和投资人因此受到的财产损失依法予以补偿。对因政府违约等导致企业和公民财产权受到损害等情形，进一步完善赔偿、投诉和救济机制，畅通投诉和救济渠道。重点搭建广西信用信息共享平台，积极推进政务诚信、商务诚信、社会诚信、司法公信建设，推动信用信息和信用产品在政务领域的广泛应用，营造有利于社会信用体系建设的法治环境。加强征信宣传教育。将政务履约和守诺服务纳入政府绩效体系。建立政务失信记录，建立健全政府失信责任追究制度及责任倒查机制，加大对政务失信行为惩戒力度。建立异常信用记录和严重违法失信"黑名单"，纳入全区信用信息共享平台，并与全国信用信息共享平台衔接。建立健全以信用为核心、以分类监管为手段的新型市场监管机制。

（牵头单位：自治区发展改革委，人民银行南宁中心支行，各设区市人民政府；参加单位：自治区党委组织部，自治区绩效办，自治区财政厅、投资促进局、法制办、金融办等自治区社会信用体系建设联席会议成员单位及其他信用建设有关单位）

（七）完善财产征收征用制度

19. 根据国家完善土地、房屋等征收征用法律制度的情况，依据法律法规，合理界定我区征收征用土地、房屋等适用的公共利益范围，不将公共利益扩大化，规范和完善我区土地、房屋等征收征用法定权限和程序。遵循及时合理补偿原则，完善征收补偿制度，进一步明确细化补偿的范围、形式和标准，给予被征收征用者公平合理补偿。

（牵头单位：自治区国土资源厅、住房城乡建设厅；参加单位：自治区人大常委会法制工委，自治区财政厅）

（八）加大知识产权保护力度

20. 加大知识产权侵权行为惩治力度，提高知识产权侵权法定赔偿上限，探索建立对专利权、著作权等知识产权侵权惩罚性赔偿制度，对情节严重的恶意侵权行为实施惩罚性赔偿，并由侵权人承担权利人为制止侵权行为所支付的合理开支，提高知识产权侵权成本。加大对链条式、产业化知识产权犯罪惩治力度。对因商标侵权行为受到行政处罚的企业，通过国家企业信用信息公示系统（广西）向社会公示。

（牵头单位：自治区高级法院、自治区工商局；参加单位：自治区科技厅、公安厅、新闻出版广电局，南宁海关）

21. 建立收集假冒产品来源地信息工作机制，将故意侵犯知识产权行为情况纳入企业和个人信用记录，进一步推进侵犯知识产权行政处罚案件信息公开。有序推进我区知识产权行业信用体系建设。探索将知识产权正面以及负面信息纳入行业信用信息统筹管理，构建诚信激励和失信惩戒联动机制。通过推进知识产权系统社会信用体系建设工作，更加有效维护权利人和市场主体合法权益，营造公平竞争的市场环境和诚信守法的社会氛围。

（牵头单位：自治区打击侵权假冒工作领导小组办公室、工商局、科技厅；参加单位：自治区发展改革委、新闻出版广电局，人民银行南宁中心支行，南宁海关）

22. 完善知识产权审判工作机制，积极发挥知识产权法院作用，推进知识产权民事、刑事、行政案件审判"三审合一"。

（牵头单位：自治区高级法院；参加单位：自治区党委政法委，自治区检察院，自治区公安厅）

23. 加强知识产权行政执法与刑事司法的衔接，加大知识产权司法保护力度。准确把握知识产权保护中行政监管与检察机关刑事打击、法律监督的关系，将行政机关的前端治理与检察机关刑事办案的末端处理相结合，加强知识产权领域的"两法"（行政执法与刑事司法）衔接机制建设，开展打击侵犯知识产权与制售假冒伪劣商品工作。

（牵头单位：自治区打击侵权假冒工作领导小组办公室、自治区检察院；参加单位：自治区高级法院，自治区科技厅、公安厅、工商局、新闻出版广电局，南宁海关）

24. 完善涉外知识产权执法机制，加强刑事执法国际合作，积极与境外警方开展边境警务合作，实行国内集群战役收网与跨境联合执法打击相结合，加大涉外知识产权犯罪案件侦办力度。

（牵头单位：自治区打击侵权假冒工作领导小组办公室、公安厅；参加单位：自治区科技厅、工商局、新闻出版广电局，南宁海关等）

25. 严厉打击不正当竞争行为，加强品牌商誉保护。将知识产权保护和运用相结合，加强机制和平台建设，加快知识产权转移转化。加大对中国驰名商标、广西著名商标、地理标志证明等商标的保护。

（牵头单位：自治区工商局、科技厅；参加单位：自治区工业和信息化委、教育厅、财政厅、国资委）

（九）健全增加城乡居民财产性收入的各项制度

26. 在国有企业混合所有制改革中，依照相关规定支持有条件的混合所有制企业实行员工持股，坚持同股同权、同股同利，着力避免大股东凭借优势地位侵害中小股东权益的行为，建立员工利益和企业利益、国家利益激励相容机制。在全区符合条件的部分企业开展试点工作。进一步加强资本市场中小投资者合法权益保护工作，保障中小投资者决策监督参与权，妥善处理投资者纠纷，规范募集资金使用及关联交易，严厉打击关联方利益输送、资金占用、违规担保等违法违规行为。

（牵头单位：自治区国资委、广西证监局；参加单位：自治区发展改革委、财政厅）

27. 深化金融改革，推动金融创新，鼓励和支持金融机构回归本源、专注主业，服务实体经济发展，不断创新金融产品和服务方式，依托人民银行应收账款融资服务平台，聚焦供应链条融资模式，努力破解小微企业融资难、融资贵、融资慢的难题。加快推进南宁、桂林知识产权金融试点，发展知识产权质押融资贷款。

（牵头单位：自治区金融办、人民银行南宁中心支行、广西银监局；参加单位：自治区发展改革委、工业和信息化委、科技厅、财政厅、农业厅、林业厅、国资委，广西证监局、保监局）

28. 深化农村土地制度改革，坚持土地公有制性质不改变、耕地红线不突破、粮食生产能力不减弱、农民利益不受损的底线，从实际出发，因地制宜，落实承包地、宅基地、集体经营性建设用地的用益物权，赋予农民更多财产权利，增加农民财产收益。稳妥推进农村承包土地的经营权和农民住房财产权抵押贷款试点工作，有效盘活农村资源、资金、资产，增加农业生产中长期和规模化经营的资金投入，促进农民增收致富和农业现代化加快发展。巩固集体林地家庭承包基础性地位，坚持创新体制机制，拓展和完善林地经营权，构建现代林业产权制度，坚持生态、经济和社会效益相统一。

（牵头单位：自治区国土资源厅、农业厅；参加单位：自治区林业厅、人民银行南宁中心支行）

（十）营造全社会重视和支持产权保护的良好环境

29. 大力宣传党和国家平等保护各种所有制经济产权的方针政策和法律法规，使平等保护、全面保护、依法保护观念深入人心，营造公平、公正、透明、稳定的法治环境。在坚持以经济建设为中心、提倡勤劳致富、保护产权、弘扬企业家精神等方面加强舆论引导，总结宣传一批依法有效保护产权的好做法、好经验、好案例，推动形成保护产权的良好社会氛围。深化法治宣传教育，以创新、协调、绿色、开放、共享发展理念引领普法工作。指导各地各部门深化"法律六进"活动，深入宣传产权保护法律法规，持续深化以"守法诚信、坚定信心"为重点的理想信念教育实践活动，开展形式多样的法律培训，引导民营企业增强产权保护观念、树立契约意识，推动民营企业诚实守信经营、建立现代企业管理制度、构建和谐劳动关系。

（牵头单位：自治区党委宣传部、自治区司法厅；参加单位：自治区工商联）

30. 完善法律援助制度，健全司法救助体系，确保人民群众在产权受到侵害时获得及时有效的法律帮助。

（牵头单位：自治区司法厅；参加单位：自治区高级法院、检察院，自治区公安厅）

31. 有效发挥工商业联合会、行业协会商会在保护非公有制经济和民营企业产权、维护企业合法权益方面的作用，建立对涉及产权纠纷的中小企业维权援助机制。组织开展调查研究，深入了解民营企业对产权保护的诉求。

（牵头单位：自治区工商联；参加单位：自治区工业和信息化委、民政厅、司法厅）

32. 更好发挥调解、仲裁的积极作用，完善产权纠纷多元化解机制。

（牵头单位：自治区司法厅、法制办，自治区高级法院；参加单位：自治区政府各有关部门）

三、保障措施

（一）加强组织领导

全区各级各部门要充分认识到完善产权保护制度、依法保护产权的重要性和紧迫性，把完善产权保护制度依法保护产权列入重要工作日程，加强组织领导，健全工作机制，明确和落实责任分工，强化部门协同和上下联动，狠抓工作落实。各地要建立党委牵头，人大、政府、司法机关共同参加的产权保护协调工作机制，切实加强对产权保护工作的组织领导和统筹协调。强化舆论引导，大力宣传平等保护各种所有制经济产权的方针政策和法律法规。加强调查研究、政策指导和工作协调，及时掌握和解决产权保护工作中的困难和问题。

（二）统筹制定各项配套制度

自治区本级各单位要结合自身职责，对已经明确的政策抓好落实，加强与国家有关机关、部委对接，及时了解国家工作动态，按照国家具体要求和工作部署，研究制定出台自治区产权保护的各项具体配套政策措施。各级党委政府要结合本地实际，统筹推进本地产权保护制度化，加快建立产权保护长效机制，激发本地经济主体的活力和创造力。

（三）加强评估

建立自治区完善产权保护工作评估机制，引入第三方开展评估，进一步强化评估结果的运用，对完善产权保护工作中的典型经验进行总结推广，对推进产权保护工作不力的地方实行通报批评和问责。

《中共广西壮族自治区委员会　广西壮族自治区人民政府关于深化投融资体制改革的实施意见》（桂发〔2017〕12号）

为深入贯彻《中共中央、国务院关于深化投融资体制改革的意见》精神，深入推进简政放权、放管结合、优化服务改革，进一步转变政府的投资管理职能，不断释放市场活力和增强内生动力，加快建立新型投融资体制机制，充分发挥投资对稳增长、调结构、惠民生的关键作用，结合我区实际，提出以下实施意见。

一、总体要求

（一）指导思想

全面贯彻党的十八大和十八届三中、四中、五中、六中全会精神，以邓小平理论、"三个代表"重要思想、科学发展观为指导，深入学习贯彻习近平总书记系列重要讲话精神和治国理政新理念、新思想、新战略，按照"五位一体"总体布局和"四个全面"战略布局，牢固树立和贯彻落实创新、协调、绿色、开放、共享的新发展理念，着力推进结构性改革尤其是供给侧结构性改革，充分发挥市场在资源配置中的决定性作用和更好发挥政府作用。进一步转变政府职能，深入推进简政放权、放管结合、优化服务改革，建立完善企业自主决策、融资渠道畅通、职能转变到位、政府行为规范、宏观调控有效、法治保障健全的新型投融资体制。

（二）基本原则

坚持企业为主，政府引导。确立企业投资主体地位，平等对待各类投资主体，放宽放活社会投资，激发民间投资潜力和创新活力。科学界定并严格控制政府投资范围，充分发挥政府投资的引导作用和放大效应，完善政府和社会资本合作模式。

坚持放管结合，优化服务。将投资管理工作的立足点放到为企业投资活动做好服务上，在服务中实施管理，在管理中实现服务。更加注重事前政策引导、事中事后监管约束和投资项目全过程服务，创新服务方式，简化服务流程，提高综合服务能力。

坚持创新机制，畅通渠道。打通投融资渠道，拓宽投资项目资金来源，充分挖掘社会资金潜力，让更多储蓄转化为有效投资，有效缓解投资项目融资难融资贵问题。

坚持统筹兼顾，协同推进。投融资体制改革要与供给侧结构性改革以及财税、金融、国有企业等领域改革有机衔接、整体推进，建立上下联动、横向协同工作机制，形成改革合力。

二、改善企业投资管理，充分激发社会投资动力和活力

（一）确立企业投资主体地位

缩减企业投资项目核准范围。坚持企业投资核准范围最小化，根据国务院公布的政府核准投资项目目录及时修订我区目录，目录范围以外的企业投资项目，一律实行备案制。（责任单位：自治区发展改革委牵头，自治区工业和信息化委等配合）

开展企业投资项目承诺制试点。加快投资项目管理模式从事前审批向以政策性条件引导、企业信用承诺、监管有效约束为核心的管理新模式转变，率先在南宁高新区、柳州市柳东新区和中马钦州产业园区开展企业投资项目承诺制试点，制定出台企业投资项目承诺制试点管理办法。自治区有关部门要加快完善相关发展规划、产业政策、技术标准、安全标准，健全社会信用体系，建立全面高效约束有力的监管处罚制度等，为推行企业投资项目承诺制试点营造良好环境。（责任单位：自治区发展改革委牵头，自治区编办、国土资源厅、环境保护厅、住房城乡建设厅，中马钦州产业园区管委会，自治区政管办，南宁市人民政府、柳州市人民政府等配合）

（二）建立投资项目清单管理制度

建立企业投资项目管理负面清单制度。依据产业结构调整指导目录、政府核准的投资项目目录及其他相关法律法规和国务院文件要求，制定并公布企业投资项目管理负面清单，并根据法律法规、规章及我区经济社会发展实

际情况动态调整。（责任单位：自治区发展改革委牵头，自治区商务厅等配合）

建立企业投资项目管理权力清单制度。严格遵循职权法定原则，及时制定、修订并公布企业投资项目管理权力清单，将各级政府部门行使的企业投资项目管理职权以清单形式明确下来，规范职权行使，优化管理流程。（责任单位：自治区编办牵头，自治区发展改革委、国土资源厅、环境保护厅、住房城乡建设厅、政管办，各市县人民政府等配合）

建立企业投资项目管理责任清单制度。及时制定、修订并公布企业投资项目管理责任清单，进一步厘清各级政府部门企业投资项目管理职权所对应的责任事项，明确责任主体，健全追责问责机制。（责任单位：自治区编办牵头，自治区发展改革委、国土资源厅、环境保护厅、住房城乡建设厅、政管办，各市县人民政府等配合）

（三）优化企业投资项目管理流程

全面推进网上并联办理。除涉及国家秘密的项目外，企业投资项目备案、核准一律通过广西投资项目在线并联审批监管平台办理，投资主管部门和其他有关部门统一使用广西投资项目在线并联审批监管平台生成的项目代码办理相关手续。实行备案制的投资项目，备案机关要通过广西投资项目在线并联审批监管平台，提供便捷备案服务，不得设置任何前置条件。实行核准制的投资项目，核准机关要依托广西投资项目在线并联审批监管平台实行并联核准，即由广西投资项目在线并联审批监管平台"一个窗口"受理，统一推送至相关部门。（责任单位：自治区发展改革委、政管办牵头，自治区编办、工业和信息化委、国土资源厅、环境保护厅、住房城乡建设厅，各市县人民政府等配合）

清理前置审批条件。精简投资项目核准前置审批事项，只保留选址意见、用地（用海）预审以及重特大项目的环评审批作为前置条件，须环评审批的重特大项目具体范围由环保部门牵头制定并向社会公布。相关部门要按照并联办理和其他有关规定的要求，协同下放审批权限。（责任单位：自治区发展改革委牵头，自治区编办、国土资源厅、环境保护厅、住房城乡建设厅、政管办，各市县人民政府等配合）

优化投资项目评审报建验收流程。探索建立多评合一、统一评审的中介服务新模式，有机整合各类评估评审事项。进一步简化、整合投资项目报建手续，有效归同一部门办理的行政审批事项，清理报建阶段技术审查类的相关审批手续，法律法规没有明确规定的一律取消，探索实行先建后验的管理模式。逐项制定并发布投资项目报建、验收事项审查标准和管理办法，对投资项目报建、验收事项实行标准化管理。加快中介服务市场化进程，切断中介服务机构与政府部门间的利益关联，建立公开透明的中介服务市场。（责任单位：自治区政管办牵头，自治区编办、发展改革委、国土资源厅、环境保护厅、住房城乡建设厅，各市县人民政府等配合）

（四）规范企业投资行为

强化企业自律。各类企业要严格遵守城乡规划、土地管理、环境保护、安全生产等方面的法律法规，认真执行相关政策和标准规定，依法落实项目法人责任制、招标投标制、工程监理制、合同管理制和质量终身责任追究制，确保工程质量。（责任单位：自治区发展改革委、工业和信息化委、国土资源厅、环境保护厅、住房城乡建设厅、安全监管局等单位根据各自职能负责）

健全惩戒机制。对于以不正当手段取得核准或备案手续以及未按照核准内容进行建设的项目，核准、备案机关应当根据情节轻重依法给予警告、责令停止建设、责令停产等处罚；对于未依法办理其他相关手续擅自开工建设，以及建设过程中违反城乡规划、土地管理、环境保护、安全生产等方面法律法规的项目，相关部门应依法予以处罚。相关责任人员涉嫌犯罪的，依法移送司法机关处理。（责任单位：自治区发展改革委牵头，自治区工业和信息化委、国土资源厅、环境保护厅、住房城乡建设厅、安全监管局等配合）

三、加强政府投资管理，发挥好政府投资的引导和带动作用

（一）完善政府投资决策机制

进一步明确政府投资范围。政府投资资金只投向市场不能有效配置资源的社会公益服务、公共基础设施、农业农村、生态环境保护和修复、重大科技进步、社会管理、国家安全等公共领域的项目，以非经营性项目为主，原则上不支持经营性项目。建立政府投资范围定期评估调整机制，不断优化投资方向和结构，提高投资效率。（责任单位：自治区发展改革委、财政厅牵头，自治区有关单位配合）

优化政府投资安排方式。政府投资资金按项目安排，以直接投资方式为主。对确需支持的经营性项目，主要采取资本金注入方式投入，也可适当采取投资补助、贷款贴息等方式进行引导。安排政府投资资金应当在明确各方权益的基础上平等对待各类投资主体，不得设置歧视性条件。规范政府投资引导基金管理，完善政府投资引导基金监管办法，科学界定引导基金投资领

域并实行负面清单管理，确保资金投向实体经济。（责任单位：自治区发展改革委、财政厅牵头，自治区有关单位配合）

改进和规范政府投资项目审批制。制定自治区政府投资项目管理办法，采用直接投资和资本金注入方式的项目，对经济社会发展、社会公众利益有重大影响或者投资规模较大的，要在咨询机构评估、公众参与、专家评议、风险评估等科学论证基础上，严格审批项目建议书、可行性研究报告、初步设计。经国务院及有关部门和自治区政府批准的专项规划、区域规划中已经明确的项目，不再审批项目建议书，直接审批可行性研究报告；不涉及新增建设用地的改扩建项目，项目建议书和可行性研究报告合并为审批可行性研究报告，并简化可行性研究报告内容；建设内容单一、投资规模较小、技术方案简单的项目，可简化为仅审批可行性研究报告、项目建设方案或初步设计。（责任单位：自治区发展改革委牵头，自治区编办、国土资源厅、环境保护厅、住房城乡建设厅、交通运输厅、水利厅、林业厅、政管办，各市县人民政府等配合）

规范政府投资管理。根据中央确定的投资方向、自治区国民经济和社会发展规划及自治区决策部署要求，编制三年滚动政府投资计划，明确计划期内的重大项目，并与中期财政规划和部门预算相衔接，统筹安排、规范使用各类政府投资资金。依据三年滚动政府投资计划及自治区党委、政府年度重点工作，编制政府投资年度计划，合理安排政府投资。依托国家重大建设项目库、部门预算项目库、中期财政规划，建立覆盖各级各部门的政府投资项目库，未入库项目原则上不予安排政府投资。完善广西投资项目在线并联审批监管平台相关功能，建立政府投资项目信息统一管理机制，并尽快拓展至企业投资项目，实现项目信息共享。（责任单位：自治区发展改革委、财政厅牵头，自治区有关单位配合）

（二）强化政府投资事中事后监管

严格控制概算。项目实施中严格投资概算、建设标准、建设工期等要求，严格概算执行和造价控制，健全概算审批、调整等管理制度。确需调整概算的，应严格履行报批程序，严禁未批先建。进一步完善政府投资项目代理建设或工程总承包制度。在社会事业、基础设施等领域，推广应用建筑信息模型技术。（责任单位：自治区发展改革委、住房城乡建设厅、审计厅等单位根据各自职能负责）

严格执行投资计划。严格按照项目建设进度下达政府投资计划和财政预算计划，加快资金支付。对未按下达计划建设形成的闲置沉淀资金，要按规定程序及时调整至可形成有效支出的项目，确保政府投资及时发挥效益。（责任单位：自治区发展改革委、财政厅牵头，自治区有关单位、各市县人民政府配合）

完善政府投资监管机制。加强投资项目审计监督，强化重大项目稽查制度，完善竣工验收制度，建立后评价制度，健全政府投资责任追究制度。建立社会监督机制，推动政府投资信息公开，鼓励公众和媒体对政府投资进行监督。（责任单位：自治区发展改革委、财政厅、审计厅等单位根据各自职能负责）

四、创新融资机制，畅通投资项目融资渠道

（一）强化政府投资引导带动作用

加快设立各类基金。依托广西政府投资引导基金，围绕战略性新兴产业、高新技术产业、先进制造业、生态环保产业、现代服务业等重点产业发展，港口、园区等交通、工业基础设施建设，城市发展及"一带一路"等国家区域发展战略设立各类基金，并以电子信息、生物制药、先进制造业为突破口率先实现对重大项目投资。（责任单位：自治区财政厅牵头，自治区发展改革委、工业和信息化委、住房城乡建设厅、金融办等配合）

推进政府和社会资本合作。进一步厘清部门职责，实行分类管理，简化审批程序，降低投融资成本。自治区发展改革部门要牵头统筹推进全区政府和社会资本合作有关工作，负责制定项目操作规程以及项目库建设管理，完善价格调整机制；自治区财政部门负责物有所值评价、财政承受能力论证、财政补贴安排等，防控财政风险；各市县人民政府要结合已有规划和各地实际，出台具体政策措施，建立工作协调机制，推动PPP项目落地及规范实施；各级行业主管部门负责遴选、发起项目；各级发展改革部门负责组织PPP项目实施方案联审，进行监督检查和绩效评价；项目实施机构（根据本级人民政府授权的行业主管部门或委托的相关单位）负责项目实施方案编制、社会资本选择、建设运营监管和移交等工作。鼓励创新政府和社会资本合作模式，扩大公共产品和服务供给。构建公平的市场准入条件，理顺价格形成机制，完善土地、金融等方面的政策支持，稳定项目预期收益。发挥工程咨询、金融、财务、法律等方面专业机构作用，提高项目决策的科学性、项目管理的专业性和项目实施的有效性。积极推进贵港市中小城市重大市政基础设施政府和社会资本合作创新试点工作。（责任单位：自治区发展改革

委牵头，自治区财政厅，各市县人民政府等配合)

加快政府融资平台市场化转型。在妥善处理投融资平台公司政府存量债务的基础上，整合关闭"空壳"类公司，推动实体类公司转型为自我约束、自我发展的市场主体。(责任单位：自治区财政厅、国资委、金融办等单位，各市县人民政府根据各自职能负责)

（二）大力发展直接融资

利用多层次资本市场体系融资。支持企业在境内外上市或在全国中小企业股份转让系统挂牌，鼓励广西企业在境内外证券交易场所上市或再融资、在全国中小企业股份转让系统挂牌，加强我区区域性股权交易市场功能建设。鼓励企业利用能产生稳定现金流的资产发行资产证券化产品，盘活存量资产。支持种子期、初创期企业发展，研究设立私募基金产业园，建立私募基金投资上市（挂牌）后备企业的对接机制，推动企业与私募基金对接。建立创业投资与政府项目对接机制，在双创示范基地、国家高新区、产业（技术）创新中心、科技企业孵化器、众创空间等，搭建创业投资与企业信息共享平台，打通创业资本和项目之间的通道。鼓励和支持符合条件企业运用企业债、公司债、项目收益债、可转债、可交换债、可续期债、创新创业债、集合债、中期票据、短期融资券等多样化的债券品种扩大融资规模，支持区内市场主体发行境外人民币债券，推动发展投贷联动、投保联动、投债联动等新模式，有序开展市场化银行债权转股权。设立政府引导、市场化运作的产业（股权）投资基金，积极吸引社会资本参加，鼓励金融机构以及全国社会保障基金、保险资金等通过认购基金份额等方式参与我区经济社会建设。用足用好中央核定的政府债务限额，依法依规发行政府债券，用于公共领域重点项目建设。(责任单位：自治区金融办牵头，自治区发展改革委、财政厅，人民银行南宁中心支行，广西银监局、证监局、保监局等配合)

（三）充分发挥政策性、开发性金融机构积极作用

积极利用政策性、开发性金融，为重点项目提供投资、贷款、债券、租赁、证券等综合金融服务。大力推动政策性、开发性金融机构在中国—东盟信息港建设、新型城镇化建设、城镇棚户区改造、生态环保、交通和水利基础设施、企业技术改造和优势产业发展、传统产业转型升级、科技创新等方面的长期稳定合作。积极争取国家专项建设基金，加强基金项目谋划储备，加快推进项目前期工作，提高项目成熟度，争取更多项目获得国家专项建设基金支持，引导商业银行以投贷结合、银团贷款等方式对基金项目给予配套

贷款支持。建立健全政银企社合作对接机制,搭建信息共享、资金对接平台,协调金融机构加大对我区重大工程的支持力度。积极构建新型政银担合作关系与"4321"风险分担机制(即对政府性融资担保体系成员开展的符合条件的小微企业融资担保业务,由政府性融资担保机构、广西再担保有限公司、银行业金融机构、融资担保业务发生地设区市或县级财政按照4∶3∶2∶1的比例分担代偿责任),加快推进我区政府性融资担保体系建设。(责任单位:自治区金融办牵头,自治区发展改革委、财政厅、国资委,国家开发银行广西分行,农发行广西分行,各市县人民政府等配合)

(四)完善保险资金等机构资金对项目建设的投资机制优化保险资金投资环境,制定吸引保险资金的支持政策

加强与保险机构的交流合作,形成保险资金与全区重点项目的常态对接机制。支持保险资金通过债权、股权、资产支持等多种方式,参与我区重大基础设施、重大民生工程、棚户区改造和新型城镇化等重点领域的项目建设。积极对接全国社会保障基金理事会和企业年金、职业年金投资运营机构,拓展项目资金来源渠道。(责任单位:自治区金融办牵头,自治区发展改革委、财政厅,人民银行南宁中心支行,广西证监局、保监局等配合)

(五)加快构建更加开放的投融资体制加大投融资双向开放合作力度

围绕中央赋予广西的"三大定位",创新有利于深化双向开放合作的投融资机制,加强金融机构协调配合,用好各类资金,为区内企业走出去和重点合作项目提供更多投融资支持。稳步放宽区内企业和金融机构赴境外融资,募集并用好低成本外汇资金,做好风险规避。加强与政府、企业、金融机构之间的多层次、多领域投融资合作。出台一批具有突破性、创新性的招商引资优惠政策并抓好政策兑现,对就业、经济发展、技术创新贡献大的项目予以支持。继续实施自治区"引金入桂""引金下乡"和金融机构业务激励政策,积极争取进出口金融机构在区内设立分支机构。(责任单位:自治区金融办牵头,自治区发展改革委、财政厅、国土资源厅、投资促进局、地税局,人民银行南宁中心支行,自治区国税局,广西银监局、证监局、保监局等配合)

五、切实转变政府职能,提升综合服务管理水平

(一)深入推进"信用广西"建设

大力推进政务诚信、商务诚信、社会诚信、司法公信建设,加快推行统

一社会信用代码，实施投融资领域相关主体信用承诺制度，建立异常信用记录和严重违法失信"黑名单"，纳入全区信用信息共享平台，与全国信用信息共享平台衔接，并将有关信息录入金融信用信息基础数据库。加大失信惩戒力度，对违法失信主体采取限制和禁入措施，实现"一处失信，处处受限"。（责任单位：自治区发展改革委、人民银行南宁中心支行牵头，广西社会信用体系建设联席会议成员单位，各市县人民政府等配合）

（二）创新服务管理方式

完善投资项目审批首问负责制，首家受理单位要为企业提供"一站式"受理、"一次性告知"、一家负责到底的"全流程"服务。各级各部门要加快完善、全力推广运用广西投资项目在线并联审批监管平台，形成纵向贯通、横向联通、覆盖各类投资项目，一口受理、网上办理、规范透明、限时办结的投资管理服务新模式。有关部门要制定项目审批工作规则和办事指南，及时公开受理情况、办理过程、审批结果，发布政策信息、投资信息、中介服务信息等，为企业投资决策提供参考和帮助。鼓励新闻媒体、公民、法人和其他组织依法对政府的服务管理行为进行监督。下移服务管理重心，加强业务指导和基层投资管理队伍建设，给予各地更多自主权，充分调动各有关方面积极性。（责任单位：自治区发展改革委牵头，自治区编办、国土资源厅、环境保护厅、住房城乡建设厅、政管办，各市县人民政府等配合）

（三）加强规划政策引导

充分发挥发展规划、产业政策、行业标准等对投资活动的引导作用，并为监管提供依据。把发展规划作为引导投资方向，稳定投资运行，规范项目准入，优化项目布局，合理配置资金、土地（海域）、能源资源、人力资源等要素的重要手段。严格执行能耗、水耗、用地、碳排放、污染物排放、安全生产等技术标准，推行能效和排污强度"领跑者"制度。（责任单位：自治区发展改革委、工业和信息化委、人力资源社会保障厅、国土资源厅、环境保护厅、住房城乡建设厅、安全监管局等单位，各市县人民政府根据各自职能负责）

（四）健全监管约束机制

按照"谁审批，谁监管，谁主管，谁监管"的原则，明确监管责任，注重发挥投资主管部门综合监管职能、地方政府就近就便监管作用和行业管理部门专业优势，整合监管力量，共享监管信息，实现协同监管。依托广西投资项目在线并联审批监管平台，加强项目建设全过程监管，确保项目合法开工、建设过程合规有序。各有关部门要完善规章制度，制定监管工作指南和操作规程，促进监管工作标准具体化、公开化。要严格执法，依法纠正和查处违法违规投资建设行为。（责任单位：自治区发展改革委、工业和信息化委、国土资源厅、环境保护厅、住房城乡建设厅、安全监管局等单位，各市县人民政府根据各自职能负责）

六、强化保障措施，确保改革任务落实到位

(一) 加强分工协作

各地各部门要充分认识深化投融资体制改革的重要性和紧迫性，加强组织领导，搞好分工协作，逐项制定具体推进方案，明确责任分工和时间节点，强化考核和督查问责，确保各项改革措施稳步推进。自治区政府投资主管部门要切实履行好投资调控管理服务的综合协调、统筹推进职责。（责任单位：自治区发展改革委等单位，各市县人民政府根据各自职能负责）

(二) 加快投资管理法规制度建设

及时跟进国家关于政府投资、企业投资项目核准和备案管理、社会信用、股权投资等方面的立法修法施行情况，进一步加强全区投资管理相关制度建设，完善地方性法规规章，依法保护各方权益，维护竞争公平有序、要素合理流动的投融资市场环境。（责任单位：自治区发展改革委牵头，自治区有关单位配合）

(三) 统筹推进配套改革

按照中央部署，统筹推进铁路、石油、天然气、电力、电信、医疗、教育、城市公用事业等领域改革，规范并完善政府和社会资本合作、特许经营管理，鼓励社会资本参与。加快推进基础设施和公用事业等领域价格改革，完善市场决定价格机制。推动金融体制改革创新。加快土地制度配套改革政策落实。协同推进投融资体制改革与其他领域改革，形成叠加效应，充分释放改革红利，为全区经济社会发展注入新动力、拓展新空间。（责任单位：自治区发展改革委、工业和信息化委、教育厅、财政厅、国土资源厅、国资委、金融办等单位，各市县人民政府根据各自职能负责）

《广西国有企业违规经营投资责任追究暂行办法》
（桂政办发〔2017〕154 号）

第一章 总 则

第一条 为全面深化我区国有企业改革，完善国有资产监管体制，防止国有资产流失，实现国有资产保值增值，根据《中华人民共和国企业国有资产法》《企业国有资产监督管理暂行条例》《国务院办公厅关于加强和改进企业国有资产监督防止国有资产流失的意见》（国办发〔2015〕79 号）、《国务院办公厅关于建立国有企业违规经营投资责任追究制度的意见》（国办发〔2016〕63 号）等相关规定，制定本办法。

第二条 本办法所称违规经营投资责任追究（以下简称责任追究），是指国有企业经营管理有关人员违反国家法律法规、监管部门相关规章制度、企业内部管理规定，未履行或未正确履行职责致使企业发生国有资产损失以及其他严重不良后果的，应当追究相应责任。

第三条 本办法所称国有资产监管机构，是指代表本级人民政府履行国有资产出资人职责、负责监督管理企业国有资产的机构和部门，包括国资委及其他履行国有资产出资人职责的机构和部门。

第四条 本办法所称企业负责人，是指全区各级党委、人民政府或国有资产监管机构党委（党组、党工委）、国有资产监管机构决定任免或提名任免的企业领导人员，以及企业决定任命或提名任免的下属企业领导人员。

第五条 本办法所称企业经营管理有关人员，是指企业董事、监事、高级管理人员以及其他相关人员。

第六条 责任追究应当遵循如下原则：

（一）坚持依法合规、违规必究。以法律法规为准绳，严格执行监管部门相关规章制度及企业内部管理规定，对违反规定、未履行或未正确履行职责造成国有资产损失以及其他严重不良后果的国有企业经营管理有关人员，严格界定违规经营投资责任，严肃追究问责，实行重大决策终身责任追究制度。

（二）坚持分级组织、分类处理。全区各级国有资产监管机构和国有企业根据监管范围、各级出资人职责和干部管理权限，分别组织开展责任追究工作。

（三）坚持客观公正、责罚适当。在充分调查核实和责任认定的基础上，既考虑量的标准也考虑质的不同，实事求是地确定资产损失程度和责任追究范围，依法依规处理相关责任人。

（四）坚持惩教结合、纠建并举。在严肃追究违规经营投资责任的同时，加强案例总结和警示教育，不断完善规章制度，及时堵塞经营管理漏洞，建立问责长效机制，提高国有企业经营管理水平。

第七条 全面建立覆盖全区各级国有资产监管机构和国有企业的责任追究工作体系，形成职责明确、流程清晰、规范有序的责任追究工作机制。

第二章　责任追究范围

第八条 集团管控方面应当追究责任的情形：

（一）制度不完善、监管不到位，致使所属子企业发生重大违纪违规违法问题，造成重大资产损失，影响其持续经营能力或造成严重不良后果。

（二）对所属子企业违规或超越范围授权，造成国有资产损失。

（三）未履行或未正确履行职责致使集团发生较大资产损失，对生产经营、财务状况产生重大影响。

（四）对集团重大风险隐患、内控缺陷等问题失察，或虽发现但没有及时报告、处理，造成重大风险等。

第九条 购销管理方面应当追究责任的情形：

（一）未按照规定订立、履行合同，未履行或未正确履行职责致使合同标的价格明显不公允。

（二）交易行为虚假或违规开展"空转"贸易以及违规开展资金流、货物流、票据流不一致的贸易。

（三）利用关联交易输送利益。

（四）未按照规定进行招标或未执行招标结果。

（五）违反规定提供赊销信用、资质、担保（含抵押、质押等）或预付款项，利用业务预付或物资交易等方式变相融资或投资。

（六）违规开展商品期货、期权等衍生业务。

（七）未按规定对应收款项及时追索或采取有效担保或保全措施。

（八）前期合同不能完全执行时继续签订类似合同，交易对方出现重大违约时继续单方面履行合同。

（九）开展贸易过程中，未按规定对货物进行验收、运输、保管、收发导致货物丢失、毁损、减值，造成国有资产损失。

（十）存在保证人的情况下，未按合同约定及时追究保证人的保证责任，导致保证人免除保证责任等。

第十条　工程承包建设方面应当追究责任的情形：

（一）未按规定对合同标的进行调查论证，未经授权或超越授权投标，中标价格严重低于成本，造成企业资产损失。

（二）违反规定擅自签订或变更合同，合同约定未经严格审查，存在重大疏漏。

（三）工程物资未按规定招标。

（四）违反规定转包、分包。

（五）工程组织管理混乱，致使工程质量不达标，工程成本严重超支。

（六）违反合同约定超计价、超进度付款、提前报送或核定工程量等。

第十一条　转让产权、上市公司股权和资产方面应当追究责任的情形：

（一）未按规定履行决策和审批程序或超越授权范围转让。

（二）财务审计、资产评估和法律风险评估违反相关规定。

（三）故意转移、隐匿国有资产，组织提供和披露虚假信息，操纵中介机构出具虚假财务审计、资产评估鉴证结果、法律意见书。

（四）未按相关规定执行回避制度，造成国有资产损失。

（五）未按规定进场交易，转让过程不公开、不透明。

（六）在企业资产租赁或者承包经营中，违背市场交易规则，以不合理的低价出租或者发包，或以不合理的高价租赁或承包。

（七）违反相关规定和公开公平交易原则，低价转让企业产权、上市公司股权和资产等。

第十二条　固定资产、无形资产投资管理方面应当追究责任的情形：

（一）未按规定进行可行性研究或风险分析。

（二）项目概算未经严格审查，严重偏离实际。

（三）未按规定履行决策和审批程序擅自投资，造成国有资产损失。

（四）购建项目未按规定招标，干预或操纵招标，中标价格明显高于成本，造成国有资产损失。

（五）外部环境发生重大变化，未按规定及时调整投资方案并采取止损措施。

（六）擅自变更工程设计、建设内容。

（七）项目管理混乱，致使建设严重拖期、成本明显高于同期同类项目。

（八）无形资产交易过程中未评估，或评估目的、评估方法、评估假设等明显不合理导致交易基准价值不公允等。

第十三条 投资并购方面应当追究责任的情形：

（一）投资并购未按规定开展尽职调查，或尽职调查未进行风险分析等，存在重大疏漏。

（二）清产核资、财务审计、资产评估或估值、法律风险评估等违反相关规定，或投资并购过程中授意、指使中介机构或有关单位出具虚假报告。

（三）未按规定履行决策和审批程序，决策未充分考虑重大风险因素，未制定风险防范预案。

（四）违规以各种形式为其他合资合作方提供垫资、借款或其他资金资产支持，或通过高溢价并购等手段向关联方输送利益。

（五）投资合同、协议及标的企业公司章程中国有权益保护条款缺失，对标的企业管理失控。

（六）投资参股后未行使股东权利或不合理地承担额外股东义务，发生重大变化未及时采取止损措施，在合资公司中没有落实同股同责致使国有权益或国有资产受到损失。

（七）违反合同约定提前支付并购价款。

（八）国（境）外投资违反国家、自治区、各监管机构国（境）外投资相关法律法规和规章制度，违反投资所在国（境）相关监管法律法规，违反外汇管理相关规定，造成国有资产损失或其他严重不良后果等。

第十四条 改组改制方面应当追究责任的情形：

（一）未按规定履行决策和审批程序。

（二）未按规定组织开展清产核资、财务审计和资产评估、法律风险评估。

（三）故意转移、隐匿国有资产或向中介机构提供虚假信息，操纵中介机构出具虚假清产核资、财务审计与资产评估鉴证结果、法律意见书。

（四）将国有资产以明显不公允低价折股、出售或无偿分给其他单位或个人。

（五）在发展混合所有制经济、实施员工持股计划等改组改制过程中违规操作，变相套取、私分国有股权。

（六）未按规定收取国有资产转让价款。

（七）改制后公司章程中缺失国有权益保护条款、国有股东丧失全部或部分股东权益、承担额外股东义务并导致国有资产损失等。

第十五条 资金管理方面应当追究责任的情形：

（一）违反决策和审批程序或超越权限批准资金支出。

（二）设立"小金库"。

（三）违规集资、发行股票（债券）、捐赠、担保、委托理财、拆借资金或开立信用证、办理银行票据。

（四）虚列支出套取资金。

（五）违规以个人名义留存资金、收支结算、开立银行账户。

（六）违规超发、滥发职工薪酬福利。

（七）因财务内控缺失，发生挪用、侵占、盗取、欺诈。

（八）违反财政补助资金使用管理办法和财务会计管理制度相关规定等。

第十六条 融资、负债管理方面应当追究责任的情形：

（一）融资行为未按规定进行内部决策及审批、备案、报告程序。

（二）违反监管规章制度进行融资，造成严重不良后果。

（三）融资后未进行有效的资金使用管控，导致资金使用不当、资金收益率低下，影响还本付息。

（四）未对还本付息资金进行合理安排导致债务违约，恶意逃废金融债务。

（五）在融资过程中利用国有资产违规设定担保、抵押、质押，造成国有资产损失。

（六）编制虚假财务报表等材料进行发债、借款等融资致使企业被监管部门处罚。

（七）在发债等融资过程中，未按监管部门要求及时、公平、准确、完整地履行信息披露义务而被监管部门处罚等。

第十七条 风险管理方面应当追究责任的情形：

（一）内控及风险管理制度缺失，内控流程存在重大缺陷或内部控制执行不力。

（二）对经营投资重大风险未能按规定及时履行分析、识别、评估、预警和应对等责任。

（三）对企业规章制度、经济合同和重要决策未按规定进行法律审核或法律审核不到位。

（四）过度负债危及企业持续经营，恶意逃废金融债务。

（五）重大风险及风险损失事件报告不及时或瞒报、漏报、虚报，企业报送财务数据或披露信息严重失实，指使编制虚假财务报告，企业账实严重不符等。

第十八条　金融业务开展方面应当追究责任的情形：

（一）未取得金融许可资质的企业擅自或超越范围从事金融业务。

（二）开展金融业务违反金融监管部门规章制度，受到金融监管部门处罚。

（三）企业内部金融业务风险控制部门不健全，制度、措施缺乏，导致金融风险事故发生。

（四）未按规定开展尽职调查，尽职调查资料虚假隐瞒或尽职调查存在重大错漏。

（五）负责尽职调查或可行性研究的业务部门、审查或风控部门未履行尽职责任，未如实揭示风险、故意隐瞒重大风险，影响审批决策判断。

（六）未履行规定程序审批或越权审批。

（七）金融业务合同执行过程中缺乏监管和风险评估，未及时有效防范风险，造成国有资产损失；隐瞒、谎报金融业务风险。

（八）发生损失未采取有效措施进行保全及追偿，对保证、抵押、质押项目的保全、追偿、处置过程不履职、不尽职。

（九）从事股票、期货、债券、外汇以及金融衍生工具等投资，缺乏风险管控、止损的制度及措施等。

第十九条　对企业资产管理不当，造成非正常损毁、报废、丢失、被盗的，应当追究有关责任人责任。

第二十条　违反法律法规、监管部门相关规章制度、企业内部管理规定，未履行或未正确履行职责，致使企业发生国有资产损失或其他严重不良后果的其他情形，应当追究有关责任人责任。

第三章　国有资产损失认定

第二十一条　国有资产损失认定结果由负责相应责任追究的企业或国有资产监管机构作出。国有资产监管机构认为有必要认定的重大损失，由国有资产监管机构负责调查认定，并出具违规经营投资损失认定的书面文件或相关材料。

第二十二条　国有资产损失应当区分直接损失和间接损失。直接损失是与相关人员行为有直接因果关系的损失金额及影响。间接损失是由相关人员行为引发或导致的，除直接损失外，能够确认计量的其他损失金额及影响。

第二十三条　国有资产损失分为一般资产损失、较大资产损失和重大资产损失。单笔国有资产损失金额在 300 万元以下的，属于一般资产损失；单笔国有资产损失金额在 300 万元以上（含 300 万元）1000 万元以下的，属于较大资产损失；单笔国有资产损失金额在 1000 万元以上（含 1000 万元）的，属于重大资产损失。

涉及违纪违法和犯罪行为查处的损失标准，遵照相关党规党纪和法律法规的规定执行。

第二十四条　国有资产损失金额及影响的认定依据：

（一）根据司法、行政机关出具的有关书面文件。

（二）具有相应资质的会计师事务所、资产评估机构、律师事务所等中介机构出具的专项审计、资产评估或鉴证报告。

（三）企业内部涉及特定事项的国有资产损失的会计记录、内部证明材料。

（四）其他可以认定国有资产损失的证明材料。

未在会计账簿记录或者账面价值与公允价值相差较大的资产，应当按照市场价值、重置价值等公允价值认定国有资产损失金额。

第二十五条　相关经营投资虽尚未形成事实损失，经中介机构评估在可预见未来将发生的损失，可以认定为或有国有资产损失。

第四章　责任认定

第二十六条　违规经营投资责任根据工作职责划分为直接责任、主管责任和领导责任。

（一）直接责任是指相关人员在其工作职责范围内，违反规定，未履行或未正确履行职责，对造成的国有资产损失或其他不良后果起决定性直接作用时应当承担的责任。

（二）主管责任是指相关人员在其直接主管（分管）工作职责范围内，违反规定，未履行或未正确履行职责，对造成的国有资产损失或其他不良后果应当承担的责任。

（三）领导责任是指主要负责人在其工作职责范围内，违反规定，未履行或未正确履行职责，对造成的国有资产损失或其他不良后果应当承担的责任。

第二十七条 企业负责人存在以下情形的，应当承担直接责任：

（一）本人或与他人共同违反法律法规和企业内部管理规定。

（二）授意、指使、强令、纵容、包庇下属人员违反法律法规和企业内部管理规定。

（三）未履行规定决策程序，直接决定、批准、组织实施重大经济事项，并造成重大资产损失或其他严重不良后果。

（四）将按有关法律法规制度应作为第一责任人（总负责）的事项、签订的有关目标责任事项或应当履行的其他重要职责，授权（委托）其他领导干部决策且决策不当或决策失误造成重大资产损失或其他严重不良后果。

（五）其他失职、渎职和应当承担直接责任的情形。

第二十八条 国有企业以集体决策名义实施的违规经营投资行为，企业主要负责人或决策人应当承担直接责任，参与决策的其他人员应当承担相应责任。参与决策的人员经证明在表决时曾表明异议并记载于会议记录的，可免除相应的责任。

第二十九条 国有企业未建立内控制度或内控制度存在重大缺陷，未建立廉洁风险防控制度或廉洁风险防控制度不落实，造成国有企业重大资产损失或其他严重不良后果的，企业分管负责人和主要负责人应当分别承担主管责任和领导责任。

责任追究中出现责任划分不清或无法界定责任情形的，企业分管负责人和主要负责人应当分别承担主管责任和领导责任。

第三十条 国有企业发生重大资产损失隐瞒不报或少报资产损失的，除按照本办法对有关责任人进行责任追究外，企业分管财务的负责人或总会计师、财务总监应当承担主管责任，企业主要负责人应当承担领导责任。

第三十一条 国有企业发生违规经营投资行为，企业监管职能部门未按规定进行立案、查处、追究、整改、上报的，对负有监管职能的部门负责人应当进行责任追究。

企业主要负责人知道或应当知道违规经营投资行为，未督促企业监管职能部门履行监管职责，对企业主要负责人应当比照直接责任人进行责任追究。

第三十二条 对国有企业经营管理有关人员经营投资实行重大决策终身责任追究制度，已调任其他岗位或退休的，应纳入责任追究范围。

第五章　责任追究处理

第三十三条　根据国有资产损失程度、问题性质等，对相关责任人采取组织处理、扣减薪酬、禁入限制、纪律处分、移送司法机关等方式处理。

（一）组织处理。包括批评教育、责令书面检查、通报批评、诫勉、停职、调离工作岗位、降职、改任非领导职务、责令辞职、免职等。

（二）扣减薪酬。扣减和追索绩效年薪或任期激励收入，终止或收回中长期激励收益，取消参加中长期激励资格等。

（三）禁入限制。五年内直至终身不得担任国有企业董事、监事、高级管理人员。

（四）纪律处分。由相应的纪检监察机关依法依规查处。

（五）移送司法机关处理。依据有关法律规定，移送司法机关依法查处。

以上处理方式可以单独使用，也可以合并使用。

第三十四条　国有企业发生国有资产损失，经过查证核实和责任认定后，除依据有关规定移送司法机关处理外，应当按以下方式处理：

（一）发生一般资产损失的，对直接责任人和主管责任人给予批评教育、责令书面检查、通报批评、诫勉、停职、调离工作岗位等处理，同时扣减和追索责任认定年度50%以下的绩效年薪、扣减和追索责任认定年度（含）前三年50%以下的任期激励收入。视情节轻重，可另处以延期支付绩效年薪、终止尚未行使的中长期激励权益、上缴责任认定年度及前一年度的全部或部分中长期激励收益、三年内不得参加企业新的中长期激励等处罚。

对领导责任人给予批评教育、责令书面检查、通报批评、诫勉等处理，同时扣减和追索责任认定年度30%以下的绩效年薪、扣减和追索责任认定年度（含）前三年30%以下的任期激励收入。视情节轻重，可另处以延期支付绩效年薪、终止尚未行使的中长期激励权益、一年内不得参加企业新的中长期激励等处罚。

（二）发生较大资产损失的，对直接责任人和主管责任人给予通报批评、诫勉、停职、调离工作岗位、降职等处理，同时按照以下标准扣减薪酬：扣减和追索责任认定年度50%~100%的绩效年薪、扣减和追索责任认定年度（含）前三年50%~100%的任期激励收入并延期支付绩效年薪，终止尚未行使的中长期激励权益、上缴责任认定年度及前一年度的全部中长期激励收益、五年内不得参加企业新的中长期激励。

对领导责任人给予通报批评、诫勉、停职、调离工作岗位等处理，同时按照以下标准扣减薪酬：扣减和追索责任认定年度30%~70%的绩效年薪、扣减和追索责任认定年度（含）前三年30%～70%的任期激励收入并延期支付绩效年薪，终止尚未行使的中长期激励权益、三年内不得参加企业新的中长期激励。

（三）发生重大资产损失的，对直接责任人和主管责任人给予降职、改任非领导职务、责令辞职、免职和禁入限制等处理，同时按照以下标准扣减薪酬：扣减和追索责任认定年度100%的绩效年薪、扣减和追索责任认定年度（含）前三年100%的任期激励收入并延期支付绩效年薪，终止尚未行使的中长期激励权益、上缴责任认定年度（含）前三年的全部中长期激励收益、不得参加企业新的中长期激励。

对领导责任人给予调离工作岗位、降职、改任非领导职务、责令辞职、免职和禁入限制等处理，同时按照以下标准扣减薪酬：扣减和追索责任认定年度70%～100%的绩效年薪、扣减和追索责任认定年度（含）前三年70%～100%的任期激励收入并延期支付绩效年薪，终止尚未行使的中长期激励权益、上缴责任认定年度（含）前三年的全部中长期激励收益、五年内不得参加企业新的中长期激励。

第三十五条 责任人在责任认定年度已不在本企业领取绩效年薪的，按离职前一年度全部绩效年薪及前三年任期激励收入总和计算，参照上述标准追索扣回其薪酬。

第三十六条 违规经营投资行为同时触犯本办法两个以上（含两个）条款的，依照处罚较重的条款定性处理。一人同时触犯本办法规定的两种以上（含两种）违规行为，应当合并处理，按其数种违规行为中应当受到的最高处理规定加重一档给予处理。

第三十七条 国有企业经营管理有关人员违反本办法的禁入限制措施：

（一）受到降职、改任非领导职务处理的，两年内不得担任与原职务相当或高于其原任职务的职务。

（二）受到责令辞职、免职处理的，五年内不得担任国有企业领导职务。

（三）构成犯罪被判处刑罚的，终身不得担任国有企业领导职务。

第三十八条 对国有企业违规经营投资行为负有责任的相关人员，除按照本规定予以处罚外，应当依据《中华人民共和国公司法》《中华人民共和国企业国有资产法》《企业国有资产监督管理暂行条例》及公司内部相关规定等，追究其赔偿责任。

相关责任人违反《中国共产党纪律处分条例》《中共中央办公厅 国务院办公厅关于印发〈国有企业领导人员廉洁从业若干规定〉的通知》等有

关规定的，按有关规定进行处理。

相关责任人涉嫌违法犯罪的，依法移送司法机关处理。

第六章　责任追究程序

第三十九条　责任追究工作原则上按照干部管理权限组织开展。国有资产监管机构认为有必要的，可以对其监管企业管理权限以内的企业管理人员进行责任追究。

经授权，国有资产监管机构可以对其监管企业中管理权限以外的企业负责人进行责任追究。

第四十条　责任追究工作应当遵循以下程序：

（一）受理。违规经营投资行为一经发现，应当立即按管辖规定及相关程序报告。受理部门应当对掌握的违规经营投资行为线索进行初步核实，属于责任追究范围的，应当在初核认定之日起十五个工作日内启动责任追究工作。全区各级国有资产监管机构及国有企业应当明确违规经营投资行为举报受理部门，并在适当的范围内公开举报方式，对举报人采取保护措施。

违规经营投资行为线索通过以下渠道获取：群众举报、企业内部监管部门发现、企业外部监管部门发现或作出处罚决定、媒体报道及社会公共信息、企业发生诉讼行为等。

（二）调查。受理部门应当按照职责权限及时组织开展调查，核查资产损失和不良后果影响及相关业务情况、核实损失金额和损失情形、查清损失原因、认定相应责任、提出整改措施等，必要时可经批准组成联合调查组进行核查，并出具资产损失情况、不良后果影响调查报告。

（三）处理。根据调查事实，按照管理权限和相关程序对相关责任人追究责任。

（四）整改。发生资产损失的国有企业应当认真总结吸取教训，落实整改措施，堵塞管理漏洞，建立健全防范损失的长效机制。

（五）申诉。受到追究的责任人对处理决定有异议的，可在处理决定下达之日起三十个工作日内，向作出处理决定的单位或其上级单位提出申诉，申诉期间不停止原处理决定的执行。

第四十一条　责任追究调查情况及处理结果在一定范围内公开。

第四十二条　经营投资责任调查期间，对相关责任人未支付或兑现的绩效年薪、任期激励收入、中长期激励收益等均应暂停支付或兑现；对有可能影响调查工作顺利开展的相关责任人，可视情况采取停职、调离工作岗位、免职等措施。

第四十三条 对发生安全生产责任事故、环境污染责任事故、产品质量责任事故、劳动用工责任和重大不稳定事件的，按照国家和自治区有关规定另行处理。

第七章 国有企业职责

第四十四条 国有企业在责任追究工作中主要履行下列职责：

（一）根据本办法研究制定本企业责任追究实施细则或具体办法。

（二）指导和监督所属子企业开展责任追究工作。

（三）负责本企业管理权限范围以内的责任追究工作。

（四）配合国有资产监管机构和纪检监察、组织、财政、审计等单位开展责任追究工作。

（五）受理被本企业作出处理决定的有关责任人提出的申诉。

（六）完成国有资产监管机构和纪检监察、组织、财政、审计等单位交办的其他有关责任追究工作。

（七）将本企业负责组织实施的责任追究工作报国有资产监管机构备案。

第四十五条 国有企业应当依据《中华人民共和国公司法》规定完善公司章程，建立健全现代企业治理结构及规章制度，完善内部监督机构，明确监管部门职责和履职程序，完善防范、预警违规经营投资风险的相关机制。

第四十六条 国有企业董事会、监事会、纪检监察、审计、财务、法律、人力资源等部门对国有企业违规经营投资行为负有监管职责，国有企业应当对其监管岗位设置、人员匹配、职责权限提出明确的要求。

第四十七条 国有企业建立内部监管部门之间，以及内部监管部门与外部监管机构之间的联动机制，加强信息沟通共享，做好分工与合作，形成规范、有序、高效的责任追究工作机制。

第八章 监督部门职责

第四十八条 国有资产监管机构在责任追究工作中主要履行下列职责：

（一）研究制定责任追究有关规章制度。

（二）按照干部管理权限负责对所监管企业的企业负责人进行责任追究，对管理权限外的企业负责人违规行为调查认定完成后将有关材料移交相关部门。

（三）指导和监督国有企业做好责任追究工作。

（四）受理国有企业被处罚的有关责任人的申诉。

（五）建立健全国有企业违规经营投资情形界定专家库、资产损失认定中介机构库。

（六）负责组织开展国有资产损失调查认定，提出有关责任追究的意见建议。

（七）负责分类处理和督办调查过程中发现的需要整改的问题。

（八）其他应当由国有资产监管机构负责履行的责任追究工作职责。

第四十九条 国有资产监管机构以及所监管企业加强与外派监事会、巡视巡察组、审计机关、纪检监察机关、司法机关等机构的协同配合，共同做好责任追究工作。

第五十条 国有资产监管机构明确所监管企业负责人在经营投资活动中必须履行的职责，引导其树立责任意识和风险意识，依法经营，廉洁从业，履职尽责。国有资产监管机构和国有企业应当在有关外聘董事、职业经理人聘任合同中，明确责任追究的原则要求。

第五十一条 纪检监察机关监督指导国有资产监管机构和国有企业对有关责任人的纪律处分，负责对管理权限范围内的有关责任人作出纪律处分决定。

第五十二条 组织人事部门监督指导国有资产监管机构和国有企业对有关责任人组织处理，负责对管理权限内的有关责任人作出组织处理决定。

第五十三条 财政、审计及其他监督部门查处国有企业经营管理、财政资金使用、安全生产、环境保护、产品质量、劳动用工、金融业务监管等方面的违规经营投资行为，应尽报告职责。

第五十四条 公安机关、检察机关、审判机关接到国有企业违规经营投资案件举报或办案中发现国有企业违规经营投资行为，尚未构成犯罪的，应及时移送对其负有监管职责的国有资产监管机构处置。

第五十五条 负责责任追究的工作人员在办理责任追究的过程中，收受贿赂、徇私舞弊、泄露工作秘密以及协助责任人逃避责任的，视情节轻重给予相应的处罚；涉嫌违纪的，移送纪检监察机关处理；涉嫌违法犯罪的，依法移送司法机关处理。

第五十六条 负责责任追究的工作人员与相关责任人有利害关系的，应当回避。

第五十七条 聘请参与调查的中介机构或者专家，在企业违规情形的界定、损失的认定等技术评判工作中，应当如实反映客观事实，并对有关审计结果或评判意见的合法性、真实性、有效性负责。

聘请的中介机构或专家与相关责任人有利害关系的，应当回避。如发现中介机构或者专家有违法违规情形或者执业情况明显有误，国有资产监管机构应将其从中介机构库或专家库中清除，并向有关部门反映，提出处理建议。

第九章　从重从轻情节

第五十八条　有下列情形之一的，应当对相关责任人从重处理：

（一）情节恶劣或者违规经营投资行为频繁发生。

（二）发现资产损失或社会不良影响，未及时采取措施或措施不力，导致资产损失或社会不良影响继续扩大。

（三）干预、干扰、抵制、不配合责任追究工作。

（四）对企业发生的资产损失瞒报或者谎报。

（五）强迫、威胁、唆使他人违规经营投资。

（六）伪造、销毁、隐匿证据，打击报复举报人、证人，阻止他人揭发检举、提供证据材料。

（七）对违规经营投资行为负有监管职责的人员进行收买、威胁、打击报复。

（八）其他影响恶劣、金额巨大、后果严重的情形。

第五十九条　有下列情形之一的，可以对相关责任人从轻处理：

（一）主动停止违规经营投资行为，未发生国有资产损失或未造成其他严重不良后果。

（二）主动报告违规经营投资行为并及时采取措施避免、减少、挽回损失并消除不良影响。

（三）主动检举其他相关人员违规经营投资行为，经查证属实。

（四）主动部分或足额赔偿国有资产损失。

（五）有其他重大立功表现。

第十章　附　则

第六十条　本办法适用于全区各级国有及国有控股企业责任追究工作。

第六十一条　各设区市人民政府根据本办法，制定本地实施细则或具体办法。

第六十二条 本办法由自治区国资委商有关部门负责解释。

第六十三条 本办法自印发之日起施行。本办法施行前，已结案的案件，如需进行复查复议的，适用当时的规定或者政策。尚未结案的案件，依照本办法处理，但依照当时的规定或者政策不认为是违规行为或者处理较轻的除外。

《自治区以下财政事权和支出责任划分改革工作方案》(桂政办发〔2017〕10号)

根据《国务院关于推进中央与地方财政事权和支出责任划分改革的指导意见》(国发〔2016〕49号)要求,结合我区实际,制定本方案。

一、改革的必要性

自1994年实行分税制财政体制以来,自治区对财政体制进行了多次调整,特别是2005年改革和完善对下财政体制以及2011年全区全面推行自治区直管县财政管理改革,对进一步理顺自治区以下政府间财政事权划分及财政分配关系,增强市县财政保障能力,提高基本公共服务均等化水平,促进全区经济和社会事业全面发展起到了重要作用。但在新的形势下,自治区以下财政事权和支出责任划分还不同程度存在不清晰、不合理、不规范等问题。比如政府和市场边界不够清晰,自治区以下财政事权和支出责任不完全匹配,自治区和市县政府部分职责交叉重叠,有的财政事权和支出责任划分缺乏法律依据,法治化、规范化程度不高。这种状况不利于充分发挥市场在资源配置中的决定性作用,不利于政府有效提供基本公共服务,不利于构建科学合理、依法规范、权责明确、运转高效的政府分工体系,必须积极稳妥推进自治区以下财政事权和支出责任划分改革。

二、改革的总体要求和基本原则

(一) 全面落实中央改革精神

准确把握中央改革目标、政策意图和推进节奏,全面承接和完成好各项改革任务,确保中央改革精神及时有效落实。在中央相关规定和授权范围内，紧密结合实际情况并积极吸收我区相关改革成果，合理划分自治区以下各级政府基本公共服务提供方面的任务和职责，尽快形成科学合理、职责明确的财政事权和支出责任划分体系。

（二）厘清政府和市场边界

按照市场优先原则，界定政府和市场边界。充分发挥市场在资源配置中的决定性作用，处理好政府与市场、政府与社会的关系，合理确定各级政府提供基本公共服务的范围和方式。对于市场机制能自行调节的事项，优先交由市场自行解决，逐步减少或取消该类事项的政府财政事权，控制和约束政府财政事权；对应由政府提供的基本公共服务，明确承担财政事权和支出责任的相应政府层级。政府采取间接方式提供基本公共服务更加适宜或效率更高的，优先提倡采取间接方式提供。

（三）兼顾政府职能和行政效率

按照效率优先原则，合理确定各级政府财政事权的履行。结合自治区以下政府职能配置和机构设置，更好发挥市县政府贴近基层、获取信息便利的优势，将所需信息量大、信息复杂且获取困难的基本公共服务优先作为市县财政事权，提高行政效率，降低行政成本。将信息比较容易获取和甄别的全区性基本公共服务作为自治区本级财政事权。通过合理授权，明确市县财政事权，使基本公共服务受益范围与管辖区域保持一致，激励各地尽力做好辖区范围内的基本公共服务提供和保障，避免出现不作为或因追求局部利益而损害其他地区利益或整体利益的行为。

（四）财政事权和支出责任相适应

按照谁的财政事权谁承担支出责任的原则，确定各级政府支出责任。对属自治区本级的独立财政事权，由自治区本级承担支出责任；对属自治区以下各级政府并由各级政府分别组织实施的财政事权，原则上由各级分别承担支出责任；对属自治区本级与市县共同财政事权，根据基本公共服务的受益范围、影响程度，区分情况确定自治区以下各级支出责任以及承担方式。

三、改革的总体思路

（一）合理划分各级政府财政事权

1. 自治区与中央财政事权。对于中央确定的中央财政事权，自治区各级人民政府配合做好相关工作，及时反映有关情况和问题，原则上各主管部门不直接介入管理，不承担相应财政事权；对于中央委托地方政府行使的财政事权，在委托范围内，自治区各级人民政府以委托单位的名义行使职权，承担相应的法律责任，并接受委托单位的监督；对于中央明确与地方共同承担的财政事权，自治区各级人民政府应根据中央改革要求及明确的职责，承担相应财政事权。

2. 自治区本级财政事权。将适宜由自治区人民政府承担的财政事权上移，进一步明确自治区人民政府在保持全区经济社会稳定、促进经济协调发展、推进基本公共服务均等化等方面的职责。适度强化自治区本级人民政府财政事权，将关系全区统一市场建设、体现社会公平正义、促进区域协调发展和全区重大战略实施的财政事权集中到自治区本级。强化自治区本级财政事权履行责任，自治区本级财政事权原则上由自治区本级直接行使，减少对市县的委托，加强全区的统一管理，提高全区基本公共服务能力和水平。自治区本级财政事权确需委托市县行使的，报经自治区党委、自治区人民政府批准后，由市县有关部门行使，并制定地方性法规、政府规章予以明确。对自治区本级委托市县行使的财政事权，受委托方在委托范围内，以委托单位名义行使职权，承担相应法律责任，并接受委托单位监督。

3. 市县财政事权。将适宜由市县人民政府承担的财政事权下移，强化基层政府贯彻执行中央和上级政府政策的责任。将地域信息性强、外部性较弱、直接面向基层、与当地居民密切相关、由市县人民政府提供更方便有效的基本公共服务确定为市县人民政府的财政事权。赋予市县人民政府充分自主权，依法保障其财政事权履行，调动和发挥市县人民政府的积极性，更好地满足当地居民基本公共服务需求。市县财政事权由市县行使，自治区对市县的财政事权履行提出规范性要求，并逐步通过地方性法规、政府规章的形式予以明确。

4. 自治区与市县共同财政事权。将具有地域管理信息优势但对其他区域影响较大的公共产品和服务确定为共同财政事权。根据共同基本公共服务的受益范围、影响程度，按事权构成要素、实施环节，分解细化自治区与市县承担的职责，原则上在市县管辖范围之内的事务或市县可以承担的事务由市县承担，超出市县管辖范围或超越市县管理能力的跨区域事务由自治区本级承担，与中央共同的事务根据中央有关要求及明确的职责，由各级人民政府相应承担。

5. 动态调整自治区以下财政事权划分。根据中央各领域改革进程及事权划分结果，结合我区客观条件变化，动态调整自治区以下各级财政事权。对新增及尚未明确划分的基本公共服务，根据社会主义市场经济体制改革进展、经济社会发展需求，及各级人民政府财力增长情况，将应由政府提供的基本公共服务统筹研究划分为各级人民政府间财政事权。将应由市场或社会承担的事务，逐步移交给符合条件的市场主体或社会力量来承担。强化政府在公共服务、市场监管、社会管理、环境保护等方面的职责。

（二）合理划分各级人民政府支出责任

1. 自治区与中央支出责任。对于中央确定的中央财政事权，自治区各级人民政府不需承担支出责任；对于中央委托地方人民政府行使的财政事权，中央通过专项转移支付安排相应经费；对于中央明确与地方共同承担的财政事权，自治区各级人民政府应根据中央改革要求以及明确的职责，承担相应支出责任。

2. 自治区本级支出责任。对于自治区本级财政事权，应当由自治区本级财政安排经费，自治区本级各部门和直属机构不得要求市县安排配套资金；自治区本级财政事权如委托市县行使，要通过自治区本级专项转移支付安排相应经费。

3. 市县支出责任。对于市县的财政事权原则上由市县通过自有财力安排。对市县人民政府履行财政事权、落实支出责任存在的收支缺口，除部分资本性支出通过依法发行政府债券等方式安排外，主要通过上级人民政府给予的一般性转移支付弥补。

4. 自治区与市县共同支出责任。对于体现国民待遇和公民权利、涉及全区统一市场和要素自由流动的财政事权，按照中央统一标准，由自治区与市县按比例承担支出责任；对于区内跨市县、具有外溢性属性的财政事权，支出上实行分级负担，采取按比例、按项目、按隶属关系分级负担等方式；对于受益范围较广、信息相对复杂的财政事权，根据财政事权的外溢程度，由自治区与市县按项目分级承担支出责任；对自治区与市县有各自机构承担相应职责的财政事权，按照各自行政隶属关系承担相应支出责任。

四、职责分工、时间安排和工作程序

（一）职责分工

自治区财政厅、编办要切实发挥牵头作用，在完成好自身负责工作的同时，认真做好自治区本级的组织协调和对市县的指导督促工作。对自治区有关部门和市县人民政府制定或调整相关领域财政事权和支出责任划分改革具体实施方案提出会审意见，明确相应财政事权和支出责任。

自治区本级各相关部门要落实部门主体责任，按照工作方案，抓紧组织开展相关领域财政事权和支出责任划分调查和研究。根据中央有关部门研究制定的相关领域改革具体实施方案，在深入细致研究和广泛征求意见的基础上，及时提出本部门所涉及的基本公共服务领域财政事权和支出责任划分改革具体实施方案，会商自治区财政厅、编办后报自治区党委、自治区人民政府批准实施。特别是对中央新划分到地方的财政事权，各相关部门要在中央公布3个月内提出自治区以下划分意见，按程序报批实施。

各市、县人民政府要结合本地实际，统筹推进所辖区域财政事权和支出责任划分工作。根据中央与地方、自治区与市县财政事权和支出责任划分情况，主动承担属于本级人民政府相应承担的财政事权和支出责任。出台有关政策，若涉及新增或调整自治区本级与市县共同财政事权，应征求自治区相关部门意见，报经自治区党委、自治区人民政府批准后实施。对推进落实改革措施中遇到的有关情况和重大问题，要及时报告自治区党委、自治区人民政府。

（二）时间安排

1. 2016年。制定自治区总体改革工作方案，启动自治区以下财政事权和支出责任划分改革。

2. 2017～2018年。根据中央有关部门研究制定的相关基本公共服务领域改革具体实施方案，承接完成国防、国家安全、外交、公共安全等领域中央与地方财政事权和支出责任划分改革。参照中央改革进程，统筹推进教育、医疗卫生、环境保护、交通运输等领域的划分工作。

3. 2019～2020年。基本完成主要领域财政事权和支出责任划分改革及各项改革配套措施，及时总结改革成果，梳理需要上升为地方法规的内容，适时制订修订相关法规规章，形成自治区以下财政事权和支出责任划分的清晰框架。

（三）工作程序

自治区相关部门出台有关政策，应当认真研究，科学厘清政府与市场边界，确有必要新增或调整财政事权的，属自治区本级财政事权，应当征求财政厅意见，明确相关支出责任后，报经自治区党委、自治区人民政府批准后实施；属自治区本级财政事权确需委托市县行使的，报经自治区党委、自治区人民政府批准后，由市县有关部门行使，并通过自治区本级专项转移支付安排相应经费；属自治区本级与市县共同财政事权，应征求财政厅和市县相关意见，明确各自承担支出责任后，报经自治区党委、自治区人民政府批准后实施。市县出台有关政策，原则上不能涉及调整或新增与自治区共担财政事权，特殊情况确需调整或新增市县与自治区本级共担财政事权的，应征求自治区相关业务主管部门和财政厅意见，明确各自承担支出责任后，报经自治区党委、自治区人民政府批准后实施。

自治区以下财政事权和支出责任划分存在争议的，相关部门应将有关争议报自治区财政厅、编办会审后报自治区党委、自治区人民政府裁定。

五、保障措施

(一) 高度重视，加强领导

自治区以下财政事权和支出责任划分改革是建立科学规范政府间关系的核心内容，是完善国家治理结构的一项基础性、系统性工程，对全面深化全区经济体制改革具有重要的推动作用。各级各部门要充分认识推进这项改革工作的重要性、紧迫性和艰巨性，以高度的责任感、使命感和改革创新精神全力做好各项工作。自治区、市、县人民政府和相关部门要将这项改革列为重点任务，主要负责同志亲自抓，明确工作机构和工作人员负责，周密安排部署，精心组织实施，确保改革顺利推进。

(二) 上下联动，统筹推进

自治区各部门要进一步加强顶层设计，建立健全改革协调推进机制，积极为市县改革创新创造条件，进一步激发市县的积极性、主动性。各设区市要参照本改革工作方案，根据工作实际，制定本级改革工作方案，切实抓好改革的整体设计、任务分解、责任落实和督促推进，并研究推进与所辖城区的财政事权和支出责任划分工作。设区市本级要及时补位，主动担责，在自治区与县明确财政事权和支出责任的框架下，科学合理确定与所辖县之间财政事权和支出责任，统筹所辖县区协调发展。各县要抓好各项改革举措的推进落实，并因地制宜、积极探索，提高基本公共服务提供水平。

《关于深入推进经济强镇行政管理体制改革的实施意见》（桂办发〔2018〕29号）

为贯彻落实《中共中央办公厅、国务院办公厅印发〈关于深入推进经济发达镇行政管理体制改革的指导意见〉的通知》精神，扎实推进我区经济发达镇行政管理体制改革，现提出以下实施意见。

一、总体要求

（一）指导思想

全面贯彻党的十九大和十九届二中、三中全会精神，以习近平新时代中国特色社会主义思想为指导，以加强基层政权建设、巩固党的执政基础为核心，以扩大经济社会管理权限、完善基层政府功能为重点，以探索建立简约精干的组织架构、务实高效的用编用人制度和适应经济发达镇实际的财政管理模式为保障，牢牢把握实施乡村振兴战略这一新时代"三农"工作总抓手，构建符合基层政权定位、适应城镇化发展需求的新型行政管理体制，建立健全城乡融合发展体制机制和政策体系，进一步激发经济发达镇发展内生动力，增强其综合承载和辐射带动能力，提高新型城镇化质量水平，加快实现城乡统筹发展，为扎实推进富民兴桂事业、奋力谱写新时代广西发展新篇章提供体制机制保障。

（二）基本原则

——坚持党的领导，强基固本。充分发挥镇党委领导核心作用，坚定正确政治方向，强化政治引领功能，加强基层政权建设，健全完善基层治理体系，提高治理能力现代化水平，在推动经济发达镇改革发展中不断巩固党的执政基础。

——坚持简政放权，探索创新。加快完善政府功能，鼓励在制约发展的重点领域和关键环节有所突破，探索建立新型基层行政管理体制和运行机制，努力实现权责一致，事财匹配，提高效能。

　　——坚持综合施策，协同推进。加强部门间政策制定和实施的协调配合，推动相关政策和改革举措形成合力，产生叠加效应。

　　——坚持问题导向，补弱强优。以加快培育新生小城市为重点，瞄准短板，弥补缺口，突出优势，促进大中小城市和小城镇协调有序发展。

　　——坚持因地制宜，培育特色。充分考虑各地发展差异和比较优势，加强扶持和引导，推动建立各具特色的改革模式。

　　（三）主要目标

　　通过改革创新，推动一批人口集聚多、区位条件好、经济实力强的建制镇加快发展，基本建立与其经济社会发展相适应、权责一致、精简高效、运转协调、行为规范、公开透明的新型基层行政管理体制和运行机制。到2020年，力争建成10个左右特色鲜明、产城融合、充满活力、辐射带动作用强的新型城镇，为我区加快城乡一体化进程，促进县域经济持续健康发展提供持久强劲动力。

二、改革范围

　　符合以下条件的非城关镇，经评估认定后，纳入改革范围：一是建成区常住人口在1.3万人以上；二是建成区面积在2平方公里以上；三是常住人口城镇化率、一般公共预算收入等主要经济指标，连续2年位居所在设区市管辖乡镇前列，镇区内设有或规划有经济功能区、特色产业集中区的优先考虑；四是镇区内布局合理、设施配套、功能完善、环境优美、特色鲜明；五是对落实国家重大战略、完善区域城镇体系和促进区域协调发展具有特殊地位和作用的镇，以及以建制镇为载体创建的特色小镇，应予重点考虑。

三、改革任务

　　（一）扩大经济社会管理权限

　　1. 合理扩大权限。根据经济发达镇工作实际，重点强化发展产业经济、提供公共服务、加强社会管理和城镇规划建设等职能，按照权责一致、依法下放、宜放则放的原则，赋予经济发达镇迫切需要且能够有效承接的一些县级经济社会管理权限包括行政许可、行政处罚及相关行政强制和监督检查权等，有序推进行政执法权向经济发达镇延伸。暂时不具备下放条件的管理权限，采取简化程序、减少环节、限时办结等方式，为经济发达镇提供便利，并积极创造条件，成熟一批，赋予一批。

2. 规范赋权方式。法律规定由县级人民政府及其部门行使的管理权限，需要赋予经济发达镇的，按法定程序和要求办理。法律未规定只能由县级人民政府及其部门行使的管理权限，经自治区人民政府批准，可赋予经济发达镇。制定目录向社会公布，明确镇人民政府为权力实施主体。涉及行政许可和行政处罚的，可通过相对集中行政许可权、处罚权的方式和程序赋予，明确集中的范围、事项、依据、主体和要求等，报请自治区人民政府批准后实施；涉及相关行政强制措施的，按行政强制法的规定，随同相对集中的行政处罚权一并转移，不再需要批准；涉及其他行政权力，目前没有单行法限制的，可以通过制定地方性法规、政府规章进行授权或者规定委托。

3. 完善承接措施。紧跟国家相关立法进程，加强我区立法，为经济发达镇扩大经济社会管理权限提供法规规章依据。根据放权情况及时调整行政权责清单和服务事项清单，建立和完善权力下放后的运行程序、规则和权责关系，健全权力监督机制、动态调整机制和县镇协同机制，理顺县（市、区）和经济发达镇的关系，确保下放权力接得住、用得好。

（二）构建简约精干的组织架构

1. 创新优化机构设置。遵循精简、统一、效能原则，统筹镇党政机构设置，建立健全工作机制，强化镇党委领导核心作用，提高镇党委的领导决策水平，提升镇人民政府的统筹协调能力。镇党政机构一般不超过5个，事业机构一般不超过8个。在机构限额内，各镇可根据当地产业特色和工作特点，灵活设置党政机构和事业机构。鼓励在不改变机构性质的情况下，创新工作运行机制，将镇党政、事业机构的职能进行重组，按审批、监管、执法、服务等业务环节，或经济发展、社会管理、公共服务等功能，整合成若干工作组团，综合设置职能机构。整合后，原行政、事业机构不再独立运转。有条件的地方可探索推行机构实体化整合。加强行政执法和综合服务等前台机构建设，统一履行直接面对公民、法人或者其他组织的行政许可、公共服务和行政执法职责，提高服务管理效能。整合内部决策、管理、指导、监督、服务等职责和工作力量，优化后台机构设置，为前台工作提供支持和保障。

2. 减少基层管理层级。市县政府部门派驻在经济发达镇的机构，原则上应下放到镇实行属地管理，并与镇本级有关机构进行整合。继续实行派驻体制的，要加强镇对派驻机构的刚性约束，工作考核要以镇为主，干部任免应当听取所在镇党委和政府意见。县级相关职能部门要通过简政放权、充实派驻力量等措施，加强设在经济发达镇的公安、税务、司法、市场监管等机构的履职能力，实现管理前移和重心下移。设有开发区的经济发达镇可探索镇区管理机构合一体制，实行"一套班子、两块牌子"，建立分工各有侧重、相互紧密协作的工作运行机制，促进开发区与经济发达镇融合发展。

（三）推进集中审批服务和综合行政执法

1. 加强集中审批服务。进一步整合基层行政审批和公共服务职责，对需要由公民、法人或者其他组织申请办理的行政权力事项，以及直接面向社会公众提供的公共服务事项，统一纳入政务服务片心集中办理，实行"一窗进出""一站式"办结。汇集各类政务服务资源，探索将政务服务中心、党群服务中心、远程教育中心、公共服务中心、社会救助窗口等整合为一体，推进为民便民服务场所标准化、信息化建设，打造综合服务平台。依托经济发达镇线上、线下政务服务平台，围绕关系民生福祉的重点领域，推广首问负责、办事代理、限时办结、容缺受理、上门办理、网上办事、快递送达等服务方式，精简程序和环节，方便群众办事。落实政务公开相关制度，主动公开行政权力和公共服务事项依据、程序等内容，回应群众重点关切信息，提高公开实效。优化权力运行流程，规范自由裁量权，加强监督管理，推动行政权力运行全过程网上留痕、可追溯、可核查、可考评。发挥社会组织在经济发达镇社会治理创新中的重要作用。

2. 推行综合行政执法。整合现有站、所、分局的力量和资源，建立综合行政执法队伍或平台，由经济发达镇统一管理。全面落实行政执法责任制，按规定严格执行行政事业性收费和罚没收入收支两条线等有关制度，规范执法程序和行为。建立健全镇人民政府与县级部门行政执法协调配合机制和执法联动机制，强化监督问责。

（四）建立务实高效的用编用人制度

1. 放宽用编用人自主权。自治区和市县可结合经济发达镇实际工作需要及事权下放情况，通过内部盘活、适当调剂等方式，给经济发达镇增加部分行政或事业编制，也可核定部分聘用人员控制数，纳入岗位设置测算基数，切实解决人手不足的问题。在核定的机构编制限额内，赋予经济发达镇灵活用人自主权，对于招聘各类高层次紧缺人才可适当简化招聘程序。依据相关政策法规，研究制定灵活高效的人事岗位管理制度，在不改变现有人员编制性质和身份的前提下，可打破行政事业单位岗位界限，坚持竞争上岗、同工同酬、双向选择用人方向，采取分类管理、身份挂档、合同管理、"老人老办法、新人新办法"等措施，建立人员统一使用、干部能上能下的用编用人机制。

2. 选优配强领导班子。择优选配政治强、懂专业、善治理、敢担当、作风正的干部到经济发达镇党政领导岗位。根据工作需要，在职数规定范围内，可由上一级党委领导班子成员兼任镇党政正职，对工作业绩突出、表现优秀的镇党政正职可提拔为上一级领导班子成员并继续兼任现有职务。实行镇区合一的，如经济功能区达到标准，其管理机构规格可按照自治区有关开发区机构编制管理规定定为处级，镇主要领导按相应级别配备。经济发达镇党委可以就本镇党政领导干部，向上级党委提出选拔任用建议。

3. 完善人事管理制度。推进机关公务员职务与职级并行、事业单位管理岗位职员等级晋升制度。落实公开招聘和岗位管理倾斜政策。落实基层干部待遇政策，完善考核奖励制度，并向一线岗位倾斜，经济发达镇可在国家和自治区政策内完善绩效奖金分配政策。

4. 大力推行政府购买服务。凡是适宜通过政府购买服务提供的公共服务和事务性、辅助性工作等，都要引入竞争机制，通过合同、委托等方式实行购买，由花钱养人向花钱办事转变。在财力范围内，经济发达镇可自主开展政府购买服务。

（五）探索适应经济发达镇实际的财政管理模式

1. 推动财政事权和支出责任相适应。根据中央改革进程，统筹推进自治区以下财政事权和支出责任划分改革。属于上级人民政府的财政事权，应由上级人民政府承担相应支出责任，不得转移给经济发达镇人民政府承担。上级人民政府的财政事权如委托经济发达镇行使，要安排相应经费。鼓励县级因地制宜探索改革经济发达镇财政体制，逐步将直接面向基层、与当地居民密切相关、由镇人民政府提供更方便有效的基本公共服务确定为镇人民政府的财政事权。赋予镇人民政府充分自主权，依法保障其财政事权履行，调动和发挥镇人民政府的积极性，更好地满足当地居民基本公共服务需求。

2. 建立财政激励机制。自治区统筹用好现有财政专项资金，加大支持经济发达镇公共基础设施建设。自治区加大对县的转移支付力度，有关县相应加大对经济发达镇的支持力度，提高经济发达镇可支配财力。各地可明确一定时期在基建投资以及新增财政收入返还、土地出让金等方面对经济发达镇给予支持。统筹地方政府债券资金用于经济发达镇公益性资本项目。落实支持农业转移人口市民化的若干财政政策，促进基本公共服务均等化。

3. 加大金融支持力度。鼓励和引导金融机构在村镇提供更多基础金融服务。推进村镇保险服务类基层网点建设，提高保险服务网络在经济发达镇的覆盖面。支持各类金融机构完善县城网点服务，鼓励在经济发达镇拓展设立"三农"金融综合服务站。支持银行机构在经济发达镇布放 POS 机、自动柜员机等各类金融基础设施。对在经济发达镇内新设的银行业金融机构等，按规定给予补助。

（六）创新基层服务管理方式

1. 切实发挥镇党委的领导核心作用。改进和改善党的基层建设，落实党建工作责任制，加强经济发达镇党委自身的政治建设、思想建设、组织建设、作风建设、纪律建设，把制度建设贯穿其中。健全完善经济发达镇党委抓党建工作的责任清单、任务清单、问题清单，抓好经济发达镇党委书记抓基层党建述职评议考核结果运用。加大抓镇促村力度，强化城乡基层党组织建设，大力推进服务型基层党组织建设，全面推行农村基层党组织"星级化"管理，积极推进党建网格化、区域化管理，建立与经济社会发展相适应的基层党建工作基础保障。加强和改进非公有制经济组织、社会组织党建工作，着力加强小微企业、个体工商户、专业市场、行业协会商会和农民专业合作社等党建工作，加大经营网点、工程项目、服务窗口党建工作力度。深入推进"两学一做"学习教育常态化、制度化，严肃党内政治生活，严格规范党支部组织生活，加强和改进党员队伍教育管理，加强镇村干部队伍建设，健全争当合格党员的长效机制，搭建党员立足岗位创先争优的长效平台，充分发挥基层党组织的战斗堡垒作用和党员的先锋模范作用。

2. 完善基层治理体制。以镇、村级政务服务平台为载体，综合推进基层"五公开"（决策公开、执行公开、管理公开、服务公开、结果公开），方便群众就近获取各类政府信息。重点公开贯彻落实农村工作政策、镇村土地利用规划、农田水利工作建设运营、农村土地承包经营权流转、宅基地使用情况审核、筹资筹劳、社会救助等方面的政府信息。建立镇政务公开与村务公开联动机制，推进城乡社区综合服务设施和公共服务综合信息平台建设，以网格化管理、社会化服务为方向，健全基层综合服务管理体系。完善城乡基层治理体制，健全完善基层自治组织运行规程，依法厘清经济发达镇人民政府和基层群众性自治组织的权责边界，扎实开展服务能力建设，提高服务经济社会发展和服务人民群众的水平。大力发展专业社会工作，建立社区、社会组织、社会工作者联动机制，促进公共服务、便民利民服务、志愿服务有机衔接。鼓励社会资未参与城镇公用设施投资和运营，加大对基础设施建设及教育、卫生、文化、食品安全、脱贫等社会事业投入。坚持依法治理，加强法治保障，明确承担法制工作职责的机构和人员，建立健全法律顾问队伍，加强人民调解工作，运用法治思维和法治方式化解社会矛盾，解决社会问题。尊重群众知情权、参与权、监督权，健全权益保障和矛盾化解机制，加强特殊人群管理、服务和救助，鼓励和支持社会各方面参与，促进政府治理和社会自我调节、居民自治良性互动。

四、组织实施

（一）加强组织领导

全区各级党委要切实履行领导责任，把经济发达镇行政管理体制改革工作列入重要议事日程，研究重大问题，凝聚改革共识，牢牢把握正确的改革方向。自治区深入推进经济发达镇行政管理体制改革工作小组负责组织协调全区改革工作，加强理念引导、标准规范、技术指导，及时研究解决改革中遇到的困难和问题。上一级人民政府要加强对下一级人民政府的指导和督促检查，重要事项及时向同级党委报告。各设区市对所辖区域内改革工作负总责，县（市、区）具体负责，要根据经济发达镇不同地域特征和产业特点，科学制定改革实施方案和赋权目录清单，明确工作重点，细化政策措施，抓好组织实施，确保改革取得实效。

（二）强化统筹协调

统筹推进经济发达镇行政管理体制改革、新型城镇化综合改革以及各类小镇建设等工作，赋予相同的土地、建设、金融扶持政策，整合各种资源，加大对经济发达镇扶持力度，形成政策叠加效应和改革合力。经济发达镇提出申请并符合条件的，各相关部门要优先将其纳入项目实施范围。按照相关规定，完善土地利用总体规划、城镇发展规划、生态环保规划等各类规划，探索编制村土地利用规划，提升城镇规划水平，优化城镇化布局和形态，增强经济发达镇用地保障能力，有序推动农业转移人口市民化，促进经济发达镇与周边城镇、乡村协同发展。统筹生产生活生态三大布局，控制城镇开发强度，提高城镇建设水平，实现生产空间集约高效、生活空间宜居适度、生态空间山清水秀。

（三）规范报送程序

经济发达镇的行政管理体制改革实施方案及赋权目录清单，由经济发达镇所在的县（市、区）党委、人民政府制定，设区市党委、人民政府上报，自治区深入推进经济发达镇行政管理体制改革工作小组审核，报自治区党委、自治区人民政府批准后实施。自治区负责制定公布经济发达镇赋权基本目录清单，对放权工作进行指导。市县在确定放权事项时，要充分征求经济发达镇意见，从基本目录清单中有针对性地选择所需事项，对未纳入基本目录清单但经济发达镇迫切需要的权限，可在上报实施方案及赋权目录清单时专项提出。

（四）动态滚动推进

县（市、区）根据辖区各镇情况，将符合条件经济发达镇的申报推荐材料上报设区市，由设区市审核后上报自治区编办。自治区编办会同有关部门进行审核评估，将拟纳入改革范围的镇名单以及备选名单上报自治区深入推进经济发达镇行政管理体制改革工作小组审定。改革实行动态调整机制，2018 年确定第一批纳入改革的镇；2019 年由自治区组织开展评估考核，对未能通过考核的镇，停止享受相应优惠政策，并从备选名单中选出第二批进行补充；2020 年，自治区将组织开展改革总结评估验收。对符合法定标准、具备行政区划调整条件，且行政管理体制改革成果显著的经济发达镇，可稳妥有序推进设立县级市工作。

附件 1　广西赋予经济发达镇部分县级经济社会管理权限基本目录（略）

附件 2　广西经济发达镇行政管理体制改革政策支持清单

序号	支持内容	具体办法	支持部门
1	放宽用编用人自主权	自治区和市县可结合经济发达镇实际工作需要及事权下放情况，通过内部盘活、适当调剂等方式，给经济发达镇增加部分行政或事业编制，也可核定部分聘用人员控制数，纳入岗位设置测算基数，切实解决人手不足的问题。在核定的机构编制限额内，赋予经济发达镇灵活用人自主权，对于招聘各类高层次紧缺人才可适当简化招聘程序。依据相关政策法规，研究制定灵活高效的人事岗位管理制度，在不改变现有人员编制性质和身份的前提下，可打破行政事业单位岗位界限，坚持竞争上岗、同工同酬、双向选择用人方向，采取分类管理、身份挂档、合同管理、"老人老办法、新人新办法"等措施，建立人员统一使用、干部能上能下的用编用人机制	各级组织、机构编制、人力资源社会保障部门

序号	支持内容	具体办法	支持部门
2	选优配强领导班子	择优选配政治强、懂专业、善治理、敢担当、作风正的干部到经济发达镇党政领导岗位。根据工作需要，在职数规定范围内，可由上一级党委领导班子成员兼任镇党政正职，对工作业绩突出、表现优秀的镇党政正职可提拔为上一级领导班子成员并继续兼任现有职务。实行镇区合一的，如经济功能区达到标准，其管理机构规格可按照自治区有关开发区机构编制管理规定定为处级，镇主要领导按相应级别配备。经济发达镇党委可以就本镇党政领导干部，向上级党委提出选拔任用建议	各级组织、机构编制部门
3	增强机构设置灵活性	在机构限额内，各镇可根据当地产业特色和工作特点，灵活设置党政机构和事业机构。鼓励在不改变机构性质的情况下，创新工作运行机制，将镇党政、事业机构的职能进行重组，按审批、监管、执法、服务等业务环节，或经济发展、社会管理、公共服务等功能，整合成若干工作组团，综合设置职能机构。整合后，原行政、事业机构不再独立运转—有条件的地方可探索推行机构实体化整合	各级机构编制部门
4	加大项目支持力度	建立经济发达镇新发展项目立项、审批、国家资金支持绿色通道，便捷手续，促进项目加快建设和发展。在申报自治区级、市级层面统筹推进重大项目等各类项目申报中给予倾斜，推动经济发达镇的产业转型升级、基础设施建设	自治区发展改革委、设区市发展改革委
5	推动财政事权和支出责任相适应	根据中央改革进程，统筹推进自治区以下财政事权和支出责任划分改革。属于上级人民政府的财政事权，应由上级人民政府承担相应支出责任，不得转移给经济发达镇人民政府承担。上级人民政府的财政事权如委托经济发达镇行使，要安排相应经费。鼓励县级因地制宜探索改革经济发达镇财政体制，逐步将直接面向基层、与当地居民密切相关、由县人民政府提供更方便有效的基本公共服务确定为镇人民政府的财政事权。赋予镇人民政府充分自主权，依法保障其财政事权履行，调动和发挥镇人民政府的积极性，更好地满足当地居民基本公共服务需求	自治区财政、机构编制等业务主管部门
6	建立财政激励机制	自治区统筹用好现有财政专项资金，加大支持经济发达镇公共基础设施建设。自治区加大对县的转移支付力度，有关县相应加大对经济发达镇的支持力度，提高经济发达镇可支配财力。各地可明确一定时期在基建投资以及新增财政收入返还、土地出让金等方面对经济发达镇给予支持。统筹地方政府债券资金用于经济发达镇公益性资本项目。落实支持农业转移人口市民化的若干财政政策，促进基本公共服务均等化	各级财政部门
7	完善人事管理制度	推进机关公务员职务与职级并行、事业单位管理岗位职员等级晋升制度。落实公开招聘和岗位管理倾斜政策。落实基层干部待遇政策，完善考核奖励制度，并向一线岗位倾斜，经济发达镇可在国家和自治区政策内完善绩效奖金分配政策	各级人力资源社会保障部门

序号	支持内容	具体办法	支持部门
8	加大金融支持力度	鼓励和引导金融机构在村镇提供更多基础金融服务。推进村镇保险服务类基层网点建设，提高保险服务网络在经济发达镇的覆盖面。支持各类金融机构完善县城网点服务，鼓励在经济发达镇拓展设立"三农"金融综合服务站。支持银行机构在经济发达镇布放 POS 机、自动柜员机等各类金融基础设施。对经济发达镇内新设的银行业金融机构等，按规定给予补助	自治区金融办、财政厅，人民银行南宁中心支行，广西银监局、保监局
9	对建设用地予以倾斜	经济发达镇确需新增建设用地的，由自治区和各设区市按照集中统筹、分级保障的原则，优先列入土地利用年度计划；易地扶贫搬迁项目，在符合节约集约用地要求的前提下，由自治区统筹保障用地指标。具备增减挂钩实施条件的经济发达镇，增减挂钩试点指标由自治区优先保障	自治区国土资源厅
10	整合赋予各类扶持政策	统筹推进经济发达镇行政管理体制改革、新型城镇化综合改革以及各类小镇建设等工作，赋予相同的土地、建设、金融扶持政策，整合各部门资源，加大对经济发达镇扶持力度，形成政策叠加效应和改革合力。经济发达镇提出申请并符合条件的，相关部门优先将其纳入项目实施范围	各地各有关部门

《广西壮族自治区人民政府办公厅关于印发广西"多证合一、一照一码"登记制度改革工作实施方案的通知》（桂政办发〔2017〕110号）

根据《国务院办公厅关于加快推进"多证合一"改革的指导意见》（国办发〔2017〕41号）的要求，进一步贯彻落实自治区党委、自治区人民政府关于持续深化商事制度改革、推行"多证合一"的工作部署，进一步优化营商环境，不断降低市场准入制度性成本，着力激发市场内在活力和动力，结合我区实际，制定本方案。

一、工作目标

在全面实施企业、农民专业合作社工商营业执照、组织机构代码证、税务登记证、社会保险登记证、统计登记证、印章准刻证"六证合一、一照一码"登记制度改革和个体工商户工商营业执照、税务登记证"两证整合"的基础上，自2017年9月1日起，将《保安服务公司设立分公司备案》《生产性废旧金属收购业特种行业备案》《开锁业特种行业备案》《寄卖业特种行业备案》《二手机动车交易特种行业备案》《报废汽车回收拆解业特种行业备案》《机动车维修业特种行业备案》《住房公积金缴存登记》《房地产经纪机构设立备案》《国内船舶代理业务备案》《道路运输以及道路运输相关业务暂停、终止经营和经营者变更名称、法定代表人、地址》《道路货运代理（代办）经营备案》《道路运输车辆综合性能检测站设立备案》《道路运输以及道路运输相关业务经营者分公司设立备案》《道路客运经营者设立分公司备案》《对外贸易经营者备案》《再生资源回收经营者备案》《直销企业服务网点备案》《二手车交易市场经营者和二手车经营主体备案》《商业特许经营企业备案》《国际货运代理企业备案》《外商投资企业设立及变更备案》《企业或者其他经营单位增设艺术品经营业务备案》《艺术品经营单位备案》《演出场所经营单位备案》《旅行社设立分社备案》《旅行社设立服务网点备案》《出入境检验检疫报检企业备案》《原产地证企业备案》中涉及市场主体（包括农民专业合作社、个体工商户）的 29 个登记、备案事项进一步整合到营业执照上，实现"多证合一、一照一码"。

对暂未纳入清单的事项，要积极创造条件，成熟一批、公布一批、实施一批。涉及自治区级以上权限的，要主动争取，使尽可能多的涉企证照在我区先行实现"多证合一、一照一码"。

二、基本原则

（一）应合尽合、动态管理

建立"多证合一、一照一码"改革事项清单，做到应合尽合。清单实行动态管理，适时调整。

（二）流程优化、服务高效

强化部门协同联动，精简办事环节和流程，推进实体办事窗口和全程电子化登记融合互动，实现线上、线下一体化运行，让群众和企业办事更方便、更快捷。

（三）信息共享、业务协同

按照"互联网+政务服务"的理念，加快推进部门间数据共享和业务协同，让信息多跑路，群众和企业少跑腿；实现企业基础信息的高效采集、有效归集和充分运用，推动"一照一码"营业执照在各领域、行业互认和应用，实现企业"一照一码"走天下。

三、工作任务及分工

（一）全面梳理、分类处理涉企证照事项

1. 结合我区行政审批制度改革，自治区商事制度改革部门联席会议相关成员单位要按照"能整合的尽量整合、能简化的尽量简化、该减掉的坚决减掉"的原则，对本系统（含市、县、区）的信息采集、记载公示、管理备查类等一般经营项目涉企证照事项进行全面的梳理。对于企业登记信息能够满足政府部门管理需要的涉企证照事项，要进一步整合到营业执照上，被整合的证照不再发放，并推行电子营业执照。（牵头单位：自治区工商局；配

合单位：自治区公安厅、住房城乡建设厅、交通运输厅、商务厅、文化厅、旅游发展委，广西出入境检验检疫局。完成时限：2017 年 9 月 1 日前）

2. 对于市场机制能够有效调节、企业能够自主管理的事项，以及可以通过加强事中事后监管达到原设定涉企证照事项目的的，要逐步取消或改为备案管理；对于关系公共安全、经济安全、生态安全、生产安全、意识形态安全的涉企证照事项继续予以保留；对于没有法律法规依据、违反法定程序设定的涉企证照事项一律取消。要全面公开涉企证照事项目录和程序，明确具体受理条件和办理标准，列明审查要求和时限，实现服务事项标准化。各单位于 2017 年 10 月 30 日前将梳理结果在本部门网站上对外公布。（牵头单位：自治区工商局；配合单位：自治区商事制度改革部门联席会议其他成员单位。完成时限：2017 年 10 月 30 日前）

（二）更大范围、更深层次实现部门间信息共享

3. 参与"多证合一"改革的有关部门要依托国家企业信用信息公示系统（广西）和自治区级信用信息共享平台，实现部门间企业基础信息和相关信用信息共享、业务协同。（牵头单位：自治区工商局、发展改革委、政管办；配合单位：自治区公安厅、住房城乡建设厅、交通运输厅、商务厅、文化厅、旅游发展委，广西出入境检验检疫局。完成时限：2017 年 8 月 30 日前）

4. 加快制定政府部门涉企信息归集办法和目录，建立广西区域内统一标准的市场主体信息库，构建统一高效、互通互认、安全可靠的信息共享体系。消除信息孤岛，打破部门和行业间涉企信息的壁垒。（牵头单位：自治区工商局；配合单位：自治区商事制度改革部门联席会议其他成员单位）

5. 结合实际加大投入，升级改造各自的业务系统，做好"多证合一"共享数据的导入、整理和转换工作。梳理各自业务信息系统相关数据项，以统一社会信用代码为标识，建立部门间数据项对应关系，实现全区范围内跨区域、跨部门的信息交换传递和数据共享，确保共享信息在各自部门业务系统的有效融合使用。（自治区公安厅、住房城乡建设厅、交通运输厅、商务厅、文化厅、旅游发展委，广西出入境检验检疫局分别负责。完成时限：2017 年 12 月 30 日前）

（三）精简优化、强化部门间业务协同办理机制

6. 加强整合涉企事项后续管理。要及时出台后续管理的相关政策，对存续的被整合证照，要设置合理的过渡期限；有年度检验要求，要按照有关程序提出取消；要强化协同监管、主动监管，推行联合"双随机"抽查，务求达到程序上简约、管理上精细、时限上明确的改革目标。（自治区公安厅、

住房城乡建设厅、交通运输厅、商务厅、文化厅、旅游发展委，广西出入境检验检疫局分别负责。完成时限：2017年9月1日前）

7. 从严控制个性化信息采集。以国家工商总局规定的企业登记材料规范为准，不得擅自增加企业登记提交的材料种类。（牵头单位：自治区工商局。完成时限：持续推进）

8. 建立政务服务事项多部门协同办理机制。逐项梳理基本流程和办事依据，简化繁琐手续，坚决砍掉各类无谓的证明。凡是能通过数据共享和前序流程获取的材料信息，一律不得要求企业和群众重复提交；凡是能通过网络核验的信息，一律不得要求其他单位和申请人重复提供；凡是应由行政机关及相关机构调查核实的信息，由部门自行核实。实现相同信息"一次采集、部门流转、一档管理"，推行"一套材料、一表登记、一窗受理"工作模式。（牵头单位：自治区工商局；配合单位：自治区商事制度改革部门联席会议其他成员单位。完成时限：持续推进）

（四）提高效率、加快推进"互联网+政务服务"

9. 加快一体化网上政务服务平台建设，打造"互联网+"模式下方便快捷、公平普惠、优质高效的政务服务体系。依托广西电子政务外网和统一的政务数据共享交换平台等已有信息平台，构建统一的信息交换系统，完成与各级部门业务系统对接，实现相关审批数据、结果同步推送和业务协同办理，各级业务部门无需重复录入部门业务信息，所有事项审批办理流程、结果信息即时可查可用。（牵头单位：自治区政管办。完成时限：持续推进）

10. 推进各类涉企证照事项线上并联审批，优化线上、线下办事流程，简化办事手续，减少办事环节，降低办事成本，实现"一网通办、一窗核发"。以"信息跑路"代替"群众跑腿"，以"部门协同办"取代"群众来回跑"，不断提高服务效率。（牵头单位：自治区政管办；配合单位：自治区商事制度改革部门联席会议其他成员单位。完成时限：持续推进）

（五）放管结合、建立以信用为核心的监管机制

11. 进一步强化宽进严管工作机制。全区各部门必须要把"放"和"管"放在同等重要的位置。证照被整合的部门要严格按照中央确定的"谁审批、谁监管、谁主管、谁监管"的原则，履行监管责任，强化主动监管意识，把更多精力转到加强事中事后监管上，切实加大本行业领域监管力度，做到守土有责、守土尽责。（自治区公安厅、住房城乡建设厅、交通运输厅、商务厅、文化厅、旅游发展委，广西出入境检验检疫局分别负责。完成时限：持续推进）

12. 进一步强化联合监管机制。各级各有关部门要深入推进综合执法改革，形成分工明确、协同配合、齐抓共管的监管工作格局，明确综合监管牵头单位，制定跨部门"双随机、一公开"监管和综合执法实施办法，采用整体随机、上下联动、局部随机等多元化抽查模式，确保年底前实现"双随机、一公开"全覆盖，共同营造统一开放、公平诚信、竞争有序的市场环境。（自治区各有关单位按职责分别负责。完成时限：持续推进）

13. 建立以信用为核心的新型监管机制。依托全国信用信息共享平台不断完善政府部门之间信息共享与联合惩戒机制，充分发挥国家企业信用信息公示系统（广西）和"信用中国（广西）"网站的作用，强化企业自我约束功能，降低市场交易风险，减少政府监管成本，提高经济运行效率。（牵头单位：自治区发展改革委、工商局；配合单位：自治区各相关单位。完成时限：持续推进）

（六）统筹推进其他商事制度改革工作

14. 继续加快推进电子营业执照和全程电子化登记改革。在保留窗口登记的基础上，实现各类企业的设立、变更、注销、备案等业务流程均可网上办理。继续加快企业名称登记改革，完善企业名称查询、比对系统，提高查询、选择、审查的自动化程度，加快解决"起名难、效率低"的问题。继续完善企业简易注销程序，推进个体工商户简易注销改革试点工作，建立更加方便快捷的市场主体退出机制。深化"先照后证"改革，及时动态调整后置审批事项目录，完善全区企业登记信息"双告知"工作，开展广西北部湾经济区四市同城化登记和争取广西凭祥重点开发开放试验区"证照分离"改革试点工作。（牵头单位：自治区工商局。完成时限：2017年10月30日前）

（七）梳理修改相关规定

15. 自治区各有关部门要及时梳理与"多证合一、一照一码"登记制度改革相关的广西地方性法规、规章及规范性文件；对有冲突的，尽快在制度框架内依法推动修订和完善，及时修改不相适应的内容，或提请有关部门修改、废止与改革要求相违背的内容，为推进"多证合一"改革提供制度支撑，确保在法治轨道上推进改革。（牵头单位：自治区法制办；配合单位：各设区市人民政府和自治区相关部门。完成时限：持续推进）

四、工作要求

（一）加强组织领导

自治区商事制度改革部门联席会议增设"多证合一"改革专项工作小

组，自治区工商局主要负责人担任工作小组组长。全区各市、县（市、区）要参照建立相应领导机制和工作推进机制。各级工商部门要做好改革任务落实和跟踪评估，定期分析改革进展情况，及时发现问题并提出改进建议。各相关审批主管部门要按照职责分工，全力推进本领域改革工作。

（二）加强工作衔接

自治区各有关部门要加强与国家有关部委的沟通与衔接，及时报送本部门在"多证合一"改革当中的成功经验，为国家部委决策提供参考。对已按照"六证合一"登记模式领取加载统一社会信用代码营业执照的企业，不需重新办理"多证合一"登记，由登记机关将相关登记信息通过国家企业信用信息公示系统（广西）和自治区级信用信息共享平台共享给"多证合一"参与单位。企业原有证照有效期满后自动失效，需申请变更登记或申请换发营业执照的，由登记机关换发加载统一社会信用代码的营业执照。同时，要强化与我区试点城市之间的衔接，对于在其他试点中已经被整合的证照，除企业主动提出申请外，不得要求企业再行办理相关证明手续，保证企业"一照一码"走天下。

（三）提升服务能力

"多证合一"改革后，基层登记窗口压力将进一步增大。全区各级政府要坚持"事随人走、人岗相宜"的原则，合理调整、优化力量配置，做好人员、设施、经费保障，加强窗口软硬件设施配备，提升登记服务信息化、标准化水平。加强窗口工作人员培训，提高一线人员业务素质，必要时可通过政府购买服务等方式，提升窗口服务能力和效率。

（四）强化督查考核

全区各级各部门要根据本方案及时制定改革任务清单。自治区商事制度改革部门联席会议"多证合一"改革专项工作小组要适时组织相关职能部门对改革的落实情况进行督查。对工作积极主动、成效明显的予以表扬和激励，对落实不力、延误改革进程的要严肃问责。

（五）做好宣传引导

全区各级各部门要坚持正确的宣传导向，积极做好改革政策宣讲、法律解读等工作，使企业和群众准确理解改革精神、充分享受政策便利。要及时回应社会关切，引导合理预期，在全社会形成关心改革、支持改革、参与改革的良好氛围，确保"多证合一"改革各项措施顺利实施。

附件：1. 广西"多证合一、一照一码"改革事项清单（第一批）

2. 工商部门共享信息数据目录

附件 1

广西"多证合一、一照一码"改革事项清单（第一批）

序号	事项名称	原证照发放部门
1	保安服务公司设立分公司备案	公安部门
2	生产性废旧金属收购业特种行业备案	公安部门
3	开锁业特种行业备案	公安部门
4	寄卖业特种行业备案	公安部门
5	二手机动车交易特种行业备案	公安部门
6	报废汽车回收拆解业特种行业备案	公安部门
7	机动车维修业特种行业备案	公安部门
8	住房公积金缴存登记	住房城乡建设部门
9	房地产经纪机构设立备案	住房城乡建设部门
10	国内船舶代理业务备案	交通运输部门
11	道路运输以及道路运输相关业务暂停、终止经营和经营者变更名称、法定代表人、地址	交通运输部门
12	道路货运代理（代办）经营备案	交通运输部门
13	道路运输车辆综合性能检测站设立备案	交通运输部门
14	道路运输以及道路运输相关业务经营者分公司设立备案	交通运输部门
15	道路客运经营者设立分公司备案	交通运输部门
16	对外贸易经营者备案	商务部门
17	再生资源回收经营者备案	商务部门
18	直销企业服务网点备案	商务部门
19	二手车交易市场经营者和二手车经营主体备案	商务部门
20	商业特许经营企业备案	商务部门
21	国际货运代理企业备案	商务部门
22	外商投资企业设立及变更备案	商务部门
23	企业或者其他经营单位增设艺术品经营业务备案	文化部门
24	艺术品经营单位备案	文化部门
25	演出场所经营单位备案	文化部门
26	旅行社设立分社备案	旅游发展部门
27	旅行社设立服务网点备案	旅游发展部门
28	出入境检验检疫报检企业备案	出入境检验检疫部门
29	原产地证企业备案	出入境检验检疫部门

附件 2

工商部门共享信息数据目录

序号	共享信息
1	统一社会信用代码
2	企业名称
3	企业类型
4	法定代表人（负责人、执行事务管理人）
5	注册资本（注册资金）
6	成立日期
7	营业期限
8	登记机关
9	核准日期
10	登记状态
11	登记住所
12	经营范围
13	股东（投资人、发起人）信息

第六部分　**附 录 篇**

FULU PIAN

2017 年广西经济体制改革大事记

1 月

1 月 5 日，广西壮族自治区人民政府办公厅印发《关于广西深化制造业与互联网融合发展实施方案的通知》（桂政发〔2017〕1 号），努力夯实数字化、网络化基础，以制造业与互联网融合发展为抓手，完善工业控制系统安全保障，夯实融合发展基础，着力培育新经济增长点，实现广西制造业与互联网融合新发展。

1 月 5 日，广西壮族自治区人民政府办公厅印发《关于贯彻落实支持农业转移人口市民化若干财政政策实施方案的通知》（桂政办发〔2017〕2 号），进一步健全完善财政政策支持体系，创造条件加快实现基本公共服务向常住人口全覆盖，促进城镇常住人口有序实现居民化，调动推进农业转移人口市民化的积极性。

1 月 5 日，广西壮族自治区人民政府办公厅印发《关于贯彻落实支持农业转移人口市民化若干财政政策实施方案的通知》（桂政办发〔2017〕2 号），进一步健全完善财政政策支持体系，创造条件加快实现基本公共服务向常住人口全覆盖，促进城镇常住人口有序实现居民化，调动推进农业转移人口市民化的积极性。

1 月 6 日，《广西壮族自治区人民政府关于同意广西中越跨境劳务合作试点工作方案的批复》（桂政函〔2017〕7 号），原则同意《广西中越跨境劳务合作试点工作方案》。

1 月 10 日，自治区人民政府办公厅召开全区国有林场改革试点工作总结暨全面推进改革动员电视电话会议。

1 月 17 日，广西壮族自治区人民政府办公厅印发《关于广西扩大开放合作和促进开放型经济发展"十三五"规划的通知》（桂政办发〔2017〕14

号），该规划主要阐明"十三五"时期广西开放发展的总体要求、主要任务和重大举措，是指导"十三五"时期全区开放型经济建设的行动指南。

1月25日，原中国保监会印发《关于筹建国富人寿保险股份有限公司的批复》（保监许可〔2017〕63号），广西首家法人寿险公司正式获批筹建，在筹建完成并获批开业后，广西将成为中西部地区中少数同时拥有地方产险法人机构和地方寿险法人机构的省份之一。

1月26日，广西壮族自治区人民政府办公厅印发《关于加快培育和发展住房租赁市场的实施意见》（桂政办发〔2017〕19号），提出建立购租并举的住房制度，鼓励房地产开发企业开展住房租赁业务，推进公共租赁住房货币化，简化公积金支付房租手续，允许改建房屋用于租赁，促进广西住房租赁市场持续健康发展。

2 月

2月9日，自治区人力资源和社会保障厅印发了《广西城乡居民基本医疗保险暂行办法》（桂人社发〔2017〕1号）。此后，又陆续印发了《广西基本医疗保险就医管理暂行办法》（桂人社发〔2017〕6号）、《广西基本医疗保险定点医疗机构管理暂行办法》（桂人社发〔2017〕8号）等9个配套文件，基本搭建起城乡居民基本医疗保险的制度框架，奠定了整合工作的基础。

2月10日，广西壮族自治区发展改革委印发《广西电源项目投资体制改革方案》，推进电源项目投资体制改革，建立起竞争有序、保障有力的电源投资机制，构建公开、公平、公正的投资环境，促进电源项目健康有序开发。

2月12日，经广西壮族自治区人民政府研究同意，广西金融投资集团组建全资子公司——广西工业投资发展有限责任公司，作为自治区人民政府为促进广西工业健康发展而组建的重要平台，以促进广西工业新兴产业的发展。

2月28日，广西壮族自治区人民政府批复同意广西投资集团有限公司改组为国有资本投资公司试点方案和广西宏桂资产经营（集团）有限责任公司改组为国有资本运营公司试点方案，推进国有资产监管机构职能转变，实现以管理资本为主加强国资监管，提高企业国有资本配置和运营效率。

3 月

3月15日，广西壮族自治区人民政府办公厅制定《广西战略性新兴产业和先进制造业招商引资工作实施方案》，大力开展精准招商引资工作，引进一批具有核心竞争力的科技创新及推广应用平台、公共服务平台和龙头企业，实现延链、强链，促进广西经济转型升级。

3月22日，广西壮族自治区人民政府印发《关于设立广西政府投资引导基金的意见（修订）》（桂政发〔2017〕18号）和《广西壮族自治区人民政府办公厅关于印发广西政府投资引导基金子基金操作指引（修订）的通知》（桂政发〔2017〕50号），进一步推动完善广西政府投资引导基金设立或参与投资子基金流程、条件及投资运作政策体系。

3月22日，广西壮族自治区人民政府印发《关于设立广西政府投资引导基金的意见（修订）》（桂政发〔2017〕18号），遵循"政府引导、市场运作、放大资本、分类管理、滚动发展"的基本原则设立广西政府投资引导基金，优先在电子信息、先进制造、生物医药及大健康等产业实现新突破，取得新成效。

3月23至24日，在全国政协十二届五次会议提案交办会上，《关于支持广西加快中国—东盟检验检测认证高技术服务集聚区建设的意见和建议》提案（X149号）由全国政协提案委员会交办广西壮族自治区人民政府、原国家质检总局、发展改革委、财政部，中国—东盟检验检测认证高技术服务集聚区项目建设上升至国家层面，为高起点打造中南、西南和东盟区域高水平检验检测认证公共平台和科技创新平台，加快形成我国与东盟检验检测认证服务与信息有机衔接的枢纽，建设检验检测认证行业信息、人才、机构汇聚交流和产业合作示范的重要基地打下坚实基础。

3月24日，广西壮族自治区人民政府办公厅印发《关于广西政府投资引导基金直接股权投资管理暂行办法的通知》（桂政办发〔2017〕45号），政府投资引导基金通过直接股权投资的方式，支持新兴产业和先进制造业发展。

3月28日，广西壮族自治区财政厅印发《关于印发政府购买服务信息公开管理暂行办法的通知》（桂财综〔2017〕29号），推动广西政府购买服务信息公开，为构建政府购买服务信息公开机制和操作流程奠定基础。

3月29日，广西壮族自治区人民政府印发《加快剥离国有企业办社会职能和解决历史遗留问题工作方案》（桂政发〔2017〕20号），加快剥离国有企业办社会职能和解决历史遗留问题，促进国有企业轻装上阵、公平参与竞争，集中力量做强主业，提高核心竞争力。

3月29日，广西壮族自治区人民政府办公厅印发《国有企业职工家属区

"三供一业"分离移交工作实施方案》（桂政办发〔2017〕52号），推动国有企业职工家属区供水、供电、供气及物业管理分离移交工作。

4月

4月3日，广西壮族自治区高级法院制定《全区法院司法服务保障广西建成"一带一路"有机衔接的重要门户的意见》，引导干警深刻认识肩负的司法服务"一带一路"的重要使命，不断完善和加强干警人才培训机制，提升法官判断能力和司法服务水平。

4月5日，广西壮族自治区发展改革委印发《广西电网规划建设管理暂行办法》和《广西企业自备电厂管理暂行办法》，加强电网规划建设管理，严格企业自备电源管理。

4月12日，为确保完成2017年固定资产投资目标，广西壮族自治区人民政府发电《关于印发2017年固定资产投资目标任务工作方案的通知》（桂政电〔2017〕17号），便于充分发挥投资促进经济增长的作用，推动全区经济持续平稳健康发展。

4月14日，粤桂合作特别试验区（梧州）管理委员会印发《粤桂合作特别试验区关于深化工业用地市场化配置先行先试改革实施办法》，不断创新试验区土地供应新方式、明确标准厂房建设方案和转让办法、创新土地资源资产资本一体化运作模式。

4月17日，广西壮族自治区人民政府印发《广西壮族自治区人民政府关于下达广西壮族自治区2017年国民经济和社会发展计划的通知》（桂政发〔2017〕21号），明确了2017年国民经济和社会发展的主要目标、重点任务及工作措施。

4月21日，广西壮族自治区林业厅印发《关于开展第一批集体林地"三权分置"改革试点工作的通知》，明确了宾阳县等11个县（区）为广西第一批集体林地"三权分置"改革试点县。

4月24日，全国首张34证合一的"一照通"营业执照在广西壮族自治区防城港市发出。这是防城港市加快政府职能变，持续深化商事制度改革，落实"放管服"和政府积极服务创业创新的重要举措。自即日起，防城港市新设立的企业及其分支机构和农民专业合作社实行"一照通"登记制度。

4月26日，原广西保监局印发《关于保险业参与行政村"三农金融服务室"建设试点工作的指导意见》（桂保监发〔2017〕27号），支持保险机构参与"三农金融服务室"建设试点，在涉农保险宣传教育、保险投保理赔、助力脱贫攻坚方面发挥积极作用，有效打通保险服务"三农"的"最后一公里"。

4月27日，全区投资和项目建设工作会议在贵港市召开，时任自治区党委书记彭清华、自治区主席陈武出席并讲话。会议深入学习贯彻习近平总书记视察广西时的重要讲话精神，分析研判当前广西经济形势，对加快投资和项目建设进行再动员、再部署、再推进、再落实。

5月

5月3日，广西壮族自治区人民政府办公厅印发《关于转发自治区发展改革委2017年西江经济带基础设施大会战项目建设实施方案的通知》（桂政办发〔2017〕63号），为西江经济带基础建设提供政策性保障。

5月6日，《自治区审改办等10部门转发国务院审改办等部门关于取消25项中央指定地方实施行政审批中介服务等事项的通知》（桂审改办发〔2017〕4号），取消25项中央指定地方实施行政审批中介服务等事项，不再作为行政审批的受理条件。

5月12日，广西壮族自治区主席陈武在南宁主持召开会议，研究加快电力体制改革促进产业发展有关工作，首次提出推进"四个结合"，即：大电网与区域电网、农村电网和小电网相结合；进电力发展与产业发展相结合；经济社会发展与电力企业发展相结合；电力发展与城乡一体化发展相结合。

5月15日，广西壮族自治区财政厅印发《关于进一步加强政府债务管理的通知》（桂财预〔2017〕81号），要求各市县财政局严格执行政府债务管理规定，加强置换债券资金拨付监管、加快推进新增债券安排使用进度、规范管理和检测政府支出事项支出责任。

5月23日，广西壮族自治区人民政府办公厅印发《关于建立统一绿色产品标准、认证、标识体系工作方案的通知》（桂政办发〔2017〕71号），为推动形成广西绿色产品发展的市场引导机制和技术支撑体系，促进广西特色优势产业提档升级指明方向。

5月27日，广西壮族自治区人民政府办公厅印发《关于加快发展生活性服务业促进消费结构升级的实施意见》（桂政办发〔2017〕69号），为广西扩大消费需求、拉动经济增长、加快实现"两个建成"目标提供有力支撑和持续动力。

5月27日，广西壮族自治区人民政府印发《关于进一步降低实体经济企业成本的意见》（桂政办发〔2017〕23号），进一步深化降低广西实体经济企业成本，切实优化企业投资和发展环境。

6月

6月1日，广西壮族自治区人民政府办公厅印发《广西农村产权流转交易市场建设方案》（桂政办发〔2017〕72号），明确在全区建立健全产权交易平台，进一步激活农村资本市场，最大限度发挥市场在资源配置中的决定性作用，促进农民财产性收入快速增长。

6月2日，自治区党委办公厅、自治区人民政府办公厅印发《关于加快贫困村村级集体经济发展的意见》和《广西壮族自治区村民合作社管理暂行办法和广西壮族自治区村民合作社章程（示范稿）》，提出了贫困村村级集体经济发展的目标任务、十大发展模式、八项帮扶措施和六类保障措施，大力推进贫困村村级集体经济的发展壮大。

6月10日，广西壮族自治区人民政府办公厅印发《关于印发广西壮族自治区政府性债务风险应急处置预案的通知》（桂政办发〔2017〕73号），明确全区政府性债务风险应急处置工作职责，健全了广西政府性债务风险应急处置工作机制。

6月14日，国务院同意《广西壮族自治区土地利用总体规划（2006—2020年）调整方案（2015年）》，为全区调控宏观经济发展提供了土地政策支撑。

6月14日，梧州市人民政府办公室印发《粤桂合作特别试验区（梧州）财政管理体制（试行）》，不断推进试验区特殊管理一级财政的建立。

6月15日，国务院办公厅印发了《国务院办公厅关于建设第二批大众创业、万众创新示范基地的实施意见》（国办发〔2017〕54号），确定了第二批共92个"双创"示范基地，南宁高新区荣列其中，成为广西首个国家级双创示范基地。

6月16日，国务院正式批复同意东兴口岸扩大开放至北仑河二桥，口岸性质为国际性常年开放公路客货运输口岸；国务院正式批复峒中口岸（含里火通道）升格为国家一类口岸，口岸性质为双边性常年开放公路客货运输口岸。

6月15日，广西壮族自治区财政厅联合广西壮族自治区地税局、广西保监局印发《关于将商业健康保险个人所得税试点政策推广到全区范围实施的通知》（桂财税〔2017〕30号），决定自2017年7月1日起在全区范围内实施商业健康保险个人所得税试点。

6月20日，广西壮族自治区人民政府办公厅印发《关于推进广西工业企业"零土地"技术改造项目审批方式改革的通知》（桂政办发〔2017〕81号），对技术改造类工业建设项目实行审批目录清单管理，清单以外项目实行承诺验收制度。实行技改项目备案权限省级"零保留"、备案办理"零前置"、一般行业能评"零审批"，切实降低企业成本，激发企业投资获利。

6月21日，中共广西壮族自治区委员会、广西壮族自治区人民政府印发《关于完善产权保护制度依法保护产权的实施意见》（桂发〔2017〕13号），在事关产权保护的立法、执法、司法、守法等各方面各环节体现社会主义法治理念，激发和保护企业家精神，增强各类经济主体创业创新动力，维护社会公平正义，营造良好的经济发展环境。

6月26日，广西壮族自治区发展和改革委员会印发《关于鼓励我区优质大中型企业加入军队物质工程服务供应商库的函》（桂发改国防函〔2017〕1622号），鼓励有条件的企业积极争取参加军队非公开招标采购活动的资格，推动广西军民融合产业发展。

6月27日，广西壮族自治区人民政府印发《关于消费品培育升级专项行动工作方案的通知》（桂政发〔2017〕28号），引导产业升级，推动产品创新，充分发挥新兴消费的引领作用，培育和增强了广西经济发展新动力。

6月29日，印发《广西壮族自治区物价局　卫生和计划生育委员会　人力资源和社会保障厅关于调整公立医疗机构医疗服务项目价格（第一批）的通知》（桂价医〔2017〕35号），调整244项医疗服务项目价格，提高产科、妇科、急救、高压氧舱、中医类、病理检查以及涉及儿科的诊查、护理、手术、治疗等矛盾较为突出的、体现医务人员技术劳务价值的部分医疗服务项目价格，降低了大型医疗设备检查项目价格。

6月30日，广西壮族自治区财政厅印发《关于印发2017年自治区均衡性转移支付办法的通知》（桂财预〔2017〕118号），进一步改革完善自治区对市县均衡性转移支付办法，使分配更加科学合理。

6月30日，广西壮族自治区人民政府办公厅出台《关于印发广西盐业监管体制改革方案的通知》（桂政办发〔2017〕86号），剥离广西盐业批发企业承担的行政管理职能，将行业管理职能移交盐业主管机构，将食盐质量安全管理、市场监管与盐政执法职能移交食品药品监管部门，建立健全分级管理的盐业监管体制，实现政企分开和专业化监管，加快推进广西盐业监管体制改革。

6月30日，自治区人力资源和社会保障厅、自治区编办、教育厅、科技厅、财政厅、住房和城乡建设厅 6 部门，联合印发了《关于支持高校科研院所专业技术人员创新创业人事管理及有关问题的通知》（桂人社发〔2017〕22 号），支持和鼓励高校科研院所专业技术人员离岗创业、到企业兼职或在职创业、选派到企业创新创业，以及创新人才到高校科研院所兼职等多种创新创业方式，使专业技术人员创新创业有了更具可操作性的政策。

7 月

7 月 4 日，广西壮族自治区人民政府办公厅正式出台《关于印发深化标准化工作改革第二阶段重点任务分工（2017—2018 年）的通知》（桂政办发〔2017〕87 号），为深化广西标准化工作改革第二阶段指明了方向。

7 月 4 日，广西壮族自治区发展改革委分别与国家开发银行、工商银行、农业银行、建设银行、兴业银行、中信银行、北部湾银行、桂林银行签订战略合作协议，8 家银行未来两三年分别对广西旅游产业提供过百亿元人民币的信贷额度支持，同时出台了系统优惠和鼓励旅游项目融资的措施。通过"旅游+金融"强力推进旅游供给侧结构性改革，深度开发一批重点旅游区域、合力推进一批重大旅游项目建设、全力打造一批知名旅游品牌，树立一批"金融+旅游"的"广西示范"。

7 月 4 日，中共梧州市委办公室 梧州市人民政府办公室印发《粤桂合作特别试验区（梧州）人事管理体制改革身份封存实施意见》和《粤桂合作特别试验区（梧州）人事管理体制改革管委会以及投资公司组织架构设置方案》，以"身份封存、岗位设置、竞聘上岗、薪酬联动、绩效考核"为主要内容的人事管理体制改革正式以文件形式确定，进一步推进试验区人事体制改革，创新人事人才管理制度，建立适应试验区发展的薪酬体系。

7 月 10 日，广西壮族自治区财政厅、编制办印发《关于印发全区事业单位政府购买服务改革工作实施方案的通知》（桂财综〔2017〕50 号），通知提出了事业单位政府购买服务改革工作的总体思路、分类范围和定位、保障措施、操作程序、工作步骤和工作要求。

7 月 11 日，广西壮族自治区主席陈武在全区深化"放管服"改革转变政府职能暨 2018 年国务院大督查全区自查迎检工作动员部署电视电话会议上强调，坚定不移将"放管服"改革向更深层次、更高水平推进。

7 月 13 日，广西壮族自治区财政厅印发《关于印发以政府购买服务名义变相融资排查整改工作方案的通知》（桂财预〔2017〕131 号），要求各市、县政府及其组成部门，区直各单位全面摸底排查政府购买服务情况，发现和纠正政府购买服务行为中存在的问题，规范政府购买服务行为，防范化解财政金融风险。

7月15日，广西壮族自治区人民政府办公厅印发《关于金融支持县域经济发展的实施意见》（桂政办发〔2017〕95号），着力发展县域金融服务主体，加大县域信贷投放力度，发挥多层次资本市场作用，提升保险保障服务水平，降低县域企业融资成本，优化县域融资服务环境，发挥金融在发展壮大县域经济上的重要作用。

7月15日，广西壮族自治区人民政府办公厅印发《关于改革完善自治区对县财政体制促进县域经济发展的实施意见》（桂政办发〔2017〕96号），将全部县由自治区财政直管改为部分由自治区直管和部分由设区市管，建立激励约束机制，明晰自治区、市、县各自职责，促进县域经济加快发展。

7月15日，广西壮族自治区人民政府办公厅印发《关于加快提升县域工业园区发展水平的实施意见》（桂政办发〔2017〕92号），加快提升广西县域工业园区发展水平，使县域工业园区成为产城互动的示范区、特色小镇的发展区、对外开放的先行区、与自然和谐共存循环发展引领区、现代产业集聚区，促进广西县域经济加快发展。

7月16日，广西壮族自治区人民政府办公厅印发《广西壮族自治区人民政府关于第三批清理规范行政审批中介服务事项的决定》（桂政发〔2017〕29号），决定第三批清理规范7项行审批中介服务事项，被清理规范的行政审批中介服务事项不再作为行政审批的受理条件。

7月20日，自治区党委、政府在北流市召开全区县域经济发展大会暨年中工作会议，时任自治区党委书记彭清华、自治区主席陈武、自治区党委副书记孙大伟出席会议。会议要求，全区上下必须把思想和行动统一到中央和自治区党委、政府的决策部署上来，把县域经济发展摆在全局更加重要的位置，力争到2020年，地区生产总值超100亿元的县域达60个左右，财政收入超10亿元的县域达40个左右，涌现出一批产业特色鲜明、核心竞争力突出，在全国叫得响、有一定地位的县（市、区），成为区域发展的新龙头和重要增长极。

7月20日，广西壮族自治区人民政府印发《批转自治区发展改革委关于2017年深化经济体制改革重点工作意见的通知》（桂政发〔2017〕32号），统筹推进"五位一体"总体布局，协调推进"四个全面"战略布局，推动改革精准落地，促进经济平稳健康发展。

7月24日，广西壮族自治区人民政府办公厅印发《关于开展清理规范证明事项试点工作的通知》（桂政办电〔2017〕160号），决定选取南宁、柳州市本级及所属城区，北海市本级及所属城区、合浦县，桂林市恭城瑶族自治区县，玉林市兴业县，百色市靖西市开展清理规范证明事项试点工作，通过清理规范各类证明和盖章环节，建立规范、统一的目录清单，切实解决企业和群众在办事创业过程中存在的"办证多、办事难"问题。

7月25日，广西壮族自治区人民政府办公厅印发《广西壮族自治区关于实行审计全覆盖的实施意见》（桂办发〔2017〕33号），全面贯彻党中央、国务院关于实行审计全覆盖的决策部署，结合广西审计工作实际，明确广西实行审计全覆盖的总体目标、范围、重点以及保障措施，推动对公共资金、国有资产、国有资源和领导干部履行经济责任审计全覆盖，更好发挥审计在规范财经秩序、维护经济安全、推动深化改革中的积极作用。

7月28日，广西壮族自治区发展改革委印发《广西推动产业结构优化调整工作方案》（桂发改工业函〔2017〕2017号），提出了推动产业结构优化调整工作的总体要求、工作目标、主要任务及分工、工作要求，以现代特色农业示范区建设为主要抓手，加快推动农业供给侧结构性改革。

7月28日，广西壮族自治区人民政府印发《广西壮族自治区粮食收购资格暂行规定》（桂政发〔2017〕38号），进一步促进粮食有序流通，维护粮食生产者、经营者和消费者的合法权益。

7月31日，广西壮族自治区人民政府办公厅印发《广西"多证合一、一照一码"登记制度改革工作实施方案》（桂政办发〔2017〕110号）。从2017年9月1日起，在全区范围内实施"三十五证合一"登记制度改革。整合商务、住建、交通等13个厅局的35个证照到营业执照上，使营业执照成为企业唯一"身份证"，统一社会信用代码成为企业的"身份代码"，实现企业"一照（码）走天下"。

8月

8月1日，广西壮族自治区人民政府印发《关于积极稳妥降低企业杠杆率的实施意见》（桂政发〔2017〕36号），有序推进降低企业杠杆率，加快推进供给侧结构性改革，助推国有企业改革深化，促进经济转型升级和优化布局，为全区经济长期持续健康发展夯实基础。

8月2日，广西壮族自治区人民政府办公厅印发《推进自治区党政机关事业单位和群团组织与所属企业脱钩工作方案》（桂政办电〔2017〕171号），推进自治区党政机关、事业单位和群团组织与所属企业彻底脱钩，不再直接管理国有企业，全面实现政企分开、政资分开、政事分开、政社分开。

8月6日，广西壮族自治区人民政府办公厅印发《关于深化统计管理体制改革提高统计数据真实性的实施意见》（桂办发〔2017〕34号），推进全区深化统计管理体制改革工作，强化统计法治建设，健全统计数据质量责任制，确保统计资料真实准确、完整及时。

8月16日，自治区推进CEPA先行先试工作联席会议办公室印发《关于认定粤桂合作特别试验区等5家单位作为广西第一批CEPA先行先试示范基地的通知》，经自治区人民政府批准同意，认定粤桂合作特别试验区、广西钦州保税港区等5家单位为广西第一批CEPA先行先试示范基地。

8月18日，自治区党委办公厅和自治区政府办公厅联合印发了《广西壮族自治区引进海外人才工作实施办法》。

8月20日，时任自治区书记彭清华、自治区主席陈武联名给国务院总理李克强写信，请求国家尽早重启国家级新区审批程序并对南宁五象新区申报国家级新区给予更多指导和帮助。

8月23日，广西壮族自治区财政厅印发《广西壮族自治区财政厅关于印发全区政府一般债务预算管理实施细则的通知》（桂财预〔2017〕169号）和《广西壮族自治区财政厅关于印发全区政府专项债务预算管理实施细则的通知》（桂财预〔2017〕170号），完善政府债务管理制度体系。

8月29日，广西壮族自治区发展改革委印发《转发国家发展改革委等七部委关于进一步做好行业协会商会与行政机关脱钩改革有关事项的通知》（桂发改经体〔2017〕1071号），提出3个要求，并结合自治区行业协会商会与行政机关脱钩工作有关配套文件抓好贯彻落实。

8月31日，为进一步加强全区成品油市场管理，严厉打击成品油违法经营活动，广西壮族自治区人民政府办公厅印发《2017年全区成品油市场专项整治工作方案的通知》（桂政办发〔2017〕124号），切实规范了成品油经营秩序，及时消除安全隐患，维护人民群众合法权益和生命财产安全。

9月

9月4日，广西壮族自治区人民政府办公厅印发《关于印发广西壮族自治区行政许可事项目录管理办法的通知》（桂政办发〔2017〕125号），对各级各部门在行政许可目录管理方面的职责分工、行政许可动态调整程序、监督管理方式等方面作了具体规定。

9月6日，广西壮族自治区人民政府召开全区深化"放管服"改革电视电话会议，深入贯彻落实全国深化简政放权放管结合优化服务改革电视电话会议精神，总结全区推进"放管服"改革情况和取得的成绩，分析面临的形势，研究部署下一阶段工作。

9月10日，广西壮族自治区财政厅印发《广西壮族自治区重点生态功能区转移支付办法》（桂财预〔2017〕201号），明确了自治区重点生态功能区转移支付享受的范围，以及资金来源、分配原则、分配方法和资金管理与监督等内容。

9月13日，广西壮族自治区人民政府办公厅印发《关于印发进一步激发社会领域投资活力工作方案的通知》（桂政办发〔2017〕128号），提高医疗、养老、教育、文化、体育等社会领域投资活力，增加产品和服务供给，培育经济发展新动能，加快经济转型升级，促进经济社会协调发展。

9月21日，广西壮族自治区人民政府召开全区深化乡镇"四所合一"改革电视电话会议，总结推广部分市县推行乡镇"四所合一"改革的成功经验做法，指出改革存在问题，研究部署下一步工作。

9月25日，自治区人民政府组织召开全区推进国有林场改革暨集体林地林权证发放查缺补漏纠错工作电视电话会议，对推进国有林场改革进行再部署、再落实、再推进。

9月27日，广西壮族自治区人民政府办公厅印发《广西新形势下加强打击侵犯知识产权和制售假冒伪劣商品工作实施方案的通知》（桂政办发〔2017〕134号），保障了广西知识产权战略深入实施，维护公平竞争的市场秩序，完善广西法制化、国际化、便利化的营商环境。

9月27日，广西壮族自治区人民政府办公厅印发《关于印发广西推动实体零售创新转型发展实施方案的通知》（桂政办发〔2017〕135号），根据市场主导、需求引领、创新驱动的原则，推动全区贸易流通供给结构性改革，提升流通现代化水平，进一步降成本、补短板、增效益，促进广西经济的发展。

9月29日，全区金融工作会议在南宁召开，时任自治区党委书记彭清华、自治区主席陈武出席并讲话。会议强调，全区各级各部门要切实增强"四个意识"，坚持贯彻落实习近平总书记系列讲话精神和全国金融工作会议精神，把思想和行动统一到党中央对金融工作的重大判断和决策部署上来，重点抓好金融服务实体经济、防范化解金融风险、深化金融改革开放三项任务，奋力开创广西金融改革发展新局面。

9月30日，根据中央关于全面推进河长制、县级以上河长设置相应河长办公室的要求，经报自治区党委和自治区编委同意，设立自治区河长制办公室，增设自治区水利厅河长制工作处，相应加强工作力量，为有效保护广西江河湖库水资源做出表率，夯实基础。

9月30日，广西壮族自治区林业厅印发《关于创建自治区林下经济精品示范基地的指导意见》，推动建设一批持续经营、不断扩大生产规模、能有效发挥示范带动作用的林下经济精品示范基地。

10 月

10月9日，广西壮族自治区财政厅印发《关于印发改革完善自治区对县财政体制促进县域经济发展具体实施办法的通知》（桂财预〔2017〕208号），在预算收支划分、基数核定、转移支付、资金调度、财政结算、债务管理、配套资金、工作安排和报表报送、财政收入目标、执行时间等方面作了进一步细化和明确，促进自治区对县财政体制改革顺利实施。

10月9日，广西壮族自治区机构编制委员会办公室印发《关于印发行政审批制度改革效果定期评估暂行办法的通知》（桂编办发〔2017〕70号），明确由自治区审改办牵头，组织对自治区本级及市县每1~2年开展一次定期评估，促使行政许可实施机关将行政审批制度改革各项政策措施落实到位，是广西探索完善行政审批取消、下放效果综合评估体系的一种创新。

10月12日，防城港市在全国率先实现人民币与越南盾点对点现钞跨境双向调运业务，实现中越货币现钞直接跨境互换，打破了广西过去调运越南盾现钞绕道广东、香港的"舍近求远"局面，让中越两国人民在"家门口"就能实现人民币与越南的货币互换。

10月16日，广西壮族自治区人民政府办公厅印发《关于深化用海管理体制机制改革的意见》，深入贯彻落实习近平总书记考察广西时做出的重要指示精神，切实把握中央赋予广西"三大定位"的历史发展机遇，充分发挥海洋资源优势，发展向海经济，加快海洋强区建设，深化广西用海管理体制机制改革。

10月16日，广西壮族自治区人民政府印发《加快推进广西凭祥重点开发开放试验区建设的若干政策》（桂政发〔2017〕51号），提出支持凭祥重点开发开放试验区政策九项34条。

10月19日，中共梧州市委办公室梧州市人民政府办公室印发《改革和完善粤桂合作特别试验区（梧州）国有资产管理体制实施方案》，进一步理顺试验区国有资产管理体制机制，实现对国有资本的有效监管和保值增值。

10月23日，广西壮族自治区林业厅印发《关于印发广西壮族自治区"产业富民"林下经济示范基地检查验收暂行办法的通知》（桂林改发〔2017〕3号），加强和规范广西"产业富民"林下经济示范基地管理，切实提高林地综合经营效益，促进农民增收。

10月23日，广西壮族自治区发展改革委公布自治区首批现代服务业集聚区名单，包括南宁国际综合物流园、粤桂合作特别试验区等38个单位获批。加快推进试验区现代服务业集聚区建设，实现试验区内现代服务业集中、集聚、集约发展。

10月25日，广西壮族自治区财政厅印发《关于农业转移人口市民化奖励资金管理办法的通知》（桂财预〔2017〕212号），进一步规范农业转移人口市民化奖励资金安排使用及管理。

10月30日，自治区林业厅作为全区首批实施3个单位之一，率先研发的广西林木种子生产经管许可证核发智能审批及监管系统在全区范围内正式启用，真正实现了群众办事"零跑腿"，随报随批。

11月

11月1日，自治区按照国家统一部署，有序推进第二批行业协会商会与行政机关脱钩试点改革，全区共有588个行业协会商会（自治区本级103个，各市、县485个）完成脱钩任务，达到了国家要求的脱钩比例，市县脱钩试点覆盖率达到100%。完成第二批脱钩试点改革总结报告。

11月3日，在国家发展改革委指导下，广西壮族自治区发展改革委会同南宁市对《南宁五象新区总体方案》作进一步修改完善，再次上报国家发展改革委审定。

11月6日，广西壮族自治区人民政府办公厅印发《广西国有企业违规经营投资责任追究暂行办法》（桂政办发〔2017〕154号），加强和规范广西国有企业违规经营投资责任追究工作，进一步完善国有资产监督管理制度，落实国有资产保值增值责任，有效防止国有资产流失。

11月6日，自治区国有林场改革工作领导小组办公室召开部分重点市县国有林场改革推进座谈会，约谈实施进度落后的市县领导，督促加快推进。

11月8日，自治区林业厅印发了《市县林业部门权力事项指导目录》，收录市县林业部门行政许可11项、行政处罚139项、行政强制11项、行政检查15项、行政征收1项、行政确认2项、行政奖励5项、其他行政权力5

项，为全区林业系统权力事项统一和规范运行打下良好基础。

11 月 9 日，自治区党委办公厅、自治区人民政府办公厅印发《广西创新政府配置资源方式实施方案》，逐步解决当前政府配置资源中存在的市场价格扭曲、配置效率较低、公共服务供给不足等突出问题，大幅度减少政府对资源的直接配置，突出国有资本的内在要求，明确委托代理关系的制度安排，建立健全国有资本形态转换机制，引入市场化手段和方法，促进公共资源配置更高效、更公平、更可持续。

11 月 9 日，自治区党委办公厅、自治区人民政府办公厅印发了《关于深化职称制度改革的实施意见的通知》（桂办发〔2017〕47 号）。

11 月 14 日，广西壮族自治区人民政府办公厅印发《关于广西深化简政放权放管结合优化服务改革重点任务分工方案的通知》（桂政办发〔2017〕162 号），明确了广西"放管服"改革工作目标，提出了 44 项重点任务和部门分工。

11 月 14 日，自治区人力资源和社会保障厅会同自治区财政厅印发了《关于 2017 年度北部湾经济区试行职业培训券申领发放工作的通知》（桂人社发〔2017〕66 号），正式在北部湾经济区试行职业培训券制度，经济区内实现了培训补贴统一和培训机构资质互认。

11 月 20 日，十九届中央全面深化改革领导小组第一次会议决定，将宅基地制度改革试点从 15 个拓展到 33 个试点地区，自治区玉林北流市作为试点县同时进行农村土地征收、集体经营性建设用地入市、宅基地制度三项改革试点，三项改革试点进入了统筹推进、深度融合的新阶段。

11 月 20 日，国家发展改革委和国家能源局下发第二批增量配电业务试点，自治区中泰崇左产业园等三个增量配电业务试点获批。

11 月 21 日，广西壮族自治区人民政府办公厅印发《实施县域路网攻坚工程支撑引领县域经济发展行动方案的通知》（桂政办发〔2017〕168 号），更好地发挥公路在县域经济发展中促投资、稳增长、调结构、惠民生的支撑引领作用，为广西县域经济发展提供有力支撑。

11 月 23 日，广西壮族自治区财政厅会同广西壮族自治区金融办印发《关于印发广西壮族自治本级政府性融资担保代偿补偿资金使用管理暂行办法的通知》（桂财规〔2017〕11 号），建立并完善政府性融资担保代偿补偿机制，明确代偿补偿的标准，规范代偿补偿资金使用和管理。

11 月 24 日，广西壮族自治区人民政府办公厅印发《关于取消一批行政许可事项的决定》（桂政发〔2017〕61 号），决定取消 12 项中央指定地方实施的行政许可事项。

11 月 29~30 日，商务部、国家发展改革委在防城港市召开构建开放型经济新体制综合试点试验工作推进会。

11 月 30 日，广西壮族自治区财政厅印发《关于核定营改增过渡期内增值税"五五分享"税收返还基数有关问题的通知》（桂财预〔2017〕243号），核定各市县增值税"五五分享"税收返还基数并明确了增值税收入考核办法。

11 月，广西武宣种畜场、广西黔江示范牧场下放来宾市管理。根据《广西壮族自治区人民政府关于印发广西黔江示范牧场和广西武宣种畜场下放管理工作方案的通知》（桂政电〔2017〕85号）有关精神，原自治区水产畜牧兽医局直属事业单位广西武宣种畜场、广西黔江示范牧场下放来宾市管理，有关人员、公用、项目经费不再由自治区本级财政负担。广西武宣种畜场、广西黔江示范牧场资产与财务经自治区农业厅报财政厅审批后移交来宾市政府。

12 月

12 月 1 日，南方能源监管局联合自治区工业和信息化委、发展改革委印发《广西电力中长期交易基本规则（暂行）》，进一步深化广西电力体制改革，完善电力直接交易机制。

12 月 6 日，广西壮族自治区人民政府办公厅印发《关于转发自治区国资委以管资本为主推进职能转变方案的通知》（桂政办发〔2017〕173号），完善国有资产监管体制机制，准确把握广西国有资产监管机构的出资人代表职责定位，切实解决国有资产监管中越位、缺位、错位问题，推进广西国有资产监管机构职能转变，加快调整优化监管职能和方式。

12 月 6 日，广西壮族自治区人民政府办公厅印发《关于促进区域性股权市场规范发展的实施意见》（桂政办发〔2017〕178号），指出区域性股权市场要坚持服务实体经济，切实解决中小微企业融资困难问题；坚持服务创新驱动发展战略，推动广西产业转型升级；坚持创新发展与规范发展并重，强化市场监管，切实防范和化解市场风险。

12 月 9 日，广西壮族自治区人民政府办公厅印发《促进广西国家级经济技术开发区转型升级创新发展实施方案的通知》（桂政办发〔2017〕177号），明确全区各国家级经开区功能定位，加快形成资源整合的经济发展格局。

12月13日，广西壮族自治区财政厅印发《关于进一步加强革命老区转移支付资金管理的通知》（桂财预〔2017〕250号），要求相关市县进一步规范革命老区转移支付资金管理。

12月13日，广西壮族自治区人民政府办公厅印发《广西创新管理优化服务培育壮大经济发展新动能加快新旧动能接续转换实施方案的通知》（桂政办发〔2017〕181号），着力构建形成适应新产业新业态发展规律、满足新动能集聚需要的政策环境和制度环境。

12月14日，广西壮族自治区财政厅印发《2017年广西壮族自治区县级基本财力保障机制奖补资金管理办法》（桂财预〔2017〕213号），进一步调整完善县级基本财力动态保障机制。

12月14日，原国家质检总局批准广西成为第3批试行工业产品生产许可证简化审批程序的省（自治区、直辖市）。全区17类省级发证产品试行工业产品生产许可证简化审批程序，简化申请材料，取消发证前产品检验，推行"先证后核"，将现场审查放在取证之后，企业的申请在受理后10个工作日内即可得到许可决定文书，决定文书把取证时间较30个工作日进一步压缩了66.7%，并采取推送电子证书方式，极大地缩短了企业的办证时间，方便了企业申报，减轻了企业负担。

12月14日，广西壮族自治区人民政府印发《关于广西企业职工基本养老保险自治区级统筹政府责任分担办法的通知》（桂政发〔2017〕70号），进一步明确自治区、市、县三级政府责任，明确各级政府责任分担资金的来源，规范结余基金的使用，明确基金结余使用的额度。

12月20日，自治区党委办公厅、自治区人民政府办公厅印发《关于加强乡镇政府服务能力建设的实施意见》的通知，部署推进乡镇政府服务能力建设。

12月20日，广西壮族自治区财政厅印发《关于进一步加强资源枯竭城市转移支付资金管理等有关问题的通知》（桂财预〔2017〕257号），进一步规范提高资源枯竭城市转移支付资金使用效益。

12月25日，广西壮族自治区人民政府办公厅印发《广西工业新兴产业融资担保基金设立方案》（桂政办发〔2017〕192号），明确自治区财政厅拨付1亿元资金支持设立广西工业新兴产业融资担保基金，创新财政扶持新兴产业发展方式。

12月25日，广西壮族自治区人民政府办公厅印发《关于转发自治区工业和信息化委广西工业新兴产业融资担保基金设立方案的通知》（桂政办发

〔2017〕192号），专项为工业新兴产业企业提供融资担保服务，远低于商业性担保公司费率，缓解企业融资难融资贵问题。

12月26日，中共广西壮族自治区委员会、广西壮族自治区人民政府印发《关于稳步推进农村集体产权制度改革的实施意见》，对全区农村产权制度做出了总体部署，探索赋予农民更多财产权利，明晰产权归属，完善各项权能，激活农村各类生产要素潜能，致力于建立符合市场经济要求的农村集体经济运营新机制。

12月26日，全区经济工作会议在南宁举行，时任自治区党委书记彭清华、自治区主席陈武在会上作重要讲话。会议全面贯彻党的十九大和中央经济工作会议精神，总结今年经济工作，分析当前经济形势，部署明年经济工作。会议强调，贯彻落实中央经济工作会议精神，最重要、最根本的是坚持以习近平新时代中国特色社会主义经济思想为引领，始终坚持把习近平新时代中国特色社会主义经济思想作为做好经济工作的根本遵循，奋力开创新时代广西改革发展新局面。

12月29日，广西壮族自治区财政厅会同中国人民银行南宁中心支行和自治区地方税务局印发《关于环境保护税有关预算管理问题的通知》（桂财预〔2017〕277号），对环境保护税的收入划分、收入缴库及退库、科目设置等进行了明确。

12月29日，自治区国资委印发《关于促进广西文化产业发展和完善文化企业国有资产监督管理的意见的通知》（桂国资发〔2017〕63号），进一步深化广西文化体制改革，加快构建把社会效益放在首位、社会效益和经济效益相统一的体制机制，促进广西文化企业保值增值。

12月29日，自治区林业厅印发《广西壮族自治区集体林权流转管理办法的通知》（桂林改发〔2017〕6号），规范集体林权流转行为，维护流转双方当事人的合法权益，促进集体林地适度规模经营。

12月30日，广西标准化协会发布《"广西好粮油 广西香米—团体标准》，通过标准引领，确保"广西香米"品牌建设和香米产业规范有序、持续健康发展。

12月30日，自治区商务厅、公安厅、人力资源和社会保障厅、广西出入境检验检疫局共同印发了《广西沿边重点地区越南入境务工人员管理暂行办法》（桂商政发〔2017〕2号）。